# 目次

別冊 環 ㉓
KAN: History, Environment, Civilization
江戸―明治　連続する歴史



人と地域の
“連続する歴史”の
うねりを捉える!

藤原書店　〒162-0041 新宿区早稲田鶴巻町523　☎03(5272)0301　http://www.fujiwara-shoten.co.jp/
振替00160-4-17013　PR誌『機』・ブックガイド呈　表示の価格は税抜本体価格

**文明そのものを問い直す、別冊『環』好評既刊号！**

別冊『環』㉑　菊大判　416 頁・カラー口絵 16 頁　3800 円

# ウッドファースト！
## ――建築に木を使い、日本の山を生かす

上田 篤 編

〈座談会 1〉 尾島俊雄＋田中淳夫＋中村桂子＋上田篤
〈座談会 2〉 網野禎昭＋平岡龍人＋増田寛也＋上田篤
〈寄稿〉 網野禎昭／新井清一／池上惇／伊東豊雄／稲田達夫／井上章一／上田篤／上田昌弘／内山佳代子／榎本長治／岡本一真／尾島俊雄／海瀬亀太郎／加藤碩一／金澤成保／鎌田東二／河井敏明／川井秀一／木内修／北川原温／木村一義／隈研吾／腰原幹雄／進士五十八／高松伸／竹山聖／田中淳夫／田中充子／玉井輝大／辻吉隆／内藤廣／中岡義介／中川理／中嶋健造／中西ひろむ／中牧弘允／中村良夫／鳴海邦碩／灰山彰好／長谷川香織／速水亨／坂茂／久隆浩／藤田伊織／山本理顕／渡辺真理

別冊『環』㉒　菊大判　352 頁　3600 円

# ジェイン・ジェイコブズの世界
## 1916–2006

塩沢由典・玉川英則・中村仁・細谷祐二・宮﨑洋司・山本俊哉 編

片山善博／塩沢由典／中村仁／平尾昌宏／槇文彦／矢作弘／玉川英則／五十嵐太郎／細谷祐二／荒木隆人／宮﨑洋司／中野恒明／窪田亜矢／宇沢弘文／間宮陽介／松本康／吉永明弘／佐々木雅幸／吉川智教／牧野光朗／岡本信広／内田奈芳美／岡部明子／山形浩生／管啓次郎／石川初／大西隆／鈴木俊治／佐藤滋／山崎亮／山本俊哉／松島克守／アサダワタル／渡邉泰彦／中村達也

別冊『環』

1 IT革命――光か闇か　一五〇〇円
2 大学革命　一八〇〇円
3 生活―環境革命　一八〇〇円
4 イスラームとは何か　「世界史」の視点から　二八〇〇円
5 ヨーロッパとは何か　三二〇〇円
6 琉球文化圏とは何か　三六〇〇円
7 税とは何か　二四〇〇円
8 「オリエント」とは何か　東西の区分を超える　三五〇〇円
9 脱＝「年金依存」社会　二八〇〇円
10 子守唄よ、甦れ　二二〇〇円
11 サルトル 1905-80　他者・言葉・全体性　三三〇〇円
12 満鉄とは何だったのか　三三〇〇円
13 ジャック・デリダ 1930-2004　三八〇〇円
14 トルコとは何か　三二〇〇円
15 図書館・アーカイブズとは何か　三三〇〇円
16 清朝とは何か　三八〇〇円
17 横井小楠 1809-1869　「公共」の先駆者　二八〇〇円
18 内村鑑三 1861-1930　三八〇〇円
19 日本の「国境問題」　現場から考える　三三〇〇円
20 なぜ今、移民問題か　三三〇〇円

別冊 環 ㉓

KAN: History, Environment, Civilization

# 江戸―明治 連続する歴史


編集＝浪川健治　古家信平

デビッド・ハウエル　古家信平　浪川健治
武井基晃　宮内貴久　根本みなみ
吉村雅美　清水克志　山下須美礼
ショーン・ハンスン　平野哲也　柏木亨介
岩本和恵　及川　高　中里亮平
北原かな子　萩原左人　神谷智昭
楠木賢道　塚原伸治



藤原書店

# はしがき

## 〝枠組み〟ではなく、人と地域の〝連続する歴史〟のうねりを捉える！

### ■歴史――時間と空間

歴史は、時間と空間のなかに創り出される。歴史は人間の生活と社会を主たる対象としながら、それに関わる自然環境なども含め、どのように時間的に変遷してきたのかを明らかにする。しかし、歴史そのものも、またその歴史を認識・考察する手がかり（それらは史料と呼ばれる）も、時代＝時間、そして地域＝空間などが影響して多様である。

地域については、国境という近代国家の概念とは異なる概念から空間をとらえ、歴史を見直していくことが進んでいる。しかし、一方の時間についてはどうであろうか。時間に対する時代の規定性とは、疑いのないものなのだろうか。身近な歴史を見ても、時間で歴史を区切る時代区分が、北（蝦夷嶋・蝦夷地）と南（琉球・先島）ではまったく様相が違うことは明らかである。それだけでなく、本州の文化も同質・同時的に一元的であったとは言えないだろう。むしろ、ある特定の意図をもって時間を整序し、便宜的に区画したものでしかない時代区分が、あたかも普遍的で絶対的なものであるかのように捉えられ（あるいはすり込まれ）、人間とその社会をある時点であらゆる面で区画し、断絶させてしまってはいないだろうか。

### ■「連続する歴史」という設定

これまで日本史においては、〝明治維新〟を境にして「近世」と「近代」とに厳然と分かたれ、その連続性について考慮されることはほとんどなかった。が、人々は、江戸期に形成された知を養分にして明治に生きたのだし、そのなかで世界と自らの生きる位置を知ることによって、幕藩制という政治体制、日本における封建制が終わりに近づいていることを感じ取り、そして欧米文化への理解を深めていたとしても、それはあらかじめ用意された明治維新というゴールを迎えるための助走ではなかったのである。それがあたかも予定されたゴールとして意識されてしまうのは、既存の〝時代区分〟の投影であり、そこから脱却するためには、十八世紀前期〜中葉にかけての「地域社会の変動の端緒期」から、グローバル化された国家が市場経済を主導した近代までを一体とした歴史過程としてとらえることが必要である。すなわち「連続する歴史」という考え方をとることによって、その歴史像と特質を検討することが初めて可能となり、日本列島における諸変化が描出できるのである。

## ■ローカル/グローバルな歴史

近世日本は、よく言われるように「鎖国」でイメージされるような閉じた社会ではなく、グローバルに対応できる多様性を有した社会であった。変動する東アジア世界との関わり、民族接触―異文化理解、人・モノ・情報の流動化がもたらすシステムの変容という視点に軸足をおいてつぶさに見ていけば、〝国〟としての日本だけではなく、北から南に連なる〝列島弧〟に生きた多様な人間と社会が内包した様々な可能性を、歴史・文化として描きだすことができるだろう。

「連続する歴史」という視点を取り入れることによって、プレ・グローバル化から本格的なグローバル化への展開は多元的・多発的であることが一層明らかになる。言い換えれば、人間が個人あるいは社会として生活し、生産し、意識を共有した空間としての地域は、その重なり合いと広がりを「東アジア世界のなかの日本」という視点からも追求することも可能となるということである。このことによって、ローカル・ヒストリーからグローバル・ヒストリーが展望でき、地域の内的な変化と外的なあらたな結合の論理が創り出すローカル／グローバルな歴史が姿を見せてくるのである。

## ■本書の目的

本書は、結果として与えられた近代から歴史を説明するのではなく、歴史学・民俗学・歴史地理学などとの協業によって、相対化された時間と空間のなかに多様な文化や価値観の存在を見いだしていく。それは、当然の帰結としての近代の国家（国民国家）への移行と統合を前提とし、単に近代を説明するための近世理解という文脈ではない。そうした理解を生むこれまでの時間設定、時代区分によって、歴史を分断しようとする見方から脱却し、東アジア世界との関わりをも取り込み、この連続する時間と空間を生きた人間が持つ多元的な可能性を、新たな歴史と文化の創造をめざし描きださなければならない。

都合良く時間を切り分け、「国家百年の大計」や「近代国家への方向を成し遂げた偉業」という人間性不在のある種の意図を持ったメモリアルな回顧は必要としない。必要なのは、人間と社会を時間と空間のひろがり、すなわち、長く「連続する歴史」のなかに位置づけることである。「日本」史のグローバル・ヒストリーとしての再認識である。

（編者）

〈序〉

# 連続する「時間」と「空間」からの日本史

浪川健治
古家信平

## 「境界」と「時代区分」の限界

歴史は現在の目を通して、現在の問題に照らして過去を見ることで成り立つ。つねに、現代という時代をどうとらえるのか、という自分なりの考えが必要となってくる。また、現在を知るためには、過去がつねに参照されなければならないこと、つまり歴史を学ぶということは過去との対話を通じて自己を表現するということになってくる。だから、歴史を学ぶことでこそ、今、われわれはどこにいて、どこへ向かうのか、未来に向けて方向づけられる。歴史学は、そうした視点から「歴史事象を発見する」(観察)、「普遍的に考える」(仮説)、「資料を集め、批判する」(実験) ことを行うのである。

歴史は、時間と空間のなかに創り出される。歴史は人間の生活と社会とを主たる考察対象とするが、それに関わる自然環境なども含めて、それらがどのように時間的に変遷してきたのかを明らかにする。しかし、歴史そのものも、またその歴史を認識・考察する手がかり (それらは歴史資料あるいは史料と呼ばれる) も、対象や時代、さらには地域＝空間などが影響して多様である。地域については、とくに日本中世史の分野での境界論の進展に見られるように、国境という近代国家の概念とは異なる概念から空間をとらえ歴史を見直していくことが進んでいる。しかし、一方の時間についてはどうであろうか。つまり、時間に対する時代の規定性とは、疑いのないものなのだろうか。身近な歴史を見ても時間で歴史を区切る時代区分が、北（蝦夷嶋・蝦夷地）と南（琉球・先島）ではまったく様相が違うことは明らかである。それだけでなく、本州の文化も同質・同時的に一元的であったとは言えないだろう。むしろ、大きな時間的な枠組みとしての時代区分が、あたかも人間とその社会をある時点であらゆる面で区画し、断絶させてしまってはいないだろうか。

## 「時代」認識の問い直し

ジャック・ル＝ゴフは、時代区分、すなわち時間的な「区切りは、単に時間的順序をあらわすものではない。そこには同時に、移行や転換があるという考え、それどころか前の時代の社会や価値観の否定さえもが表現されているのだ。したがって時代には特別な意味がある。」と述べている（『時代区分は本当に必要か？』藤原書店、二〇一六年。以下、ル＝ゴフの引用は同書）。そのうえで、フェルナン・ブローデルが描いた「複数の社会的時間」、そして「長期持続」という時代の推移、時間的連続やその逆に切断へと関わらせる（『ブローデル歴史集成Ⅱ　歴史学の野心』藤原書店、二〇〇五年）。

そこでは、転換期はどのように位置づけられてくるのか。ル＝ゴフは、「長期持続の歴史とグローバル化」は、いずれも時代区分を否定するものではなく、「計られない持続と計られる時間」の共存であると述べる。そして、「時代区分は、限られた文明領域にしか適用できない」のに対して、「グローバル化とは、そのあとにこれらのまとまりのあいだの関係を見つけること」と意味づける。そのうえで、「グローバル化と画一化を混同してはならない」ことを強調し、グローバル化には二つの段階があり、「まずは互いに知らない地域や文明のあいだにコミュニケーションが生じ関係が確立される。つづいて、吸収され溶解していく現象が起こる。今日まで人類が体験したのは、このうちの第一段階のみである」と述べる。この場合、第一段階は国際化としてのグローバル化に相当しよう。こうした指摘を踏まえて、今日の歴史研究は時代区分と相互連関させながら、「長期持続の歴史とグローバル化」についての考察を進めていくことが必要であり、空間認識と関わらせた時間、または時代認識の問い直しが求められている。

## 「明治維新」を問い直す

これまで日本史においては、〝明治維新〟を境にして「近世」

と「近代」とに厳然と分かたれ、その連続性について考慮されることはほとんどなかった。が、人々は、江戸期に形成された知を養分にして明治に生きたのだし、そのなかで世界と自らの生きる位置を知ることによって、幕藩制という政治体制、日本における封建制が終わりに近づいていることを知ったはずである。また欧米文化への理解が進んでいたとしても、それはあらかじめ用意された明治維新というゴールを迎えるための助走ではなかった。今日それが、あたかも予定されたゴールとして意識されるのは、既存の時代区分の投影であり、そこから脱却するためには、十八世紀前期～中葉にかけての「地域社会の変動の端緒期」から、グローバル化された国家が市場経済を主導した近代までを一体とした歴史過程としてとらえることが必要である。これを「連続する歴史」として捉え、その歴史像と特質を検討することで、はじめて〝列島〟における諸変化は描出できよう。

一九八七年に岩波書店から刊行された『日本の社会史』全八巻は、「刊行にあたって」で留意点を三点挙げている。第一に、単一国家・単一民族・単一文化観への批判の上に立って、地域史を重視し周辺世界との関連においてとらえ、第二に社会を担ってきた多様な人々の重層的・複合的な存在形態や諸関係を総体としてとらえ、第三に人々の社会的活動と社会的諸関係を媒介する人々の内面の世界に着目し、生きた人間の活動および相互関係をダイナミックにとらえることである。さらに、それぞれの問題領域において、各歴史時代の研究者が協力し、時代ごとに蓄積された学問的成果の上に、通史的展望をもって研究を進める。その場合、時代区分の根拠それ自体も再検討するとしている。

しかし、問題は地域と世界はどのように関連されてくるのかであり、生きた人間の活動と相互関係、社会的諸関係は既存の時代区分というフレームのなかに構成できるのかであろう。つまり、ことなる地域、ことなる人間と社会関係をいかにくわしく検証したとしても、それは細分化された歴史の集積にしかならない。その上にどのような時代区分が検討されるのであろうか。はなしは逆のように思える。

本書のなかで、デビッド・ハウエルは、グローバル・ヒストリーの方法は小さなつながりの積み重ねが少しずつ大きな変貌をもたらすプロセスを示唆的に描き、研究方法として国家史の枠組みに束縛されないからこそ国家間の外交に直接関わらない物事が見えて来て歴史研究の対象となるものであることを指摘する。時代区分が継ぎ合わされた通史的展望でなく、むしろ、大きな歴史、すなわち「時間」と「空間」のなかに人間とその生きた社会のありかたを明らかにしていくことが必要なのであろう。それを本企画では、「連続する歴史」という視点から今日の前提となるグローバルな構成の端緒のなかに探る。

具体的にはどのようなことであろうか。既存の政治史あるいは経済史的な「時間」の枠組みとしての近世や近代だけでは、生きた人間の生活する社会は把握できない。

　折しも、二〇一八年は明治百五十年とされている。しかしながら、その時代を生きた人間は、近世に培われた文化的土壌のうえにのみ存在していた。明治の元勲や思想家さえも、その人間形成の基盤は近世＝江戸時代にあった。明治維新を変革として捉えるならば、もっとも重要な視点は近世にこそあったことになる。今、必要なのは、このように「国家の大計」を看板として時間を切り取り、あたかもその切り取られた断絶した時こそが唯一の正解であったかのような理解から抜け出すことである。換言すれば、多元的で「連続する歴史」という観点から、人間の生きた歴史を様々な視角から再構成していくことである。

　それは、人間と社会、その生産と生活のあり方と変化、そして知の広がりとしての地域と地域のつながりが藩や国家という枠をも越えてどのように作り上げられてきたのかを明らかにしていくことにほかならない。「国家百年の大計」や「近代国家への方向を成し遂げた偉業」のために生きていたわけではない、人間と社会の歴史を時間と空間のひろがりのなかに位置づけてみよう。それこそが、「日本」史がグローバル・ヒストリーとして再生する方法でもある。

## 生活・慣習の変化と、政治の変化との複眼で捉える

　例えば、青森県は一八七四（明治七）年、「野蛮の風習」を理由として「虫逐《むしおい》」禁止を布告した。「虫逐」は農作物の害虫を駆逐して、その年の豊作を祈願する虫送り儀礼である。禁止の直接の理由は、「黄昏《たそがれ》の頃」に「屯集《とんしゅう》」し「太鼓を打ち鳴らす」ことであった。しかし、一八五六（安政三）年に行われた実際の「虫祭」＝「虫逐」は、そのように単純で「野蛮」なものではなく、傘鉾・旗・鑓、獅子・猿田彦などの仮装が出し物で、その上で各村が佳麗さと奇抜さを互いに競い合う演出化と娯楽性の非常に強いものであった。これを演じようと、見物しようと、参加する者は日常的な生産活動からは離れることとなる。「虫逐」を享受するためには、時間的にも空間的にも日常から切り離されることが必要なのであり、日常性の停止、すなわち事実上の祭休日化を必然化すると言うことである。

　つまり、問題は「虫逐」が事実上、近世を通じて勝ち取られた休日＝農民の権利として積極的な意義を持つものであったことによる。前年に政府が伝統的な神社信仰と結び付いた皇室の儀式に準拠した祝祭日を設定したことにかかわらせてみれば、青森県でも「虫送り」が民衆の休日として定着していたために、それをことさら「野蛮の風習」と断定することで否定を図ったと見ること

ができる。

このように、地域に根ざした信仰や慣習は一律的に維新の過程で否定されていったかのようにみえる。しかし、一九〇八（明治四十一）年の戊申詔書《ぼしんしょうしょ》をもととして、内務省を中心として日露戦争後の荒廃した地方社会と市町村の改良・再建を目指す官製運動である地方改良運動が取り組まれた。そこでは、学校行事を除いて国民生活に浸透していなかった国家祝祭日を町村の祭休日として定着させ、国民意識を高揚させること、村内祭礼と旧暦による各地各様の休日慣行を盆と町村社祭典を除いて廃止させ、旧来の農休日の大幅縮減と祭礼飲食出費の節約を図る風俗改良を課題としていた。

ここからも近世に根ざした生活と慣習は、変化はしながらもなおこの時点まで日本の社会の基底をつくっていたことが明らかである。それは、官製運動でも完全に廃絶させることはできなかった。つまり、地域の信仰や慣習、そして生活・生業は、政治や制度という単眼の「時間」のスケールだけで測り、切り取ることはできないのである。

とするならば、つねに歴史は複眼の「時間」のスケールで測り直されるべきであり、グローバル・ヒストリーの方法が小さなつながりの積み重ねが少しずつ大きな変貌をもたらすプロセスを示唆的に描くものであるとするならば、それにふさわしい「時間」のスケールと「空間」の把握が必要となる。その意味でも、近世として時間を区画された日本は、よく言われるように「鎖国」で表されるような閉じた社会ではなく、国際化としてのグローバル化に対応できる多様性を有した社会であった。変動する東アジア世界との関わり、民族接触—異文化理解、人・モノ・情報の流動化がもたらすシステムの変容という視点に軸足をおいてつぶさに見ていけば、〝国〟としての日本だけではなく、北から南に連なる〝列島〟に生きた多様な人間と社会が内包した様々な可能性を、歴史・文化として描きだすことができるだろう。つまり、断続させずに、プレ・グローバル化から国際化、そして現代のグローバル化への展開は多元的・多発的であることが明らかとなろう。

さらに、人間が個人あるいは社会として生活し、生産し、意識を共有した空間としての地域は、「a：国家の枠を超越した大規模な空間」と「b：国家の内部の狭い空間」の二つに分けて考えられる。この二つは現実には地域と地域のつながりと重なり合い・広がりとして認識される。だとすれば、列島の歴史はその域にとどまるものではなく、その重なり合いと広がりを「東アジア世界のなかの日本」という視点から追求することも必要となる。このことによって、ローカル・ヒストリーからグローバル・ヒストリーが展望でき、地域の内的な変化と外的なあらたな結合の論理が創り出すローカル／グローバルな歴史が姿を見せてくるのである。ここでは、そうした視点を十八世紀以降の列島を取り巻く状況と列島内部の変容とを一体に関わらせて考えてみたい。

## 第Ⅰ部「考える」について

このような関心から、本書は三つの主題による章から構成されている。そして、それぞれの章を理解する基軸となる論考を章の最初においた。第一の主題である「学ぶ」では、知識、記憶、経験、コミュニケーション、連想、推論の葛藤はどのように捉えるべきかを考える。ヨーロッパ人のみた日本理解、そして日本の東アジアとヨーロッパ理解、それら相互の理解プロセスとそれから生まれる学術と文化の創造に関わった、〝列島〟に生きた多様な人間像を描き出すことが狙いである。この章の基軸はグローバル・ヒストリーにある。デビッド・ハウエル「グローバル・ヒストリーのなかの近世日本」は、連続する時間の流れのなかの日本理解を、グローバル・ヒストリーの枠組みから明らかにする。

近世後期から幕末維新期、洋学者たちがヨーロッパの科学技術を理解する媒体としての書物を求めたことは広く知られる。しかし、それは時間と空間という関わりからみると直接にヨーロッパからではなく、アジアを中継することで日本に達している。そのように世界を移動するなかで書物―知識は再編され、もはやヨーロッパの「知」ではなく、それは「近代世界知」として近世の日本にもたらされる(ショーン・ハンスン)。逆に本来、清朝皇帝一族の出身部族を指す民族集団名称であった「満洲」が中国東北部の地域名称として定着したのは、幕府が一八〇九年にカラフトを北蝦夷と呼び、「日本辺界略図」がその対岸を「満洲」と記したことにはじまる。それをシーボルトが著書『日本』に転載したために地名としての満洲が欧米で定着する。日本発信の地理情報が地理認識としての「満洲」を世界に定着させたのである(楠木賢道)。

次にこの間の異文化接触のなかを生きた人間とその活動に焦点を当てる。琉球では来航する異国船の対応を通事が担った。その人生を家譜に探ると、異国船との交渉のみならず、ヨーロッパ人に琉球語や儒書を教え、外交判断を下していた。しかし、それらは外交文書にはなく、家譜にもわずかに記されるのみである。現場での気苦労とリスクを背負いながらも人事評価の上では反映されなかったことが窺われる(武井基晃)。藩政改革や異国船接近などの対外問題に対処が迫られるなか、平戸藩主および藩主のブレーンとなった学者による学問実践が、十八世紀後期のロシア船の来航を契機に十八世紀以来の徳による教化という儒学的「風化」論を読み替え、「化」のおよぶ範囲を国外にも拡大した(吉村雅美)。

十九世紀後半には開港をふまえて国産品の開発と交易が志向され、異国と各地域が接点を持つ結びつきが生まれる。欧米からの文化はどのように受容され、在来の文化はいかに守られようとしたのか。長崎に遊学し蘭学に触れた盛岡藩士大島高任からは政治・経済・学問・地域産業が合流していく具体的なありようが窺える。単なる洋学の技術実践ではなく、十九世紀のグローバル化のなかで治国の課題として意義づけられた学術観が形成されてくる（岩本和恵）。一方、音をめぐる感性と芸術の受容もまたグローバル化の一環である。近世には音は呪術性をもつものであり、楽は教養として親しまれるものであった。開国後は、洋楽が宣教師でもある洋学教師によって広まり、やがて学校教育を通じて一般化する。こうしたなか陸奥国津軽地方で近世において音楽にかかわった楠美家は、雅楽以外を制度化しなかった明治国家を動かし、邦楽復権への努力を積み重ねる（北原かな子）。

## 第Ⅱ部「暮らす」について

第二の主題である「暮らす」では、〝列島〟で営まれた人間の多様な生産を取り上げ、今日にもつながる生活と地域の文化習慣の形成と変容を考える。普天間飛行場の移設問題で揺れる名護市辺野古地区はどのような地域として存在したのであろうか。地理的には海と山に挟まれ琉球国成立以前からへき地とされ、交通路も行き止まりの盲腸のような空間であった。かつての主たる生業である山仕事主体の貧しさから脱却するための苦悩と選択について、彼らの民俗的歴史像を知ることにより、今日のあり方の理解を図る必要があろう（古家信平）。

このような視点に立って、集落レベルから一つの川の水系に沿う集落群や数県にまたがる領域までの異なるサイズの地域で営まれた暮らしを、それぞれに見合った手法で把握する試みを本主題のなかで行っている。広域を対象とする場合には、統計資料を用いて十九世紀から二十世紀にかけての変遷を大まかにとらえ、さらにその実態を個別の記録によって肉付けする手法がとられる。近代産業とそれと結びついた「性」の問題について、十九世紀の九州の遊郭が炭鉱、港湾、軍港、製鉄といった近代産業の動向と関連して検討される。北九州と南九州の地域差とともに、そこでの継続性の高い遊郭は港町と温泉地であったという指摘がなされる（宮内貴久）。食文化と農業の関わりについて、近世に導入された馬鈴薯が寒冷地で先行して栽培され、明治期には山沿いに伝播し山村の文化要素として定着したことを、甘藷と対比しながら明らかにする。それは当然、洋食文化の受容と和食への利用という食文化の変質とも関わっている（清水克志）。また、下野国（栃木県）を流れる思川《おもい》水系では稲作・畑作・麻作、材木・薪炭、石灰の産出、川漁、渡船、水車というように多様な生業が展開した。これらに関わる集落群では、堰の維持管理などをめぐる集落間での絶え間ない争論が行われた。それらを具体的に検証することによって、川を異なる目的、方法によって多くの住民が利用できるよう特定の資源利用の行き過ぎを調整しバランスを維持する環境が保持されてきたことが明らかにされる（平野哲也）。

次に、沖縄の漁民を代表する糸満と久高のうち、糸満を例として琉球国消滅以降の潜水漁から大型網漁やかつお節産業への移行はたんなる技術の革新ではなく、漁業における資本主義の論理への転換と捉えられる。銀行から融資を受けるための組合による信用保証の慣行が資金調達を容易とし、資本投下によって漁業が生業から産業に転換したという仮説が示される（及川高）。その沖縄では魚を肥料とする慣行がなく、それは豚の肥育と深く関係していた。豚は便所と合体した豚小屋で、甘藷や廃棄される魚なども飼料として育てられた。豚便所での飼育で肥料を作ることは農耕技術の一環としても奨励されていた。近代に行政による畜産振興や公衆衛生の観点から豚便所の廃止が進められたが、これは地域の人々の価値観と相いれないものであった（萩原左人）。

最後に、異業種の商店が集まり、経済的な連帯関係を持つ組織としての商店街の形成のされ方を、十九世紀から二十世紀初頭へと移行する福岡県柳川の事例から検討する。城下町時代の商慣行を脱し店舗が買い物の場となったことや、福岡にできた百貨店への対抗といった、この地域独自の文脈が明らかにされる。ここでは、地域の人々からの聞き取り資料が有効で、歴史資料との相互の批判的接合による成果を示している（塚原伸治）。

## 第Ⅲ部「変わる」について

第三の主題である「変わる」では、十八世紀以降の持続的変化のなかに近代を模索する動きを検証する。すなわち、〝列島〟の「長期の十九世紀」を規定したのは「内憂」と「外患」にほかならない。幕末の変動とは、両者が結合した社会的危機の深化にほかならない。ロシアの南下を端緒とする「外患」は知識人に共有され、領主間においても危機感を持ってとらえられた。一方、流動化する労働力は封建的な基盤そのものの崩壊であり「内憂」にほかならない。幕末維新とはそうした社会変動とそれへの多方向の対処の途のせめぎ合いの過程である。そこでは、「家」を単位とする個人把握や戦略物資の把握にまで進み、そのなかに近代国家は先取されてくる（浪川健治）。

「家」とその意識をめぐって、萩藩出羽《いずは》家の二〇〇年忌法要の検討によって、大名家との由緒を組み込みながら展開する家臣の家の歴史意識が明らかにされる。儀礼の執行とそこまでの過程を通じて、家中における自身の「家」の安定と向上が目指されるとともに、自家の特権を視覚化し、他藩士らとの関係の確認・強化が図られる。藩主家との関係からだけではない「家」の歴史が語られる（根本みなみ）。韓国では、一族の長男筋の家では一年に一〇回以上の祖先祭祀が行われ、先祖を同じくする一族全体の祭祀は、礼節に対する忠実さと結束の強さを示すものとして重要視されている。祭祀を行う父系親族集団は土地を所有することも多く、その歴史は系譜関係上の位置によって評価が変わり、それによって激しい対立が表面化することがある（神谷智昭）。

また、盛岡藩領の三戸《さんのへ》の所給人は戊辰戦争後の混乱のなかで士族籍を失ったが、旧主南部家に陳情を繰り返して復籍が認められている。それは所給人という身分が地域を主導する存在としての自負心を支え、彼らの多方面にわたる活動の原動力となっていたからである（山下須美礼）。逆に、西南戦争の最中に起きた阿蘇谷の打ち毀しでは、近世に寸志を差し出し士族となった豪農や村役人らが襲われた。一方、阿蘇神社の神職らは近世には農民でも武士でもない身分として別格の地位にあり、一揆の説諭に当たるほか、戦争にもかかわらず神社の祭礼を半月にわたり滞りなく行った。農民は近世の世俗的権威を否定したが、宗教的権威については引き続き認めていた（柏木亨介）。

古くから続けられた伝統的な文化としての祭礼はどのように変容したのか。角館では神仏分離政策による祭祀対象の変更、領主との関係の変化、山車《だし》から曳山《ひきやま》への変更などは、祭礼の主体である町民にとっては外部の変化にすぎなかった。一方、府中の大国魂神社は、維新によって社領を失い、祭礼の主体は町内に移り神輿《みこし》の管理を委ねた。神田祭や三社祭との比較には、明治維新は現在のあり方を説明する語りとして利用される（中里亮平）。このような三つの論題の柱によって、「家」と身分をめぐる意識の高揚と変化の契機を見いだしていく。

特定の「時間」は特定の「空間」認識と一体化している。その両者の関わりのなかで複眼的に歴史をみることは、同時に複眼的な「空間」理解を行うことになる。それは当然に、現代から過去をみる、つまり歴史を考える場合にも当てはまる。このために、日本史という細分化された学問分野からのみではなく、グローバル・ヒストリーの視点、さらに東洋史、民俗学、歴史地理学という相互に影響を及ぼしあう系としての歴史から、「連続する歴史」の「時間」と「空間」の再現、そしてそのことの今日的な意味を探り提示することを試みる。

*Photo by Ichige Minoru*

# I　考える——学問と知識人

# グローバル・ヒストリーのなかの近世日本

デビッド・ハウエル

●David L. Howell　一九五九年福岡県生。一九八九年プリンストン大学博士号（歴史学）取得。ハーバード大学教授。歴史学。主著『ニシンの近代史』（岩田書院）*Geographies of Identity in Nineteenth-Century Japan* (University of California Press) 等。

## はじめに

歴史学研究は「脱国家」の時代に入ってきている。個々の国々の歴史研究の枠組みを逸脱してグローバル・ヒストリーの必要性が広く唱えられるようになってきた。英語のグローバル・ヒストリー（global history）を直訳すれば「地球史」になり、従来の「世界史」（world history）の同義語に近いが、ニュアンスが微妙に違う。「世界史」はどちらかといえば大陸のような大きな空間の区切りを分析の単位として、その空間を同時的・通時的に影響する大きな出来事を研究対象とする。たとえば農業の普及、宗教の広がり、ペストのような疫病の広域伝染などのようなテーマ。それに対して、グローバル・ヒストリーはより顆粒状的な分析を試みる。文明の広がりよりも物資の流通や人の移動が地域と地域のつながりを形成するプロセスを解明しようとする。

栗山茂久の研究に頼って朝鮮人参をめぐるグローバル・ヒストリーの一例をあげよう。[1] 周知のように、朝鮮人参は古くから東アジア全体で強壮剤として知られているが、近世期には西洋まで伝わった。人参がヨーロッパの書物に初めて登場したのは一六四三年であり、その後、医学書などでその効力がしばしば紹介された。しかし、その使用は一般市民までなかなか広がらなかった。その不人気の背景には中国と北米を結ぶグローバル・ヒストリー的な要素があった。

一七一〇年には中国在住のフランス人宣教師が、朝鮮人参の生育する地理的条件に注目した。朝鮮人参は中国と朝鮮のごく限られた地域の落葉性森林でしか生えないことをみて、緯度がだいたい同じで、しかも天候などの自然環境も似ているはずのカナダの森林でも人参が採れるのではないかと大胆な推測をした。それを受けて、別の宣教師が丹念に探した末、発見した。その結果、北アメリカの先住民がヨーロッパ産の銃や鉄製品を入手するために自然に生える人参を採集するようになった。交易相手の西洋人にとっては商品価値があまりにも高いので、強壮剤として自分たちで服用するよりも、東アジアへ輸出することを選んだ。

ということで、ヨーロッパの薬箱には朝鮮人参が定着しなかった。やがて中国を経由して長崎で輸入されて「広東人参」の名で日本でも販売されるようになった。江戸幕府は「広東人参」が本物の朝鮮人参のような効力がないとの理由で一七六四（明和元）年に輸入された人参四五〇斤（約二七〇キログラム）を焼却処分にしたが、その後方針を変えて「広東人参」の効力を認めて一七八八（天明八）年にまたその輸入販売を承認するようになった。

このようにして、朝鮮人参の流通は互いの存在すらわからない遠く離れた人々を結んで、それぞれの地域の経済や医療文化を変化させた。グローバル・ヒストリーの方法はこのような小さなつながりの積み重ねが少しずつ大きな変貌をもたらすプロセスを示唆的に描く。そして研究方法として国家史の枠組みに束縛されないからこそ国家間の外交に直接関わらない物事が見えてきて歴史研究の対象となる。

本論では朝鮮人参のような「もの」のつながりではなく、「知」のつながりを例として日本を近世的世界へ位置付けてみたい。最初に、一八五三（嘉永六）年のペリー来航以前の欧米における「日本」のイメージについて考えよう。近世期の日本人がどういうふうに外国を意識していたかについての研究成果が豊富だが、それに対して日本についての理解を簡単に紹介する。最後には欧米の農書にみられる日本の屎尿処理についての記述を簡単に紹介する。この作業は開国以降の欧米の先進性と日本の後進性を再検討する好材料となるのではないかと思う。

## 一 "Japan"について

いうまでもなく、英語では日本のことをJapanという。言葉の歴史的語法に詳しい『オクスフォード英語辞典』によると、Japanが地名として英語の文献に初めて登場するのは一五七七年だ。もちろん話し言葉に現れたのはそれ以前のこと。その語源についてはマルコポーロの『東方見聞録』に見られるジパングに由来する説が有名だが、直接の語源は十六世紀の国際交易の世界にあるらしい。マレー語の Jăpung あるいは Japang がポルトガル語の Japão やオランダ語の Japan に転訛し、やがて英語に入った。しばらくの間は Giapan・Jappon・Japon・Iapon など、綴りはまちまちだったが、十八世紀頃には今の Japan に定着したという。

地名としての大文字の Japan 以外にも小文字の japan または japanning という言葉がある。基本的な意味は名詞としては「漆器」・「漆」、動詞としては「漆を塗る」。『オクスフォード英語辞典』によると小文字の japan の初見は一六八八年にイギリスで出版された漆塗りの技法を紹介する専門書ジョン・ストーカーとジョージ・パーカー著 *Treatise of Japaning and Varnishing*（『漆塗りとニセ塗りの研究』）である。[2]

まずこの書物の叙述をとおして「日本」がどのように理解されていたかを考えてみたい。いうまでもないが、japan・japanning などの表現が頻繁に使われている。技法の由来については、巻頭にある「読者と職人への書簡」では「著者をはじめ日本の人々と交流のある者が必ず感嘆する工芸」として、日本とはっきり関連づけている。そして、現在は日本から漆器を輸入することができないのでイギリスやフランスでその技術を身につけ、漆工芸品を拵える職人がいると「書簡」は続く。国内生産の魅力については、輸入品の japanware（漆器）に精通している貴族や郷紳でさえ屏風一枚とか椀一個など、高価で希少な品物がなかなか手に入らないのに対して、国内の職人は顧客の要望に応えて家具類各種を提供できるという。

ところで、材料や技術をめぐる困難があったので japanware 職人は日本の漆塗りの技法を完全に再現できたわけではない。たとえば日本の漆器の黒くて硬い様式を真似するために日本で見られないアスファルトなどの材料を使った。したがって、japanware はあくまでも日本の漆器の模造品と理解すべきであろう。

ここまでの話では大文字の地名としての Japan と小文字の日本式漆工芸の japan の関係がはっきりしている。つまり、japan はもともと Japan から到来したものだということ。しかし同書の表紙の副題を見ると少し疑問を抱く。「付録にはインディアンの模倣による百以上の漆器（japan-work）の模型図あり」と書いてある。「インディアン」とは一体何を指すのだろうか。著者はこう説明する。日本産の japan の他に東南アジアから伝わるバンタム器（バンタムとはジャワ島にある地域）があり、技法や模様が若干違うのにもかかわらず一般の人にはその区別がつかないことが多く、結局アジアから伝わる漆器とその職人の総称として広く「インディアン」と呼ばれるようになったという。イギリスの東インド会社によって南アジア・東アジアから輸入された簞笥などの家具類を「インディアン」と俗に言われたことを反映すると思われる。それはともかくとして、『漆塗りとニセ塗りの研究』の著者は好き嫌いがあることを認めながら、japan の方が技術性も美的価値も優れているという(3)。

イギリスをはじめ、japanning の技法は徐々に広がっていって、十八世紀には南北アメリカの両大陸で japanware が盛んに製作されていた。なかでもアメリカ北東部のボストン市が japanning の拠点となり、一七一二年ごろにネヘマイア・パートリッジという職人が店舗を出したのを皮切りに数十人の職人が簞笥・テーブル・大時計などの家具を作り、十九世紀の前半まで人気を集めた。職人たちは漆塗りの技法ばかりでなく模様もなるべく日本的に意匠を凝らして、家具の形が西洋風のままでもデザインが日本を思わせるように努力した(4)。

十八世紀の後半には japan という言葉が本来の漆器という意味の他に比喩的な語法もみられるようになった。漆器と関係がなくても一般的に硬くて黒いものを japan といったり、また十八世紀から十九世紀までは牧師に任命することの俗語として、牧師が着る黒い服装を指して japanning といったりもした。

今は小文字の japan を滅多に耳にしない。舶来の漆器一般の意味としてのインディアンに至ってはまったくの死語である。東アジアの地名が小文字の名詞として残っているのは磁器（あるいは陶磁器一般）を意味する china（「中国」）のみだ。

このようにして、十八世紀から十九世紀にかけて「ジャパン」という言葉を聞いたイギリスやアメリカの人たちの頭に浮かんだのは果たして国家の日本なのか、漆器類なのか。それとも間接的にも日本とほとんど関係のない一般的な黒い物か、牧師か。ある程度日常生活のなかでは国家の日本と少しずつかけ離れたニュアンスが強くなっていった可能性がある。

## 二　地理学書に登場する日本

もちろん、国家の日本が人々の意識からまったく消えたわけではない。いわゆる鎖国体制の下の日本に対して強い関心を持つ人がたくさんいた。文学作品を例に挙げると、一七二六年に出版されたジョナサン・スウィフト著『ガリバー旅行記』の主人公ガリバーが幻想的な国々を旅行するが、途中に立ち寄って人々と交流する唯一の実存の国は日本だ。一二五年後、ペリー来航の二年前の一八五一年に出版されたハーマン・メルヴィルの『白鯨』の主人公は「あの二重錠を施した日本」といい、自分が乗り組んでいる捕鯨船が太平洋の日本近海で操業しても上陸できないことを憂う。よく知られているこの二例は、日本に対する強い関心と憧れを反映するものとして捉えてもよいのではないか。

ここで国としての日本が子供や一般の読者にどういうふうに理解されていたかを三冊の本をとおして検討してみたい。子供や一般の読者に向けた地理学書には日本がしばしば紹介されたが、情報は必ずしも質の高いものではなかった。たとえば、一八〇〇年にロンドンで出版された*An Abridgement of Geography*(『地理学簡約』)という子供向けの入門書には日本がこのように紹介された。

「東洋の島々のなかでは日本は特に私たちが注目する国です。その国民の勤勉なことが毎日感嘆させてくれます。[5]」

また、一八〇五年にボストンで出版された教科書では著者が「インドと東洋の島々」の項のなかで日本のことを簡単に紹介している。「中国の東の海、約一五〇マイル離れたところに日本があります。四つの島で構成されています。ジャパン(Japan—本州か)・ボンゴ(Bongo—豊後か)・トウサ(Tousa—土佐か)・デジマ(Dezima—出島か)がそうです。」と始まり、人物・地理・風習・経済の簡単な概要に続く。日本人は基本的に中国人に似ていて、髪は黒く、肌はだいたい黄色いが白っぽい肌色の女性もいると。服装などはきわめて地味で、外見だけでは人の社会的地位が見分けられないくらいみんな同じような格好をする。その上、装いの形式自体はずっと昔から一切変わっていないという。

『地理学簡約』はこう続く。日本列島には地震が多く、周辺の海は荒くてなかなか近寄ることができない。産物は中国とほぼ同じものがあるが、なかでも「ジャパンという名前で知られている漆器類が特別に有名」だといって、やはりjapanが登場する。家屋は平屋が普通で室内にはベッドも他の家具も一切ない。人は柔らかくて綺麗な座布団に座り、低い膳で食事を一品ずつ頂く。冬が寒くて厳しいのにもかかわらず暖炉もストーブもなく、ただただ小さな火鉢で暖をとる。来客は茶とタバコでもてなす。日本の人はたいへん綺麗好きで頻繁に入浴する。そして、日本人は礼儀作法をすこぶる重んじ、子供はよく大人に見習う。人はことのほか親孝行で年上の人に対して礼を尽くす。したがって、日本ほど犯罪の少ない国は他にない。しかし、その反面刑罰はきわめて厳しい。日本人は農業に長けていて、耕作地が山まで広がる。商業も工業も盛んだ。主な交易相手はオランダ人だという。[6]

以上のように、若干、アトランダムに日本の自然と人物の事柄を紹介している。この書は他の地理学書と同様、日本より中国にたくさんの紙面を割り当てている。中国の大きさと情報の豊富さを考えれば当然のことだろう。それはともかくとして、列島の島々の名前の誤りや人の装いが太古の昔から一切変わっていないという記述など、事実にそぐわない点がたくさんあるが、交流がない割にはまずまずの出来合いではないかと評価できよう。

今、紹介してきた二冊の児童書より少し古い作品だが、一般の読者に向けた一七六七年刊の*The Entertaining Traveller; Or, the Whole World in Miniature*(『愉快な旅行者・別名全世界の縮小図』)を紹介しよう。[7] 他の例と同様、この書も日本の風俗や自然環境に関するトピックを無作為に取り上げる。著者はまず、日本人は礼儀正しくて謙虚で、とても賢い国民だと描写する。身なりは中国人に似ているし、また中国人同様食事を箸(二本の棒)を操って食べるという。一部の宗派の人々は生類を一切口にしようとしない。ここまではとくに驚くべき内容ではないが、続いて「偉い人が晩餐会などを催すとき、祝宴の最後に家来を集めて、誰が自分の忠実を示すために来客の前で自害をするかと尋ねる。そうしたら家来たちは競って切腹をさせてもらおうとする。」また、殿の死に際しては家来が殉死することもしばしば見られる現象だという。

日本の政治については一人の大王の下に五、六〇人の小王がいて、小王たちは自分の領地を自由に治めることができるが、大王が絶対的な権力を持っているので、大王の意思次第で小王の知行を取り上げたり、彼らの命を奪ったりできる。いうまでもないが将軍と大名を取り囲む幕藩体制を思わせるシステムを描写していることがわかる。この項でも切腹が登場する。つまり、位の高い人が罪を犯したら、斬首に処される普通の犯人と違って切腹をさせてもらう特権があるという。宗教は仏教で、キリスト教は厳重に禁じられている。交易はオランダ・中国・「ジェセ」（Jesse─蝦夷か）に限られている。そして産物は非常に鋭い刀剣とやはり優れた漆器類が著名だという。

児童向けの書より詳しいこの『愉快な旅行者』は決して学者が読むものではなく、一般の読者の好奇心に応える内容となっている。誤りや誇張がたくさんあるが、著者はおそらくもともとはエンゲルベルト・ケンペル（一六五一─一七一六年）の『日本誌』（*History of Japan*）に大いに頼りながら著した文章だろうと思われる。

周知のとおり、ケンペルはオランダ東インド会社によって日本に派遣された最も優れた人物の一人。医師として来日したドイツ人のケンペルは博物学者として知られている。一六九〇（元禄三）年から約二年間出島に滞在した。帰国後二冊の本を著した。一七一二年にラテン語で発表した『廻国奇観』（*Amoenitates Exoticae*）は日本ばかりでなく、ペルシアや暹羅《シャム》（現在のタイ国）についての叙述を兼ねた旅行記だが、日本の植物についての記述がリネアなどの自然史学者の注目を浴びた。ケンペルは一七一六年に死亡したが、『日本誌』はその死後の一七二七年、ドイツ語の遺稿の英訳として初めて出版された。誤訳などがたくさんあって、内容には不十分な点がありながら、十七世紀末の日本の現状を伝える最も詳しい書物としてその影響は十九世紀まで及んだ。事実、その影響は現在まで及んでいるところさえある。というのは、「鎖国」という言葉は志筑忠雄が一八〇一（享和元）年に『日本誌』の抄訳を作成するにあたって新造した語彙であって、幕府の排他的な外交政策が徳川家光の時代から変わらぬ絶対的な法則だという意識を植え付けて、未だに私たちの歴史観をある程度支配している。[8]

フィリップ・フランツ・フォン・シーボルト（一七九六─一八六六年）はケンペル同様、ドイツ人の博物学者で医師として出島へ派遣された。一八二八（文政十一）年に高橋景保《かげやす》と地図などの資料を交換し事件を惹き起こしたことがあって（シーボルト事件）、近世日本に直接影響を与えた人物としてよく知られている。欧米では彼の著作は日本についての最新情報として重宝されて、各界の知識人をはじめ、一八三七（天保八）年のモリソン号事件にかかわったチャールズ・キングや日本を開港させたマシュー・ペリーなどがそれを信頼できる情報源として利用した。[9] 一般の地理学書にもシーボルトの影響が見られ、短いながらも日本についての項の内容が以前より正確で充実したものになった。例えばイタリア人の地理学者のアドリアーノ・バルビの著作には江戸の人口が約一三〇万人であって世界で最も大きい都市だという記述がある。[10]

## 結びにかえて——「先進国」としての近世日本

ここまでは欧米における近世日本のイメージについて述べてきた。地理学書に登場する日本の特徴といえば漆器類が名産の他、キリスト教が厳しく禁じられていることや武士の切腹の習慣があげられる。それ以外は中国と基本的に似ていて比較的豊かな国だというふうに描写される。「比較的豊か」といっても、著者たちは社会的・経済的・文化的水準が西洋のそれと比べて低いことを前提としている。彼らの優越感は揺るぎないものだった、といいたいが、一つだけその優越感にひびが入る箇所があった。

日本には西洋より明らかに進んでいるとみられる慣習があった。それは排泄物を丁寧に収集し、下肥として畑に施肥することだった。十八世紀末から十九世紀中葉までの農書や科学書では日本の屎尿処理の効率の良さが賞賛されている。例えば、一七九九年に出版された農書は、イギリスでは「食糧が大変不足しているのにもかかわらず」「最も効力が強くて優れた肥やし」として知られている人糞を利用しないのは理解しがたい。中国や日本では「人糞を無駄にしたり捨てたりすることは法律で固く禁じられており、各家庭には溜めを設ける」ので耕作人はそれ以外の肥料を施肥しない。下肥のもう一つの魅力は馬や牛のような家畜の糞と違って人糞には種などが含まれていないので要らぬ雑草が生えたりする心配がないという。[11] 事実的欠陥があるものの東アジアをモデルにすべきだという意識は十分伝わる。有機化学研究の先駆者の一人、ドイツ人のユストゥス・フォン・リービッヒも下肥の効果的利用によって都市空間における化学物質の循環を矯正して公衆衛生を守ることの大切さを提唱した。彼はやはり日本と中国の都市を模範にした。[12]

このようにして、近世日本の全体のイメージのなかには意外なところに先進性が認められる。これははじめにみた朝鮮人参の例と同じように、グローバル・ヒストリーの枠組みで理解すべきではないだろうか。屎尿ほど普遍的で歴史を超越したかのように感じられる物質はないが、場所によって時によってその理解の仕方がまったく変わる。大きな「知」の流れのなかで小さな「知」のつながりを探し出すことによって歴史全体が違って見える。

## 注

（1）Shigehisa Kuriyama（栗山茂久）, “The Geography of Ginseng and the Strange Alchemy of Needs,” Yota Batsaki, Sarah Burke Cahalan and Anatole Tchikine, ed., *The Botany of Empire in the Long Eighteenth Century*, Harvard Dumbarton Oaks Research Library and Collection, 2017, pp. 61–72.

（2）John Stalker [George Parker], *A Treatise of Japaning and Varnishing: Being a compleat discovery of those arts. With the best way of making all sorts of varnish for japan, wood, prints, or pictures. The method of guilding, burnishing, and lackering, with the art of guilding, separating, and refining metals: and of painting mezzo-tinto-prints. Also rules for counterfeiting tortoise-shell, and marble, and for staining or dying wood, ivory, and horn. Together with above an hundred distinct patterns for japan-work, in imitation of the Indians, for tables, stands, frames, cabinets, boxes, &c. Curiously engraven on 24 large copper-plates*, John Stalker [George Parker], 1688.『A Treatise of Japaning and Varnishing 日本語訳と復元方法』（北川美穂訳、二〇〇八年、国立国会図書館蔵）参照。この書籍はストーカーとパーカーの共著と思われるが著者の名前が版によってどちらかになっている。前付の一部以外は内容は同じ。二人の著者の関係については不詳である。本論の引用はストーカー著本による。なお題名にある japaning の綴りは原文のまま。

（3）同上七頁。

（4）Dennis Carr, “Chinoiserie in the Colonial Americas,” Dennis Carr, ed., *Made in the Americas: The New World Discovers Asia,* MFA Publications, 2015, pp. 120–22.

（5）（作者不詳）*An Abridgment of Geography; Adorned With Cuts Representing the Dress of Each Country*, John Marshall, 1800, p. 40.

（6）Susanna Rowson, *An Abridgement of Universal Geography; Together with Sketches of History Designed for the Use of Schools and Academies in the United States*, John West, 1805, pp. 133–34.

（7）John Fransham, *The Entertaining Traveller; Or, the Whole World in Miniature*, 2 vols., Henry Holmes, 1767, vol. 2, pp. 11–14.

（8）ケンペルの日本滞在についてはヨーゼフ・クライナー編『ケンペルのみた日本』（日本放送出版協会、一九九六年）や『日本誌——日本の歴史と紀行』（今井正訳、改訂・増補、霞ヶ関出版、一九八九年）などがある。『日本誌』の最新で最も信頼できる英訳は Englebert Kaempfer, *Kaempfer's Japan: Tokugawa Culture Observed*, Beatrice Bodart-Bailey, trans. and ed., University of Hawai'i Press, 1999.「鎖国」の語源については Ronald Toby, *State and Diplomacy in Early Modern Japan*, Princeton University Press, pp. 12–13 参照。

（9）（作者不詳）*The Manners and Customs of the Japanese in the Nineteenth Century. From Recent Dutch Visitors of Japan and the German of Dr. Ph. Fr. Von Siebold*, John Murray, 1841 は四二三頁にも及ぶ日本の現状を詳しく紹介する書である。シーボルトの著作を基にして編纂されたと副題に書かれている。C. W. King and G Tradescant Lay, *The Claims of Japan and Malaysia upon Christendom, Exhibited in Notes of Voyages Made in 1837, From Canton, in the Ship Morrison and Brig Himmaleh*, 2 vols., E. French, 1839; Matthew C. Perry, *The Japan Expedition, 1852–1854: The Personal Journal of Commodore Matthew C. Perry*, Roger Pineau, ed., Smithsonian Institution Press, 1968.

（10）T. G. Bradford, *An Abridgement of Universal Geography, Modern and Ancient; Chiefly Compiled from the Abrégé de Géographie of Adrian Balbi*, Freeman Hunt & Co., 1835, p. 418.

（11）Thomas B. Bayley, *Thoughts on the Necessity and Advantages of Care and Œconomy in Collecting and Preserving different Substances for Manure*, C. Wheeler and Son, 1799, p. 11. デビッド・ポーターの西洋の「先進性」を疑うイギリスの知識人についての刺激的な分析を参照。David Porter, “Sinicizing Early Modernity: The Imperatives of Historical Cosmopolitanism,” *Eighteenth-Century Studies*, vol. 43, no. 3, 2010, pp. 299–306.

（12）Christopher Hamlin, “The City as a Chemical System? The Chemist as Urban Environmental Professional in France and Britain, 1780–1880,” *Journal of Urban History*, vol. 33, no. 5, 2007, pp. 702–28.

# 琉球王府の外交官と異国船

武井基晃

●たけい・もとあき　一九七七年山梨県生。二〇〇五年筑波大学大学院博士課程歴史・人類学研究科修了。博士（文学）。筑波大学人文社会系准教授。民俗学。共著『民俗学が読み解く葬儀と墓の変化』（朝倉書店）『〈境界〉を越える沖縄——人・文化・民俗』（森話社）等。

## 一　久米村の通事たち——琉球王府の外交官

琉球王国時代、外交官や通訳などの職務を兼ねた「通事」の職責を代々担った一門——久米村士——がいた。本稿では琉球王国時代の末期、琉球に渡来したイギリス船・フランス船など西洋諸国への対応を任されることとなった通事たち個々人の人生にとって、その経験がいかなるものであったのかを軸に、琉球のグローバル化の最前線に立った通事たちの履歴をひもといていく。あわせて、そうした先祖の歴史を今日の子孫がいかに語り継いでいるかにも目を向ける。

琉球では、一六〇九年に薩摩藩の影響下に置かれて以降、一六五〇年代の二回にわたる士以外の百姓層の町方居住の禁止、一六七一年に譜代の士《サムレー》（その当時に数代にわたって王府に仕官していた士）のみに許された代々の系図の提出によって、士の身分制の確立が段階的に進んだ。その後一六八九年、王府内に士の一門ごとの系図（家譜）を管理する系図座という専門部署が設置され、士の筋目（「里之子」・「筑登之」の二つの譜代、後年新規に取り立てられた「新参」）

が確定した。さらに町方（首里・那覇・泊・久米）の居住地によっても分かれ、たとえば琉球の士の大部分を占める首里士は首里城下に居住して王府に勤めることを目指したなど、住所によって職務が異なっていた。

本稿で対象とする久米村《クニンダ》（唐栄とも称した。現・那覇市久米）は那覇の港近くの村で、古くは明から渡来して琉球王府に仕え始めた人々（久米三十六姓と総称される）の居住区を基盤に成立した。当初は外国人居住区だったが、早い段階からその機能を維持するための人材がその都度補われ、その後の時代の琉球において、久米村に在籍した士たち（渡来人の子孫、その家を継いだ琉球人、首里士などから久米村士に移籍した者、日本から渡航してきた者を含む）は代々にわたって、明・清との外交・通訳・漢籍（および儒学）などの専門家を育てて輩出することを王府から求められた。このように、外交・通訳などを家業とする複数の一門が当時の久米村には集住しており、言わば村まるごとが職住一致の王府の通事養成機関だったのである。

久米村士たちは一門の枠を越えて助け合って優秀な子弟を養育し、王府へと人材を提供し続けた。そのため久米村士の男児は、十代から若秀才・秀才の位階（品外）に就き俸禄を得ながら勉学に従事し、また私費での留学（あるいは琉球の王一代につき四人という狭き門だが国費留学生の官生として北京の國士監への留学）の機会があった。私費留学の例としては、父が外交の職務で大陸に渡るとき、その息子が同船しての渡航を許されるかたちで現地研修の機会を得た。

明・清に対する外交、特に進貢・接貢の際には、存留在船通事として福建など大陸の港に滞在したり、上京都通事として首都北京に向かったり、頭號船や弐號船の大通事・脇通事といった役職に就いたりして渡航の職務を勤め、勤星という人事上のポイントをためて昇進した。このほか、久米村を管轄する役職（長史・久米村惣與頭・総理唐栄司など）に就くこともあった。久米村は村ごとが王府の機関のようなものだったため、村の代表職も通事の人事の一環だったのである。

そうした経験を積みながら、通事・若里之子（従九～従八品。赤冠）、黄冠（従七～正七品）、都通事・当座敷（従五品）、都通事・座敷（従四品）、中議大夫（正四品）、正議大夫（従三品）、紫金大夫（従二～正二品。紫冠）など、久米村士のみの位階を出世していった。その位階も役職も首里など他の士とは異なるものであり、赤から黄、そして紫へと昇格していく冠の色が最高位の紫冠となるのは、久米村士の場合はその頂点の紫金大夫に限られるなど、位階の品位や昇級のスピードなどにおいて首里系の士とは格差があったようである。

久米村士の中でも特に優秀な人材は、留学や外交経験を積んだのち、久米村内の孔子廟・明倫堂にて教職（講解師・訓詁師など）に就き、次代を担う久米村の若い子弟たちに華語（漢語）や儒学を教授した。このように久米村に在籍する複数の一門が協力して、王府の外交の職へ送り出すための人材を育成し続けていた。琉球王国は大陸の明・清へ朝貢し冊封を受ける関係にあった。久米村士が外交・通訳などの専門家たることを期待され、勉学や留学の機会が与えられたのは、あくまで対大陸（明・清）の外交、華語の通訳が本来の職掌であり、明・清を相手とする外交官の育成に向けて経験を積むためのプログラムも確立していた。

## 二　異国船の来琉と通事

ところが十九世紀、イギリス・フランスをはじめとする異国船がたびたび琉球に来港・停泊するようになった。**年表1**は十八世紀末以降の主な異国船の琉球来航をまとめたものである（大熊良一『異国船琉球来航史の研究』鹿島出版会、一九七一年。山口栄鉄編訳『外国人来琉記』琉球新報社、二〇〇〇年）。時代がこのように展開する中、久米村士たちは西洋諸国からの異国船相手の外交の現場にも動員されることになった。若い世代の久米村士は西洋からの異国人と日々直接対峙する現場に駆り出され、琉球王国のグローバル化の最前線でゼロから経験を積むことになった。東アジア圏（華語圏）内の外交の専門家であった久米村の通事たちにとって異国船対応は、言わば専門外の職務だった。

それらの船に大陸から華人の通訳が同船していれば華語での意思の疎通が図れたし、互いに経験を積むことで異国人側に琉球の言葉を解する者、琉球側に英語を解する者も現れた（大熊前掲書。照屋善彦『英宣教医ベッテルハイム――琉球伝道の九年間』山口栄鉄・新川右好訳、人文書院、二〇〇四年）[1]。ライアラ号・アルセスト号の来航時に英語を習得し、両船が当時記した書物（バジル・ホール『大琉球島航海探検記』須藤利一訳、第一書房、一九八二年。J・マクラウド『アルセスト号朝鮮・琉球航海記』大浜信泉訳、榕樹書林、一九九九年。H・J・クリフォード『クリフォード訪琉日記――もう一つの開国』浜川仁訳、不二出版、二〇一五年）にも頻繁に登場する、首里士の眞榮平房昭（柯世榮）と安仁屋政輔（東順法）や、のちに安仁屋から英語を学んだ牧志（板良敷）朝忠などが英語通事として知られている。たとえば「地方官」という「琉球王府側の代表である真栄里親方は会見に臨席しているものの発言はほとんどせず、実際には、通訳の一人（板良敷朝忠）がアルクメーヌ号側と応対していたようである」[2]という状況だった。

この地方官とは、久米村士の高官が異国との応対に際して臨時に就いた、仮の役職である。「琉球王国の『地方官』を、①艦長と同格の役職、また、②琉球王への取次ぎ役とフランス側は見なしていたのではないか」と考えられているのだが[3]、実際には西洋の異国船に関しては、久米村の通事たちは権限を全く与えられておらず、手ぶらで外交の矢面に立たされているようなものだった。首里から離れた場所に異国人を閉じ込めて、水際で「外交をしな

**年表1　18世紀末以降の主な異国船の琉球来航**

| 年 | 欧米諸国の主な琉球来航 |
|---|---|
| 1797 | 英艦プロビデンス号が宮古島沖で座礁。 |
| 1816 | 英艦アルセスト号、ライアラ号が那覇に40日間滞在。 |
| 1819 | 英商船ブラザーズ号。 |
| 1827 | 英艦ブロッサム号。 |
| 1832 | 英商船ロード・アマースト号。 |
| 1837 | 米商船モリソン号。 |
| 1840 | 英船インディアン・オーク号、北谷海岸にて遭難。 |
| 1844 | 仏艦アルクメーヌ号が琉球王府に和親などを要求。宣教師フォルカード（2年滞在）を残して去る。 |
| 1845 | 英艦サマラン号。 |
| 1846 | 仏艦サビーヌ号、宣教師レチュルデュが那覇に上陸（3カ月滞在）。<br>仏艦クレオパートル号・ビクトリューズ号の兵員が運天に上陸。琉球王府と1カ月半にわたって交渉。フォルカードは同艦隊に乗って去る。<br>英船スターリン号に乗って宣教師ベッテルハイムが上陸（8年滞在）。 |
| 1849 | 英商船難破。英船が通商を要求。 |
| 1850 | 英艦マリナー号。護国寺および艦上で王府役人と会談。<br>英艦レイナード号。書簡を交わし艦上に王府役人を招待。 |
| 1851 | 米捕鯨船サラ・ボイド号、摩文仁の小渡浜に上陸（6カ月滞在）。同船に乗船していたジョン万次郎も上陸。 |
| 1853 | 米のペリー艦隊来航、首里城を訪問。 |
| 1854 | 米のペリー艦隊、琉米修好条約。ベッテルハイム去る。<br>英艦、モートン牧師上陸（2年滞在）。<br>露のプチャーチン艦隊来航。<br>米探検船ビンセンヌ号。 |
| 1855 | 琉仏修好条約。フューレ神父上陸。 |
| 1859 | 琉蘭修好条約。 |

い」というのが琉球王府の外交政策だったからである。

**年表2**は、那覇市史（『那覇市史――資料篇第一巻6家譜資料2（久米村系）』一九八〇年、那覇市）に所収されている家譜（および一部の所収外の家譜）を元に筆者が作成したもので、久米村士の個々人の履歴資料から当時の対イギリス・フランス外交（アメリカ、オランダも含む）の実態について、とりあえずの概要を示したものである（当然、実際にはさらに多くの久米村通事や首里役人が対西洋外交に対処した）。毛廷器・蔡修などの人名は久米村士の名前である。当時久米村だけでなく琉球の士の男子は（無役の者も含め）全員が、今日の沖縄県民の苗字につながる家名とは別に、唐名という大陸式の名前を持っていた。唐名の姓（毛・蔡・陳・金・鄭・孫・紅・梁など）は一門で承継し、琉球士の一門の総称はこの唐名の姓が用いられていた。なぜなら士の家名は地頭を務めた土地の地名を名乗った（例えば、小禄間切の儀間村を知行した蔡氏は儀間を名乗る）ため、知行が変わるとその名は変更されたが、唐名の姓は不変だったからである。

相次ぐ異国船の来港を受けて、那覇の港に近い――首里城から遠い――寺が異国人の滞在場所に設定された。まず天久寺（天久山聖現寺。現在の所在地は那覇市泊）

## 年表2　英仏に対応した主な通事の例

<table>
<tr><th colspan="2">年</th><th>イギリス（滞在は主に護國寺）</th><th>フランス（滞在は主に天久寺）</th></tr>
<tr><td rowspan="2">嘉慶21</td><td rowspan="2">1816</td><td>毛廷器：紫金大夫。英漂着船2隻に琉球の代表「地方官」として対処</td><td rowspan="2"></td></tr>
<tr><td>蔡　修：英の漂着船2隻に対処。「通事」として「毎日朝晩往還」</td></tr>
<tr><td>道光2</td><td>1822</td><td>陳思聰：8/26英船が漂着した際、病の異國通事に代わり現地で対応。～9/21</td><td></td></tr>
<tr><td>道光20</td><td>1840</td><td>孫光裕：漂着した英船に対処</td><td></td></tr>
<tr><td rowspan="3">道光24</td><td rowspan="3">1844</td><td rowspan="3"></td><td>鄭良弼：那覇地方官。「夷船到國」。～道光30（1850）年</td></tr>
<tr><td>鄭秉衡：天久寺に逗留する夷人の「通事」。～道光27（1847）年</td></tr>
<tr><td>金重威：天久寺に滞在した仏国人の「通事」を日夜勤めた。「教琉話通事」</td></tr>
<tr><td rowspan="3">道光26</td><td rowspan="3">1846</td><td></td><td>鄭明崑：天久寺に留在する仏国人2人の「通事」を寺で日夜勤めた</td></tr>
<tr><td colspan="2">金邦俊：「異國大夫」を務め英国人・仏国人に対応。～道光28（1848）年</td></tr>
<tr><td>孫文和：護國寺の英国人の「詰通事」（昼夜輪番）。～咸豊2（1852）年4月</td><td></td></tr>
<tr><td>道光27</td><td>1847</td><td>金重威：護國寺の英国人の「通事」を日夜勤めた</td><td></td></tr>
<tr><td>咸豊1</td><td>1851</td><td>鄭秉衡：護國寺に留在した夷人の「通事」</td><td></td></tr>
<tr><td rowspan="3">咸豊2</td><td rowspan="3">1852</td><td>孫文和：英船を送る際、賊船に襲われた</td><td rowspan="2"></td></tr>
<tr><td>紅邦屏：護國寺に居住した宣教師ベッテルハイム（「伯徳令」）の「通事」</td></tr>
<tr><td colspan="2">異國方御用係（掛）4人が置かれ、城内御番所・那覇里主所に詰めるようになる</td></tr>
<tr><td rowspan="2">咸豊3</td><td rowspan="2">1853</td><td>梁大章：護國寺に留在した英国人の「詰通事」</td><td rowspan="2"></td></tr>
<tr><td>（米国ペリー艦隊5隻）</td></tr>
<tr><td rowspan="6">咸豊4</td><td rowspan="6">1854</td><td>（ベッテルハイム、米国ペリー艦隊8隻と琉球を去る）</td><td rowspan="3"></td></tr>
<tr><td>陳天福：8月「護國寺直通事」として英国人に儒書を教えた</td></tr>
<tr><td>梁芝昌：11月護國寺留在の英国人の「詰通事」。翌年の帰国まで</td></tr>
<tr><td colspan="2">梁大章：異国対応（辨理夷務）の係職</td></tr>
<tr><td colspan="2">魏掌治：西洋國人が逗留した際「異國方御用係」を務めた</td></tr>
<tr><td colspan="2">陳元輔：異國公務に当たった。仏・英・米の条約締結主張のため「公務甚繁」な役職</td></tr>
<tr><td rowspan="4">咸豊5</td><td rowspan="4">1855</td><td rowspan="4"></td><td>孫得才（兄）：蘭船に対応。仏船が来た際「異國大夫」</td></tr>
<tr><td>孫得功（弟）：仏船が来た際「異國大夫」</td></tr>
<tr><td>鄭文光：天久寺逗留の仏国人に「通事」として儒書などを教示</td></tr>
<tr><td>林世佐：天久寺の仏国人の「詰通事」。毎日寺に赴き儒書や中国語を教えた</td></tr>
<tr><td rowspan="2">咸豊6</td><td rowspan="2">1856</td><td rowspan="2"></td><td>紅邦屏：仏国人の「詰通事」となり儒書や中国語を教えた。～咸豊9（1859）</td></tr>
<tr><td>陳元輔：仏国の条約締結の強要を「王舅大通事」として清に報告し撤回をはかろうとするも、薩摩の島津斉彬に止められた</td></tr>
<tr><td rowspan="2">咸豊10</td><td rowspan="2">1860</td><td rowspan="2"></td><td>紅邦屏：仏国人の「詰通事」。～同治1（1862）</td></tr>
<tr><td>蔡呈書：「異國方御用係」。～同治1（1862）西洋人が無事に帰った後で褒美を賜った</td></tr>
</table>

は異国人接見の公館を経て、一八四四年から二年間フランス人宣教師フォルカードと華人通訳の滞在場所となった。当時においてそこは「ペリー来航に先立つこと約一〇年、出島のオランダ人をのぞけば、幕府の『鎖国』政策がおよぶ地にヨーロッパ人が居住した最初の例[4]」とされる。

同様に、護国寺（波上山護国寺。現在の所在地は那覇市若狭）はイギリス船関係者・宣教師の滞在場所とされた。護国寺滞在の異国人で特に有名なのがベッテルハイムである。ベッテルハイムは一八四六年四月三十日から、一八五四年七月十七日にペリー艦隊に乗船して琉球を去るまで家族とともに琉球に滞在し、「波上《ナンミン》の《ヌ》眼鏡《ガンチョー》」と称された。その間、何人もの通事が漢訳聖書の琉球語訳の手伝いを断りベッテルハイムの怒りを買って追い出されたり、一方で一八五二年には通事らを動員して聖書を琉球語に翻訳させたことが薩摩藩の在番奉行に知られ問題となったりした（照屋前掲書）。なお彼の名「伯徳令」を明記した久米村士の家譜は筆者の確認した範囲内では今のところ紅氏家譜のみで、ほかは護国寺のイギリス人とか夷人としか書かれていないので、**年表2**にもそれを反映している。

**年表2**の範囲内で、繰り返し名前が出てくる通事に注目してみてみよう。異国人相手の職を一度勤め上げるとその経験を買われたのか複数回、しかもイギリス人・フランス人関係なく担当させられていたことがわかる。金重威と鄭秉衡は一八四四年に天久寺でフランス人（フォルカード）に琉球語を教えてから、金重威は一八四七年に、鄭秉衡も一八五一年に護国寺（ベッテルハイム）の担当になっている。紅邦屏は一八五二年に護国寺でベッテルハイム（家譜に「伯徳令」と明記）を担当し、一八五六年から一八六二年までフランス人担当となって儒書などを教えた。陳元輔は一八五四年にイギリス・フランス・アメリカの条約締結要求に対処する異国公務に当たり、一八五六年にフランスの条約締結の強要を「王舅大通事」として清に報告して撤回をはかろうとした。かつて一八四四・四六年には清への請願が功を奏して当時のフランス人の退去につながったという外交上の前例があったからで、このときの清を相手とする外交において久米村通事は主導的に外交判断を下し、薩摩の在番奉行もこれに関与した[5]。ところが、一八五六年の陳元輔の渡航は薩摩の島津斉彬（薩摩藩主在職一八五一—五八年）に止められてしまった。島津斉彬の意図は琉球を介してフランス・オランダとの交易（武器・軍艦購入）を進めようとしたと考えられる[6]。

父子二代にわたって異国船に対応した事例も**年表2**には見られる。陳思聰（異国通事の代理としてイギリス船に対処）と陳元輔、孫光裕（イギリス船に対処）と孫得才・得功兄弟（兄弟揃って異国大夫としてフランス船に対処）、鄭良弼（若い頃は清国から法律を学んで帰り、のちに那覇地方官として異国船に対処し久米村代表の総理唐栄師も一時兼任）と鄭秉衡、金邦俊（異国大夫としてイギリス・フランスに対処）

と金重威は、父子である。中でも鄭父子と金父子は、父子同時に異国対応の職に就いているのだが、そうした場合、やはり六十歳前後の父は管理職、二十~三十代の息子は寺に詰めて異国人と直接対面する役目を担っている。

以上のように、繰り返し、あるいは父子二代にわたって家業のように異国船に対処した久米村士、さらには一度だけでも異国船に関わった通事はもっと多かったはずである。

それでは、本来は大陸の清を相手とする外交を想定して育成され、華語や儒学の専門家だったはずの通事個々人の人生にとって、イギリス・フランスなど西洋の異国船相手の外交の現場での経験はいかなるものだったのだろうか。そのことについて、以下では二人の通事の人生を追うことで見ていきたい。

## 三　通事の人生における異国船外交

### 1　蔡修とイギリス軍人の交流

年表3は蔡修の人生をまとめたものである。彼は久米村士の蔡氏の宗家に生まれ、二十一歳の時に亡くなった父から宗家と知行地（小禄間切の儀間村）を相続し、同年から二年半留学して北京にも赴いた。帰国後すぐに通事、のちに黄冠へと昇進し、三十代の時に漢文の公文書を扱う専門職を経てから、首里の国学（琉球王府の最高学府）にて教職に就いて、官話詩文すなわち華語を教えていた。当時の琉球における知識人の一人だったと言えよう。

蔡修にとって転機となったのは四十歳の時、漂着した異国船――イギリスのライアラ号とアルセスト号――に通事として「毎日朝晩往還」して対処する現場を経験したことである。ライアラ号の艦長バジル・ホールが帰国後に出版した書物（バジル・ホール前掲書）に、彼の名前は、蔡修（Tsi-se-eu）、および儀間（Jeema。蔡修の知行地の地名にして家名）という役人として登場している（長男の蔡吉 Tsi-chee の名も掲載）。儀間は、クリフォード大尉の案内を務め、たびたび艦を訪問し（会食で慣れないハムを芥子なしで食べ）、水兵を埋葬した墓に参列し、琉球の王族（向邦輝・布政大夫）の艦訪問に際してはその従者たちを食卓に座らせるよう英艦側に頼んでいる。

またクリフォード大尉自身が記した訪琉の日記には、より生き生きと蔡修（儀間）が描かれている。「ぼくらが『赤っ鼻《レッド・ノーズ》』と呼ぶ長は『儀間ツィセウ』で、彼の長男は『マツィ・ツイチィ』である。家族のうち女性の名前をひとりでも教えるよう彼を説き伏せることはできなかった。そのことに触れようとすると、すぐ話題をよそへ変えるのであった」、「満杯の乾杯が行われているさなか、水を混ぜて乾杯しているところを儀間にみつかってしまった。全員にばれてしまうのではないかとたいそう気をもんだが、こっそり合図したところ、口をつぐんだまま、それから後はこの晩はずっと、自分の飲み干す分を、ぼくの瓶から満たしていた。これで明日はきっと彼の頭は大丈夫だろうと思う」、別れに際し「儀間からは扇子をもらった。これもまた名誉なことだと感じる」（H・J・クリフォード前掲書）。引用文献の訳者によると登場する儀間が蔡修だとは特定されていないとのことだが、蔡修の履歴、および「ツイセウ」は「蔡修」の華語読み、「マツィ」は蔡吉の童名である「松」を琉球読みしたもの、「ツイチィ」は「蔡吉」の華語読み、蔡氏門中の今日の苗字が儀間であることなどを考え合わせると明らかである（なお、クリフォードは帰国後に英国海軍琉球伝道会を設立し、同会は宣教師兼医師としてベッテルハイムを琉球に派遣した）。

この英艦対応以来、蔡修は外交の職を歴任することとなる。まず英艦漂着の翌年に接貢船の存留通事として大陸に滞在し、その七年後には進貢船の貳號船大通事として再度大陸へと渡航している。その帰国後に久米村の管理職（系正務）を経てから、今度は江戸へ向かう琉球使節（江戸上り）に参加し、行列の進行と路次楽（楽隊）を司る儀衛正という役職に就いた。このときの琉球使節を描いた「天保三壬辰年琉球人来朝行列之圖」（ハワイ大学マノア校所蔵。天保三年は一八三二年）には、「儀衛正儀間親雲上」が馬に乗った姿が描かれている。

しかし、蔡修は江戸まではたどり着けず、その旅路の途中に伏見地方で病没した。なお、その二年前に長男の蔡吉も三十五歳で死没しており、蔡氏の宗家と儀間村の知行地はまだ秀才の位だっ

**年表3　蔡修の人生**（『蔡氏家譜』）

| 道光12 | 道光8 | 道光6 | 道光4 | 道光2 | 嘉慶22 | 嘉慶21 | 嘉慶15 | 嘉慶14 | 嘉慶13 | 嘉慶11 | 嘉慶8 | 嘉慶5 | 嘉慶2 | 乾隆56 | 乾隆53 | 乾隆42 |
|---|---|---|---|---|---|---|---|---|---|---|---|---|---|---|---|---|
| 1832 | 1828 | 1826 | 1824 | 1822 | 1817 | 1816 | 1810 | 1809 | 1808 | 1806 | 1803 | 1800 | 1797 | 1791 | 1788 | 1777 |
| 56歳、「赴江戸中途染病」「卒于伏見地方」。 | 52歳、赴江戸儀衛正。 | 50歳、系正務。 | 48歳、進貢の際、貳號船大通事に。 | 46歳、中議大夫に。 | 41歳、接貢存留通事。 | 40歳、**通事としてイギリス漂着船2隻に対処。** | 34歳、國學官話詩文之總師（在職5年）。 | 33歳、久米村惣與頭・國學官話詩文之中師。 | 32歳、都通事座敷。 | 30歳、漢文組役・總師寄役。過達理座の位。 | 27歳、黄冠の位。 | 24歳、帰国後、通事に。若里之子の位。 | 21歳、家を継ぎ、小禄間切儀間地頭職を相続。同年、閩・北京に留学（讀書習禮）。 | 15歳、秀才。 | 12歳、若秀才。 | 蔡氏の大宗家（十六世）に生まれる。 |
| 日本 | | | 清 | | 清 | 英 | | | | | | | 清 | | | |
| 日本赴任中に死去 | | 40歳の時、**イギリス船への対応で外交職へ。**清にも渡航 | | | | | 20代前半の留学を経て、30代は公文書の専門職、教育職 | | | | | | | | | |

た蔡修の孫・蔡選が相続した。

## 2 梁大章にとっての修好条約締結の三年間

年表4は梁大章という通事の人生である。梁大章は梁氏の分家筋の家（崎山家）に次男として生まれたのだが、その父・梁文翼は、官生（琉球王一代につき四名に限って北京の国子監に送られた国費留学生）で、帰国してから、教育職（久米村官生師、唐榮訓詁師、唐榮講解師、北京官話音律師、王族の侍講役）や、外交職（北京大通事、進貢謝恩の正議大夫）を務めた、当時の琉球きっての学歴エリートである。梁大章が三〜八歳の頃、父は官生として国費留学に出ていた。

官生の息子である梁大章は二十四歳の時、正議大夫として進貢謝恩の使節に加わった父に同行することを許され、北京までの留学の機会を得た。この帰国直後に父は五十歳で死去したが、梁大章は若里之子・黄冠と昇進し、三十代半ば以降から生涯にわたって清との外交の職を担当し、北京にも三回派遣されている。大陸に渡航する通事でも大陸の入り口の福州の港までしか至れなかった通事が多い中で、北京行きの機会に恵まれたほうと言えるだろう。

最初は副通事・把門官（門番・護官）として渡航し、帰国後に都通事に昇進した。久米村惣横目（在職中に倭人の保護に関与）や文組寄役といった内勤・行政職を経てから、清の新帝の慶賀のために派遣された使節団に参加し、帰国後には病気の同僚に代わって薩摩まで報告に赴いている。

その後、中議大夫に昇進した年、護国寺に留在した英国人——すなわち帰国直前のベッテルハイム——の詰通事として異国人（西洋人）対応の現場を経験し、続いてその翌年から二年間「辨理夷務」、つまり異国対応の係職を務めた。梁大章が異国人（西洋人）を担当したのは三年間のみだったものの、実はこの三年は対英・対米・対仏外交が大きく動いた年であった。一八五三年五月に米国ペリー艦隊が来琉し、一八五四年に琉米修好条約が、一八五五年に琉仏修好条約が締結されたのである。そしてベッテルハイムは琉米の会談の場に通訳として立ち会い、ペリー艦隊に乗船してついに琉球を去ったのであった。

この三年間、梁大章も上級の通事として大いに異国との外交に翻弄され王府のために働いたと考えられる。にもかかわらず、家譜に記録されたこの間の彼の履歴は「辨理夷務」の四文字で済まされている。

その翌年に梁大章は対清の担当に戻り、北京大通事としてまた北京に向かっている。さらに晩年、正議大夫として四回目の北京派遣を拝命したが、渡航前に死去した。官生だった父より少し長生きし、しかも諸外国との修好条約締結という激変の年に異国対応まで経験した外交人生だった。

**年表4　梁大章の人生**（『梁氏家譜』）

| 年号 | 西暦 | 事項 | 場所 | |
|---|---|---|---|---|
| 嘉慶8 | 1803 | 官生・梁文翼の次男として生まれる。 | | |
| 嘉慶19 | 1814 | 12歳、若秀才。 | | |
| 嘉慶22 | 1817 | 15歳、秀才。 | | |
| 道光6 | 1826 | 24歳、進貢謝恩のため北京に向かった父に同行（讀書習禮）。 | 清 | 20代半ばの留学を経て、複数回大陸・北京へ |
| 道光8 | 1828 | 26歳、帰国後、若里之子の位。 | | |
| 道光12 | 1832 | 30歳、黄冠の位。 | | |
| 道光17〜20 | 1837〜40 | 35歳、副通事・把門官として北京へ。 | 清 | |
| 道光20 | 1840 | 38歳、都通事に。 | | |
| 道光22 | 1842 | 40歳、久米村惣横目（3年）。 | | |
| 道光24 | 1844 | 42歳、倭人を保護。 | 日本 | |
| 道光28 | 1848 | 46歳、文組寄役（2年）。 | | |
| 道光30〜咸豊2 | 1850〜52 | 48歳〜、慶賀王舅通事として北京へ。帰国後、薩州へ報告に。 | 清 | |
| 咸豊3 | 1853 | 51歳、中議大夫。**護国寺に留在したイギリス人の詰通事。** | 英 | イギリスなど異国対応 |
| 咸豊4 | 1854 | 52歳、**異国対応（辨理夷務）の係職**（2年）。 | 異国 | |
| 咸豊6〜8 | 1856〜58 | 54歳〜、北京大通事として北京へ。 | 清 | 大陸・北京へ |
| 咸豊9 | 1859 | 57歳、正議大夫に。 | | |
| 咸豊10 | 1860 | 58歳、2月に進貢を拝命。10月に死去。 | 清 | |

## 四　異国船対応と昇進

琉球王府、そして日本と清をはじめ当時の東アジアの大勢をひっくり返しうる重要な局面だった異国船対応を勤め上げた通事たちは、どのように報われたのだろうか。

端的に言うと、異国船対応は、久米村士にとって昇進にはつながらなかったようである。

蔡修が都通事座敷に昇進して教職を務めてから、次に中議大夫に昇進するのは、その間の英艦への対応の功績が評価されたからではなく、その後の接貢船での大陸渡航の職務を果たしてからであった。同様に、梁大章も北京から帰って中議大夫になった年に異国対応を担当したが、その功績での昇進はなく、次に北京から帰ってきたときに正議大夫に昇進している。

**年表2**に挙げた他の通事の履歴を見てみても、異国船対応の職務が評価されて昇進につながった例はなく、いずれも大陸渡航など久米村士にとって本来想定されていた職責を果たしてからの昇進のみである。つまり、大陸（清朝）相手の職務が昇進に反映される人事評価のシステムは確立していたが、異国船相手の職務は特に昇進の評価として反映されることはなく、そうこうしているうちに、琉球王府が終焉を迎えてしまったのである。

異国船対応は、当時の琉球における華語のプロフェッショナルだった久米村士にとっては気苦労とリスクばかりのイレギュラーな職務であり、報われない仕事だったようである。

## 五　子孫による先祖の履歴の評価の例

最後に、異国船に対応した通事たちについて、今日の沖縄の子孫たちがどのように伝えているのかを見ていきたい。琉球士族の子孫は、今日の沖縄でも琉球士族由来の門中として結集し、門中の元祖以降の祖先祭祀を行うとともに、家譜などの史料が残っていればそれらをもとに先祖の歴史を明らかにする事業を門中団体として執り行っている(7)。

例えば、毛氏という久米村の士の門中会から発展して発足した社団法人（当時。現在は公益社団法人）である久米国鼎会の記念誌（久米毛氏四百年記念誌編纂事業分科会『鼎』久米国鼎会、二〇〇八）の第一章「久米村の歴史と毛姓門中」第四節「毛姓人物辞典」（渡辺美季・上里隆史編）には、イギリスの艦隊（ライアラ号・アルセスト号）に対し、「地方官」という仮の官職を名乗って対処した、毛廷器という通事（年表2参照）について紹介されている。彼は当時、紫金大夫という久米村士の中でも最上位だったため、その外交の職務の一環として、代表として英艦隊に対峙した。毛廷器はその振る舞いで英艦隊から社会的地位の高さを認められ、「機知に富んだ態度でユーモアすら交えながらホールたちと交際」し、その直後に「廷器は六三歳で逝去し（略）葬儀の際には国王・国祖母・国妃より御香・御花などを賜っている」ことがライアラ号のバジル・ホールの著書や琉球王府の歴史書『球陽』など当時の史資料を用いてまとめられている。琉球側の代表として英国人に接した毛廷器は、ライアラ号のバジル・ホールの著書（前掲書）に何度も登場し、彼を描いた挿絵も掲載されている。子孫にとってそれは西洋人が描写した当時の先祖の姿であり、紫冠をかぶった姿を描いたその挿絵も記念誌に転載されている。二四九名の毛氏の人物が紹介されているなか、当時の色刷りの画が残っているのは毛廷器だけである。

ただし、このような例はまれであり、通事としての先祖の働きが口伝でも子孫に伝わっていればよいほうで、琉球王国時代末期において異国船に対処した通事たちの存在はほとんど知られていない。

以前、本稿の内容を筆者が講義で話した際に、学生（筑波大学）の中に鄭良弼・鄭秉衡（年表2参照）の子孫（鄭氏門中から婚出した女性の娘）が偶然いたことがあった。その学生によると、祖父からかろうじて先祖がベッテルハイムと面識があったという話は聞いてはいたが、その話をそれまで母ともども眉唾で聞いていたとのことである。今日の沖縄でも、かつて琉球時代の那覇に滞在した宣教師兼医師のベッテルハイムの存在はよく知られているので、なおさら沖縄の歴史上の有名人と先祖の邂逅が信じられなかったようである。そうした中、その証拠となる鄭氏家譜を用いてその件を授業で扱ったわけだが、すでに家譜史料などを読み込める子孫は今日の鄭氏にはいないとのことで、一門の歴史の伝承は途絶えつつあるという。

**写真1　「久米村發祥地」の記念碑**
（一九九二年に久米村六〇〇年を記念し建立）

以上、琉球王府の外交官と題して、異国船対応の現場で働いた久米村の士・通事たちの異国体験について、琉球の異国船来航史の概略と通事個々人の人生とを重ね合わせて読み取ってきた。琉球王府の外交に関わる文書・史料にはともすれば名前さえも載っていないような通事たちも含まれている。しかし、王府の上層部が外交判断を下す最中に、現場での交流と対応を日々こなしてきた大勢の通事たちがいたのである。

**注**

（1）照屋善彦「一九世紀琉球における欧米との異文化接触（1）――言語問題」『沖縄大学人文学部紀要』一、二〇〇〇年。豊見山和行・真栄平房昭「王国末期の社会と異国船の来航」『沖縄県の歴史』山川出版社、二〇〇四年。山下重一「琉球英語通事の系譜」『南島史学』五三、一九九九年a。山下重一「琉球王国の異国接触」『琉球・沖縄史研究序説』御茶の水書房、一九九九年b。

（2）岡部敏和「アルクメーヌ号の琉球来航に関する一考察」『南島史学』六四、二〇〇四年。

（3）岡部前掲。

（4）豊見山・真栄平前掲。

（5）岡部敏和「異国船の琉球来航と薩摩藩の対応――弘化元年『一組之人数』の琉球派遣をめぐって」『海事史研究』六三、二〇〇六年。岡部敏和「「大総兵船」の琉球来航と琉球王府の対応――清国への請願を中心に」『日本歴史』七四七、二〇一〇年。

（6）梅木哲人「アヘン戦争と琉球」、「島津斉彬の開港構想と反動」『新琉球国の歴史』法政大学出版会、二〇一三年。

（7）武井基晃「歴史を越える門中　門中団体の事業と法人化」小熊誠編『〈境界〉を越える沖縄　人・文化・民俗』森話社、二〇一六年。

# 十八世紀末の儒学受容と世界認識

吉村雅美

●よしむら・まさみ　一九八二年埼玉県生。二〇一二年筑波大学大学院人文社会科学研究科修了。博士（文学）。日本女子大学文学部専任講師。日本近世史。主著『近世日本の対外関係と地域意識』（清文堂出版、二〇一二年）等。

## はじめに

十八世紀末、ロシア船やイギリス船が日本近海に来航し、日本は新たな対外情勢への対応を迫られた。また、日本国内では幕府や藩が財政問題への対応を迫られ、多くの藩で藩政改革が展開した時代であった。近年の日本近世史研究においては藩政改革を担った人びとと学問・知識との関わりが明らかにされている（小関悠一郎『〈明君〉の近世』吉川弘文館、二〇一二年。金森正也『藩政改革と地域社会』清文堂出版、二〇一一年）。こうしたなか、藩政改革や異国船の接近などの対外問題に対処した藩において、大名・家臣やそのブレーンとなった学者は、藩の位置する地域や、藩・日本を取り巻く国際情勢をどのように認識し、政策に生かそうとしたのであろうか。本稿では、京都の儒者皆川淇園《きえん》と、淇園の教えをうけた九代平戸藩主松浦清（以下、静山とする）に注目する。

随筆『甲子夜話《かっしやわ》』の著者として知られる松浦静山は、洋書や漢籍を収集するとともに、林述斎らを含む江戸における学問ネットワークに加わっていた大名である。[1] 先行研究においては、静山が藩政改革に取り組むとともに、昌平坂学問所への献納を行い、藩校に佐藤一斎を招聘するなど、藩内外の学問振興に取り組んだことが明らかにされている。[2] 静山は、儒学や洋学など、十八世紀半ばに広まった学問に携わった人物が、十八世紀末から十九世紀における政治上の課題にいかに向き合ったのかを解明しうる対象であるといえよう。しかしながら、静山の洋学は藩政に導入されなかったという評価や、儒者や家臣の反発を受けたとする評価もあり（沼田次郎『洋学』吉川弘文館、一九九六年。松田清『洋学の書誌的研究』臨川書店、一九九八年）、静山による学問が国元の藩士の動向を含む藩政全般といかに関わっていたのか、具体的な検討はなされていない。

　そこで、本稿では静山と国元の藩士をつなぐものとして、京都の儒者、皆川淇園（一七三四―一八〇七）の学問に注目する。淇園は平戸藩主松浦静山と親交を有したほか、亀山藩・膳所《ぜぜ》藩などに礼遇されたが、どの藩にも仕官することはなかった（中村春作・桜井進ほか著『皆川淇園　大田錦城』明徳出版社、一九八六年）。ただし、淇園の門人帳である「有斐斎受業門人帖」（宗政五十緒《むねまさいそお》・多治比郁夫編輯『上方芸文叢刊5　名家門人録集』八木書店、一九八一年）には、一七五九（宝暦九）年から一八〇七（文化四）年の間に一三一三名が入門したことが記されており、平戸藩士も含まれている。

　淇園に関しては、主に言語学などの学問内容が研究の対象とされてきたが、中村春作・桜井進は、淇園の学問が宝暦―天明期（一七五一―八九）以降の危機的状況を打開しようとする諸藩の状況と連関していたことを、膳所藩の例から指摘した（中村春作・桜井進ほか著『皆川淇園　大田錦城』明徳出版社、一九八六年）。また、宗政五十緒は淇園の門人の身分や出身地を明らかにしたが、化政期（一八〇四―三〇）以降、淇園の学問の継承は主に言語学の分野で継承され、諸藩が自藩の学校整備に力を注いだために京都儒学が衰退したとしている。[3]

　しかし、「有斐斎受業門人帖」から、十九世紀初頭になっても淇園への入門は後を絶たなかったことが見て取れる。このことは、諸藩が藩校整備と並行させながらも、淇園のもとでの学びを必要としていたことを示唆している。

　十八世紀から十九世紀の転換期に、淇園の学問が必要とされたのはなぜであろうか。淇園が教えた内容は基本的には漢文や易・経典の解釈であるため、明確に藩政改革の政策に与えた影響を見出すことは困難である。そこで本稿では、淇園に学んだ門人が藩政にどのような影響をもたらしたのか、平戸藩を中心に検討する。そして、国際環境と国内社会が変容するなかで展開した藩政において、学問が果たした役割について考察する一助としたい。

# 一　皆川淇園の地域意識と「藩」

## 1　皆川淇園と地域意識

はじめに、淇園の弟子はどのような人びとであったのか確認する。宗政五十緒の研究によると、淇園の門人は①十六～三十歳を主とする、儒学の上級者であること、②各身分に広がるが、武家・僧侶・医家・公家・地下《じげ》官人（昇殿の許されない下級貴族）・富裕町人・富裕農民が主であること、③出身地域は近畿から西日本、北陸・出羽に至る日本海側が主であることを特徴とした。(4) このうち、武家の入門者は何を求めて淇園に学び、国元に何を持ち帰ったのであろうか。

ここでは、淇園の詩文集のなかから、一八一三（文化十三）年の序のある「淇園文集」（皆川淇園著、高橋博巳編『近世儒家文集集成　第九巻　淇園詩文集』ぺりかん社、一九八六年、以下『淇園詩文集』）を取り上げる。「淇園文集」には、淇園の漢文三七三編が収録されており、このうち五九編は諸藩の大名もしくはその家臣に与えられた。これらの漢文から、門人は淇園に、そして淇園は門人に何を期待していたのか、門人の出身地によって淇園の評価にどのような特徴がみられるのか、考察することができる。

淇園の詩文としては、松前藩主や膳所藩主に与えられたものがよく知られているが、ここでは藩士の入門者が修学して京都を離れる際に与えられた漢文をみてみよう。「送森子肥帰南序」（『淇園詩文集』）は淇園が盛岡藩から入門した森生則に与えた漢文（年次不詳）である。淇園は「南部」（盛岡藩）は「古蝦夷地」であり、「匈奴之域」であると位置づけ、森が「三千里」を経て京に来て入門したことを評価する。そして、帰藩してその「徳」を広めるのは喜ばしいとしたうえで、舜・文王のように「豪傑之士」は「匈奴之域」から興ると述べ、盛岡を中国の北に位置した「匈奴」になぞらえている。

また、「送川崎生帰飫肥序」（『淇園詩文集』）は、淇園が飫肥《おび》藩の川崎利助に与えた漢文である。年次不詳であるが、利助は一八〇三（享和三）年正月二十三日に三十三歳で入門したことが確認できるため、享和末年から文化初年の頃に記された漢文であると考えられる。このなかで淇園は、飫肥は京都から「数千里」を隔てた「西南隅」に位置するが、神武天皇の祖父とされる鵜尊の生誕地であるため、「道徳仁義之教」が生じるところであるとし、川崎が子弟に教授することによって、「風化」、すなわち徳による教化が「国」（飫肥藩）や他邦（他の大名領）に及ぶことを期待すると述べている。

盛岡藩・飫肥藩からの入門者に与えられた漢文には、門人が淇園から具体的に何を学んだのかは明記されていない。しかし、淇園は「匈奴之域」や「西南隅」であっても、その地ならではの「徳」を認めており、弟子を通してさらに「風化」を及ぼすことを期待する内容の文を贈ったのである。

## ２　「楽歳堂記」にみる平戸の位置づけ

それでは、淇園は平戸をどのような地とみなしていたのであろうか。『淇園文集』には、淇園が静山に与えた漢文も収録されており、その一つが「楽歳堂記」である。

一七八三（天明三）年十月十七日、松浦静山は参勤の途上大坂に寄り、皆川淇園に師の礼をとった。このとき、静山は平戸に設立した書庫「楽歳堂」と書斎「感恩斎」の配置図を淇園に示し、それらに寄せる文を所望した（松田清『洋学の書誌的研究』臨川書店、一九九八年）。そこで、同年十一月に淇園が著したのが「楽歳堂記」と「感恩斎記」である。ここでは、対外関係における平戸の役割に触れられた「楽歳堂記」から、淇園が平戸をいかに位置づけたのかを明らかにしよう。「淇園文集」に採録された文の原本である、淇園自筆の「楽歳堂記　感恩斎記」（松浦史料博物館所蔵）から考察する。

「楽歳堂記」冒頭部では、「諸侯」はみな「藩」であり、それが顕現するのが「濱海《ひんかい》之国」であるとする。ここでいう「藩」とは一般的な大名領を指すのではなく、他国・他民族から守る垣根としての「藩《まがき》」を示している。天明期（一七八一―八九）以降、対馬藩・松前藩などの儒者は、「藩」としての役割を強調しながら、幕府への訴願や家譜編纂を行っていた（吉村雅美『近世日本の対外関係と地域意識』清文堂出版、二〇一二年）。淇園も同様の意味で平戸を「藩」と位置づけたうえで、平戸藩が相対する他国・他民族について、次のように説明する。

「海外之夷」のうち、東北の蝦夷と南の琉球は松前（藩）と薩摩（藩）に「羈属《きぞく》」しており、西北にある朝鮮とは「隣好」という状態にある。これに対して、「西南諸国」については、「唐山」と「紅毛」の商人は来航している一方で、「交趾《こうち》」（ベトナム）・呂《る》宋《そん》（フィリピン）・柬埔寨《カンボジア》・諳厄利亜《アンゲリア》（イギリス）は日本に交易を求めているが許可されていないため、いつ船で「侵犯」してくるかわからない。その上で、平戸を「藩衛」、「西南諸夷舶」の「衛要」として位置づけたのである。

さらに淇園は、「賊艦」の来航に備えて、「財賦之用」を節しなければならず、「士民」の力を養わなければならないと述べる。そして、静山が楽歳堂を設置した経緯を説明した上で、「公」（静山）の意を後世に伝えるために書いたとして結んでいる。

ここで注目すべきであるのは、淇園が十七世紀初頭以来の日本の対外関係のなかに平戸を位置づけていることである。平戸は十六世紀後半には倭寇の根拠地およびポルトガル商人の来航地であり、十七世紀初頭にはオランダ・イギリス商館も置かれた。また、同地は東南アジア方面への朱印船の出港地でもあった。淇園が「諸夷」として想定した「交趾・呂宋・柬埔寨・諳厄利亜」は、近世初期に平戸を通じて日本と交渉を有していたものの、後に「鎖国」

と呼ばれた江戸幕府の対外政策により、日本との直接的な関係を断った国や地域である。

淇園はこれらの国や地域を引き合いに出しながら、「松前」「薩摩」と同様に、平戸に「夷」の相手としての役割を与えようとしたのである。ただし、後述する文化期（一八〇四―一八）と異なり、「夷」との関係は「松前」―「蝦夷」、「薩摩」―「琉球」という一対一の関係として認識されており、「蝦夷」は平戸の対峙する対象としては認識されていなかった。ここで淇園は、対外関係における平戸の位置づけを利用しながら、静山が「藩衛」の役割を果たすべく、「財賦」や「士民」の力を養うべきであることを示したのである。

### 3　淇園から静山への書状

淇園が「楽歳堂記」を著した頃、平戸藩では静山を中心とする藩政改革が行われていた。改革の内容は、主に①当職家老・郡奉行・勘定奉行などの人事の刷新、②一七七九（安永八）年の藩校維新館の設置に象徴される文武の奨励、③財政改革、④領内支配の再編の四点に整理することができる。このうち、③財政改革については、一七九二（寛政四）年に江戸藩邸の冗費節減方針を定めた「財用法鑑」を作成し、一七九五（寛政七）年に国元の財政組織を改正した「国用法典」を作成した。また、④については、一七八六（天明六）年に平戸藩内の今福の百姓が大村藩境に逃散する事態が発生していたため、一七九五（寛政七）年、「町方御仕置帳」「郡方御仕置帳」「浦方仕置帳」を作成するとともに、一八〇〇（寛政十二）年には城門外に薬局を設け、一八〇四（文化元）年には各村百姓の負債米を免除するなどの政策も採られた（長崎県史編纂委員会編『長崎県史　藩政編』吉川弘文館、一九七三年）。

これらの改革の基本方針は、幕府寛政改革や一般的な中期藩政改革とほぼ同様であるといえよう。ここで注目したいのは、皆川淇園が静山の藩政改革をどのように見ていたのかということである。「皆川淇園より松浦静山への書牘《しょとく》」（松浦史料博物館所蔵）には、淇園が静山に宛てた書状が三五点収録されており、このなかには藩政改革に言及した書状が散見される。

たとえば、**写真1**の年次不詳二月二日付書状のなかで、淇園は「財用之典」の「施行」を「慶賀」し、さらに「余典」を編纂して「藩規」を広めることを願うと述べている。先に述べた一七九二（寛政四）年の「財用法鑑」作成のことを指しているのであろう。このほか、閏正月三日付（一七八四・天明四年カ）の書状では、淇園が江戸に向かう途上の平戸藩士長村内蔵助と「対談」するなかで、静山が「徳学益仁政を進め、弥邦人に楽化之状を施し」（原文は漢文）ていることを聞き、その喜びを「踊躍《ようやく》」（おどりあがること）という言葉で伝えている。また、六月二十五日付（年次不明）の書状では、平戸藩の藩校で林家の儒生（佐藤一斎か）とともに『左伝』を読んでいることや、「講芸所」を設けて『詩経』と淇園の

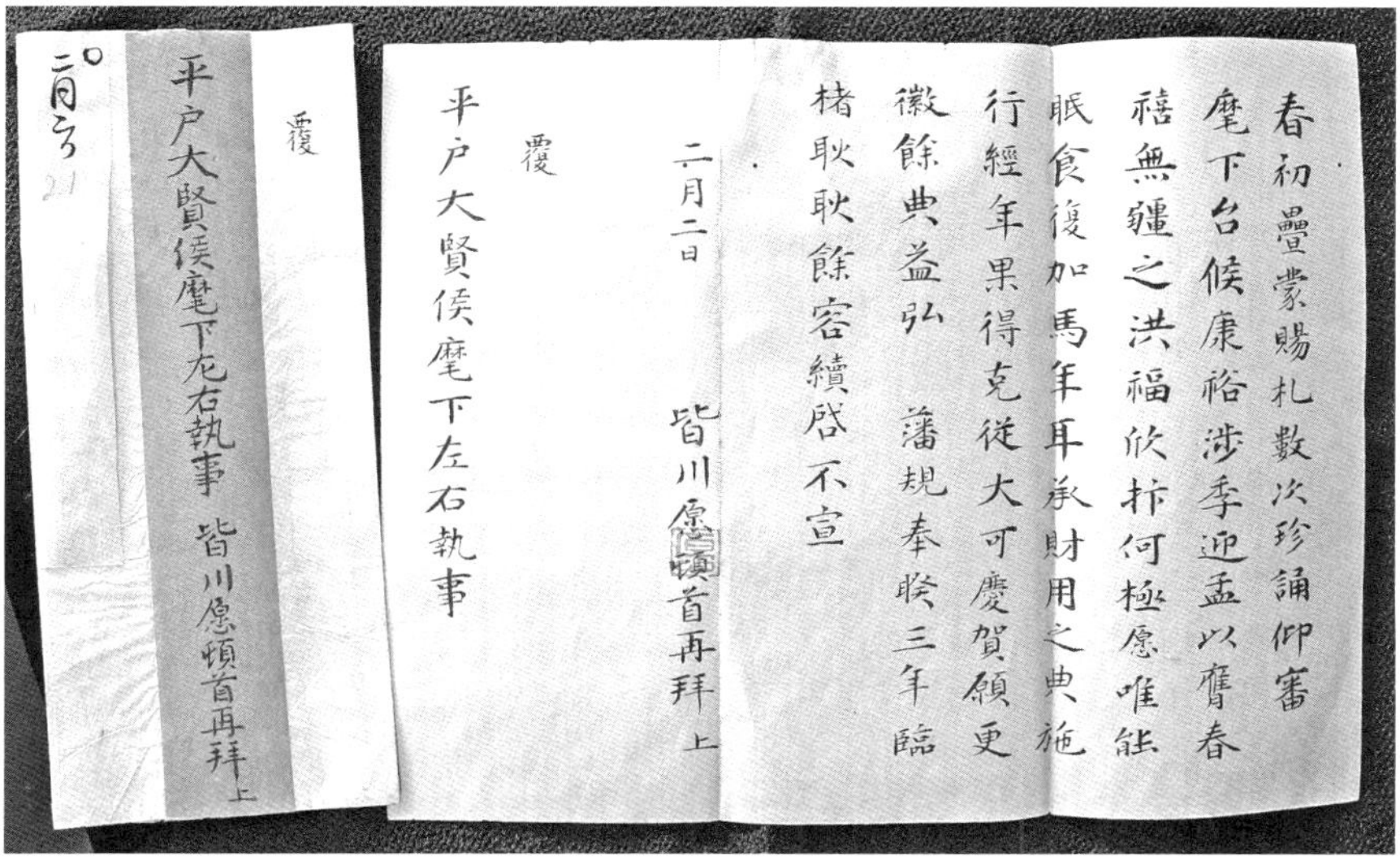


**写真１　皆川淇園書状**（松浦史料博物館所蔵「皆川淇園より松浦静山へ書牘」）
静山が淇園から受け取った書状は、すべて平戸の楽歳堂において保管された。

著である『名疇《めいちゅう》』を藩士に学ばせていることに触れている。

淇園は、平戸で編纂された法典や藩校や学館において藩士が学んでいるテキストなど、藩政改革や藩学に関する詳細な情報を得て、静山による改革の進行状況を評価していたのである。そして、淇園に改革の状況を伝えたのが、国元において実際に政策を実行した家臣であった。彼らは淇園とどのような関係にあったのであろうか。次章で検討する。

## 二　平戸藩藩政改革と長村内蔵助

### 1　平戸藩から淇園への入門者

皆川淇園の門人帳である「有非斉受業門人帳」（『上方芸文叢刊5　名家門人録集』）に掲載された門人のうち、平戸藩関係者は**表1**の通りである。これらの門人の一部については「増補藩臣譜略」（松浦史料博物館所蔵）から、入門前後の平戸藩における経歴を追うことが可能である。平戸藩からの入門の時期は、次の三つの時期に分けられる。

第一期は一七六七（明和四）年冬―一七九二（寛政四）年閏二月の入門者（①～⑨）であり、静山自身とその家臣が入門している。このうち、①浅岡文恭は一七六七（明和四）年に入門し、修学後に近習として登用された。また、④長村内蔵助は一七八六（天明六）年には弱冠二十歳で藩校維新館の学頭となっている。以上の第一

表1　平戸藩出身の皆川淇園門人

| 時期 | 番号 | 年 | 月日等 | 肩書き等 | 名 | 年齢 | 紹　介 | 執　事 | 前　　職 | 後　　職 |
|---|---|---|---|---|---|---|---|---|---|---|
| 第一期 | ① | 明和4 | 冬 | 肥前平戸　松浦肥前侯臣 | 浅岡玄哲文恭 | 24 | 山脇亀 | — | | 安永5　御近習 |
| | ② | 明和7 | 春 | 肥前平戸 | 瀬尾寅次郎　順栄 | 25 | 淡輪秉 | 橘亀 | | |
| | ③ | 明和8 | 秋 | 肥前平戸 | 岡山梅庵　万 | 24 | 淡輪秉 | 淡輪秉 | | 安永8　御近習／天明元　儒者 |
| | ④ | 天明3 | 10/20 | 肥前平戸侯近臣　此日以公命於大阪客寓納贄 | 長村内蔵助 純徳(鑑) | 17 | 岡山彦謙 | 中田幸 | | 天明6　維新館学頭 |
| | ⑤ | 天明5 | 10/23 | 肥前平戸侯臣 | 奥島茂助 | 35 | 長村内蔵助 | | | |
| | ⑥ | 天明6 | 4/6 | 平戸侯近侍臣　江戸人 | 菅沼量平 | 30 | 長村内蔵助 | 長村内蔵助 | 天明5　御次勤役 | 寛政元　御近習 |
| | ⑦ | 天明6 | 4/15 | 肥前平戸侯臣 | 岡口立也 | — | 長村内蔵助 | 安部顕 | | |
| | ⑧ | 寛政3 | 11/15 | — | 松浦壱岐守（静山） | — | — | — | | |
| | ⑨ | 寛政4 | 閏2/29 | 平戸侯臣　大阪旅舎受贄 | 川嶠八尾助　正直 | 20 | 長村内蔵助 | 大岡去非 | 寛政4　御下国御供 | 寛政4　御近習席 |
| 第二期 | ⑩ | 寛政4 | 10/1 | 肥前平戸侯臣 | 山県栄吉　景敏 | 19 | — | — | | 寛政5　員外 |
| | ⑪ | 寛政4 | 10/1 | 肥前平戸侯臣 | 山本蜂助　彦章 | 24 | — | — | 寛政2　句読師 | 寛政8　助教 |
| | ⑫ | 寛政4 | 10/1 | 肥前平戸侯臣 | 井上采左衛門　頼直 | 25 | — | — | 寛政4　員外 | 寛政7　句読師 |
| | ⑬ | 寛政4 | 10/1 | 肥前平戸侯臣 | 橘為次郎　通貫 | 28 | — | — | | |
| | ⑭ | 寛政4 | 10/1 | 肥前平戸侯臣 | 小関十一郎　直美 | 29 | — | — | | |
| 第三期 | ⑮ | 文化2 | 3/17 | — | 松浦肥前守（熙） | 15 | — | — | | |
| | ⑯ | 文化3 | 1/23 | 肥前平戸藩臣 | 長嶺道隆　泰 | 23 | 小石竜 | 田中熙 | | |
| | ⑰ | 文化3 | 4/12 | 肥前平戸 | 日向仲了 | 25 | 小石竜 | 井尻久 | | |
| | ⑱ | 文化3 | 4/29 | 肥前平戸藩臣医 | 平田元泉　貞 | 26 | 長村内蔵助 | 長嶺道隆 | | 文化7　御馬廻・助教 |

（松浦史料博物館所蔵「増補藩臣譜略」、宗政五十緒・多治比郁夫編輯『上方芸文叢刊5　名家門人録集』八木書店、1981年により作成）

期の特徴として、静山の近臣および江戸詰の家臣の入門、参勤途上（大坂）における入門が多いことである。たとえば、⑥奥島茂助は一七八五（天明五）年十月に入門し、修学後に一七九二（寛政四）年六月には静山の子である太郎吉の御守頭となっており、藩主家関係者の学問という性格が強いといえよう。

第二期は一七九二（寛政四）年十月一日に入門した五名（⑩〜⑭）である。すべて静山の家臣であり、維新館の関係者が多い。⑩山県栄吉は修学後に員外として登用された。⑪山本峰助は句読師から助教へ、⑫井上頼直は員外から句読師へ昇進した。⑬橘為次郎は一七九五（寛政七）年に家督を継承し、九六（寛政八）年に「学問稽古」のため京都遊学を願い出て許可されている。これらの入門前後の状況を追うと、藩校維新館の役職者のキャリアアップに関わっていたことが明らかである。

第三期は、一八〇四（文化二）年三月から〇五（文化三）年四月の入門者（⑮〜⑱）であり、十代藩主熙《ひろむ》本人と熙の家臣である。このうち、⑱平田元泉（貞次郎）は、一八一〇（文化七）年に維新館助教、一八二三（文政六）年四月に教授となり、化政期の維新館教育を支えた。

以上の入門者のうち、特に注目されるのは長村内蔵助（靖斎、一七六七—一八二〇）である。内蔵助は、静山の家臣四名（⑤⑥⑦⑨）および十代藩主熙の家臣一名（⑱）の計五名を淇園に紹介している。「増補藩臣譜略」によると、長村家は藩政初期から中老や家老を勤めた家であり、内蔵助は一七七八（安永七）年に家督を継承した。藩校維新館の学頭、家老などを勤め、一八二〇（文政三）年に死去している。内蔵助は皆川淇園のほか、林述斎との親交も有していた。内蔵助と淇園の関係は、平戸藩にどのような影響を与えたのであろうか。

## 2　長村内蔵助と平戸藩

長村内蔵助は一七八三（天明三）年十月、十七歳で淇園に入門した。淇園が静山に与えた漢文である「奉平戸侯啓」（『淇園詩文集』）によると、一七八六（天明六）年正月、長村は淇園の著書を「遐《か》域《いき》」（遠い土地、すなわち平戸）に送るため、校訂作業を行っている。

そして、一七八六（天明六）年十二月十二日、内蔵助は二十歳で維新館の学頭に任命され、一七九七（寛政九）年まで務めた。先述の第二期の入門者は長村内蔵助が学頭を務めた時期であり、内蔵助による藩学振興策の一環であったと理解することができる。一七九三（寛政五）年二月十二日、長村内蔵助は「御役所并在町浦共御規格」の作成のため御用懸《ごようがかり》の一人に任命され、「調方専一に心を用」いるように、すなわち規格の作成に専念するようにと命じられた。しかし、翌二月十三日、当職家老の松浦典膳は内蔵助を飢饉対策のために藩領内の下方《しもかた》筋（平戸島中部）へ派遣した。この際、松浦典膳は「私〔当職家老の松浦典膳、引用者〕遣わされ候も同様趣意も合点之儀」であるとして、「御救之儀」の取りはからいを命じている。[5] この時の村方への申し渡しは、『甲子夜話』に「寛政五癸丑年二月、当春村方一統困窮に就、御救被下置候節、仰渡并御請書」として収録されている（松浦静山著、中村幸彦・中野三敏校訂『甲子夜話三篇2』平凡社、一九八二年）。

下方から平戸城下へ戻った後、内蔵助は「御役所并在町浦共御規格」作成に従事した。そして、一七九五（寛政七）年に「町方御仕置帳」「郡方御仕置帳」「浦方仕置帳」が完成することになる。平戸藩藩政改革の中核ともいえるこれらの仕置帳は、淇園の弟子で維新館の学頭でもあった内蔵助が中心となり、村方の実態に即して作成されたものである。さらに、同年六月一日には、維新館の「判事」が、藩の勘定所の寄合に出仕するよう命じられた。[6] 寛政期には、維新館の役職者が政策決定の場に加わるようになったのである。

### 3　淇園による序文と書物

藩政改革の最中の一七九四（寛政六）年十一月、長村内蔵助は平戸から江戸藩邸に向かう途次で淇園に会い、自らが著した「春秋名臣伝」への序文を求めた。淇園が記した「春秋名臣伝序」によると、内蔵助は徳川家康が天下を「一統」したが「天下」が広いために「風化」が行き届かず、「文武」が並立しないと認識していた。それを嘆いて『春秋左氏伝』のなかから列国名士大夫を選び、「春秋名臣伝」を著したという（『淇園詩文集』）。このように、淇園の「風化」とは諸藩における「文武」の並立をめざし、それを「天下」に行きわたらせることであり、長村も同様の認識を共有していたのである。

さらに、淇園の平戸藩への影響は、直接の弟子ではない藩士にも広まっていった。一七九八（寛政十）年には、平戸藩江戸藩邸の学問所である学館のカリキュラムに淇園の著書を講読する「名疇会」「虚字解会」が組み込まれていた。[7] また、一七九八から九九（寛政十―十一）年、江戸においては淇園の著書である『名疇』そのものが、学館において句読師を務めた藩士への褒賞として与えられた（『淇園詩文集』）。維新館および学館の学問の奨励は、淇園の学問と密接に関わる形で展開したのである。

## 三　文化期における対外危機への対応

### 1　弘道館と「合語」

一八〇五（文化二）年、淇園は京都の中立売室町西に、私塾の弘道館を建築し、翌〇六（文化三）年五月に落成した。京都出身の淇園の弟子である田中頤（履堂）が記した「学資談」（長澤規矩也編『影印日本随筆集成　第八輯』汲古書院、一九七八年）によると、弘道館では「合語」と呼ばれる議論が行われていた。これによると、「合語」とは「疑問を設題し、以て衆答を合す」というものであったが、問答内容の多くが「散迭」してしまったため、「所存」

**写真2　弘道館跡**（京都市上京区、2015年10月筆者撮影）

のもの（計三十四問）を「学資談」に「摘録」したという。

「学資談」から「合語」の問答例を挙げると、「政《まつりごと》為すに徳以てするは、其の之を以するの法如何ん」（第二十二問）という理念的なものから、「穀の少を以て之を衆の飢る者に施す、何の辞を以てせん」（第十八問）、「流民将に境に入らんこれを拒《ふせ》く、其の辞如何せん」（第二十七問）など、平戸藩も経験したような領内問題を想定したものまで、多岐にわたる。

さらに、「合語」には対外問題に関する問答が二問含まれている。「外国通商を求む、何の辞を以て之を謝せん」（第三問）に対しては、「通商之事祖宗より定制有り、新たに以て旧を乱すべからず、敢えて辞す」と記されている。幕府はラクスマンおよびレザノフへの対応を通じて、新規に通商・通信関係を開くことは「祖宗之法」によって禁止されているという論法を形成したが（藤田覚『近世後期政治史と対外関係』東京大学出版会、二〇〇五年）、ここでも同様の認識が示されているといえよう。また、「異邦舶岸に湊す水及ひ薪米求むる何以てこれに応ぜん」（第三十問）については、「官禁じて謾に取り与ふること許さざる、然れども今少しく私に儲《そな》へる米薪出し水与並に送速去て可」とある。この答えは、一八〇六（文化三）年正月に幕府によって出されたロシア船撫恤令とほぼ同様の趣旨とみることができる（横山伊徳『開国前夜の世界』吉川弘文館、二〇一三年）。領域に異国船が来航した場合、「私に」備えた米をもって、幕府の対外政策に矛盾しない対応を取るという答がまとめられたのである。

　洪園は一八〇七（文化四）年五月に没しているため、弘道館において指導にあたったのは一年足らずであった。しかし、「合語」の問答内容から、文化期（一八〇四―一八）における洪園門人の間では藩政上の問題と対外危機、いわゆる内憂外患がより切実な問題となっており、藩主や家老の取るべき対応について議論する場となっていたことがうかがえる。それでは、文化期において、平戸藩は具体的にはどのような問題に対応していたのであろうか。

## 2　長村内蔵助と壱岐の海防

　寛政期（一七八九―一八〇一）以降、平戸藩近海にもイギリス・ロシアの異国船が来航するようになる。一七九七（寛政九）年に対馬にイギリス測量船が接近した一件をうけて、平戸藩は対馬に異国船が来航した際、対馬藩の要請があり次第出兵するよう命じられた（上白石実『幕末期対外関係の研究』吉川弘文館、二〇一一年）。

　さらに、一八〇七（文化四）年五月に発生したフヴォストフ事件は、平戸藩にも衝撃を与えた。十代平戸藩主として襲封していた松浦熈《ひろむ》は、壱岐の諸士が大筒を鋳造したことへの褒賞に際して、「蝦夷地騒動」の風聞があることに触れ、平戸藩領のなかでも壱岐は「北海続海上一面引受候場所」であるとの認識を示した。(8)一七八四（天明四）年の「楽歳堂記」において、「西南」の「諸夷舶」に対応する「藩衛」という枠組みが示されていたが、十九世紀初頭には頻発するようになった異国船の接近により、特定の藩が特定の国や民族を相手にする区分けは意味をなさなくなり、平戸藩は「北海続海上一面」に出現する異国船への対応を迫られたのである。

　こうしたなか、壱岐の「異船御手当」に必要な費用については、壱岐国内の「新開発」によって賄うことになった。しかし、一八〇九（文化六）年十月、家老となっていた長村内蔵助は郡代に対して、壱岐は「地狭」であるため、「新開発」に限らずに、「下々迷惑」にならずに「国中」（ここでは壱岐国）のためにもなる「御益筋」の方法があれば申し出るようにと伝えている。(9)しかし、一八一〇（文化七）年二月、藩は壱岐に櫨《はぜ》（果実から木蝋《ろう》を採取する資源作物）を植えつけるとともに、壱岐の「在浦身上相応之者とも」に同年秋の新穀引当銀の先納を命じ、「御手当」の費用に充当することとした。(10)「国」の「御益筋」という論理が、地域有力者に負担を強いる結果となったのである。

　そして、一八一一（文化八）年には、幕府の役人が壱岐を通行する機会が訪れた。朝鮮通信使の易地《えきち》聘礼《へいれい》（「易」は変えること。国書の交換を江戸ではなく対馬で行った）である。二月二十七日、長村内蔵助は易地聘礼に備えて、壱岐への出役を命じられた。(11)内蔵助の主な役割は、対馬渡海の途次に壱岐に立ち寄る幕府役人へ対応することであったが、『甲子夜話』には「文化八年七月五日於壱州勝本舟備之覚」が収録されている（松浦静山著、中村幸彦・中

**写真3　壱岐の岳ノ辻より勝本浦を望む**（長崎県壱岐市、2010年8月筆者撮影）

野三敏校訂『甲子夜話三篇3』平凡社、一九八三年）。これは、内蔵助の指示により易地聘礼の際に「壱州に於て、吾家の船営、及防禦進戦の状を為して、儒正林祭酒（林述斎、引用者）に窃《ひそか》に閲視を請し」記録であるとされ、「御船備立制法」として、船や軍勢の配置、大筒の打ち方なども図入りで説明されている。もちろん、静山が後年に入手した記録であることから、内蔵助の功績を誇張して記述した可能性も否定できない。ただし、同年閏二月には江戸から国元へ「大砲打方見学」の可能性が伝えられていたことに鑑みると[12]、林述斎を含む幕府側に対して、大規模な軍勢を伴わない形であっても、内蔵助ら平戸藩士が大砲の実射を中心とする何らかの演習の様子を示したと考えられる。

この時の功績については、『甲子夜話』において内蔵助の事績を紹介する項においても記されている（松浦静山著、中村幸彦・中野三敏校訂『甲子夜話1』平凡社、一九七七年）。述斎は壱岐から戻った後、静山に「風本（壱岐勝本のこと、引用者）一組の水軍、演習を見たことを話し、「操練の熟したると、指麾《しき》の体を得たル」ことを激賞したという。そして、静山は内蔵助について「武備のことに至ては、殊更に苦心して後法を遺すこと多し」と評価した。

以上のように、内蔵助は維新館の振興、壱岐での水軍演習という形で「文」「武」両面の課題に取り組んだが、静山が「苦心」と評しているように、「武備」は壱岐の藩士や民衆に負担を強いる形で進められたものであった。

## 3　松浦静山の対外認識と領主像

一方、一八〇八（文化五）年二月、隠居して江戸に滞在していた静山もフヴォストフ事件を蝦夷地における「外国人」の「不埒」な行為とした上で、国元に対して異国船来航時の心構えを指示した[13]。このなかで静山は、藩の異国船対応について、外国に対して「日本之名折」にならぬように、「近隣」（大名）に対して「手本」になるように、と命じている。

静山は国許に対外的な危機感を伝えるとともに、江戸において海外情報に関する書物を収集していた。静山が文化・文政期（一八〇四―三〇）に収集した洋書や地理書については、書物目録である「新増書目」（松浦史料博物館所蔵）において、静山自身が解題を記している。ここでは、「新増書目」の地理書の解題のなかから、一八一三（文化十）年に書かれた「魯西亜属国人物図」の部分を紹介する。

解題によると、この書は一八〇四（文化元）年にレザノフが長崎来航時に持参した民族図である[14]。静山はオランダ通詞石橋助左衛門を通じてこの書の写し（石橋訳の和文）を入手した。その後、ロシア語も学んだオランダ通詞馬場佐十郎に石橋訳を校訂させ、静山の評とともに「新増書目」に収録したという。そして、「蒲蘭杜人」（ラップランド人）、「肥蘭垤亜農夫」（フィンランド農夫）、「アレウト人」（アリューシャン人）など、ロシアが「属国」と見なした地域に住む民族（三六種）の人物像（男女別の像、前身・背身像など八九像）が列挙されており、その合計が「凡百像」となる。

なお、レザノフ『日本滞在日記』によると、レザノフは一八〇五（文化二）年三月に地球儀・ロシア帝国地図・ロシア民族に関する書籍を長崎奉行と目付遠山景晋《かげくに》に渡すことを許可されており（レザーノフ著、大島幹雄訳『日本滞在日記』岩波書店、二〇〇〇年）、静山もこの写しを入手したと考えられる。レザノフが持参したロシア国書は、ロシア国民に加えて千島やアリューシャンの住民も含む形で、対日交易の許可を求めるものであったことから（横山伊徳『開国前夜の世界』吉川弘文館、二〇一三年）、北方民族を「属国」と位置づけて日本に情報提供するねらいがあったものと思われる。

さて、解題の記述で注目すべき点は、静山が記された人物像を「禽獣」に等しいと評価しながらも、それらの民族に「徳」があって「化」が四方に及び、自らが「徳」を失って「媿声《きせい》」（恥ずべき評判）が「外」に達する時には、「彼」を卑しめることができないとしていることである。静山は領主の「徳」が領民の人物像に影響を与え、外交への評判に関わると判断していたのである。

皆川淇園の場合、「化」（「風化」）という概念は日本国内の地方には及んでいたが、海外の「夷」まで対象として想定したものではなかった。それに対して、静山は「化」や「徳」、「政治」といった概念を軸に、海外の領主像を読み取ったのである。静山による海外情報収集は、医学や軍事技術の面では大きな効果はもたらさなかったものの、藩政改革を経験した藩主ならではの視点から、海外の「政治」を読み取ろうとしていたといえるであろう。

## おわりに

皆川淇園は門人に対して、出身地域を儒学的な文脈に位置づけながら国元の「風化」を促し、周辺地域や「天下」の「風化」をめざすという論理の文章を与えた。平戸藩に与えられた文章は平戸を「西南諸夷舶」に対する「藩衛」と位置づけ、財政・軍勢の備えを求めるものであった。寛政期における平戸藩藩政改革は、理念的には静山が淇園による評価を得ながら、国元では長村内蔵助ら淇園の弟子を中心とする維新館の関係者を中心に進められた。

文化期（一八〇四―一八）にロシア船が来航し、対外危機が一層高まるなか、淇園が設置した弘道館は、異国船への対応や藩政上の課題を議論する場となった。同時期の平戸藩は、もはや「西南諸夷舶」のみの「藩衛」たり得ず、「北海続海上一面引受候場所」である壱岐の海防が課題となっていた。ここでも淇園の弟子であった長村内蔵助らが中心となり、壱岐の「在浦」に負担を強いながら海防強化を行うとともに、林述斎への「武備」のアピールも行ったのである。

ロシアの接近は、単にロシア一国ではなく、ロシア周辺の民族も含む世界との接触を意味していた。こうしたなか、静山が海外情報の収集を通して注目したのは、海外の領主像であり、他国・他民族にも「化」（「風化」）や「徳」が通用するという認識に至った。この認識は、近藤重蔵らによるアイヌ民族の教化・撫育論とも共通性を有する[15]。静山は幕府による蝦夷地の教化政策を「治導」と捉え、寛政末年から享和初年頃（一八〇一年頃）に幕府老中の松平信明に対して、北方と同様に西方の島嶼を「捜探」する構想を示したが、却下されたという。その後も静山は地誌編纂のなかで西方の島嶼への関心を高め、一八三六（天保七）年、中国の舟山《しゅうざん》諸島に位置する普陀山が、かつて日本の「属地」であったとする議論を含む「平戸考」（乾坤二冊、松浦史料博物館）を上梓し、林述斎に提出するに至る[16]。

淇園に象徴されるような十八世紀の儒学が対象とした「風化」の範囲は藩の「風化」から日本の「風化」をめざすものであったが、十九世紀の国際関係のなかで、「化」が及ぶとする範囲は国外へと拡大していった。幕末における対外進出論の背景には、十八世紀以来の儒学的な「風化」論が、十九世紀の国際環境に接するなかで読みかえられていったことがあると考えられる。淇園の学問が与えた影響については、今後、洋学者を含む江戸の知識人や平戸藩以外の大名など、より広い関係性のなかで考察する必要があるだろう。

注

（1）松田清「書誌篇　第一部　平戸藩楽歳堂洋書の研究」、同『洋学の書誌的研究』（臨川書店、一九九八年）。瀬戸口龍一「『甲子夜話』にみる松平定信文人サロンの動向」（『専修史学』三三号、二〇〇二年）。岩﨑義則「大名蔵書の中の国際交流――平戸藩楽歳堂の蔵書目録から」（森平雅彦・岩﨑義則・高山倫明編『東アジア世界の交流と変容』九州大学出版会、二〇一一年）。

（2）岩﨑義則「昌平坂学問所献納金に関する松浦清〈静山〉の自筆書簡」（『長崎歴史文化博物館　研究紀要』第一号、二〇〇六年）。

（3）宗政五十緒「京都の文化社会――『平安人物志』化政版と京儒」林屋辰三郎編『化政文化の研究』岩波書店、一九七六年。

（4）前掲注（3）宗政論文。

（5）「当職日記」（松浦史料博物館所蔵）寛政五年二月十二日・十三日条。

（6）「御家世伝草稿」（松浦史料博物館所蔵）。

（7）「江都浅草学館掛札図」（松浦史料博物館所蔵）。

（8）「御意済帳」文化四年十二月九日条、「御家世伝草稿」巻五十九（松浦史料博物館所蔵）。

（9）「御意済帳」文化六年十月二十七日条、「御家世伝草稿」巻五十九（松浦史料博物館所蔵）。

（10）「御意済帳」文化七年二月二十四日条、「御家世伝草稿」巻五十九（松浦史料博物館所蔵）。

（11）「御家世伝草稿」巻五十九（松浦史料博物館所蔵）。

（12）「御家世伝草稿」巻五十九（松浦史料博物館所蔵）。

（13）「御用方日記」文化五年二月朔日条、「御家世伝草稿」巻五十九（松浦史料博物館所蔵）。

（14）原書は、ロシア科学アカデミーのI・G・ゲオルギらによるロシア諸民族図集（一七七四年から一七七六年に刊行）であると考えられる（北海道大学附属図書館報『楡蔭』一一三号、二〇〇二年）。

（15）鶴田啓「近藤重蔵における「異国」と「異国境取締」」（『東京大学史料編纂所所報』二四号、一九八九年）。

（16）吉村雅美「松浦静山のみた境界と『属地』――普陀山をめぐる考証から」（井上泰至編『近世日本の歴史叙述と対外意識』勉誠出版、二〇一六年）。

Photo by Ichige Minoru

# 知の歴史学と近代世界の誕生

## ショーン・ハンスン

● Hansun Hsiung　一九八六年米国ニュージャージー州生。二〇一六年ハーバード大学大学院歴史学科博士課程修了。博士。現マックス・プランク科学史研究所研究員。十九世紀グローバル思想史。「男・女・算盤――啓蒙のある物語」等。

### はじめに

もはやヨーロッパ中心の世界ではない。歴史学界においては近頃、既存の「文明史」に対する異議申し立てとともに、「ヨーロッパ世界の相対化」あるいは「ヨーロッパが主導的役割をはたした近代以降の歴史の相対化」を要求する声が高まり、「横断的歴史〔histoire connectée〕」や「交差した歴史〔histoire croisée〕」など、諸地域の相互連関を平等的に扱う新方法が盛んに提唱されている（水島司『グローバル・ヒストリー入門』山川出版社、二〇一〇年）。いよいよ、「グローバル・ヒストリー」の時代が到来した。そして日本国内でこの新しい世界史を代表する羽田正は言う。「現代日本における世界史の見方の最大の問題は、そこに内包されているヨーロッパ中心史観である」と（羽田正『新しい世界史へ――地球市民のための構想』岩波新書、二〇一一年）。

羽田の指摘には全く同感である。しかしながら、「江戸時代において移植・研究された西洋学術」（佐藤昌介『洋学史の研究』中央公論社、一九八〇年）と定義されている洋学の歴史を専門している私にとって、その問題はなかなか容易に克服できない。なぜならば、杉田玄白・前野良沢・大槻玄沢といった著名な洋学者たちはすでに、みずからの言説の中に、一種のヨーロッパ中心史観の土台を築いていたからである。例えば、中国の医籍が欺くばかりのものとして「支那の書を廃して、ひとり和蘭の書を取」った杉田玄白は、「和蘭の人は欺かないか」と訊かれたら、「然り」と簡単に答え、つづいて「西洋の方を学び行う」ことを勧めた（杉田玄白『狂医之言』[1]一七七五（安永四）年）。さらに「支那」という名称が「諸々西土ノ邦ヨリ称スル所」と説明し、わざとこのヨーロッパ的名称を用いようと選択した前野良沢を考えよう（前野良沢『管蠡秘言《かんれいひげん》』[2]一七七七（安永六）年）。無論、彼ら両者の背景には、深い漢学素養から得た利用厚生の価値観が働いていたことも否定できないし、漢学と洋学がともに働き合う例も多い。だが、洋学者の世界観がある種の近代的西洋優先主義を萌芽的にでも孕んでいたことも確かであろう。一方で「西洋学術」に対して洋学者の抱いた感心を誠実に反映しながら、他方でヨーロッパ中心史観から脱出しようとする――我々洋学史研究者はそのような逆説的な課題を抱えている。

もっと広くいうと、それは洋学史に限らず、あらゆる「近代知」を論ずる際に生ずる難題であると考えられる。横断的歴史学の宗主たるサンジャイ・スブラマニアムによると、最近登場した「グローバル思想史」は喜ぶべきものの、もっぱら近・現代史に偏り、「非西洋地における西洋思想家とその思想体系の受容」[3]というパターンが繰り返し語られている。もちろん、受容といっても、それが主体的かつ創造的な再解釈であったことは、今日、ほぼ自明のこととなっている。けれども、結局、多くの場合、「グローバル思想史＝西洋近代知をめぐる非西洋地の葛藤と交渉」という枠組みのとらえ方が暗黙のうちに潜んでいる。「西洋近代知」は、なぜかグローバル・ヒストリーの好む対象である商品・疫病・資源などと違って、何らかの形でのヨーロッパ中心史観にいまだに取り憑かれているようにみえる。思想史にも、洋学史にも「西洋近代知」という幽霊が徘徊しているのである。

## 一　「知」の歴史学と近代世界

この「西洋近代知」なる概念を批判し、グローバル・ヒストリーに向けた新しい洋学史研究の可能性を見出すこと――それが私の研究の目的である[4]。そのために、洋学者が実際に学んだ「知」が、「西洋」と「近代」とどのように関係しているか、考え直さなければなるまい。本論はただその準備的な第一歩にすぎないが、まず「知」について「知の歴史学〔history of knowledge〕」という研究領域からいくつかのヒントを得て、次に十九世紀の「近代」について検討し、この理論的作業を終えてから、最後に事例を紹介し、結論に至る。

では、「知」を切り口に、本題に入ろう。「知の歴史学」という耳慣れない言葉を聞くと、もっと親しみのある「知識社会学」を思い浮かべるかもしれないが、「知の歴史学」は知識社会学を歴史的対象に応用するのではなく、主に科学史と書物の社会史との交錯を出発点とする比較的に新しい専門領域である。早期の動きとしては、イギリス史学者ピーター・バークの二〇〇〇年の『知識の社会史』がある（ピーター・バーク『知識の社会史――知と情報はいかにして商品化したか』井山弘幸・城戸淳訳、新曜社、二〇〇四年）。同書の刊行後まもなく、二〇〇五年には、チューリッヒ工科大学が「知の歴史センター〔Zentrum Geschichte des Wissens〕」を設立し、二〇〇七年には、フンボルト大学とベルリン自由大学が連携して「知の歴史学センター〔Berlin Zentrum für Wissensgeschichte〕」が発足している。また、ほぼ同時期にパリの社会科学高等研究院の古代図書館史専門家クリスチャン・ジャコブが『知の場所〔Lieux de savoir〕』というシリーズの監修にあたり、知を「具現化する〔faire corps〕」装置――例えば、メディア・技術・制度など――を研究課題に挙げている（Christian Jacob, *Lieux de savoir*, Tome 1, Albin Michel, 2007）。これらのなかには、共通する前提が少なくとも一つある。それは「知」を固まった「対象」ではなく、常に動態的かつ不安定なプロセスとして把握することである。我々が通常、「知」と呼んでいるのはただ、このプロセスを便宜のために瞬間的に切り取って凝縮させた結果にすぎない。やや難しい話になってきたから、思想史を例として考えていこう。

思想史は、基本方法が「思想家の残したテキストを厳密に解読する」[5] ことであるといわれているが、「知の歴史学」は逆に「テキスト」そのものを問題視して、「テキスト」の物質的かつ実践的な構築過程を追う。詳細にいうと、我々の手の元にある「テキスト」は、文字・絵・紙・筆・印刷機・出版元・本屋など、多数の要素が絡み合って関与し、異なる技術とアクターによって媒介されているから、「思想」は「テキスト」の中に求めるのではなく、「テキスト」の物質的かつ実践的な生産過程と流通過程に求めるのである。こういうふうに、「知」を具現化したものの生産過程と流通過程を発掘することこそ、「知の歴史学」の仕事である。

次に、「近代」について検討しておこう。周知の通り、日本史の時代区分と西洋史の時代区分の間には微妙な齟齬がある。西洋史においては、「近代」は通常、十八世紀後半、とりわけフランス革命期を境にして始まったとされており、遅くともナポレオン戦争の終結――つまり、一八一五年頃――が明確な画期とされている。しかし、日本史の場合は、明治が「近代」であると理解されるのに対して、寛政年間（一七八九―一八〇一）から始まる徳川後期は一般的に未だ「近世」に属するものとされている。洋学史研究も奇妙なほどにこの区分に固執しているため、同じ人物であっても、徳川後期に生まれ育った洋学者が、明治期に入ると急に「近代思想家」に変身してしまう。なるほど、政治体制を基準にすれば、徳川と明治の間には大きな違いがある。だが、一国の政治体制に基づいて発想された時代区分を、思想というまた別の時間性を持っている現象に当てはめるのはいかがであろうか。政治体制の変革より、オランダ東インド会社の破産、ロシア帝国の拡大、イギリスの極東進出などという、日本史と一見関係のない近代西洋史の出来事も、例えばラクスマンとレザノフの通商要求やフェートン号事件のように、実は徳川後期の思想界を間接的に大きく揺るがした。そういう意味においては、ペリー来航や開国以前の日本「近世」はすでに、「近代」の中に組み入れられているのである。

このような食い違いを避けて、最近の歴史家は十九世紀が単に「西洋」近代の誕生のみならず、世界市場の増大や交通網と通信網の拡大が示すように、「近代世界〔modern world〕[6]」の誕生であると論じ始めた。関わり合いを有せず、一致しない時代に生きている区々の地域社会というより、相互連関し、同時代を生きている世界を叙述しよう、という意義が込められている。そして近代世界の誕生なる十九世紀を定義する試みの中、特に洋学史研究にとって有用と思われるのは、セバスティアン・コンラッドの業績であろう。

コンラッドによれば、近代の理想を象徴した「啓蒙期」は、十八世紀後半のヨーロッパの独自の遺産では決してなく、かえって啓蒙と文明をめぐる非西洋人の苦闘こそ、「啓蒙期」の真の歴史である、と。世界各地において十九世紀の終わりまで続いたこの苦闘の過程を、コンラッドは括って「啓蒙期の長い歴史〔long history of Enlightenment〕[7]」と総称している。すなわち「啓蒙」はヨーロッパが独占的に担った運動ではなく、ヨーロッパ外の地域にもやはり「啓蒙」と類似した概念が既にあり、十九世紀には、それぞれの啓蒙概念が、時として融合し、あるいは争い合い、結果として近代世界が形成されたのである、ということになろう。こう考えると、洋学史研究も、「日本がいかに西洋近代知を学んだ」というパラダイムを捨て、近代世界を背景に、「啓蒙期の長い歴史」における洋学の位置を明らかにしていくべきであろう。

取りまとめて言えば、次の通りである。洋学者の残したテキストからなる言説は、一種のヨーロッパ中心史観を示唆するものであり、あるいは少なくともそのように利用されやすいということである。それから、今までの洋学史研究はだいたいその言説——つまりその二項対立的な思考様式——を無意識的に継承し、「西洋近代知」の「非西洋地日本への移植」を語ろうとするとともに、「日本化学前史」や「日本物理学前史」というふうに、西洋近代の学問範疇に従って部分的にしか叙述しないのである。

このようなこれまでの研究のあり方に対して、新しい洋学史研究は、「近代世界」における「知の歴史学」研究の一環として再構築されるべきである、と私は考えている。目指すものは、「化学」や「工学」や「物理学」など、西洋近代の範疇に従って構成された「西洋近代知」がいかに受容されたかを知るのではなく、「知」そのものを具現化する物の生産・流通過程を世界的な規模において考察することである。具体的に言えば、洋学者が求めた知を具現化した書物が、ヨーロッパから遠く日本に辿り着くまでに、どのような人間が関わり、それによってどのように変容したのか、その過程を知ることである。つまり、洋学史に登場する、我々がよく知っている西洋と日本の学者の他に、西洋と日本の間に介在した人物——例えば標本を売買したインド商人や絵を作った中国職人や情報を提供した宣教師など——の関与を浮き彫りにすることを課題とする。この作業から新たに見えてくるのは、「西洋」なる出発点を離れ、世界中を旅しながら再編された「世界近代知」の物語にほかならない[8]。

とくに、「啓蒙期の長い歴史」という観点から見た場合、世界各地で用いられた「啓蒙書」の流通が注目される。研究者は以前から、「共益協会〔Maatschappij tot Nut van 't Algemeen〕」やその他の啓蒙団体の入門書が洋学の発展に大きな役割を果たしたことに言及してきたが[9]、その書の生産・流通過程が十分に検討されているとは言えない。日本の洋学者がなぜ専門書ではなく、入門書である「啓蒙書」を読んだかという理由について、「分かりやすかったから」と答えても間違いではないが、それだけでは不十分であろう。共益協会に限っていえば、一七八四年の創立からまもなく海外へ進出し、一八〇〇年まで植民地スリナムと喜望峰に支社を設け、一八五一年にバタヴィアに支社を設けている。ということは、洋学者の好んだ入門書を正しく理解するには、オランダの植民地主義と啓蒙主義の妙な交錯を掘り起こさなければならないことになる。また、「洋学」と似たような現象は、例えば「西学」という名称が示すように、ほかのアジアやユーラシア地域においても同時に起こっており、現地の出版業を促し、「啓蒙書」の翻刻・再版・翻訳などが盛行し共有された。つまり十九世紀の「啓蒙書」は、西洋と日本という二項対立ではなく、複数の地点を相互に横断し重なり合うネットワークを織り成していたのである。

洋学史研究の伝統的な方法は書誌学である。私は、そうした書誌学の方法を用いて、洋学者が参考にしていた「啓蒙書」のグローバルな流通に焦点をあてていきたいと思っている。すなわち、「啓蒙書」が日本に到着するまで、どのような過程を経たのか、そのことでどのように変容し続けたのか、その数次の変容に関係し介在したアクターは誰であったか、そして最終的な変容を受けた「啓蒙書」は日本の洋学者の「知」をどのように形づくったのか、それを問うことによって、洋学を知のグローバル・ヒストリーのなかに位置づけることを図るのである。

このような新しい洋学史のネットワークを、地図によって示すと**図1**のような図式が見えてくる。

三つの線は、時間的に重なっている部分もあるが、徳川後期から明治中期までの「洋書」流通ネットワークを示している。第①

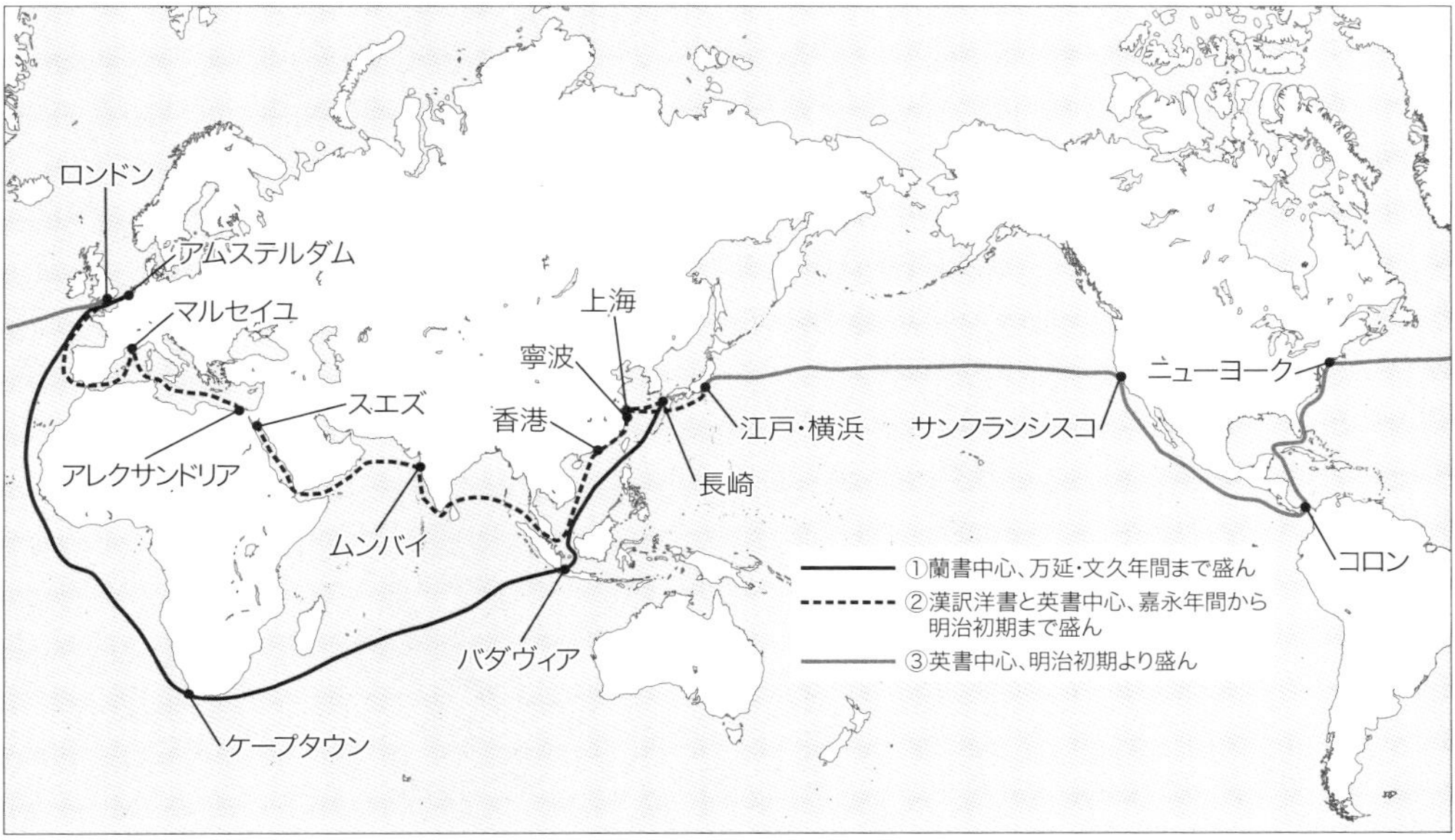


**図1　新しい洋学史のネットワーク**

は蘭書が中心であり、その書物はまずオランダからバタヴィアへと運ばれ、個人貿易の形でバタヴィアの小売店から購入され、そして日本へと輸出された[10]。第②は、嘉永年間（一八四八―五四）以降の幕末期には洋書全般だけではなく、とくに漢訳洋書が重要性を増したが、同期に東アジアへの海上交通を支配したイギリスのP&O〔Peninsular & Oriental Co.〕のルートを示している。第③は、米国の太平洋郵便汽船会社〔Pacific Mail Steamship Company〕が成立し、日本へのより安い交通回路が開かれ、アメリカで印刷された書籍、とりわけイギリスの「啓蒙書」の海賊版が多数を占めた時代のルートである。

この地図を見ると、「いまだ西洋中心ではないか」という異議も出るであろう。確かに、十九世紀、各地域において「西洋知」を学ぼうとした人々の使用した「啓蒙書」の多くは、当然、何らかの形で西洋に「起源」を持っていた。だが、書物は、「起源」によって固定化・絶対化されるものではなく、一度旅立つといくつかの経由地を経て変容し、「起源」を忘れがちな恩知らずのものとなっていくものでもある。それを明確に示すために、幕末の洋学者によく読まれた『智環啓蒙《ちかんけいもう》』を例にして、第②ルートの流通過程を見ていこう。

## 二　ある「英語読本」の正体——『智環啓蒙』の場合

洋学史において『智環啓蒙』という名で知られているこの本の原著は、一八四七年にロンドンで刊行された英語読本 *Graduated Reading: comprising a Circle of Knowledge* であるが、日本の洋学者がまず手に入れたのは、その原著ではなく、英語本文と漢文訳がそれぞれ同頁の上半部と下半部に併記している香港版であり、いわゆる「漢訳洋書」であった。そのため、既存研究は『智環啓蒙』について、あるいは「英学史」という観点から論じ、あるいは「日中文化交流史」という観点から論じてきた。双方とも、貴重な業績を残しているに違いないが、その専門分野からの分析にとどまって、書籍の流通メカニズムについては見過ごされており、同書の伝播がもった日本とグローバル・ヒストリーとのかかわりを明らかにする可能性を逸しているように思われる。

『智環啓蒙』の著者であるチャールズ・ベーカー（一八〇四―七四）は、さまざまな教科書の作者であった上に、一八二八年から死去まで、ずっとイギリスのヨークシャー市にある聾唖学校の学長として勤めていた。それについては沈国威の研究があるが（沈国威・内田慶市共編『近代啓蒙の足跡―東西文化交流の言語接触――『智環啓蒙』の研究』関西大学出版、二〇〇二年）、ベーカーの聾唖学校経験が彼の教科書編集方針に強い影響を与えたことには触れられていない。

しかし、ベーカー自身、「意図的に聾唖のために書かれた書物は、全ての子供の手に配るべき一番良い初等教育書である」[11]、と書いていることは見過ごすことはできない。これは、一八三六年の秋のことであるが、それから二年後の一八三八年には、ベーカーは自らが勤務する聾唖学校に印刷所を設け、「（英語の）読み書きを聾唖に教える」ための教科書を作る試みを始めている（*Twelfth Report of the Committee of the Yorkshire Institution for the Deaf and Dumb*, Yorkshire Institution for the Deaf and Dumb, 1841, p. 5）。

一八四一年以降、聾唖学校の印刷所から刊行されたベーカーの英語読本二冊は広くは公開されることはなかった。そのためか、二冊とも沈らの調査からは漏れている。しかし、この英語読本と対照すると、一読してこの聾唖生徒向けの教科書こそが『智環啓蒙』の原型であったことがわかる(Charles Baker and Duncan Anderson, *A Series of Graduated Lessons in Language and Grammar, for the Instruction of the Deaf and Dumb*, Yorkshire Institution for the Deaf and Dumb, 1841; Charles Baker, *General Reading Book for the Deaf and Dumb*, Yorkshire Institution for the Deaf and Dumb, [n. d.])。つまり、『智環啓蒙』は、一般的な教科書として用いられたが、その教育原理と方法は両方とも聾唖生徒のために考慮されたものだったのである。そして、この聾唖教育の原理と方法とは意図せずに、『智環啓蒙』の海外での流通の原動力となったのである。

一体、それはどういうことであろうか。一つは聾唖教育と「自然宗教」との関係である。英語読本の長い歴史を見ると、古くからは簡単な教理問答集や聖書引用集が中心であったが、ベーカーによると、このような「啓示宗教」は聾唖生徒が理解できないものであり、その代りに最初に自然現象の法則性を悟らせ、その法則性から神の存在へと帰納法的に導いていくことを勧めたのである。その理由は、次の通りである。まず、社会の成り立つ基盤は言語である、とベーカーは断言する。しかしそうであれば、生まれながら言語能力が損なわれている聾唖者は社会のそとに置かれることとなる。したがって、ベーカーはそのことを次のように述べる。すなわち、聾唖者は、いわば社会の外にある「野蛮人〔savage〕」に類似している。そして野蛮人と同様に、発達した宗教概念がなく、ただ説明できない自然体験を信仰の基としている。だから聾唖者に宗教を教えるには、自然現象からだんだん「神」へと導く必要がある、[12]のだと。

ベーカーは、さらにこの理論を聾唖教育の普遍性につなげていく。「聾唖人は我々の思想・知識・言語に導入されるべき、我々の習慣がわからない、一種の野蛮人」であって、このような「人類の原始的状態に近い」存在に教えることのできる教育方法こそが誰にでも教えられる方法である。[13]そういう意味で、聾唖者のための教科書こそが、すべての人間にとって一番いい教科書なのである、としたのである。当時盛んに議論されていた海外植民地教育は、とくにこのベーカーの理論から刺激を受け、『智環啓蒙』を「東にある植民地の原住民に西洋の言語・習慣・知識を授ける」ための「比類のない本」[14]であると絶賛した。その上、ベーカーの自然宗教に基づいたアプローチは、イギリス領インドにおける表面上の宗教的中立性を守るために有用な装置であったから、『智環啓蒙』はインドの植民地学校用教科書としてすぐ認定され、またコルカタ大学入学試験の復習資料としても用いられた。[15]「聾唖人」に言語を授ける書が、ここでは植民地原住民を支配する書となったのである。これが、『智環啓蒙』の長い旅の始まりであった。

これを背景にして、香港で活動していたロンドン伝道会のジェームズ・レッグ（一八一五―九七年）は、一八五六年に『智環

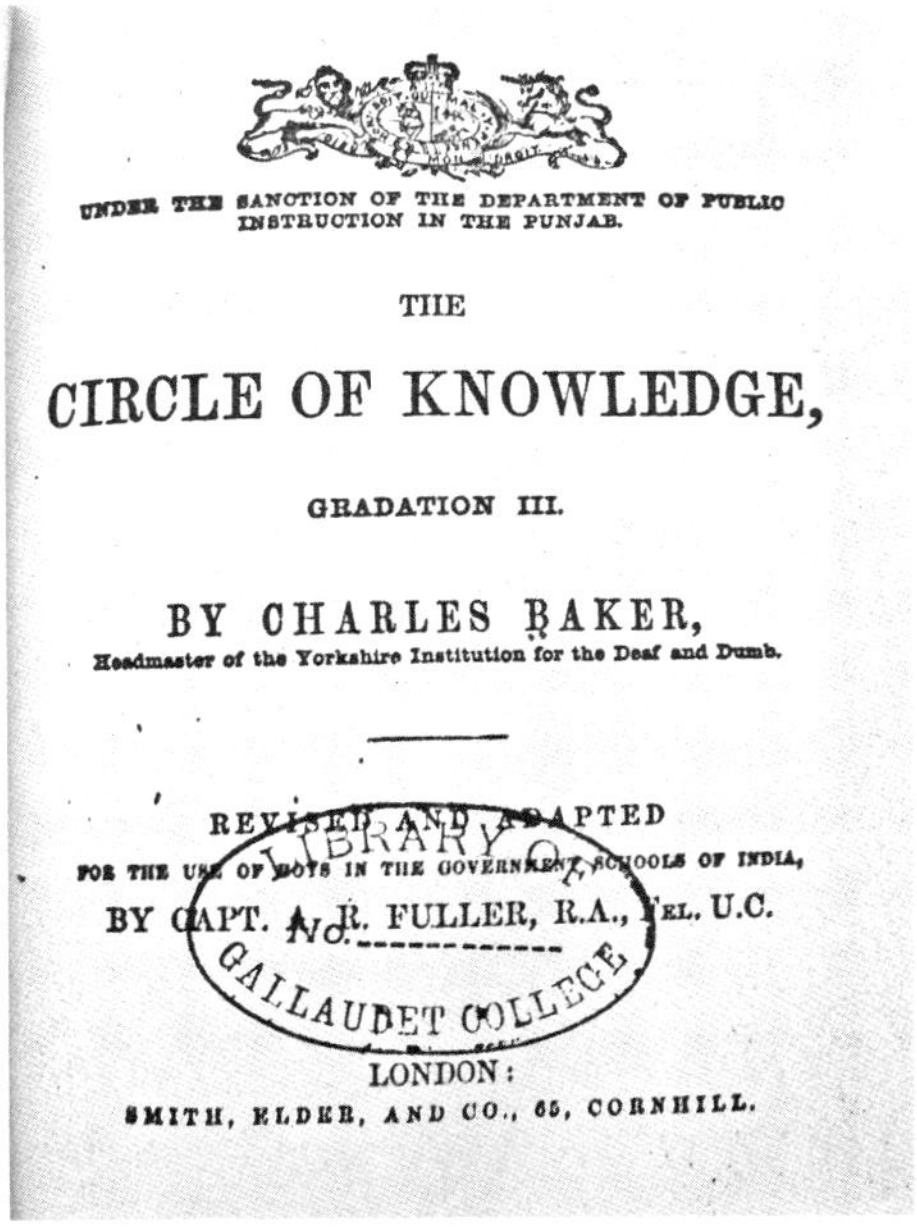
UNDER THE SANCTION OF THE DEPARTMENT OF PUBLIC INSTRUCTION IN THE PUNJAB.

THE

CIRCLE OF KNOWLEDGE,

GRADATION III.

BY CHARLES BAKER,

Headmaster of the Yorkshire Institution for the Deaf and Dumb.

REVISED AND ADAPTED

FOR THE USE OF BOYS IN THE GOVERNMENT SCHOOLS OF INDIA,

BY CAPT. A. R. FULLER, R.A., TEL. U.C.

LONDON:

SMITH, ELDER, AND CO., 65, CORNHILL.



図2　約1862年に刊行されたパンジャブ行政区学校用の『智環啓蒙』

啓蒙』を漢文に翻訳した。レッグは長い間、「中国の青年」に英語を教える適切な教材の欠如を「痛感」していたが、ベーカーの『智環啓蒙』については、レッグは「他より適している」[16]と評している。先にみたイギリス植民地における展開とおそらく変わらないように見えるが、実はここには微妙なズレがある。植民地教育の場合は、聾唖者＝野蛮人＝原住民という連鎖で捉えられていたが、イギリスに帰国して有名な支那学者となったレッグは、中国の古典籍に対して高い敬意を払い、「中華」のことを決して「野蛮」と思っていなかったのである。『智環啓蒙』が「中国の青年」に適していると評した背景には、植民地教育とまた別の論理が働いていた。

　その論理は、再び聾唖者の言語能力という問題に帰着する。言語能力という側面からみたら、聾唖者の言語学習上の最大の弱点は、一人称・二人称や過去形・未来形などを示す単語の一部（大抵は語尾）を様々に変化させることで意味合いを変える屈折変化の理解である、とベーカーは説いている。屈折変化がわからなくて英語が学べるかと思われるかもしれないが、そこでベーカーは屈折変化のない重要な言語が世の中にあることを指摘する。そしてそれはなんと、「記号一つだけで『喜ばしい』『喜び』『喜ぶ』を表している」中国語にほかならない[17]。ベーカーは、聾唖者の言語感覚は中国人のそれに似ているとして、聾唖者への英語教育は、通常のようにアルファベットから始めるのではなく、各単語を「別々の観念を表している画」のように直接的に覚えさせようとしたのである。換言すれば、ベーカーは生徒に、英単語を漢字のような「表意文字〔ideogram〕」[18]として学ばせようとしたのである。

　もちろん、漢字は実際には中国人にとっては、ただの「表意文字」ではないが、レッグが『智環啓蒙』に近づいたのはこの漢字論がきっかけであった。当時、ロンドン伝道会の宣教師は、聖書の中国訳をめぐって意見が激しく対立していた。一方には、中国が異教的過ぎるため、聖書の言葉は中国語で表現できないと主張したグループがあった。彼らは、英語を教え込むことによって、中国の青年をできるだけ早く中国語から離れさせるべきである、と考えていた。他方には、聖書の中国語訳に積極的に力を注いだグループがあり、教育方針としては英語を教えながら、また伝統的な漢文素養をも身につけさせようとした。いうまでもなく、レッグはその一員であった。レッグはまず、中国語の性格について、「記号的な文字」からなる言語であると断言し、この文字が「発音と完全に別に意味を持っている」[19]と確信していた。つまり、レッグの翻訳論は漢字＝表意文字という思想から出発していたのである。次に、レッグはこの漢字論を彼自身の自然宗教観へと結びつけていく。レッグによると、かつて同じ自然現象を経験した原始の世界のあらゆる人物は、そこに同じ「神」的存在を感じていた。しかし、その原始的に共通していた自然信仰は、時間の経過とともに歴史的に地域的に分かたれ、各文明が自分の言語をもって、例えば「God, Elohim, Theos」[20]等とそれぞれ「神」を呼称することとなり文化的に違う解釈を与えた。しかし、漢字の場合は「意味」が変わらないため、元来、内包されている概念も基本的にそのままに保存されているはずである。最も有名な例として「上帝」を挙げる。レッグは経書に現れる「上帝」という文字について、中国においてはキリスト教の「神」がキリスト教以前にすでに自然経験から直観されていた証である[21]、と主張している。言い換えれば、「上帝」とは、そこから各文化的に分化して「神」という概念が生まれ、それぞれで神と意識される以前の存在を指すもの、と考えたのである。その意味において、漢文はまさに、世界に普遍な自然信仰を表現するものとしたのである。だから、『智環啓蒙』の自然宗教観はこの漢文の意味を再発見するのに、最適な翻訳対象であった。漢文と英文が同項に並行しているレッグの『智環啓蒙』は英語教科書だけではなく、同時に漢文に潜んでいる自然宗教観を学ぶ手段でもあった。

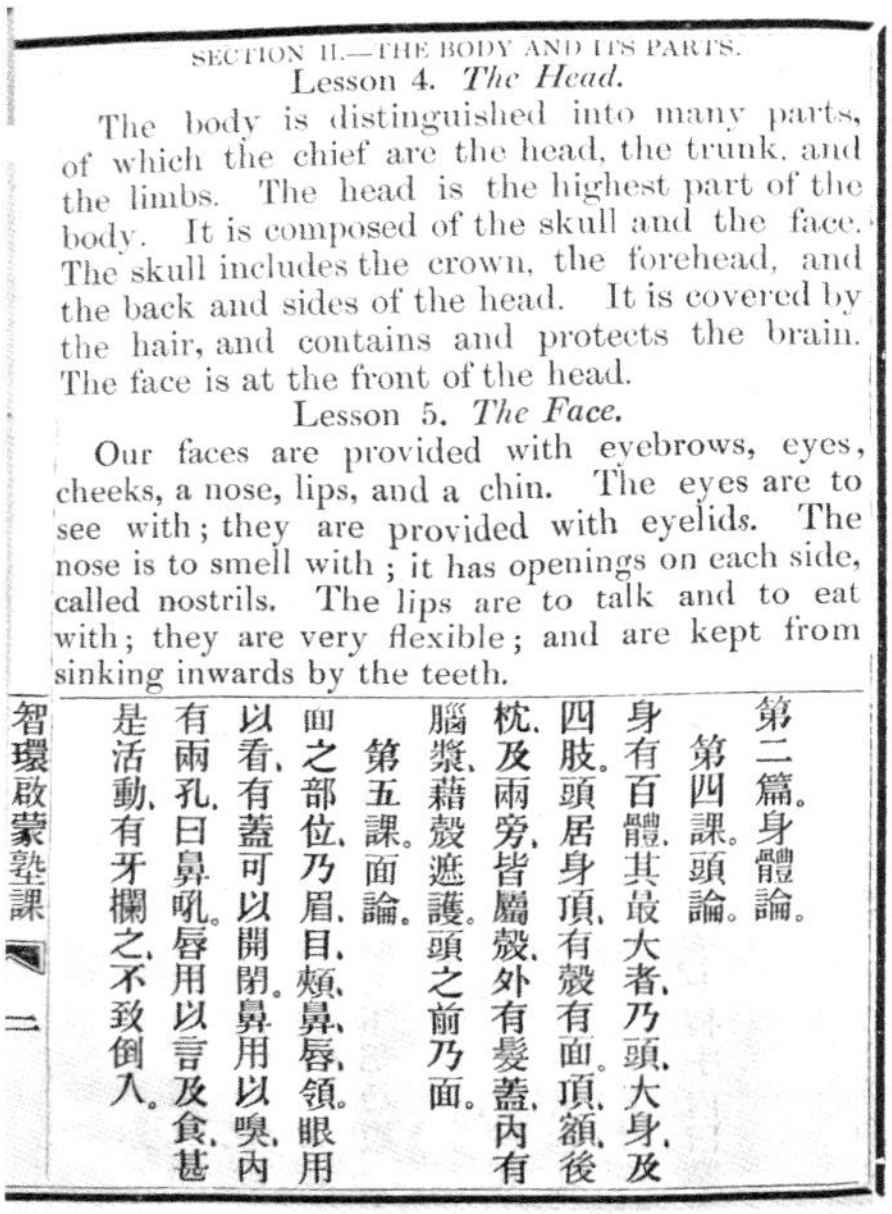
SECTION II.—THE BODY AND ITS PARTS.

Lesson 4. *The Head.*

The body is distinguished into many parts, of which the chief are the head, the trunk, and the limbs. The head is the highest part of the body. It is composed of the skull and the face. The skull includes the crown, the forehead, and the back and sides of the head. It is covered by the hair, and contains and protects the brain. The face is at the front of the head.

Lesson 5. *The Face.*

Our faces are provided with eyebrows, eyes, cheeks, a nose, lips, and a chin. The eyes are to see with; they are provided with eyelids. The nose is to smell with; it has openings on each side, called nostrils. The lips are to talk and to eat with; they are very flexible; and are kept from sinking inwards by the teeth.

第二篇。身體論。

第四課。頭論。

身有百體、其最大者、乃頭、大身、及四肢、頭居身頂、有殼有面、頂、額、後枕、及兩旁、皆屬殼、外有髮蓋、內有腦漿、藉殼遮護。頭之前乃面。

第五課。面論。

面之部位、乃眉、目、頰、鼻、唇、頷。眼用以看、有蓋可以開閉。鼻用以嗅、內有兩孔、曰鼻吼。唇用以言及食、甚是活動、有牙攔之、不致倒入。

智環啓蒙塾課 二

図3 漢文・英文対照『智環啓蒙』（レッグの第一版）

聾唖のための読本は、一般教科書となり、さらに植民地支配のための教科書に転用され、伝道書へと変わった。そして日本に辿り着くと、またまた変わる。

最初に『智環啓蒙』を日本に持ち込んだのは、オランダ出身で、アメリカに移民し、日本に宣教師として派遣され法学者・神学者としても活躍したフルベッキ（一八三〇―九八）であった。米国聖公会から派遣された宣教師で彼の前任者、ジョン・リギンズ（一八二九―一九一二）はすでに、「科学的な読物」であれば、キリスト教禁止にもかかわらず、日本人への分配・売買が許されていると気づいて、「中国にいる宣教師による科学的作品」の輸入を積極的に勧め、「地理・歴史・科学に関する作品」こそ「日本を開拓する文学[22]」であると期待をかけていた。フルベッキもこの方針を直接的に継承し、科学的な漢訳洋書が「知的に――従って社会的に――身分の高い人々と接する手段」であると、さらに付け加えた。これらの点から、日本における伝道は、他地域のそれと違って、貧困者を対象とするより、「二刀持ちの階級」――つまり士分――を対象とすべきである、と伝道会のアメリカ本部に報告し

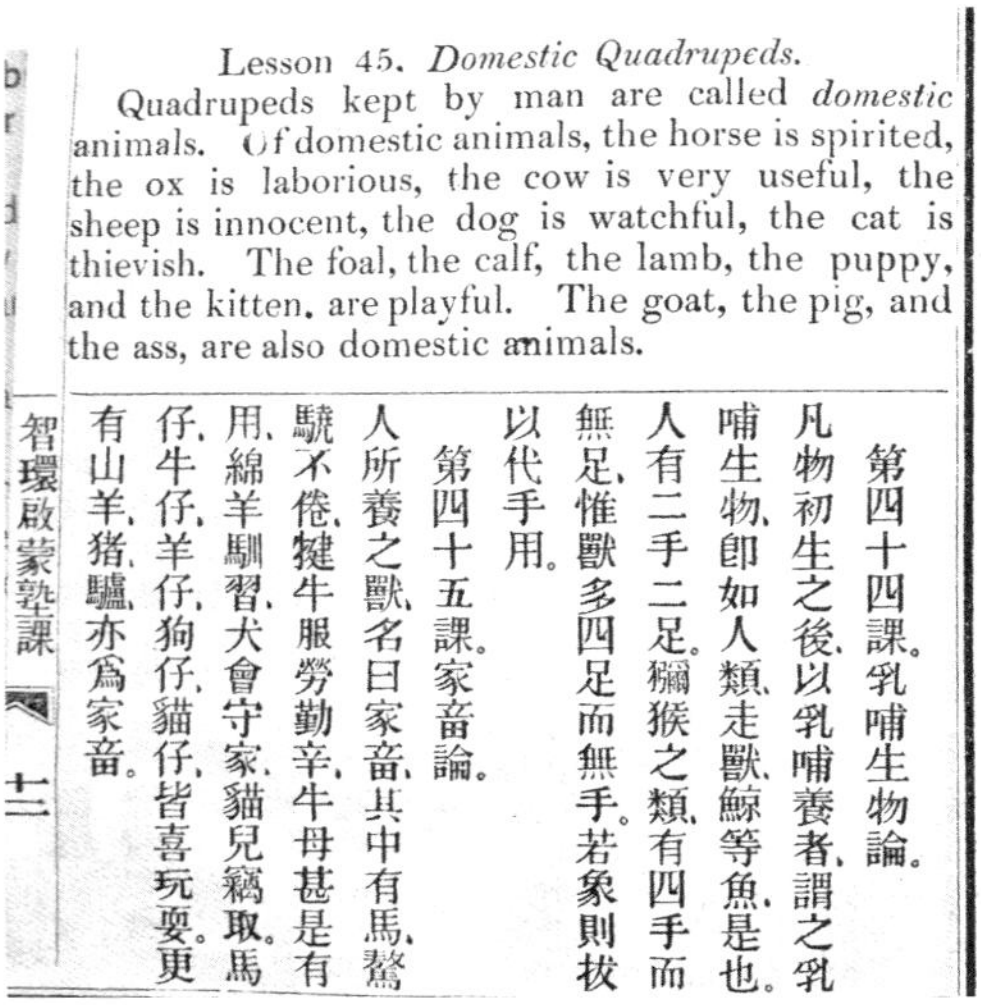

Lesson 45. *Domestic Quadrupeds.*

Quadrupeds kept by man are called *domestic* animals. Of domestic animals, the horse is spirited, the ox is laborious, the cow is very useful, the sheep is innocent, the dog is watchful, the cat is thievish. The foal, the calf, the lamb, the puppy, and the kitten, are playful. The goat, the pig, and the ass, are also domestic animals.

第四十四課。乳哺生物論。

凡物初生之後、以乳哺養者、謂之乳哺生物、即如人類、走獸、鯨等魚、是也。人有二手二足、獮猴之類、有四手而無足、惟獸多四足而無手。若象則拔以代手用。

第四十五課。家畜論。

人所養之獸、名曰家畜、其中有馬、驁駿不倦、犍牛服勞勤辛、牛母甚是有用、綿羊馴習、犬會守家、貓兒竊取、馬仔、牛仔、羊仔、狗仔、貓仔、皆喜玩耍。更有山羊、猪、驢、亦爲家畜。

智環啟蒙塾課　十三

図４　レッグの第一版（大英図書館）

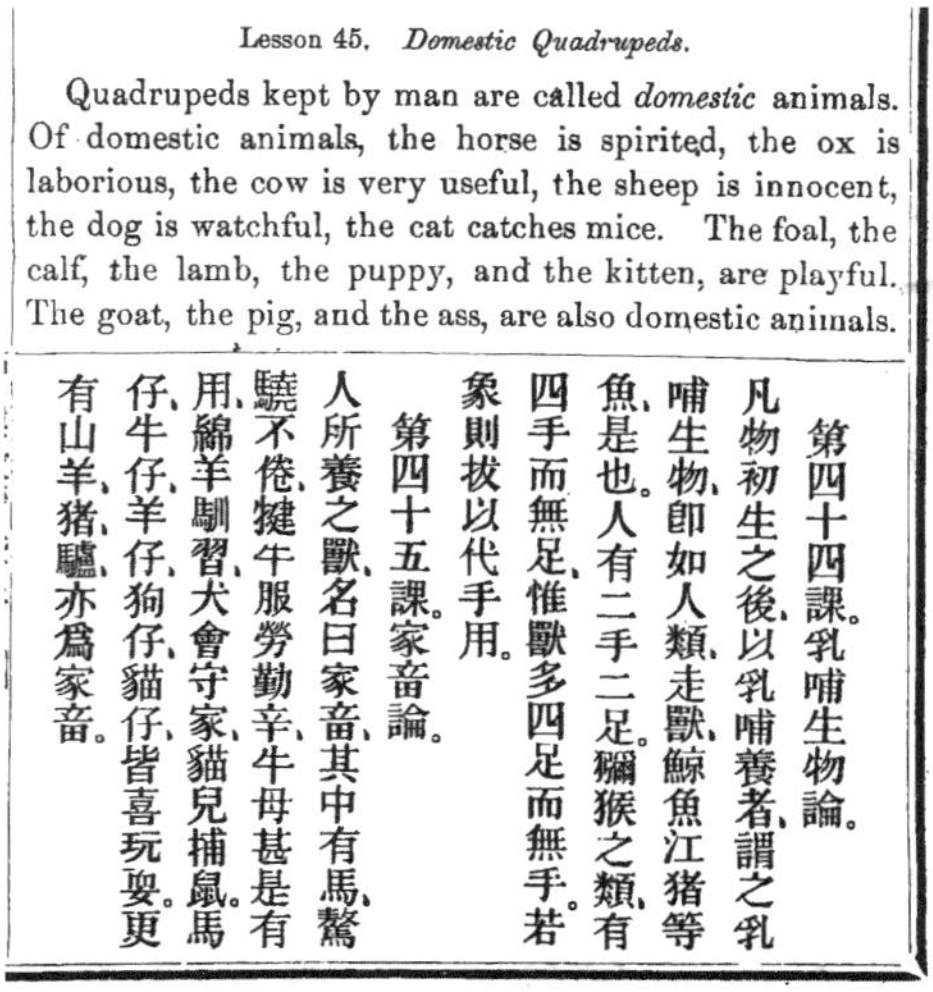

Lesson 45. *Domestic Quadrupeds.*

Quadrupeds kept by man are called *domestic* animals. Of domestic animals, the horse is spirited, the ox is laborious, the cow is very useful, the sheep is innocent, the dog is watchful, the cat catches mice. The foal, the calf, the lamb, the puppy, and the kitten, are playful. The goat, the pig, and the ass, are also domestic animals.

第四十四課。乳哺生物論。

凡物初生之後、以乳哺養者、謂之乳哺生物、即如人類、走獸、鯨魚江猪等魚、是也。人有二手二足、獮猴之類、有四手而無足、惟獸多四足而無手。若象則拔以代手用。

第四十五課。家畜論。

人所養之獸、名曰家畜、其中有馬、驁駿不倦、犍牛服勞勤辛、牛母甚是有用、綿羊馴習、犬會守家、貓兒捕鼠、馬仔、牛仔、羊仔、狗仔、貓仔、皆喜玩耍。更有山羊、猪、驢、亦爲家畜。

図５　レッグの第二版（コーネル大学図書館）

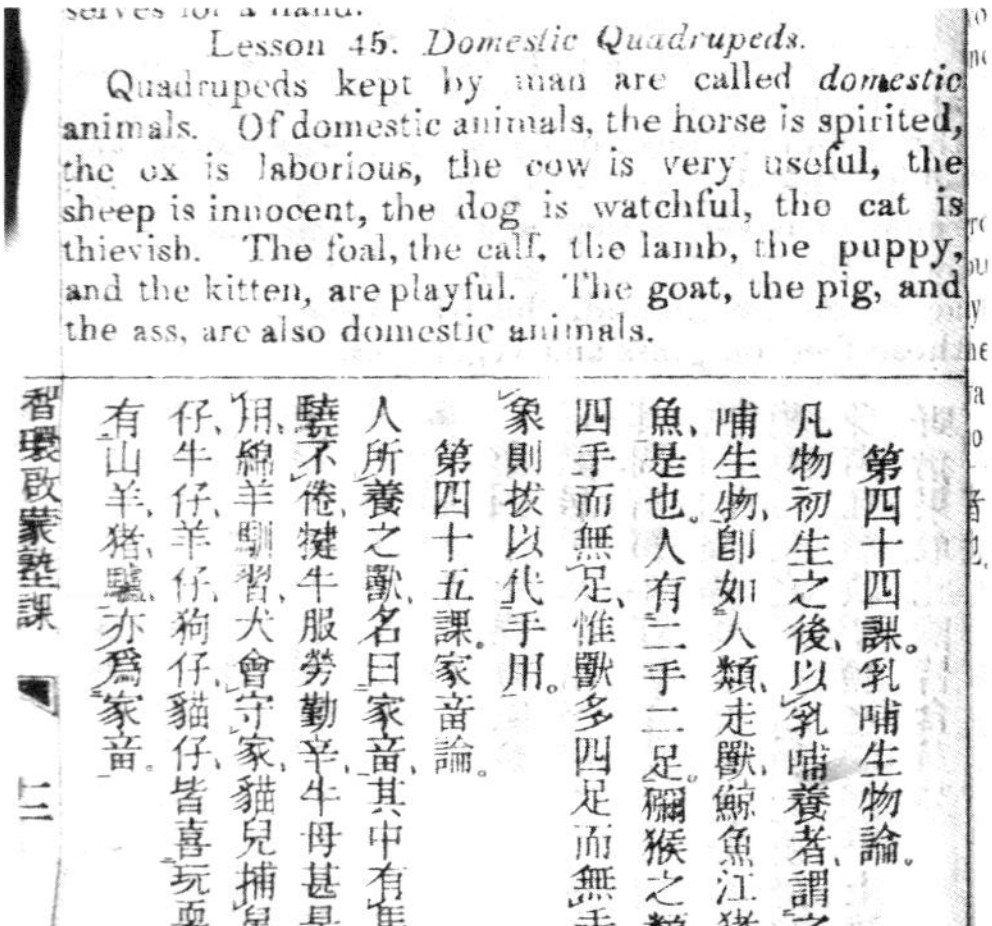

serves for a hand.

Lesson 45. *Domestic Quadrupeds.*

Quadrupeds kept by man are called *domestic* animals. Of domestic animals, the horse is spirited, the ox is laborious, the cow is very useful, the sheep is innocent, the dog is watchful, the cat is thievish. The foal, the calf, the lamb, the puppy, and the kitten, are playful. The goat, the pig, and the ass, are also domestic animals.

第四十四課。乳哺生物論。

凡物初生之後、以乳哺養者、謂之乳哺生物、即如人類、走獸、鯨魚江猪等魚、是也。人有二手二足、獮猴之類、有四手而無足、惟獸多四足而無手。若象則拔以代手用。

第四十五課。家畜論。

人所養之獸、名曰家畜、其中有馬、驁駿不倦、犍牛服勞勤辛、牛母甚是有用、綿羊馴習、犬會守家、貓兒捕鼠、馬仔、牛仔、羊仔、狗仔、貓仔、皆喜玩耍。更有山羊、猪、驢、亦爲家畜。

智環啟蒙塾課　十三

図６　柳河編（東京大学史料編纂所）

たのである。同じ一八六〇年度の報告に、フルベッキが排列した書籍の目録が添付されているが、そこにはレッグ訳の『智環啓蒙』の一八五六年香港版が列挙されている。[23]

その後、一八六一（文久元）年、蕃書調所教授手伝であった原田吾一（一八三〇―一九一〇）が、『智環啓蒙』の「漢文の処のみ」[24]を刊行する開板御願いを出している。同調所の「見改」では、「上帝」にふれている部分を削除してまた提出するよう命じられたが、原田はそれに従い、翌年の春にようやく許可を得て、『智環啓蒙』の日本版を初めて刊行した。だが、この原田編はわずかに「同志へ与」[25]えられたものであったため、広く流布することはなかった。そのためか、現在、『智環啓蒙』に言及する多くの研究者は、主として開成所教授で後に頭取となった柳河春三（一八三二―七〇）編の『智環啓蒙』を取り上げる。最初の一八六六（慶応二）年版は柳河自身の「江戸開物社」から刊行されているが、翌年には大和屋喜兵衛が市場一般向けに再版を出しており、日本に残る多くの『智環啓蒙』は、このいずれかである。[26] 柳河編と原田編の一番大きな違いは、前者の方がレッグ訳の「翻刻」とされていることである。つまり、レッグ訳と同じように英文と漢文との並行式を取っている。これを踏襲し、柳河編を「英語教科書」あるいは「英語読本」として呼ぶのが一般的であるが、果たしてそうであろうか。

柳河編の見返しは、レッグ訳の一八六四年第二版の見返しを翻刻し、それからレッグの一八六四年の序を忠実に写している。レッグはこの第二版において、誤りを訂正し、さらに内容を所々変えているが、一般には、柳河はまず個人所有の一八五六年の第一版を翻刻しようとしたところ、成島柳北から第二版の存在を知らされ、やはり最新のものがいいと考え、柳北が入手した第二版を頂戴しそれを翻刻したとされている（尾佐竹猛『新聞雑誌の創立者柳河春三』名古屋史談会、一九一九年）。しかし、次の例をみてみよう。

**図4**はレッグの第一版、**図5**はレッグの第二版、**図6**は柳河編、という順に並べてある。四五課の四〜五行目に注目していただきたい。レッグの第二版は、上に「the cat catches mice」とあり、下に「ねこは鼠を捕える（貓兒捕鼠）」と正確に訳している。第一版は上に「the cat is thievish」とあり、下に「ねこはぬすみ取る（貓兒竊取）」と訳している。だが、柳河編は、上に「the cat is thievish」とあり、下に「ねこは鼠を捕える」とあり、英語と漢文が一致していない。他にも例がある。例えばレッグは第二版に、第一版の「Months」が「Mouths」と誤植されているところを訂正しているが、柳河は第一版の間違った「Mouths」を使ってしまっている。ここで一々列挙する紙幅はないが、重要なことはレッグの第一版と第二版を柳河編と比較・対照すると、柳河が第二版の漢文を翻刻したにもかかわらず、未だ第一版の英文をそのままに翻刻しているという不思議な事実に気づくことである。

なぜであろう。いままでの研究では、柳河は英語が読めたことになっているが、そうではなかったのか。あるいは柳河が単に編集の仕事を怠っていたということか。両説ともあり得なくはないが、柳河のような学者が英文を正しく理解することなく英語読本を編集したとするのはあまりにも安易にすぎ、より適切な説明が求められよう。

おそらく、柳河は読者にとって、『智環啓蒙』の「英語教科書」としての必要はあまりないであろうと推測し、そのため英文は形だけのもので良いと考えたのではなかろうか。柳河が想定する読者にとっては、漢文の方のみが大切であったのである。言い換えれば、柳河は『智環啓蒙』が英語読本として使用されるとは思っ

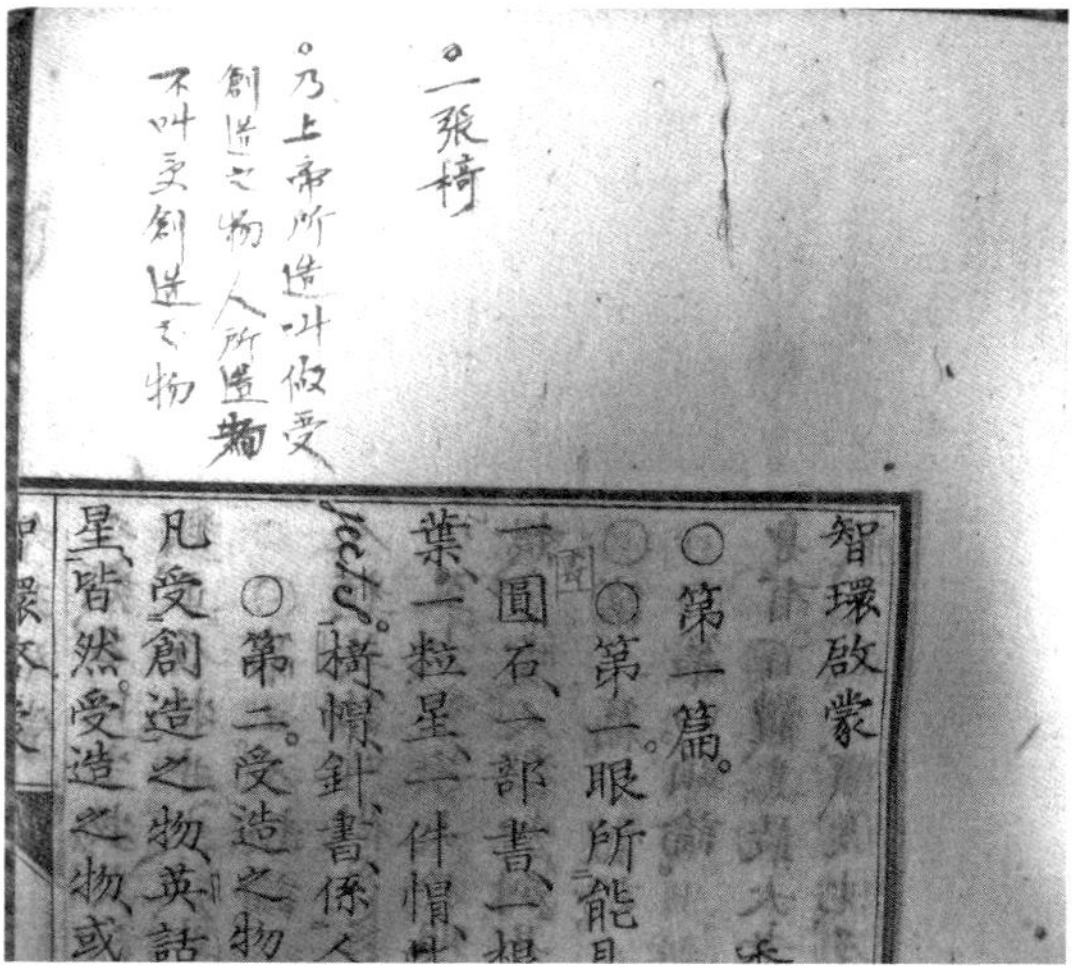


図７　田中芳男蔵『智環啓蒙』（原田版）の第１ページの書き入れ

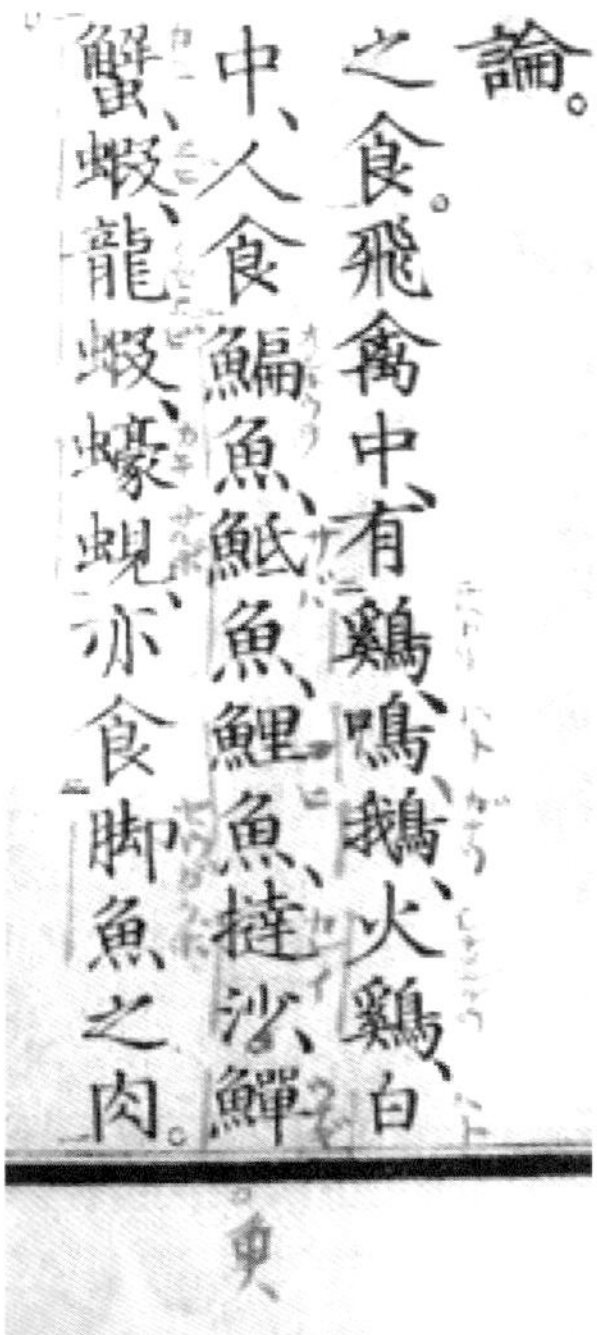


図８　田中が世界の自然産物にフリガナをふっている一例

ていなかったから、同書の中で英文と漢文が必ずしも一致しなくとも有用である、と思っていたのではないだろうか。

とは言え、漢文のみが重要であったのなら、原田編で充分なのではないかという疑問が残る。しかし、原田の用いたレッグの第一版には漢字の誤字があり、加えて「上帝」に触れる部分はすべて削除されている。それに対して、柳河編は漢文が訂正されているし、さらに宗教的な部分もそのままに忠実に翻刻されている。とするならば、柳河が『智環啓蒙』を翻刻した意図は、「英語教科書」を読者に提供するのではなく、誤解を招く原田編の漢文を正し、原田編になかった情報を補遺することにあったろう。

現在知ることが可能な当時の読者の足跡も、この解釈を支持する。最初の日本版を編集した原田は、前述したように「同志へ与えよう」と考えた。その「同志」の一人は、同調所に出仕した著名な本草学者田中芳男（一八三八―一九一六）である。東京大学総合図書館の田中芳男文庫には本人所蔵の原田編の『智環啓蒙』がある。この小冊を開くと、田中の朱での書き込みが其処此処に見られる。

まず、第一ページの書き入れには「○一張椅」があるが、それはもとの英文の「one chair」とあり、第一版では漢字が抜けていたので、レッグが第二版にそれを加えたものである。次に、田中は本文の「一圓石」のところの「圓」の字を消し、「團」に訂正しているが、それは助数詞の間違いであり、第一版の誤字が第二版に訂正されたのを反映している。また、田中は上欄に「〇すなわち上帝の造ったのを創造されたものとよぶ……（乃上帝所造叫做受創造之物）」等々と書き込んでいるが、それは明らかに原田編に削除された「上帝」に関する部分である。田中はつまりレッグの第二版か柳河の翻刻のいずれかをもって、私蔵の原田編『智環啓蒙』を訂正・補遺しているのである。このように田中がなぜそこまで注意を払ったかといえば、それは『智環啓蒙』の中に「上帝」を証明するものとして、世界の自然産物が各課に次々と列挙されているからである。例えば、哺乳動物類（第四三～八課）・鳥類（第六一～九課）・爬虫類と魚類（第七〇～三課）・昆虫類（第七四～八課）等のところに、田中は丁寧に漢字を訂正しカナを振っている。

このように、もともと聾唖者のための英語読本として編集されたベーカーの教科書が、植民地の原住民の教科書となり、次に伝道書として用いられたが、その「英語読本」としての性格は薄まったものの完全にはなくなってはいなかった。しかし、これまでの考察が正しければ、幕末日本の『智環啓蒙』は漢文のみが中心となっており、もはや英語読本の性格はなくなっていたと言えるのではないだろうか。

その代りに、リギンズとフルベッキの言葉にも反映されているように、『智環啓蒙』はむしろ、「科学」入門書としての性格を賦与されていたのである。近代博物学の宗主といわれ、「博物館」という名称を生み出し、殖産興業を指導し、基礎博物学の啓蒙に努めた田中芳男は、自然産物の漢字名を調べるために『智環啓蒙』を参考として読んだ。長い旅の結果、『智環啓蒙』は、イギリスでの聾唖者のための英語読本から、最終的には日本において博物学用の漢字辞典へと変身を遂げたのである。

## おわりに

直接的に「上帝」に言及した柳河編が、如何に「見改」——検閲を逃れて世に出たか、それについては紙幅の制限もあり別の機会に譲るほかない。だが、ここに語られた『智環啓蒙』の歴史からも伺えるように、いわゆる「近代西洋知」を具現化した洋書は日本に現れる前に近代世界を流通し、その過程において様々なアクターに媒介され、よってその形も機能も意味も大きく変わった。それは明らかに、「近代西洋知」ではなく、「近代世界知」と言えるものであった。

これからの洋学史研究は、この「近代世界知」を対象とすべきである。それは、「日本」と「西洋」という二項対立的な地理概念から脱し、見慣れてきた「洋」書を、インド・東南アジア・中国など、いわば「グローバル」な近代が作った流通網のなかで移動させて、その再生産過程を追うことで「知」がグローバル化する長い旅を描くことである。ここで明らかにしてきた、『智環啓蒙』を例とした新しい物語に現れたのは、西洋の知識人と日本の知識人だけではなく、イギリスの聾唖生徒と出版人、パンジャブ原住民の青年、中国港町の宣教師・翻訳者・印刷業者等々、である。洋学の歴史とは、その流通に関わったすべての人間の歴史でもあるともいえよう。

　このような内容からなる新たな洋学史研究は、本当に日本史なのか、という疑問が湧くかもしれない。ある視点から簡潔に答えればノーである。従来の洋学史研究からすれば異質ではあるが、洋学史研究は日本史研究と違って、国境なき「知」に注目した近代世界の歴史を目指すべきであろう。しかし、今ひとつの視点からみれば、ここで提案している洋学史研究は、まさにこれからの日本史の可能性を示唆するものと思われる。とくに、欧米圏で日本史の研究を行っている者にとっては、ここ数年、なんで日本史なのか、という率直な問いを経験することが多くなってきている。それに対しては、次のような答えを用意している。

　現代語はともかく、難しい古語やくずし字も努力して学ぶのは、「日本」という現象を説明するためだけでなく、世界を構成する他の地域に起きていた現象をより深く理解するためである。例えば、あなたは西洋教育史の専門家かもしれないが、十九世紀ヨーロッパの小学校で使われていた教科書が日本の有名な洋学者にも別な目的のために使われていたことは、ご存知であったろうか。あるいは、あなたはイギリス帝国史の専門家ではあるが、イギリス領インドに人気のあった教材が日本にも伝わり人気を集めたとは知らなかったであろう、と。このような答えによって、もっと徹底した会話への道を開き、共通史料から共同研究へ、と日本史に興味を誘う。そういう意味で、新しい洋学史は、グローバル・ヒストリーという過去だけではなく、グローバルな現在にも向けて、代表的な役割が果たせる、と私は考えている。

**注**

(1) 沼田次郎・松村明・佐藤昌介共編『日本思想体系64　洋学　上』(岩波書店、一九七六年)、所収。

(2) 同上所収。

(3) Sanjay Subrahmanyam, "Global Intellectual History Beyond Hegel and Marx", *History and Theory*, 54:1, 2015, pp. 126-37.

(4) 洋学史とグローバル・ヒストリーの関係についてはすでに八百啓介の鋭い論文があるが、それを参照されたい。八百啓介「世界史としての蘭学研究の可能性」(『洋学』第二一巻、二〇一三年)、二一九—四九頁。

(5) 吉澤誠一郎「思想のグローバル・ヒストリー」水島司編『グローバル・ヒストリーの挑戦』(山川出版社、二〇〇八年)、同書一五四—一六三頁。

(6) 一番知られているのは次の二冊である。C. A. Bayly, *The Birth of the Modern World, 1780-1914: Global Connections and Comparisons*, Blackwell, 2004; Jürgen Osterhammel, *Die Verwandlung der Welt: eine Geschichte des 19. Jahrhunderts*, C. H. Beck, 2009.

(7) Sebastian Conrad, "Enlightenment in Global History: A Historiographical Critique", *American Historical Review* 117:4, 2012, pp. 99-1027.

(8) こういうパースペクティブの最も洗練された例としては、カピル・ラジ(Kapil Raj)の業績が挙げられる。カピル・ラジ『近代科学のリロケーション——南アジアとヨーロッパにおける知の循環と構築』(水谷智・水

井万里子・大澤広晃共訳、名古屋大学出版会、二〇一六年)。

(9) 吉田忠「十八世紀オランダにおける科学の大衆化と蘭学」『東アジアの科学』(勁草書房、一九八二年)。同書五〇―一〇八頁。

(10) 永積洋子『18世紀の蘭書注文とその流布』(文部省科学研究費補助金研究成果報告書、一九九五年)、に概略がある。

(11) Charles Baker, "Account of the Yorkshire Institution for the Deaf and Dumb", *Contributions to Publications of the Society for the Diffusion of Useful Knowledge, and the Central Society of Education*, privately re-printed, 1842, p. 33.

(12) 同上, p. 28.

(13) Baker, "On the Education of the Deaf", 同上, p. 135.

(14) "The 'Circle of Knowledge'", *The Bucks Herald*, 28 Dec. 1861, p. 3.

(15) H. S. Reid, Revised Scheme of Studies to be Pursued in the Government Anglo-vernacular Colleges and Schools, in Britain, Parliament, House of Commons, *Return to an address of the Honourable the House of Commons*, H. M. Stationer's Office, 1859, p. 706; *Report on Popular Education in the Punjab and its dependencies, for the year 1861-62*, 1862), p. 10; Charles Baker, *The Circle of Knowledge, revised and adapted for the Use of Boys in the Government Schools of India*, ed. A. R. Fuller, Smith, Elder, and Co., 1864; "List of Classical, Mathematical, and other Books, for the Use of Students", *Calcutta University Calendar, 1874-75* Thacker, Spinck and Co., Publishers to the University, 1874.

(16) James Legge, Preface, in Charles Baker, *Graduated Reading; comprising A Circle of Knowledge* 智環啓蒙塾課初歩, London Missionary Society Press, 1856, p. 1a.

(17) Baker, "On the Education of the Deaf", p. 131.

(18) Baker, "On Teaching Reading", *Contributions to Publications*, pp. 224-25.

(19) James Legge, "Principles of Composition in Chinese, as deduced from the Written Characters", *Journal of the Royal Asiatic Society of Great Britain and Ireland* 11:2, 1879, p. 252, 259.

(20) Legge, *The Notions of the Chinese concerning Gods and Spirits: with an examination of the defense of an essay, On the Proper Rendering of the Words Elohim and Theos, into the Chinese Language*, Hongkong Register Office, 19852, p. 76.

(21) この趣旨に関しては同上を参照。

(22) John Liggins, "Letter from Rev. Mr. Liggins (Nagasaki, May 26, 1859)", *Spirit of Missions*, Oct. 1859, p. 461; Liggins, "Letter from Rev. Mr. Liggins (Nagasaki, August 10, 1859)", *Spirit of Missions*, Feb. 1860, pp. 55-56.

(23) Verbeck to Philip Peltz, 12 Sept. 1861; Verbeck, Nagasaki Branch of the Japan Mission, Annual Report for the Year Ending 31st Dec, 1860, 743/1/1, Verbeck Correspondence, Gardner A. Sage Library.

(24)「開版見改元帳」(『日本科学技術史大系一——通史一』第一法規出版、一九六四年)、同書六一―六六頁。

(25) 同上。

(26) 残存については、八耳俊文「清末期西人著訳科学関係中国書及び和刻本所在目録」(『化学史研究』第二二巻、一九九五年)、同書三一二―三五八頁。

*本稿で使用している用語「聾唖者」は、現代では聴覚障害者と表記されるが、本稿では歴史的表現として史料にあわせて本文中でも使用した。

# 物産開発を支えた技術理念
## 【大島高任の軌跡】

岩本和恵

●いわもと・かずえ　一九八六年宮城県生。二〇一一年筑波大学人文社会科学研究科博士課程中退。修士（文学、筑波大学）。千葉県立千葉東高等学校教諭。主著「幕末維新期の盛岡藩と大島惣左衛門」『近世日本の言説と「知」』（清文堂出版）「幕末維新期における洋学の受容と展開」『グローバル化のなかの日本史像』（岩田書院）。

### はじめに

二〇〇七（平成十九）年、日本全国に存在する、近代日本の産業革命およびその技術実践を牽引した産業文化遺産が、経済産業省により「近代化産業遺産群」として認定・公表された。日本の近代化を支えた先人の技術や、その実践を支えた地域社会が、改めて国内外から注目される契機となった。また、地域基幹産業の礎としての遺産群を、保存・継承していくことの重要性を示したものでもあった。近年、日本の近代化を「地域」や「技術」「産業」の面からあらためてとらえていこうとする試みは、歴史学・科学技術・産業界・地域産業といった様々な分野・領域からのアプローチによって進められている。多様な立場、多様な領域の「融合」によってプロジェクトが進められたという点は、これら遺産群が形成された際にも同様であった。技術の実践と産業振興が結実していくプロセスには、技術を含む学問、資源、地域産業、情報、政治的要因など、様々な領域において、幕藩領主層による旧来的な支配の枠組みを超えるような、またその再構築を迫るようなグローバルな動きが展開した。それらの合流地点に、新たな試みとしての技術実践が形を成した。

十九世紀、とりわけ幕末から近代移行期の研究は、政治史分野を中心に、多くの研究が蓄積されてきた。近年は、さらに政治・経済・情報・思想など諸分野の関係をとらえた研究の必要性が指摘されている(1)。このような幕末維新期を、十九世紀という長期の時間軸のなかで見た時、その一つの特徴は、様々な領域・レベルにおけるグローバル化である。人・もの・情報が幕藩権力の旧来的な枠組みをこえる状況は一段と顕著となり、グローバル化が相互に接点をなして合流していく時代である。その接点において生み出されたもののなかに、幕末維新期の社会がもった様々な可能性や課題の諸要素が含まれているのではないだろうか。

**図1　大島高任**（『大島高任行実』）
1826～1901
61歳で佐渡鉱山局長となり、65歳で日本鉱業会初代会長に就任した。生涯にわたって技術指導者であり続けた。1901（明治34）年没。叙勲三等。

本稿では、こうした視点に立ち、洋学の技術的実践について、その受容された背景と、技術理念が実践を通して形成されたことの意義についてみていくこととしたい。

このような目的のもと、本稿で取り上げたいのは、盛岡藩士であり洋学者であった大島高任《たかとう》（一八二六―一九〇一）である。大島高任（周禎、惣左衛門）は、幕末水戸藩における反射炉建設の中心的存在であるとともに、一八五五（安政四）年十二月一日に、盛岡藩領の大橋鉄鉱山に築いた洋式高炉から銑鉄を得ることに成功したことで名高い。さらに、続けて高炉を築いた橋野鉄鉱山（大橋鉄鉱山・橋野鉄鉱山はともに現在の岩手県釜石市）は、二〇一五（平成二十七）年に、橋野鉄鉱山（橋野高炉跡及び関連遺跡）を含む「明治日本の産業革命遺産　製鉄・製鋼、造船、石炭産業」が、第三十九回世界遺産委員会で世界遺産に登録された。これら、近代化産業遺産群に名を連ねる遺産に技術指導者として携わった大島高任を取り上げる理由は、幕府と藩双方の殖産政策に従事するなかで大島が形成した「学術」とりわけ「技術」に対する視点にある。大島は、殖産政策と洋学をどのように関連づけ、また洋学と技術にどのような意義を見出したのであろうか。また、大島が藩士として殖産政策に携わった盛岡藩の政治的・地理的背景も見落とすことは出来ない。盛岡藩は、現在の岩手県と青森県の一部を領有し、外様大名である南部氏が支配した。特に近世後期においては、松前・蝦夷地への出稼ぎだけでなく、蝦夷地警備や箱館の開港に伴い、政治・経済・社会的に松前・箱館そして蝦夷地との深いつながりを有した藩である。藩境をまたぐ学問・技術がいかなる社会経済状況を背景として展開したのか。この点に関しても目を向けながら、以下にみていくこととしたい。

## 一　物産開発と「知」

十九世紀、諸藩では、財政再建の手段として物産開発が盛んに試みられる。そうした動きは、盛岡藩においても例外ではない。特に、三陸海岸を含めた広大な藩領を有するがゆえの海防問題や、蝦夷地警備に伴う負担の増加は、財政再建に留まらず富国強兵を実現するため、物産開発が志向される大きな要因となった。したがって、物産開発を実現させるための知識や技術、その指導者が必要とされることとなる。

近世において、武士の子弟が新たな、また専門的に学問を志す機会として、遊学制度がある。盛岡藩では、藩庁へ願い出て許可を得ることで実現した。基本的に、遊学諸費用は自己負担であり、一年や三年を年限として御暇を与えられ、年限を修了したのちに帰藩した。さらなる修業を望む場合は、遊学年限延長願を提出した。一方、藩の財政難のなかであっても、御医師（藩医）は一般の藩士子弟と異なり、人数を限って藩費による遊学が許可された。後述する大島の遊学も、このような藩庁との関係によって実現した。御医師への期待は、その立脚する「知」の内容へも向けられることとなる。それが、本草学と、そこから派生した有用な動植物・鉱物や農工業の産物について研究する「物産学」である。

大島が生まれるより以前、一八〇四（文化元）年二月、十代藩主南部利敬《としたか》（一七八二―一八二〇）により、御医師川上立徹に対して「物産学」の修行が命じられ、学問先進地域である江戸・京都への遊学が許可された。[2] 修行令の背景として、利敬は、御医師らの本草学への知識不足を指摘する。その上で、医術が本業ではあるものの、主に「物産学」を学び、川上家代々の学問とするように命じたのである。また特に、物産の種類は多岐にわたるため、希望次第では、江戸・京都への遊学を許可する、としたのであった。

ところで、右にみた修行命令の後、諸代官に対して薬草栽培・製造に努める布達が出された。[3] そこでは、御医師や薬草売買従事者の知識を参考にして、百姓に農閑期に掘り出させるよう、代官へ指示されている。こうした内容にみられる藩主の関心は、本草学知識を広げることのみならず、本草学をもとにした領内の物産把握とその利用であることがうかがえる。

藩主利敬による一連の修行令と布達からは、物産に対する一つの認識を読みとることが出来る。それは、本草学は医師の一業とする一方で、そのなかの「物産学」は、とりわけ広範囲に及ぶものであり、「物産学」には、本草学の外にも広がる領域があったことがうかがえる。これに加えて、文化期（一八〇四―一八）の盛岡藩家老日誌「雑書」に見える基本的な「物産」認識は、領内に産出するあらゆる「薬草石草」であり、掘り出して製造することでその種類は多岐にわたるというものであった。後述するように、この「物産」に対して、地域に産出する資源と洋学技術をもって開発の一端を担う人材が、大島高任なのである。大島もまた、藩主の上意を受けて遊学した御医師子弟の一人であった。

## 二　長崎遊学と蘭書の「講究」

一八四二（天保十三）年、大島周禎（のちの惣左衛門、高任）は、奥医師で蘭方医学を修めていた父周意の願い出により、江戸への遊学が命じられた。藩費による遊学が認められた大島は、江戸詰めの津山藩医であり幕府天文台の蕃書和解御用を勤めていた箕作《みつくり》阮甫《げんぽ》、坪井信道のもとで蘭学を学んだ。そこでは、語学はもとより軍事科学の基礎知識をはじめ、多様な分野の基礎にふれたと考えられる。その後、一度盛岡に戻り、一八四六（弘化三）年には再び遊学が命じられ、藩命により長崎へ向かった。長崎遊学の際、大島は「御国益」となるものを学ぶよう上意を受けたという（大島信藏編修『大島高任行実』一九三八年）。盛岡に戻ったのは、その四年後である。さらに一八五二（嘉永五）年には藩の鉄砲方として、再度江戸へ出た。

弘化・嘉永年間（一八四四―五三）に大島が長崎でふれた蘭学とはどのようなものであったか。洋学の先進地である長崎において、大島は上野俊之丞のもとに身を寄せ、坪井信道の同門である手塚律蔵、盛山栄之助や名村五八郎といった蘭学者たちとともに蘭書を「講究」した。なお、上野俊之丞はダゲレオタイプ（銀板写真）の写真機を始めて輸入した人物であり、一八四一（天保十二）年に島津斉彬を撮影したことでも知られる。右に加えて、大島は自ら「西洋ノ兵法砲術鉱山製錬ノ方法」を学んだという。[4] 特筆すべきは、手塚律蔵とともにオランダ人のヒュゲーニンが著した『ロイク王立鉄製大砲鋳造所における鋳造法』を翻訳したことであろう。同書は、長崎出入りのオランダ商人を通じてもたらされ、複数の翻訳がなされた。幕末における反射炉・高炉建設のバイブルともいえる書である。伊豆韮山代官の江川太郎左衛門が反射炉を造る際に参照したのも、同書の翻訳本であった。大島が水戸藩の反射炉建設に従事する際、水戸藩の藤田東湖から翻訳した内容に関する質問を受け、鉄銑の原料や反射炉の鋳型製作について答えていた。[5] 当時における原書の翻訳と技術的知識が貴重であり、またその実践が強く求められていたことを物語っている。

幕末の日本は、開国を機として、蘭学から洋学へと語学・分野ともに広がりをみせ、科学分野においては、その技術的実践が試みられる時代となる。大島の遊学時代を含めた天保から嘉永までの時代（一八三〇―一八五四）は、一八三九（天保十）年に起こった渡辺崋山や高野長英らが弾圧された蛮社の獄にみられるように、洋学は政治的側面において、その思想的内容の実現は困難な状況であった。しかし一方では、洋学のなかでも自然科学諸分野の研究が進められていった。

　たとえば、大島が江戸へ遊学した時期を含めた一八三七（天保八）年から一八四七（弘化三）年にかけて、江戸では注目すべき研究成果が生まれていた。宇田川榕庵《ようあん》（一七九八―一八四六）が日本で初めて化学を紹介した『舎密開宗《せいみかいそう》』の刊行である。『舎密開宗』は、イギリスのウィリアム・ヘンリーの著書にドイツ語訳及び補注が加わった蘭訳書を、宇田川榕庵が日本語訳したものである。『舎密開宗』の序文には、シーボルトの門人でもあった戸塚静海が筆を寄せ、「舎密」は「天地之奥儀」を明らかにするものと述べている（田中実校注『宇田川榕庵――「舎密開宗」復刻と現代語訳・注』講談社、一九七五年）。大島が盛岡―江戸―大坂―長崎を往来した天保から嘉永期は、確かに日本における洋学研究が、科学分野において、広がりと深化をみせた時期でもあった。『舎密開宗』をはじめとする当該期の科学関連書のうち、大島がいかなるものを手にしたかは、史料的制約から必ずしも明らかではない。しかし、上記のような洋学の学問動向のなかに身を置き、蘭書を「講究」するなかで、科学的知識と技術への理解を深めながら、採鉱から大砲鋳造にいたる学問にふれた。長崎遊学を回顧して、大島が用いた「講究」という表現は、当時の洋学者たちが希少な蘭書を前に額を寄せ合い、翻訳と研究を行っていた姿を想起させる興味深いものといえよう。遊学して得た学問と技術、その実践としての反射炉および洋式高炉の建設は、まさに、政治的・社会経済的背景と学問研究、そして地域産業とが合流していく具体相であった。こうした「講究」と実践の試みは、科学的知識に基づく物産開発構想へと連なることとなる。

## 三　富国強兵と物産開発

　一八五五（安政二）年、西洋流砲術師範に任じられた大島は、盛岡藩にある申し出を行った。その主旨は、藩の財政難と海防体制強化を背景として、砲術稽古費用を賄うため、御用に差支えない産物、具体的には松の切株から「巴麻油《はまゆ》」を作り、その二〇分の一を藩へ上納したうえで残りを売却し、その利潤から稽古費用を捻出するというものである（『大島高任行実』）。

　大島が産物として挙げた「巴麻油」とは、タールのことである。もともと、「巴麻油」は大島が初めて創り出したものではない。盛岡藩医の家に生まれた洋学者、島立甫《しまりゅうほ》(6)（一八〇七―七三）が、一八五五（安政二）年に石炭から精製することに成功し、「巴麻油」と名付け、江戸の本所で販売を始めたものであった（岩手県姓氏歴史人物大辞典編纂委員会編『岩手県姓氏歴史人物大辞典』角川書店、一九九八年）。先述した宇田川榕庵はその著『舎密開宗』のなかで、「舎密」（化学）に通じた者として、島を評価していた（『宇田川榕庵

――「舎密開宗」復刻と現代語訳・注』）。大島は、島立甫と江戸で交わり、盛岡藩の物産開発について話題を共有していた形跡がある。大島の「巴麻油」製造願と時を前後して、島は盛岡藩領三本木平における綿羊飼育を提案したのである。そこでは、自らが「舎密」（化学）「窮理」（物理）に基づく「物産之学」を試みてきたことをふまえ、洋学の知識と、盛岡藩領が置かれた地理的環境から、三本木平（現在の青森県十和田市を中心とする地域）での綿羊飼育案を示したのであった。飼育事業で生じる利益は、「御国民」（領民）の稼ぎとなるとともに、国産品として藩財政を潤し、「御国益」となるという。同案は、大島と相談して考案されたものであるとも述べられていた(7)。以上からは、次の二点を指摘することが出来る。まず一つは、藩政課題と学問動向との合流である。今一つは、当時の洋学者がいかに「物産学」を認識したかという点である。それは、単に領内において産出する「薬草石草」を掘出して製造するだけではない。実践場所の地理的環境と洋学知識に基づいて生み出される「御産物」を生み出す一連の学問技術として認識していた。「物産学」の内容と担い手は洋学だけではないが、大島たち洋学者は、科学的根拠に基づく「舎密」「窮理」によって広がる「御産物」の可能性に着目したのである。そうであるがゆえに、洋学者が有為に担う領域として、「物産学」を認識していたのであろう。このような関心と認識をもって、大島は藩の「御国益」策へ、とくにその技術的実践面において参画していくのである。

ここで、盛岡藩の動向と「御国益」策についてみておきたい。慢性的な財政難のなかで、天保改革期以来、専売制を継続していた盛岡藩の財政政策は、一八五三（嘉永六）年に起きた三閉伊《さんへい》通百姓一揆の影響により、方針転換を余儀なくされていた。同時に、箱館開港に伴う蝦夷地警備の必要性から、軍事的・経済的基盤の強化に迫られることとなった。そこで着手されたのが、国産品開発による藩の財政再建と、領内経済流通の円滑化を図る「御国益」策であった。ここでいう「御国益」とは、藩内で物産開発を行うことにより、他領米の購入に代表されるような領外支出を抑制し、生産を生業とする百姓や諸職人、事業出資者、そして藩庁の双方が利益を得る、「上下之潤」を実現する理念であり、政策であった。「御国益」策が組織をもって本格的に着手されるのは、文久改革（一八六二年開始）においてであるが、国産品開発事業は、安政期（一八五四―六〇）から始動していた。大島を技術的指導者とした洋式高炉建設や、新渡戸伝《つとう》・十次郎父子（新渡戸稲造の祖父と父にあたる）による三本木平開拓は、その象徴である。当時の藩主南部利剛《としひさ》は、大島の技術指導によって洋式高炉が完成した大橋鉄鉱山を一八五九（安政六）年に藩営としている。また、一八六〇（万延元）年には、盛岡の北に位置する沼宮内《ぬまくない》方面へ巡見に向かった際、その行程のなかで、盛岡藩から幕府へ納める御用銅を産出する尾去沢銅山に足を運んだ。その後、新渡戸父子による開拓地、三本

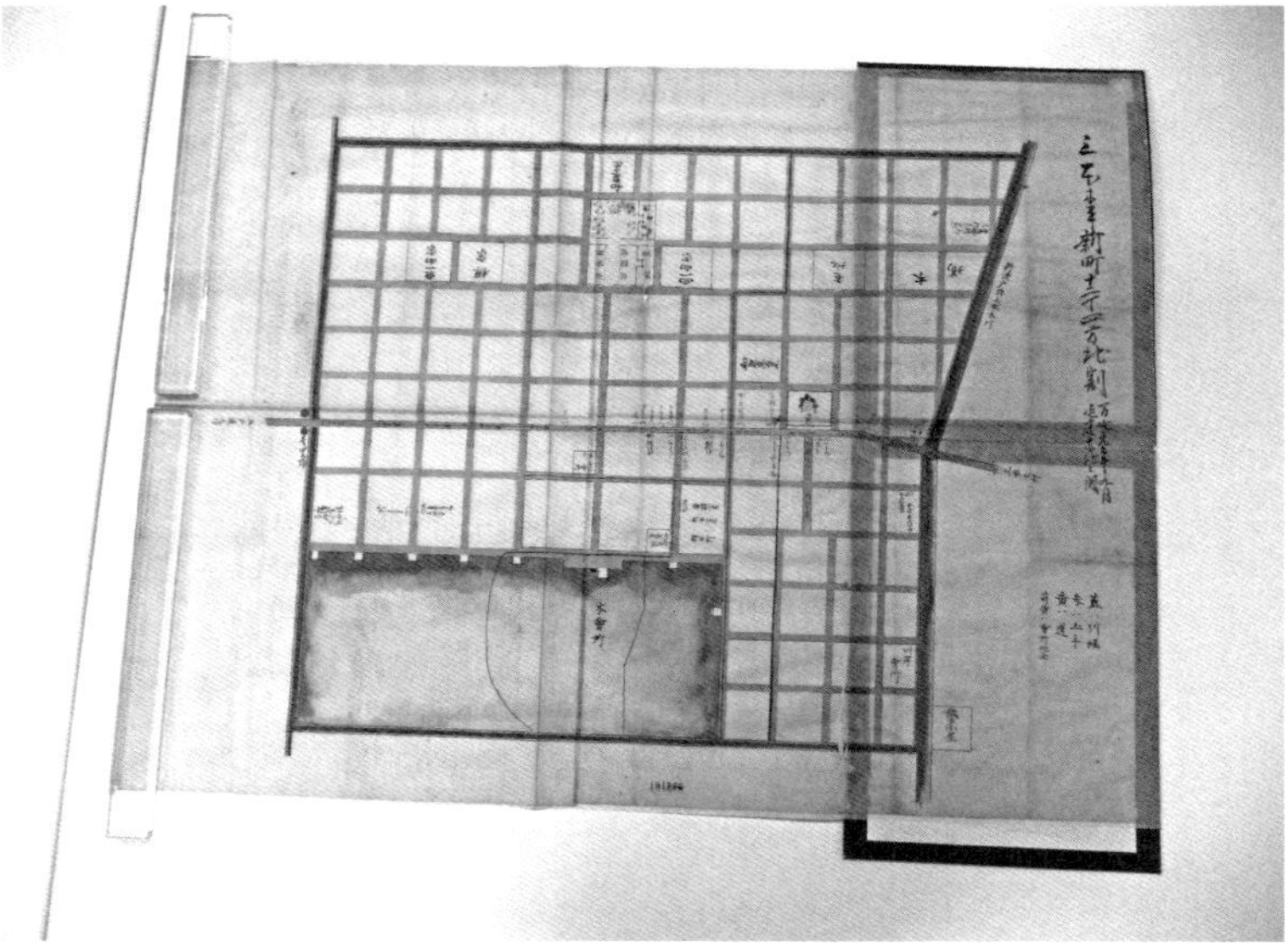

**図2 「三本木新町地割絵図」**

三本木平開発は、盛岡藩士である新渡戸伝が1855（安政二）年に藩へ願い出、許可を得て実施された。1860（万延元）年には、新田開発の一環として新町形成が進んでいたことがわかる。（岩手県立図書館所蔵）

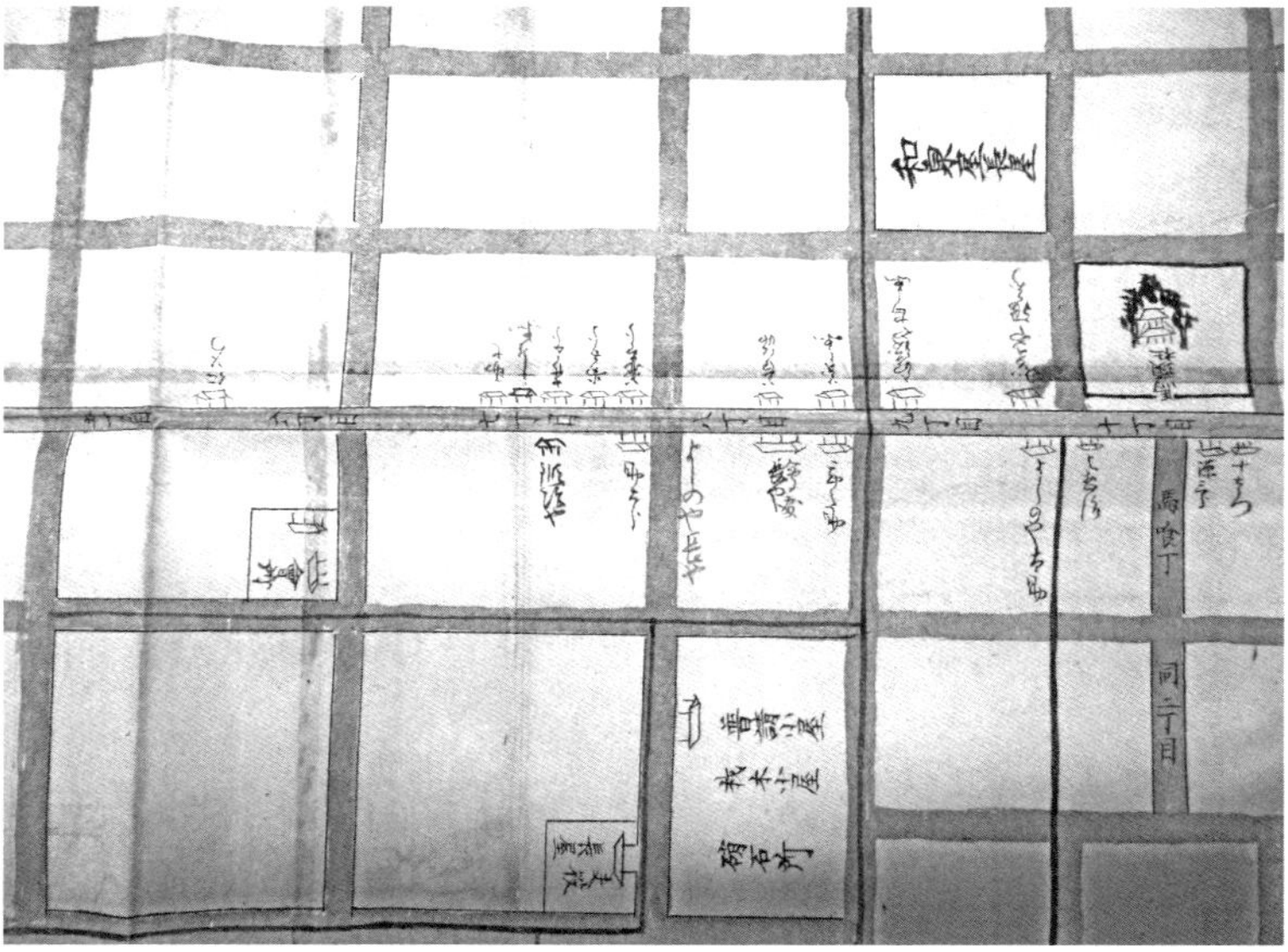

**図3 「三本木新町地割絵図」**（部分）

1860（万延元）年に描かれた三本木新町のうち、五丁目から十丁目付近の様子。長屋や「硝石所」「会所」がみられる。三本木平の開拓は、新田開発、物産開発、地域振興といった多面的な性格をもった計画であった。この後には、従来他領米を買い入れていた下北半島や野辺地地域へ、三本木開拓の一環である七戸通で生産された米が送られている。

木平の開拓状況を視察し、町割が行われて民家が建てられた三本木新町へ宿泊したのである（上山半右衛門、「両鹿角扈従《こじゅう》日記」、もりおか歴史文化館所蔵）。富国強兵に資する領内開発に、藩主自らが強い関心をもっていたことがうかがえよう。こうした大小の事業によって生産された国産品は、他藩の米や塩への依存から脱すことはもとより、国産品として領外へ販売することが企図された。幕末期の諸藩が、開港という新たな経済的要因をふまえて国産品開発と交易を志向したことは、国産品開発と「御国益」の実現が、一つの幕藩領主権力のみでは完結し得ないことを意味する。異国と日本、御国（藩）、さらには大名領内諸地域が、各々直接・間接的接点をもつグローバルな結びつきのなかで、学問と技術が意義付けられていくのである。

## 四　大島高任の「学術」観形成

一八六〇（万延元）年、大島は藩の御国産方頭に就任するとともに、幕府から蕃書調所出役教授手伝に任じられた。以後、盛岡藩と幕府双方の役職を並行して担うこととなった。

こうした大島の動向は、一八五七（安政四）年に再来日したシーボルトが残した記録にも散見する。一八六一（文久元）年七月から十月までの間、シーボルトは赤羽根で、合計八回にわたって冶金学と採鉱学の講義を行った(8)。シーボルトの日記には、講義を通して交流をもった者の名が記録されている。「大島惣左衛門」の名も、蕃書調所教授陣の一人として、市川斎宮（兼恭《かねのり》、器械方）と加藤弘蔵（加藤弘之、蕃書調所教授手伝）らとともに記されている。

シーボルトの記録からわかるように、一八六一（文久元）年、蕃書調所教授手伝としての大島は、冶金や採鉱といった、鉱山業を構成する学問分野について、理解を深めていたことがわかる。

こうしたなか、同年十月、幕府に対して、軍艦操練所から派遣が予定されていたアメリカ留学生として、自身の派遣を願い出た。その大略は、次の通りである。一八六一（文久元）年、幕府の軍艦操練所からアメリカへ留学生を派遣する計画が決定し、そのなかに造船技術を学ぶ者として、蕃書調所からも、学術内容を考慮して三人ほどが選考されることとなった。その三人の一人として、大島は自身の派遣を願い出たのである（『大島高任行実』）。ちなみに、アメリカへの留学生派遣計画は、一八六一（文久元）年二月、軍艦奉行の井上信濃守（清直《きよなお》）と同木村摂津守（喜毅《よしたけ》）から老中を通して幕府に上申されたものである。その後、派遣人員が決定されたものの、アメリカの南北戦争（一八六一―六五）により、計画は中止となった（『幕末外国関係文書之五十』東京大学史料編纂所、東京大学出版会、二〇〇五年）。

大島がこのように願い出た背景には、「技術」に関わることは「実地を本」とすることであるため、「実事」を見聞しなければ、書物による知識から生じた疑問を解消することが出来ない、という技術実践への問題意識であった。同時に大島は、座学のみならず「産業」を励ます方法を実見し、帰国した後はその実現に努めたい、と意気込んだ。これより前、大島が中心となって建設された大橋鉄鉱山および橋野鉄鉱山の洋式高炉は、西洋で用いられた水車や種々の機械についての図面による解説は必ずしも十分ではなかったが、それを在来の技術と組み合わせ補うことによって安定した操業が実現されていた(『銕路歴程——近代日本・近代製鉄のはじまりと大槌・釜石』産業考古学会盛岡地区研究班編、岩手県釜石地方振興局、二〇〇八年)。また大島は、鉱山開発に従事する際、必ず実地見分を行い、地形、鉱石の性質、資源の所在など、当該地域の把握に努めていた(『大島高任行実』)。こうした「実地」「実事」「産業」への関心は、西洋の技術書に見出した疑問点に加え、いかに目前の土地で技術的実践を成功させ、「産業」化し得るか、という問題関心に基づいたものでもあったのではなかろうか。

さて、アメリカで技術の「実地」化を学びたいと申し出たなかで、着目したい文言がある。それは「学術」である。大島曰く、「学術」には、原書の意味を理解して翻訳し、またそれを教授する「学問」と、「実地を本」とする「技術」があるという。さらに、自らの学問修行内容を「分析術」「諸金坑」「諸製造」その他総じて「物産之義」として、これらを「実地」化し、「諸産業」を勧める方法を学びたいと述べたのであった。ここからは当時の大島がとらえた「物産学」の裾野の広さを伺うことが出来ると同時に、大島が、一つの産業を形成する知識・技術体系として、「学術」を捉えていたことがわかるのである。それゆえに、座学としての「学問」で触れた知識や理論について、アメリカへ渡り「実事」の見聞を通して技術実践の要を修得することを切望したのであろう。このような学問・技術、とりわけ技術への価値づけは、「学問」と「技術」という連続的・発展的なとらえ方に基づいた認識であったからこそ成されたものといえる。

## 五「治国の要」と「坑山学」

以上にみてきた大島の「技術」観が、国政改革に伴う教育構想として示されたのが、一八六三(文久三)年三月に作成された藩政改革意見書である(以下、改革意見書は『大島高任行実』による)。この意見書は、箱館奉行手附として一八六二(文久二)年四月から箱館に在勤したなかで見聞した、ロシアや欧米列強の脅威を背景に作成されたものである。その長大さからは、一八六二(文久二)年から六三(同三)年にかけて、藩士として提言せずにはいられなかった、国内外情勢の緊張化による危機意識と、自らが習得した技術を藩で実践させることを志した切迫感・使命感が伝わってくる。

改革意見書のなかで、大島は「治国の要」として、(一)教育、(二)国家警衛、(三)財政、の三つをあげた。ゆえに、治者の役割は、

①学校教育による人材育成と教化、②国家警衛の充実、③殖産と財政政策であると主張した。大島の改革案は、西洋近代国家をモデルとしたものではあるが、同時に、盛岡藩が抱えた逃れようのない「内憂外患」と、その対応として始動した「御国益」策およびその理念と軌を一にしたものであることを指摘しなければならない。ともあれ、大島はこのような視点に基づき、「西洋の学」で教育する「大小之学校并諸学術の学校」が必要であるという。ただし、教育に際しては、和漢蘭の兼学が必要であると述べた。そのなかで、特に「西洋の学」による「諸学術之学校」の一つとして、「工作坑山医学等の学校」をあげた。なかでも「坑山学校」は、「鉱石を試み地脈を相して坑山を開き、土石を捨てゝ鉱を取り炉を築きて有用の金属を分つの法を修行」する場として、また「工作学校」は庶民の生業と殖産を助ける技術を学ぶ場として位置づけている。大島は、これら「工作坑山の両学校」を、勧業と富国に不可欠な技術であり、また学校であるとして強調したのであった。

以上にみたような、「工作学校」「坑山学校」は、大島が「物産之義」として携わってきた「学術」であり、その内容は、箱館奉行手附として、蝦夷地で、アメリカ人鉱山技師から伝習したものであった。大島が学んだアメリカ人鉱山技師、ブレーク（William Phipps Blake）とパンペリー（Raphael Pumpelly）は、カリフォルニアでのゴールドラッシュを背景に、砂金の採取技術を蝦夷地鉱山開発へ応用することを志した幕府が、総領事ハリスを通して鉱山技師の派遣を要請した結果、来日が実現した鉱山技師たちであった（倉沢剛『幕末教育史の研究』吉川弘文館、一九三八年）。大島は、一八六二（文久二）年四月から同年末まで彼らのもとで採鉱、冶金などの鉱山学を学ぶとともに、蝦夷地鉱山実地調査を行い、日本初の火薬発破実験の成功に従事していた。換言すれば、文久期（一八六一―六四）、大島は箱館の地で、採鉱から製錬に至る一連の知識と技術実践を体験したのであった。こうして具体的に構想された産業と「学問」「技術」との関わりは、箱館から盛岡に戻ったのちも、学科構想のなかで継承されていくこととなる。

さて、中央政局が激動する慶応期、幕府と盛岡藩には、一つの問題が生じていた。殖産政策による国産品開発と海防対策に邁進する盛岡藩では、技術指導者として大島の存在を必要としていた。一方で、箱館奉行所もまた、諸術調所の事業を進めるため、大島を必要としていた（『大島高任行実』）。このような背景のなかで、盛岡藩の強い要請のもと、慶応期（一八六五―六八）以降、大島は藩の鉱山開発に従事することとなった。なお、大島の帰藩と時を同じくして、箱館の諸術調所もまた変化期を迎えていた。大島とともに蝦夷地鉱山伝習に参加した洋学者武田斐三郎《あやさぶろう》（五稜郭の設計者として著名だが、緒方洪庵・佐久間象山に学び、勘定奉行・海防掛川路聖謨《としあきら》の随員として長崎でロシア使節・プチャーチンとの会談に臨み、箱館では各種鉱石の分析などを行い、一八五六（安政三）年、現在の函館市日ノ浜町近隣の海岸の砂鉄を利用した古武井《こぶい》高炉を築造している）が開成所教授として江戸へ召喚されたのである。このことをきっかけに、蕃書調所による事業は縮小されていくこととなった（倉沢剛『幕末教育史の研究』吉川弘文館、一九三八年）。こうした動向からは、当時の殖産事業にとって、新たな学問理論を、実態として実現させることの出来る技術的指導者の存在が不可欠であったことを物語っている。

盛岡に戻った大島は、藩営の尾去沢銅山と小坂銀山（現在の秋田県鹿角郡小坂町）の開発に参画した。そうしたなか、小坂へ出張した大島は、設備予算や小坂周辺の地理、環境等についてメモを書き残している(9)。記載された内容のなかで、「当今必須ノ学科目次」という部分がある。注目したいのは、「窮理」「分析」から「金石」「動物」「植物」が属する学問領域として、「理学」が挙げられている点である。列挙された内容から、これは現在でいう自然科学の領域を含んだものと考えられると同時に、かつて大島が言及していた「物産学」に近似している。さらに、従来の「物産之義」に含まれていた「鉱山」は、「坑山学」として独立してあげられ、開鉱から製錬に至る一連の領域を含んで構想されていた。こうした学問技術の分類は、「治国」に直結する「御国益」という関心事に基づき、地域産業と密接に結び付いて形成された。日本の近代化を牽引した産業遺産群は、このような「学術」、とくに「技術」に対する意義づけのなかで生み出されたものであった。

## 六 「学術」観と理念の継承

以上にみた「学問」と「技術」の意義は、新たに登用された明治政府のもとでも継続して提唱された。一八六九（明治二）年、大学助教に任じられた大島は、その後、同年十二月、内務少丞である郷純造《ごうじゅんぞう》（『大島高任行実』）からの強い要請を受け、鉱山権正となった。新政府による人材登用が盛んに行われていく情勢のなかで、大島は従来手掛けていた鉱山事業へと携わることとなったのである。従事する「御国家」や政治の形は、かつて自らが構想したものでないものの、幕末期の実践を通して見出した「学術」観と技術への意義付けが継承されていることは、一八七〇（明治三）年、大島が民部省へと提出した「坑学寮」設置意見書のなかに見出だすことが出来る。意見書のなかで、大島は「坑業」によって「国家を益」するには、「器械」を用いて人力を省き、またその人材育成のために、「坑学」を講じる必要性があるとする。同時に、育成すべき「坑山技師」については、「窮理・分析・器械・測量・地質・金石」などの諸科を「講究」し、その後に、鉱脈を分析し、鉱山を開くことから「精鉱溶錬の方法」を修得して実業に従事する人材と位置づけた（『大島高任行実』）。一八六三（文久三）年の藩政改革意見書にみた「治国の要」を成す「学術」観は、こうした人材観として具体的に提言され、藩の「御国益」から「皇国」としての「国家を益する」目的意識へと連なっていくのであった。

## おわりに

十九世紀の学問と政治との関わりのなかで育成された大島は、盛岡藩が有した政治・経済的課題である「御国益」と、「物産之義」を一つの入り口として蘭学に触れた。そして、蘭学から「西洋の学」へと広がるなかで技術的実践を試み、一つの産業を構成する「学術」観を形成した。この過程はまた、大島が「治国の要」という、「学術」の普遍的な意義づけへと至った過程でもあった。こうした「学術」観は、西洋近代科学の体系を正確に理解・導入し得たかというだけではなく、当該期の問題意識に基づいて洋学を再構成しながら理解・習得し、「学術」の意味・意義を打ち立てようとしたところに、一つの重要な歴史的重要性があった。

また、技術実践を担った大島は、その実践の先に「御国産」と「御国益」を志向した。それゆえに、資源の所在、実践地域に蓄積された技術や経済社会的状況、藩と幕府を結ぶ関係性、藩の財政政策といった要素が重なり合ったところにこそ、活動の場が存在したのである。したがって、大島の「坑山学」や、その実践例として現在姿を残している産業遺産群は、単に洋学に基づく技術実践例としてではなく、政治・社会経済そして学問におけるグローバル化が合流し、鉱山資源とともに生きる人々と地域社会が接点をなすところに形づくられたものといえよう。

注

(1) 高木不二「幕末政治史の研究史から――私的総括と見えてくる課題」(明治維新史学会編『明治維新史の今を問う』有志舎、二〇〇一年)。
(2) 「雑書」文化元年二月十二日条、もりおか歴史文化館所蔵。
(3) 「雑書」文化二年閏八月朔日条、もりおか歴史文化館所蔵。
(4) 大島高任の履歴については、『大島高任行実』に加えて、「明治二十二年十月　大島高任」との記載がある「略歴」、および「明治三十四年三月十三日　一、叙勲三等」との記載で終えられた「清書　履歴」によった。ともに釜石市鉄の歴史館所蔵。
(5) 大島高任「鉄銃製造御用中心覚之略歴」、もりおか歴史文化館所蔵。
(6) 島立甫(玄澄)は、盛岡藩御医師、島玄忠の子として生まれた。前沢隆重他編『参考諸家系図　第五巻』(国書刊行会、一九八五年)。
島は京都・江戸で洋学を修め、弘化三年、江戸で初めてヨウ素抽出に成功した人物でもある。なお、「巴麻油」は幕府老中阿部正弘や堀田正睦が見分した。
(7) 『青森県史　資料編　近世6』(青森県史編さん近世部会編、二〇一五年)。
(8) 『シーボルト日記――再来日時の幕末見聞記』(石山禎一・牧幸一訳、八坂書房、二〇〇五年)。ドイツ語で記された『独文日記』には、七月十七日、同二十三日、同二十五日、八月六日、同十日、九月二十五日、同三十日、十月十四日、同十八日の計八回の講義が行われた記録がみられる。
(9) 大島惣左衛門「当座手扣」、釜石市鉄の歴史館所蔵。

# 「邦楽」と「洋楽」

## 【二つの音楽世界に生きた人々】

北原かな子

●きたはら・かなこ　一九五九年秋田県生。東北大学大学院国際文化研究科博士課程修了。博士（国際文化）。青森中央学院大学教授。比較文化論・近代史。主著『洋学受容と地方の近代――津軽東奥義塾を中心に』（岩田書院、二〇〇二）等。

### はじめに

青森県西部に位置する津軽地方弘前は、津軽氏弘前藩の城下として近世以来の歴史を持つ町である。四代藩主津軽信政の頃から領内において各種の文化活動が積極的に行われるようになり、九代藩主津軽寧親《やすちか》（一七六五―一八三三）の時代に藩学校稽古館が開校して弘前は城下町としての文化を育んだ。近代に入り学制が発布された後は、旧藩学校を改組した私立学校東奥義塾が設立され、そこに外国人教師が招聘されてきたことから、津軽地方にはキリスト教をはじめとしてさまざまな西洋文化も広がった。弘前城や長勝寺構《かまえ》と言われる寺院街などの城下町の特徴に加え、市内各所に教会や宣教師館などの西洋建築が残されて、本州最北端に位置するにもかかわらず、訪れる人にあたかも「和洋折衷」的な印象を与える感があるのは、こうした歴史的背景による。

近世の弘前藩には領内で育まれたさまざまな音楽文化があった。さらに近代以降、津軽に滞在した外国人たちにより、オルガンとともに西洋の音楽も伝えられた。その結果、弘前では従来の邦楽

写真１　弘前城天守閣

と西洋音楽の双方に接する機会をもつ人々がでてきた。楠美《くすみ》家の人々はその中でも邦楽保存に努力する一方、西洋音楽にも取り組んだ人々だった。

本稿では、本州最北端の城下町弘前について、近世から近代へと移行する時期の音・音楽をめぐる諸相と、その中で邦楽保存運動に奔走した楠美家の人々について述べる。日本が長い鎖国をといた時、国際儀礼や教育の必要性から、国家が後押しする形で洋楽導入を進めたことはよく知られている。しかし国家主導とはまた趣を異にした地方の音楽をみていくことで、グローバル化が進む移行期における文化の多様な実態が明らかになると思われる。それによって社会システムの変動と外来文化の受容に直面した士族層とそのアイデンティティ考察の方向を模索してみたい。

# 一　近世の弘前藩と音楽

## 1　音楽へのアプローチ

近世弘前藩領の音楽については、元弘前大学・元弘前学院大学教授笹森建英《ささもりたけふさ》の研究が参考になる。笹森は弘前市立弘前図書館所蔵の谷唯一「俗談筝話《ぞくだんそうわ》」を掘り起こし、岸辺成雄との共同研究によって『津軽筝曲郁田流の研究　歴史編』（岸辺成雄、笹森建英、津軽書房、一九七六年）を著した。そこには、津軽地方で独自の発展をしたとみられる郁田流筝曲をはじめとして、藩政期の音楽文化全般がまとめられており、全体像をつかむのに好著となっている。また近年では、筆者が代表を務める科研費による研究（「近代移行期における「音」と「音楽」――グローバル化する地域文化の連続と変容」など）が二〇一一（平成二十三）年から始まり、弘前藩領内の民衆の音や武士階級の楽、そしてその近代への展開に関する

写真2　津軽平野の青田風景

研究成果が上梓されるようになった。ここではその成果を紹介する形で、弘前藩と音楽について述べる。

## 2　民衆と「音」

藩政期の弘前藩領内では、民衆には民衆の「音」の世界があり、また特に弘前藩の場合は藩校で雅楽の教習が行われるなど、武士には武士の「楽」の世界があった。弘前藩の民衆と音については、筑波大学教授浪川健治が「国日記」などの弘前藩関係資料や「金木屋日記」など地方《じかた》文書をもとに、数々の論考でその世界を描き出した。特に弘前藩領の歌舞伎集団の興行やその活動圏と自己認識についての論考からは、近世弘前藩領内において、藩の政策とともに民衆が享受していた音をめぐる芸能や娯楽の多様な世界が浮き彫りにされている。こうした娯楽性に加えて、浪川は弘前藩政中期以降、毎年「青田之内笛吹候停止御触出」が発令されていることに注目した[1]。これは文字どおり弘前藩領内において、「青田」の中で笛を吹くことが禁止されたことを示すが、その一方で、太鼓と鐘はたとえ藩主が死去した後の供養に伴う鳴物停止期間であっても、例外的に音を鳴らすことが許された。不作につながるヤマセを連想させる笛音の禁止、あるいは豊饒をもたらすと考えられた太鼓や鐘の奨励は、音の持つ呪術性に起因しており、特に太鼓や鐘は実りを妨げる害虫駆除を目的とする除災儀礼の呪具として用いられた。これらの除災儀礼はやがて幕末にかけて音の呪術性を重視する本来の意味が薄れ、徐々に娯楽性が強くなったことを浪川は明らかにしているが、これは近代以降の「虫逐《むしおい》」禁止など、近代移行期における青森県の施策との関連を考える上で、重要であるといえよう。以上の民衆と音の世界に加えて、武家と音楽の関わりについても、京都市立芸術大学准教授の武内恵美子により新たな研究成果が出されている。

## 3 武家の「楽」

儒学の中心概念である礼学思想の「楽」に関わる研究に取り組む武内は、「儒学において楽は礼と並んで尊重されるべきもの」であり、江戸時代に武士層を中心に発展した日本の儒学においても「楽は単なる思想的な言説ではなく、実践されるべき音楽であったはず(2)」という視点から奏楽実践の解明を進めている。藩校で楽の実践をしていたケースとして弘前藩学校稽古館に注目し、弘前市立弘前図書館岩見文庫所蔵の「奏楽御用留」、あるいは「稽古館蔵書目録」に記載されている楽器類などの資料から、弘前藩藩校において楽を教習した状況およびその背景を明らかにした。武内によると、当時全国に二三〇を超えて存在した藩校の中で、雅楽教習を行ったのは弘前藩、水戸藩、佐倉藩、赤穂藩、豊浦藩、熊本藩、高松藩のわずか七藩だった。その一つである弘前藩では藩学校で奏楽を教習した。釈奠《せきてん》（孔子と儒教の先哲を先師・先聖として祀る儀式）の際には奏楽があり、藩主の奏楽聴聞も行われた。藩主自ら雅楽に親しんだこと、さらに七絃琴や明清楽の資料が雅楽同様残されていることなど、弘前藩では、「楽」が広く文化として定着していた様子が武内論文から明らかになる。以上に加えて、弘前藩では、平曲も武士階級により伝えられた。これについては、近代の部分で後述する。

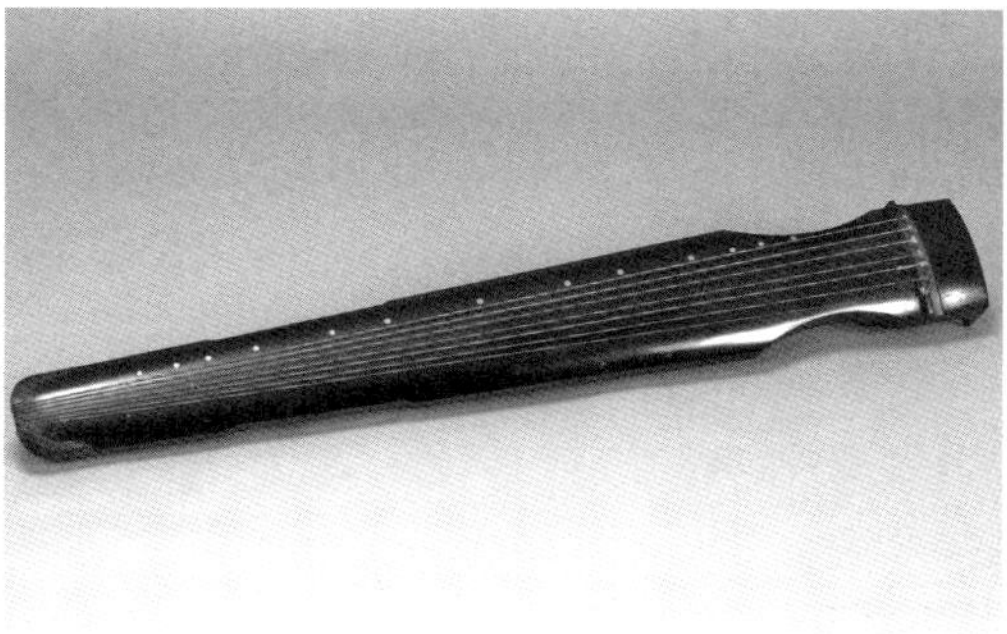

写真3　琴（きん）

## 4 洋楽世界との接触と軍楽

歌舞伎や雅楽など、民衆、武家それぞれに音が鳴り響いた津軽領内にも、幕末になると徐々に西洋の音が近づくようになった。弘前藩の領民で最初に洋楽を聴いたと目される人物に、画家の平尾魯遷《ろせん》（一八〇八―一八八〇）がいる。町民として生まれた魯遷は三十歳で家督を譲って学問と画業に専念し、平田国学をおさめた。一八五五（安政二）年に箱館にでかけ、夷人の様子を観察した魯遷は、停留中のペリー艦船から聞こえた音楽を「蛮船のうち日々中《な、ツ》の下刻《サカリ》より黄昏《ヒクレ》の時黎《コロホヒ》、笙觱篥《ヒチリキ》、笛太鼓の音あつて管弦と云ふものゝことく、其韻甚清亮なり。」と書き残した（平尾魯遷『洋夷茗話』坤）。『北海道音楽史』（大空社、一九九五年）を著した前川公美夫によると、ペリー艦隊で軍楽隊を載せていたのは、サスケハナ号とミシシッピ号であり、楽隊の編成は「小太鼓、シンバル、フルート、コルネット、オーボエ、クラリネット」だった。魯遷が耳にした音楽はこれらの楽器だったものと思われる。さらに、弘前藩領には軍隊の音楽も響くようになった。

弘前藩が江戸において洋式練兵を始めたのは一八六二（文久二）年二月のことだった。やがて喇叭《らっぱ》も弘前藩に伝えられた。幕府がフランスから軍事顧問団を招き、幕府陸軍に信号喇叭の教育を開始したのは一八六七（慶応三）年のことで、教えたのはギュティック（Guttig）だった（中村理平『洋楽導入者の軌跡――日本近代洋楽史序説』刀水書房、一九九〇年）。一八七〇（明治三）年七月には、弘前藩の兵制改革により、フランス式軍事教練のため旧幕臣の吉野芳治郎と喇叭手六名が招かれた（『津軽承昭《つぐあきら》公傳』（歴史図書社、一九七六年）。ギュティックから喇叭を習った者の氏名の記録がないために確認ができないが、この喇叭手六名は旧幕臣の吉野とともに訪れていることから、おそらくギュティックから喇叭を習ったものと推察できる。廃藩置県までの短い期間ではあったが、幕府が主導した信号喇叭は、弘前まで伝えられたとみてよい。さらに廃藩置県後には、東北鎮台の二番大隊の分営所が弘前の旧城に置かれた。ここにはフランス式調練を受けたものが選抜され、その喇叭の音は朝昼晩と弘前の旧城内に鳴り響いたという(3)。こうして近世から近代へと移行する中で、音の響きも民衆や武家の音の世界から、まずは軍楽を通して近代の音楽の世界へと移り変わっていった。

## 二　近代の弘前と音楽

### 1　東奥義塾の洋学から洋楽へ

一八七二（明治五）年十一月、旧弘前藩主津軽承昭の私的援助により、旧弘前藩学校の校舎や教育体制を引き継いで私学東奥義塾が開校した。同校は開学当初から外国人教師を招聘して洋学教育に力を入れた。草創期にあたる一八七三（明治六）年一月から一八八〇（明治十三）年まで在職した外国人教師たちは全員がキリスト教関係者であり、東奥義塾からは半ば必然のようにキリスト教と讃美歌が津軽地方に広がった。その中でももっとも影響力を持ったのはジョン・イング（John Ing, 一八四〇―一九二〇）である。

イングは一八七四（明治七）年十二月に着任して半年ほどで東奥義塾生を中心に十四名に洗礼を授けた。イング夫人はオルガンを持ってきており、おそらく着任直後から讃美歌を教えたものと思われるが、讃美歌の歌唱について記録上で確認できるのは、一八七五（明治八）年六月六日の最初の洗礼式の時である。弘前教会の「公会記事」によると、イングの自宅で行われた洗礼式では、まず讃美歌を歌うことから始まった。洗礼式が終わる時も讃美歌は歌われた。この時、皆で"Jesus, Lover of My soul"を歌ったことが、イング夫人の書簡からわかる(4)。六月についで、十月に二回目の洗礼式が行われ、八名が洗礼を受けた。こうしてキリスト教の洗礼を受けた人々は、最初は東奥義塾生が多かった。東奥義塾はもともと旧藩校としてのステイタスを持つ学校であり、特に草創期の生徒はほとんど武士階級の子弟だった。したがって、津軽地方の場合は最初に讃美歌を歌い始めたのは、士族層が中心だったとみてよい。讃美歌をはじめとした洋楽は、従来の邦楽と音の構成が根本的に異なるため、成人した日本人には歌いにくく、明治初年の来日キリスト教宣教師が一般に讃美歌を教えるのに苦労したことはよく知られている。従って宣教師たちは主として子供たちに歌を教えることから始めることが多かったが、弘前の場合は、ほぼ成人年齢になった男性たちも讃美歌を歌ったことがわかる。

写真4　ジョン・イング　ファミリー

## 2　東奥義塾生天覧授業と頌歌

イングは自分自身が母国で受けた教育をもとに東奥義塾での指導を行い、東奥義塾生の英語力は格段に伸びた（北原かな子『洋学受容と地方の近代』岩田書院、二〇〇二年）。教師としてのイングの面目躍如となったのは一八七六（明治九）年七月十五日に行われた明治天皇奥羽巡幸での天覧授業である。

この日、東奥義塾生一〇名は、天皇の御前で英文暗唱などを披露し、最後に全員起立して天皇を讃える「頌歌《しょうか》」を歌った。天皇陛下はきわめて喜ばれ、全員に褒美として五円ずつ与えたという[5]。この時の歌は「Coronation（戴冠式）」である。イングが元の歌詞を書き換えて全員が英語で歌ったが、その意味を尋ねた明治天皇の希望により、その場で英語から日本語に翻訳された。現在はその日本語の歌詞だけが残っている[6]。

イング夫妻が着任したのち、キリスト教の広まりとともに讃美歌が歌われたことは前述したが、それはあくまで教会、あるいはイングの自宅など、いわば私的な場であった。しかし、この天覧授業は公的な場であり、東奥義塾生にとって一世一代のハレの場だったと目される。明治天皇の前で東奥義塾生が全員で歌ったこ

写真5　天覧授業時のイングと東奥義塾生

とは、彼らがみな二十歳前後だったことを鑑みるときわめて興味深い事実であり、洋楽受容の歴史においても注目に値する。どのくらいの歌唱力だったかはともかくとしても、弘前では士族たちが洋楽を歌っていたのである。

## 三　楠美家の人々

### 1　平曲を伝承した家系

こうした環境の中で、明治の弘前には洋楽を学ぶ一方、邦楽保存運動に力を入れた一族がいた。平曲を伝承してきた楠美家の人々である。最初に楠美家について簡単に述べる。

楠美家は、弘前藩の中で用人や参事を務めた家系である。戊辰戦争時に奥羽越列藩同盟脱退をめぐって弘前藩内部がもめた際には、楠美家十一代の楠美太素が家老西舘宇膳と共に、藩命を帯びて仙台藩や秋田藩に赴くなどの役割を果たした。楠美太素の子供である楠美晩翠もまた、弘前を訪れた盛岡藩の使者とわたりあっている（『津軽承昭公傳』（歴史図書社、一九七六年）。また、太素・晩翠父子は弘前藩の記録編纂にも貢献した。同父子が中心となって編纂された「弘前藩記事」や「楠美家明治日記」をまとめた「弘前藩記録拾遺」は、明治維新当時の弘前藩の動向を知る上で貴重な資料となっている。

こうして藩政の要職を努める一方、楠美家は代々弘前藩において音楽を伝える家柄でもあった。これについては、太素の三男である館山漸之進が著した『平家音楽史』（藝林舎、一九七四年）に詳しい。以下、同書をもとに、楠美家の人々と音楽との関係を述べる。

楠美家が音楽に関わるようになったのは、楠美家九代楠美荘司(則徳《のりよし》)が寛政年間(一七八九―一八〇一)に江戸藩邸での勤務の傍ら、雅楽及び平曲を学んだことから始まる。その動機は「娯楽的翫賞的に学ぶにあらず、治国の要あるに因って」いるものであり礼楽思想の影響を受けてのことだった。楠美荘司は篳篥《ひちりき》の師につき、

写真6　誓願寺にある平家琵琶の碑文

弟に横笛を学ばせ、国元に帰って伝えた。時の藩主九代寧親はこれをねぎらい、雅楽は藩学校の釈奠で、平曲は東照宮の頓写(追善供養のため大勢の人が集まって一日で一部の経を書き写すこと)で行うようになったという。平曲の奥義を極めたものの、国元でその技を伝えることなく、楠美荘司は江戸藩邸で亡くなったが、門人である工藤行敏が荘司の孫である楠美太素にその技を伝え、太素もまた平曲の技に熟達した。文久年間(一八六一―六四)には時の藩主津軽順承《ゆきつぐ》から古の音楽を長く保存せよとの懇命とともに、松影号の琵琶を拝受した。太素は一八八二(明治十五)年に没したが、臨終に際して子供たちに対し、祖父から受け継いだ平曲を、「仮令時世の変遷に遇するも、先君の懇命に報じ、又た祖父と余との意を体し、忘るべからず」との遺訓を残した。太素の技は長男楠美晩翠、次男佐野楽翁、三男館山漸之進、五男楠美六五郎に伝えられたが、同時に父祖伝来の音楽の家系という意識や自負心も受け継がれた。

## 2　佐野楽翁と邦楽保存活動

近世から近代に移行し、従来の音楽を支えた社会システムが崩れる中で、楠美家の人々は平曲を中心とした邦楽保存の活動に力を入れた。たとえば太素次男の佐野楽翁は、一九〇〇(明治三十三)年に藩政期の音楽保存を目的とした「弘前音楽会」を組織してその会長となった。九月九日、弘前市の長勝寺を会場として雅楽、

写真７　長勝寺山門

平曲、謡曲、箏曲、明暗曲の五種の音楽演奏会を開いたが、これは非常に盛会で、長勝寺の大広間は立錐の余地がないほどだった。演奏者の大半は老人で、奥義を極めた技を披露し、霊妙幽玄の音が会場に響き渡った。聴衆は雅楽や謡曲を聴くことで、三〇年前の藩政時代を想い起こし、古老は懐旧の涙を流した。九月十五日付『東奥日報』紙はこの時の様子について、他藩にもかつて存在した雅楽や平曲が、近年各地で廃れていく中で、我が地方（弘前）で続いているのは天下に向けて自負するに足ると報じている。

## 3　館山漸之進と邦楽調査掛設置

楽翁の弟である館山漸之進は、さらに積極的だった。館山は平曲に関する七〇〇年の保護制度が廃止されてその芸が絶滅しそうになるのを危惧し、一九〇五（明治三十八）年に政府に音楽保存に関する意見を提出したが受け入れられなかった。「国民邦楽の本源たる歴史上の古楽を喪失[7]するに忍びず、最後は天皇に訴えることにより、一九〇七（明治四十）年に東京音楽学校への邦楽調査保存の掛設置を実現したという。この邦楽調査掛の活動は、①蝋管による録音、②五線譜による採譜、③『近世邦楽年表』の編纂・刊行、④演奏会の開催、⑤音楽資料の展観の五つであり、館山は自ら嘱託となって活動した。邦楽調査掛の嘱託として、館山の他に、一中節、清元、富本、尺八などの音楽家が選ばれ、調査主事は同校教授の富尾木知佳、調査員に幸田延子、島崎赤太郎らが選ばれた。一九〇八（明治四十一）年の六月からは、館山の甥である楠美恩三郎が平曲の採譜を手伝うようになった。当時の恩三郎は東京音楽学校助教授でオルガンを教えていた。邦楽保存と言っても五線譜を書き起こすのは容易なことではなかった。とりわけ館山が力を入れた平曲保存については、西洋音楽と五線譜に通じていても平曲を理解しないと採譜は困難であり、楠美晩翠の三男で楠美家の一員であった恩三郎はまさに適役だったと思われる。こうして始まった邦楽調査の事業だが、館山の意に反してなかなか進展を見なかった。一九一三（大正二）年、不治の病を宣告され余命を覚悟した館山は、自分の死後も東京音楽学校での調査継続を請願している。

東京音楽学校に邦楽科が設置されたのは一九三六（昭和十一）年であり、邦楽調査掛の事業がすぐに邦楽の保護・振興に結びついたわけではない（塚原康子『明治国家と雅楽――伝統の近代化／国楽の創成』有志舎、二〇〇九年）。しかし、この邦楽調査掛設置により、西洋音楽に対峙する存在としての日本伝統音楽に対する意識喚起がなされ、それを総称する「邦楽」概念が出てきたことはきわめて重要である（寺内直子『雅楽の〈近代〉と〈現代〉――継承・普及・創造の軌跡』岩波書店、二〇一〇年）。そして邦楽調査掛設置の背景にあった館山漸之進の存在と渾身の努力には、あらためて目を向けておくべきものと思われる。

## 4　楠美恩三郎と尋常小学唱歌

楠美家の人々の最後に、楠美恩三郎について述べておかなければならない。楠美晩翠の三男で館山の甥にあたる恩三郎は、前述の通り叔父を助けて平曲保存のための採譜の仕事を行ったが、専門としたのは西洋音楽の方だった。恩三郎は一八六八（明治元）年に生まれ、東奥義塾で学んでいる。環境的にイング夫人が奏でるオルガンの音を聞いて育ったものと思われる。一八八四（明治十七）年に青森県初等師範学科を卒業後、富田小学校の訓導として勤務した。しかし一年ほどで退職して一八八七（明治二十）年に音楽取調掛に入学し、卒業後は香川や京都の師範学校勤務を経て、一九〇二（明治三十五）年に東京音楽学校の助教授、一九一〇（明治四十三）年からは同校教授として活躍した。恩三郎の活動はオルガン指導、教科書の編集、唱歌や各地の校歌作曲などがあるが、もっとも重要なのは尋常小学唱歌の作曲に参加したことである。一九一一（明治四十四）年から一九一四（大正三）年にかけて出版されたこの唱歌集は、その中に外国の曲は一つも含まず、すべては恩三郎を含む六名の楽曲委員の合作だった（岩井正浩『子どもの歌の文化史』第一書房、一九八八年）。「春の小川」「われは海の子」「故郷」「朧月夜」「冬景色」など数々の名唱歌を含み、日本人の心の故郷と称され、文部省唱歌の代名詞となったこの唱歌集の重要性は言うまでもなく、その一翼を担った恩三郎は近代日本の洋楽史において大きな役割を果したとみてよいと思われる。

叔父の館山漸之進によると、恩三郎は「音楽の家に生まるるにより、音楽を以て世に立ち、祖先に報ぜんとの望」（前掲『平家音楽史』）により、東京音楽学校教授になるとともに平曲保存に尽力して、洋楽邦楽双方に功績を残した。その背景に父祖伝来の音楽の家系という強烈な意識があったことにも目を向けておきたい。

## おわりに

本稿では津軽という一つの地方を対象に、近世から近代へ移行する中で、主として武士階級を中心に音楽に関わる事柄を述べてきた。民衆が「音」の呪術性を信じ、藩主をはじめとした武家が「楽」に親しむ世界だった津軽も、開国後は徐々に音楽の様相がかわっていった。地方独自の近代化を模索する中で招聘した洋学教師から洋楽が広がり、楠美恩三郎のように将来音楽を職業とする人物が出る一方で、伝来の邦楽保存に奔走する人たちもでた。これらはみな、音を通したグローバル化の一環として捉えられるべきものである。そして津軽の場合、特徴的なのはその活動の影響範囲が津軽地方内にとどまらなかったことである。

冒頭で触れたように、開国とともに日本にもたらされた洋楽は、諸儀礼の必要性から国家が後押しする形で導入されたが、他方、在来音楽のなかで国家が制度化を図ったのは雅楽のみであった。その担い手である雅楽局――式部寮雅楽課――宮内庁式部職楽部に奉職した伶人《れいじん》たちは、在来の雅楽の伝習の上に西洋音楽も習得した。明治国家と雅楽の関係を著した塚原康子の言葉を借りると、伶人たちは「音楽上の伝統保存と文明開化を一身に兼ねる存在」（塚原康子、前掲書）であった。しかしあくまで彼らは職業的音楽集団であり、音楽を生業とする以上、双方の音楽に通じることには、生きていく上での必然性があった。また国家が雅楽以外の在来音楽の制度化をしなかったということは、その保護保存にほとんど目が向けられていなかったということでもある。

こうした明治期の時代背景を考えた時、館山漸之進をはじめとした楠美家の人たちの活動はやはり高く評価すべきものと思われる。館山漸之進が度重なる請願により官立の東京音楽学校への邦楽調査掛設置にこぎつけたことは、伝統音楽への意識を促し、「邦楽」概念の生成を促した。そしてそれは、近代化のなかで雅楽以外の在来音楽を制度化しなかった国家を動かしたことでもあり、すなわち、グローバル化により洋楽が主流となる音楽文化のなかで「差異化」「周辺化」されつつあった在来音楽の復権への努力であったと見ることができる。

さらに館山漸之進は職業音楽家ではなかったことにも注目を払いたい。館山が、父祖に琵琶を与えた旧藩主の前で平曲を演奏した時の感動を語った中に、次のような表現がある。

楠美家東奥の一僻土に在り、職業にもあらざる音楽を以て

四世正統の相伝を為し今将に天下に其迹を絶たんとする余音を以て、千古に繋がんと欲す

（館山漸之進『平家音楽史』藝林舍、一九七四年、六四一頁）

その背景にあるのは、「世人は楠美を以て、平家の家と称し、平家の師と呼ぶ」ことへの誇りである。館山漸之進をはじめとした楠美家の人々の活動は、社会体制の変動と新たな文化受容の中で、父祖伝来の生き方を受け継ごうとする自負心を抜きには語れないと思われる。言い換えるなら、本稿で述べたような、弘前藩においての廃れゆく邦楽を支えようとする彼らの活動は、武士のアイデンティティが、差異化されつつあった文化を支えようとしたケースであったと見ることができるのではないだろうか。

**注**

（1）以下は浪川健治「不作忌避の禁忌と豊饒祈念——「長期の一九世紀」における社会意識の系譜」（『米沢史学』三一号、二〇一五年）による。

（2）武内恵美子「藩校における楽の実践——弘前藩校稽古館を例として」（笠谷和比古編『徳川社会と日本の近代化』思文閣出版、二〇一五年）。

（3）Maclay, A. C. *A Budget of Letters form Japan.* New York: A. C. Armstrong & Son, 1886. p. 57.

（4）Ing, Mrs. "More from Japan." *Greencastle Banner,* August 5, 1875.

（5）『東京日日新聞』（明治九年七月二十四日付）。

（6）（一番）御威を祝へありとある人／かしこみ額づけ蒼草人／かぶりをさゝげよあがめまつれよ／すべての王と（二番）琴をしらべよ雲の上人／御国をしろす王の前／ふしうやまひてあがめまつれよ／すべての王と（三番）わが秋津州の人々は／都も鄙もわかちなく／同じ心にほめうたひあがめまつれよ／すべての王と

（7）館山漸之進「平家音楽史平家物語史論帝国議会の採択御実施の請願書」。なお邦楽調査関係資料は東京芸術大学所蔵のマイクロフィルムによる（東京芸術大学図書館蔵マイクロフィルム『邦楽調査関係書類』）。

# 地域名称「満洲」の起源

## 【江戸時代知識人の空間認識の展開】

楠木賢道

●くすのき・よしみち　一九六一年大分県生。筑波大学大学院博士課程単位取得満期退学。博士（文学）。吉林師範大学博士課程大学院教授。東洋史。主著『清初対モンゴル政策史の研究』（汲古書院）等。

### はじめに

「満洲」（満洲語で manju）は、清朝皇帝一族の出身部族を指す自称の民族集団名称であり、一六三六（崇徳元）年に清朝が「大清」を名乗る以前の国号でもあった。清朝が中国内地の支配に乗り出す一六四四（順治元）年以前においては、支配下にあるほとんど全ての人々が「八旗」という八つの軍団に編入されており、皇帝はこの軍事組織を通して統治していた。八旗の各旗は、出自によって満洲・蒙古・漢軍に区別されており、皇帝一族の出身部族以外のツングース系諸集団も、八旗に編入されたあとは、満洲の構成員となった。さらにモンゴル人・漢人など非ツングース系の人々でも、清朝に対する帰順が早い場合、功績が特に著しい場合は、名誉的に満洲に所属することになった。

一六三五（天聡九）年には清朝の第二代皇帝であるホンタイジ（一五九二—一六四三）によって、それまで民族集団名称として使用されていた「女真」（満洲語で jušen）を名乗ることが禁止され、満洲を名乗ることが規定された。このように清朝においては、初期に国号として満洲が用いられた以外、満洲が地域名称として用いられることはなかった。このような満洲という言葉の用法は、清朝滅亡後の中国においても受け継がれ、現在に至るまで続いている。

一方、日本ではおそくとも十九世紀初頭までには、満洲が地域名称として用いられるようになった。その後明治維新を経て、他のアジア諸国に先んじて近代国家となった日本は、いわゆる満洲では中国本土（支那）とは別に固有の歴史的世界が展開されてきたことに着目し、「満洲は支那にあらず」という論理のもと、大陸侵略を行っていった。その象徴が関東軍の傀儡《かいらい》政権であり、清朝最後の皇帝、愛新覚羅溥儀《あいしんかくらふぎ》（一九〇六―六七）を執政／皇帝に戴いた満洲国／満洲帝国である。

そのため現代中国においては、満洲が地域名称として用いられることに、非常に強い嫌悪を懐いている。さらには、民族集団名称としても満洲を用いることを避けており、正式な少数民族名として「満族」を用いている。ちなみに中国で常用されるポータルサイト「百度」が運営するオンライン百科事典で満洲を調べると、膨大な記述の冒頭に「満洲は部族名称であり地名ではなく、意味するところは「満族」である」と明言されている。筆者の所属も吉林師範大学歴史文化学院満族文化研究所である。

それでは、清朝では自らの発祥の地であるこの地域をどう呼んでいたのであろうか。特別な地域であると認識していたのは確かである。その地は、清朝が万里の長城以南の統治を開始する一六四四（順治元）年以前において、領土そのものであった。一六四四年以後は、それ以前の都であったムクデン（mukden、後の漢語訳は盛京《せいけい》、現在の瀋陽《しんよう》）に陪都の機能を徐々に整備していくとともに、八旗の駐屯軍（駐防八旗）を各地に配置していき、南から順次、盛京将軍、寧古塔《ニングタ》将軍（後の吉林将軍）、黒龍江将軍の管轄下に置き、民間の漢人の流入を一定程度制限した。すなわち清朝は自らの発祥の地に軍政を敷いていたのである。また大戦役が起こると、盛京将軍、寧古塔将軍、黒龍江将軍の管轄下の八旗駐屯軍からも将兵が抽出、派遣されたが、彼らは一体として運用されるのが常であった。

この地の特殊な状況を、荻生徂徠《おぎゅうそらい》（一六六六―一七二八）の弟にして、八代将軍徳川吉宗の寄合儒者であった荻生北渓《おぎゅうほっけい》（一六七三―一七五四）も認識していた。彼は、吉宗の命を受けて清朝の制度を研究したが、その際、将来清朝の命運が尽き滅亡するときに満洲人が帰るべき「本国」としてこの地を位置づけた。さらに、満洲人が「本国」に帰還できるようにするため、満洲人、モンゴル人、漢人の制度と使用言語を分けて、満洲人が漢人の風俗を学ぶ事を厳禁していると分析した。この指摘は、清朝の本質を突く鋭いものである。もっとも、荻生北渓の時代には、まだ満洲という地域名称は存在していなかった。北渓が「満洲の地」と記した場合、それは八旗の将兵たちに分け与えられた北京郊外の領地（旗地）を意味していた[1]。

じつはいわゆる満洲の地を清朝がどう呼称していたかを考えると、はたと詰まってしまう。あえて言うならば、清朝末期以前には用例がさほど多くないのであるが、「東三省」（満洲語では dergi ilan golo、「東の三つの地方」という意味）がこれにあたる。(2) 三将軍支配地域は清末まで省制は施行されておらず軍政下にあったが、万里の長城以南の地域の行政区分である「省」が満洲語では golo と訳されたので、dergi ilan golo が便宜上、東三省と翻訳されたのである。

本稿では、近現代史上において満洲に付加された侵略史観的な意味合いに留意しながらも一旦離れて、清朝側が東三省と称した地域が、日本においていつどのようにして満洲と呼ばれるようになったのか、そしてそれが欧米にどのように受容され広まっていったのかを考えてみたい。また江戸時代の日本語文献では、満洲／満州の表記のぶれがあるが、史料の引用ではそのままとし、論述では満洲に統一する。

なお清朝・近現代中国でも、満洲が地域名称として受容された例外がいくつか存在した。例えば日清戦争後の日本留学ブームのなかで、日本側の知識・学術が直接輸入された場合である。東京高等師範学校教授の那珂通世《なかみちよ》（一八五一―一九〇八）は日本の中等教育に東洋史を導入し、その教材とするために、一八八八―九〇（明治二十一―二十三）年に『支那通史』を刊行した。漢文で書かれてはいるが、中華思想に拘泥することなく、客観的で簡潔な論述が好評を博した。同書を手に入れた清朝の歴史学者・考古学者の羅振玉《らしんぎょく》（一八六六―一九四〇）も同書に感銘をうけ、自らが上海で設立した東文学社から一八九九（光緒二十五）年に重刻出版した。これによって那珂の記した漢文原文が中国の広範な知識人層に永く読み継がれることになった。その『支那通史』の冒頭にあたる首篇総論の第一章地理概略には、「直隷省（現在の河北省）の東北一部を満洲という。塞外（万里の長城の北側）にあるが、清朝の直轄の地であり、盛京、吉林、黒龍江の三省をおいて、これを東三省という。朝鮮国は満洲の南にある」と記されており、満洲が地域名称として使われている。那珂は明治維新後、慶應義塾別科に進み、福澤諭吉から西欧中心の文明史観を学んだが、幕末に盛岡藩士藤村盛徳の三男として生まれて藩校で学び、その後、藩儒であった那珂通高《なかみちたか》（一八二七―七九）の養子になったというように、江戸時代の漢学の伝統を継承した知識人であったことも忘れてはならない。

## 一　韃靼から東韃靼へ

江戸時代の日本人は、朝鮮半島の北側、日本海の北西に広がる土地、及びその地に住む人々、そして長城以南を支配下に置く前の清朝を、「韃靼《だったん》」と称していた。明朝・清朝交代時期の崇禎帝が自殺して明朝が滅んだ一六四四（正保元）年から一七一七（享保二）年まで長崎に来航する唐船からの情報を幕府の儒官林春斎・鳳岡《ほうこう》父子がまとめた『華夷変態』でも初期の記述では「韃靼」が用いられている（川勝守「韃靼国順治大王から大清康熙皇帝へ」、藤野保先生還暦記念会編『近世日本の政治と外交』雄山閣出版、一九九三年）。

また越前商人が一六四四（正保元）年に松前貿易の途中で漂流して、清朝の領域であった沿海州ポシェット湾にたどりつき、清朝と朝鮮王朝によって、翌年送還された記録『韃靼漂流記』でもそうである。清朝は「韃靼国」、清朝第三代皇帝順治帝は「韃靼総王」、明清戦争は「大明と韃靼と合戦」、北京に遷都するまでの都ムクデンは「韃靼の都」と記されている。

さらにこの漂流民送還に対して幕府の謝意を表すため、一六四六年に対馬藩から派遣された使者が幕閣の議論を朝鮮王朝に伝えており、朝鮮王朝の公式歴史書には、江戸の執政（老中）が「もう韃靼が北京を取ったのか」と驚いたことが記録されている（『朝鮮王朝実録』仁祖、巻四七、二四年十一月九日）。

このような日本側の理解は、中央ユーラシアとシベリアの遊牧・狩猟民世界をタルタリアと呼んでいた当時のヨーロッパ側の理解と、名称の点で符合する。

キリスト教布教のため一七〇八（宝永五）年に屋久島に潜入したジョヴァンニ・シドッティ（一六六八―一七一四）は江戸に護送され、将軍侍講として幕政に関与していた新井白石（一六五七―一七二五）の尋問を受ける。白石は尋問で得た知識を既知の諸資料で確認・増補しながら世界地理書『采覧異言《さいらんいげん》』（一七一三年）を著したが、巻三亜細亜《アジヤ》の韃靼《タルタリヤ》の条に「地は亜細亜の東北にあり、国は最極大、東北は大海に際し、其の西は欧羅巴の界に至り、南は支那、莫臥児《ムガール》等の地と連接す」とヨーロッパ側の理解を記述している。さらに白石は引退後に『蝦夷志』（一七二〇年）を著したが、韃靼は北蝦夷（カラフト）の西北にあり、海を隔ててどれくらい離れているかよくわからないと漠然と説明している。どうも参照したマテオ・リッチ（一五五二―一六一〇）の『坤輿万国全図《こんよばんこくぜんず》』（一六〇二年）の不正確さと、松前からの情報、さらにはシドッティからの聞き取りとの齟齬で、曖昧になってしまったようである。

一方、ヨーロッパでは、康熙帝に仕えた宣教師たちの報告が随時届き、タルタリアに関する理解が深まっていった。その情報をデュ・アルド（一六七四―一七四三）が集大成し、一七三五年に刊行したのが、いわゆる『支那帝国全誌』（*Description géographique, historique, chronologique, politique et physique de l'Empire de la Chine et de la Tartarie chinoise*）全四冊である。同書では、大タルタリアがロシアのタルタリアと支那のタルタリアに分かれ、支那のタルタリアがさらに東タルタリアと西タルタリアに分かれ、東タルタリアが満洲人の土地、西タルタリアがモンゴル人の土地であることが記されている。この見解は、オランダ語の読解力が飛躍的に向上した十八世紀後半以降、オランダ語書籍を介して、日本の知識人層にも受け入れられ、東韃靼、西韃靼という言葉で議論されるようになる。

これは間違いのない事実であるが、デュ・アルドの『支那帝国全誌』よりも一〇年ほど早く、韃靼が満洲人の東韃靼とモンゴル人の西韃靼にわかれることを事実上議論した日本人がいた。前述の荻生徂徠・荻生北渓兄弟である。荻生北渓は、清朝の制度研究の区切りがついた後、吉宗の命を受け、清朝の皇帝一族の出身部族である建州女直の歴史研究に取り組む。荻生北渓は各種漢籍をもとに比較的短期間で報告書を書き上げるが、内容に自信がなかったため、存命していた兄の徂徠に添削を依頼し、徂徠は北渓の原稿に朱筆で添削した。この添削の情況をそのままに写本が作成され、『建州始末記』『建州女直始末』の名前で伝わっている。北渓・徂徠の作業は、北渓の清朝制度研究に区切りがつく一七二四（享保九）年から徂徠が死去する一七二八（享保十三）年の間と考えられる[3]。

北渓は『建州始末記』の冒頭に近い部分で、「万暦の時分に至って東韃子を建州へ皆切取り、西韃子の蒙古までを従えて……」と記したが、これを徂徠が「万暦の末になって女直の種類を統一して兀良哈《ウリヤンハ》、蒙古までを手に入れ……」と書き改めるように添削した。さらに徂徠は添削の理由を「北京の東を遼東という。西を宣府という。遼東の東北より朝鮮の北まで居る夷を女直という。遼東の西北より北京の北、宣府の東までの間に居る夷を兀良哈という。何れも東韃子なり。宣府の北より西域までの間に居る夷を蒙古という。これ西韃子なり」と書き添えている。南モンゴル諸部を服属させたのが第二代皇帝ホンタイジの治世であり、北モンゴル諸部の帰順を受け入れるのが第四代皇帝康熙帝の治世であるので、北渓の記載は不正確であるが、建州女直に併合される東韃子と蒙古からなる西韃子という北アジア観は卓見である。これに対して、建州女直に隣接する兀良哈（実際にはすでに兀良哈の主力は滅んでおり、明朝に対して兀良哈を詐称して国境交易、朝貢をしていた別のモンゴル部族）を併合したとする徂徠の添削意見は正確である。また確かな地理認識に基づき東韃子と西韃子を区別している点は驚くばかりである。

当時の日本にはまだオランダ語書籍を読みこなせる学者がいなかった。また荻生北渓の執筆、荻生徂徠の添削の基礎となった史料は、明末及び南明政権下で刊行された漢籍である。清朝の北辺に広がる世界を東韃靼と西韃靼に区別する認識は、ヨーロッパと日本で同時並行しておこったものである。

## 二　矢野仁一の見解

近年、地域名称としての満洲の成立について専論した中見立夫は、まず京都帝国大学名誉教授であった東洋史学者、矢野仁一（一八七二―一九七〇）の『満洲近代史』（弘文堂、一九四一年）の論を紹介している。それによると、矢野はデュ・アルド『支那帝国全誌』の記述に示された、東タルタリアと西タルタリアの認識に注目して、十九世紀初め頃までは、西洋人も日本人も満洲を韃靼、満洲人の国土などといっており、満洲を地名とは考えておらず、一八三〇年代から徐々に満洲を地域名称として使用するようになり、四〇年代に普及したという。[4] 矢野のこの主張は結論として大過ないのであるが、十九世紀初頭までの日本の知識人は、『支那帝国全誌』のフランス語原本（一七三五年）、英語訳本（一七三六年）から内容を読み解く語学力を持っていなかったので、分析には飛躍がある。

また『満洲近代史』の該当箇所を見てみると、矢野は、韃靼は明代のモンゴルの称号であり、デュ・アルドが満洲をモンゴルと同時に韃靼といったのは、モンゴルが支那と異なる地のように、満洲が支那と異なる地と認めたのだ、とも主張している。矢野はこの主張をしていた当時、「満洲は支那にあらず」の立場から、満洲国建国を擁護する論陣を張っており、この主張は自らの論陣を直接的に表現したものである。矢野が満洲国建国を擁護した背景には、京都帝国大学に着任する以前に、清朝に招聘され法政学堂で教鞭を執っていたことと関係があろう。書物のうえで理解しただけではなく、清朝の実像を体感した者の主張は鋭いのであるが、自らの立場に引きつけたため、デュ・アルドが『支那帝国全誌』で主張したこととの間には齟齬があるように感じられる。デュ・アルドの主張したことは「満洲は支那にあらず」ではなく、フランス語書名からも読み取れるように、清朝はChine（支那）とTartarie chinoise（支那のタルタリア）との二重帝国、連合帝国だったということである。

## 三　桂川甫周の『北槎聞略』所収「亜細亜全図」

幕府の奥医師であり蘭学者の桂川甫周（一七五一―一八〇九）がロシア使節アダム・ラクスマン（一七六六―?）によって送還された漂流民、伊勢国の船頭である大黒屋光太夫（一七五一―一八二八）の口述と、ヨハン・ヒュブネル及び同名の息子がドイツ語で記した世界地誌のオランダ語版『一般地理学』（*Algemeene Geographie*、一七六九年、江戸時代の学術界では『ゼオガラヒー』の書名で知られていた）に基づき、『北槎聞略』（一七九四年）を編纂した。この『北槎聞略』には、ラクスマンによってもたらされたロシア語の地図に基づいて甫周が作成した「亜細亜全図」が収録されており、そのなかに「満洲」と記されている。

これについて、中見は、当時はまだロシアでは満洲は地域名称とはなっておらず、ロシアからもたらされた原図には、地域名称としてМаньчжурия《マンチュリア》とは記されておらず民族集団名称としてМаньчжу《マンチュウ》と記されていただろうと推定している。[5]「亜細亜全図」を詳細に観察すると、中見の推定を支持する証拠を見いだすことができる。「亜細亜全図」には「満洲」と同じ字の大きさで、「満

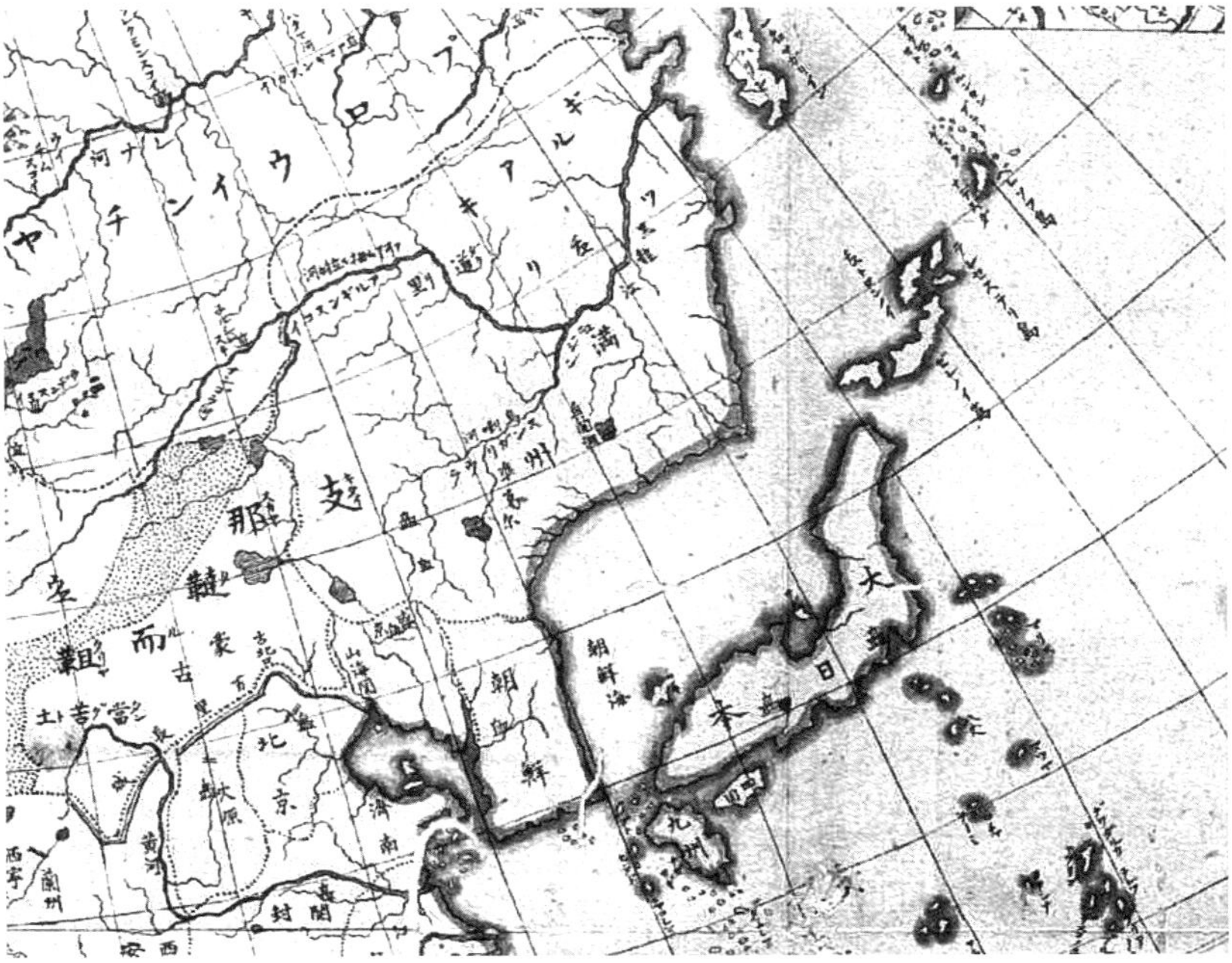


図１　「亜細亜全図」（部分）　桂川甫周『北槎聞略』所収（国立公文書館所蔵）

州」の北に「ギルアキ」「ツチヱリ」とあり、やや小さな字で「道里《ダウリ》」と記されている。「ギルアキ」はギリヤーク（現在のニブフ）のことであり、カタカナの綴りから考えてロシアからもたらされた原図ではその複数形のГиляки《ギリヤーキ》となっていたと推定される。「ツチヱリ」はジュチェルのことで、清朝側が東海フルハ部と称していた人たちである。「道里《ダウリ》」はダウール（ダフール／ダグール）のことである。また「ツチヱリ」「道里《ダウリ》」の表記から判断すると、「ギルアキ」同様、原図ではロシア語の複数形で表記されていた可能性が高い。

以上からは、中見が言うように、ロシアからもたらされた原図では、「満州」の部分は民族集団名称としてМаньчжу《マンチュウ》と記されていたものと判断される。また桂川甫周も民族集団名称と承知の上で、それを書き写したと考えられる。ただし、このことと甫周自身が常日頃、満洲を民族集団名称と認識して使用していたかは別問題である。あくまでも地図は模写したものであり、地図上のキリル文字を漢字・カナに置き換えただけだからである。甫周自身が満洲をどう認識して用いていたかは、『北槎聞略』の本文を検討しなければならない。

『北槎聞略』本文には、満洲という語が一度だけ出てくる。すなわち巻三「漂海送還始末 下」の冒頭に「（ここイルクーツクは、人家三千余りもあるたいへん繁華な町で、どんな製造業者でも店屋でもないものはなく）支那、朝鮮、満州等の人も常に交易のため来てい

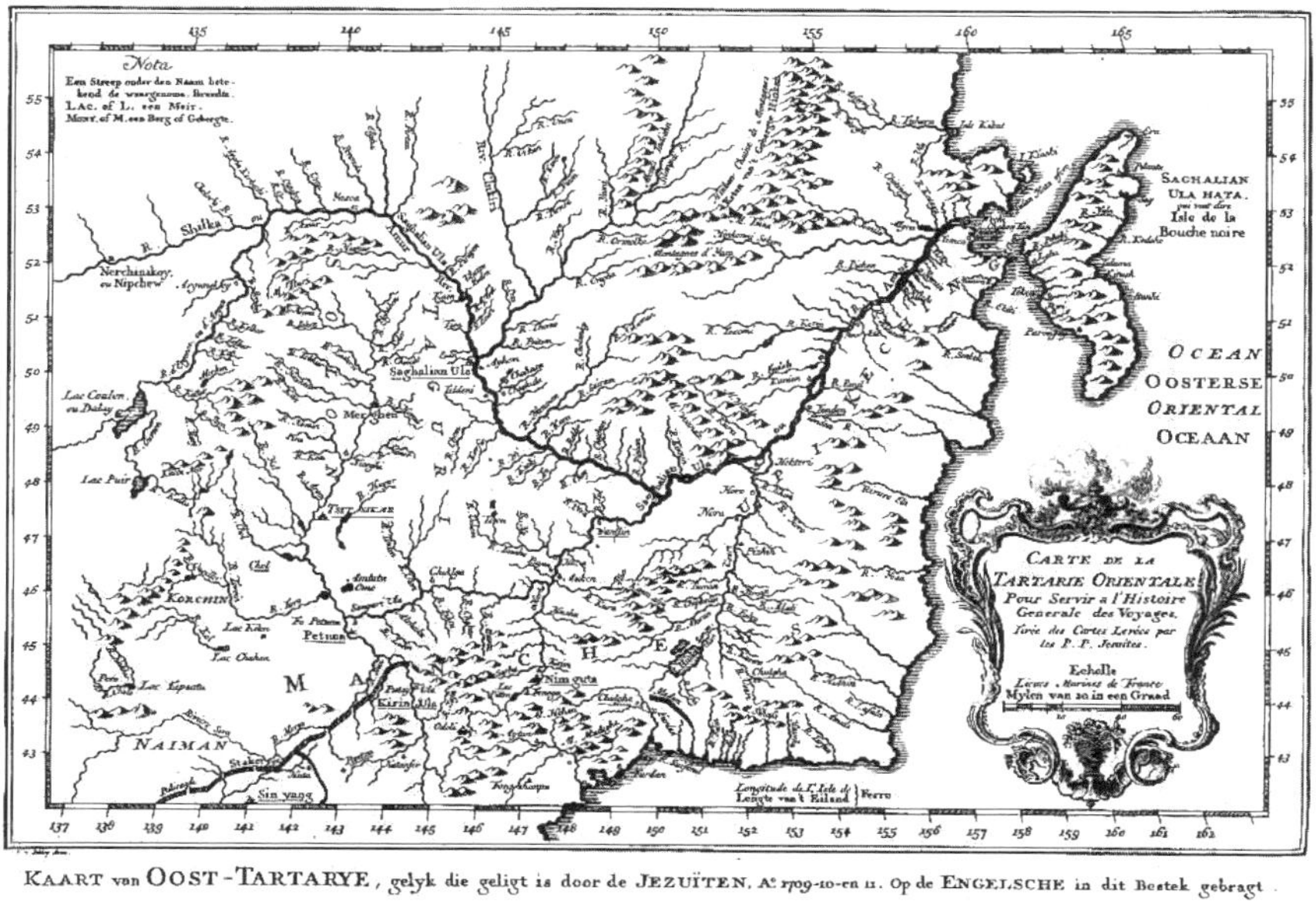


図２「東タルタリア図」　オランダ語版旅行記集成第11巻所収
（東京外国語大学附属図書館所蔵）

るそうである」とある。日本語には英語におけるManchu、Manchuriaのような書き分けがなく、文脈から判断せざるをえないのであるが、支那、朝鮮と併記されている満洲を地域名称とも、民族集団名称とも考えることもでき、判断がつきがたい。おそらく桂川甫周はこのあたりをあまり意識して記したわけではなかったと思われる。他の事例を考証する必要がある。

## 四　オランダ語版ジェルビオン『タルタリア紀行』所収の「東タルタリア図」とその受容

『マノン・レスコー』の作者として有名なアベ・プレヴォー（一六九七―一七六三）は、フランス語版の『旅行記集成』全一三巻（一七四六―七七年、第一六巻以降は別人が編集）の編纂者でもある。同書は刊行開始から評判が高く、並行してオランダ語版（全二一巻、一七四七―六七年）が刊行されていった。このオランダ語版『旅行記集成』第一一巻、二〇四～三八〇頁には、フランス人イエズス会宣教師ジェルビオン（一六五四―一七〇七）の全八回に及ぶ『タルタリア紀行』が収録されている。この『タルタリア紀行』の第二紀行冒頭には、「東タルタリア図」(Kaart van Oost Tartarye) が収録されている。この地図は、十八世紀末から十九世紀初頭にいたる日本人の東北アジア認識に大きな影響を与えた。

ジェルビオン『タルタリア紀行』は、元来、前述のデュ・アルド編纂『支那帝国全誌』に収録されていたが、「東タルタリア図」

も『支那帝国全誌』所収「支那のタルタリア全図」（Carre gelerale de la Tartarie chinoise）の一部を切り取ったものである。また「支那のタルタリア全図」を含む『支那帝国全誌』所収の地図は、ジェルビオンらイエズス会宣教師が一七〇八～一七年の一〇年をかけて測量、天文観測して作成した『皇輿全覧図』が原図である。大陸部分がかなり正確に描かれているのに対して、サハリンの測量が北の一部でしか行われていないため不正確なものになっている。[6]これを引き継ぐ『旅行記集成』所収の「東タルタリア図」も同様の限界を持っていた。[7]

「東タルタリア図」の遼河、松花江、ウスリー江上流域には、Manchews と大書されている。また北側には Manchews とほぼ同じ文字の大きさで、Keching、Yupi、Taguri、Solon と記されている。Keching とは満洲語史料でヘジェンとあらわれる現在のナナイ、Yupi とは魚皮韃子《ユーピーダーズ》と漢語史料にあらわれる前述の東海フルハ部のうち北部に居住する八姓といわれる集団、Taguri は前述のダウール、Solon は満洲語史料でもソロンとあらわれる現在のエヴェンキのことである。したがって Manchews も民族集団名称としての満洲ということになる。

## 1　志筑忠雄『二国会盟録』

この「東タルタリア図」とオランダ語版のジェルビオン『タルタリア紀行』を最初に利用したのは、『鎖国論』（一八〇一年）の著者として有名な長崎の阿蘭陀《オランダ》通詞、志筑忠雄（一七六〇―一八〇六）である。志筑は、ロシアの外交使節レザノフ（一七六四―一八〇七）の長崎来航（一八〇四―〇五年）により、騒然とする社会を案じ、なにがしかの指針となるよう、病床にありながら晩年の最後の力を振り絞って、『タルタリア紀行』の第二紀行を訳出し、注釈とともに、弟子にして福岡藩の蘭学者、安部龍平（一七八四―一八五〇）に口述筆記させた。これが『二国会盟録』（一八〇六年）である。第二紀行は、ジェルビオンがネルチンスク条約（一六八九年）締結のため清朝側のラテン語通訳としてネルチンスクに赴いた際の記録であり、志筑は清朝とロシアの条約交渉が、日本とロシアの交渉の参考になると考えて提示したのである。

なお志筑は『魯西亜《ロシア》来歴』（一七九五年）でネルチンスク条約およびその際に通訳にあたったジェルビオン、ポルトガル人イエズス会宣教師ペレイラ（一六四五―一七〇八）に言及しているので、一七九五年以前に『タルタリア紀行』を読破していたと考えられる。[8]その時期は桂川甫周が『北槎聞略』を著すよりも早かったかもしれない。

この『二国会盟録』の末尾には、「東タルタリア図」を模写した「拂郎察《フランチャ》国製東韃而靼《タルタ》図」が掲載されており、「東タルタリア図」の Manchews、Keching、Yupi、Taguri、Solon に相当する箇所には、それぞれ満州、ケシンク、ユーピ、タギユリ、ソーロンとあるので、この地図においても満洲が民族集団名称として使用されてい

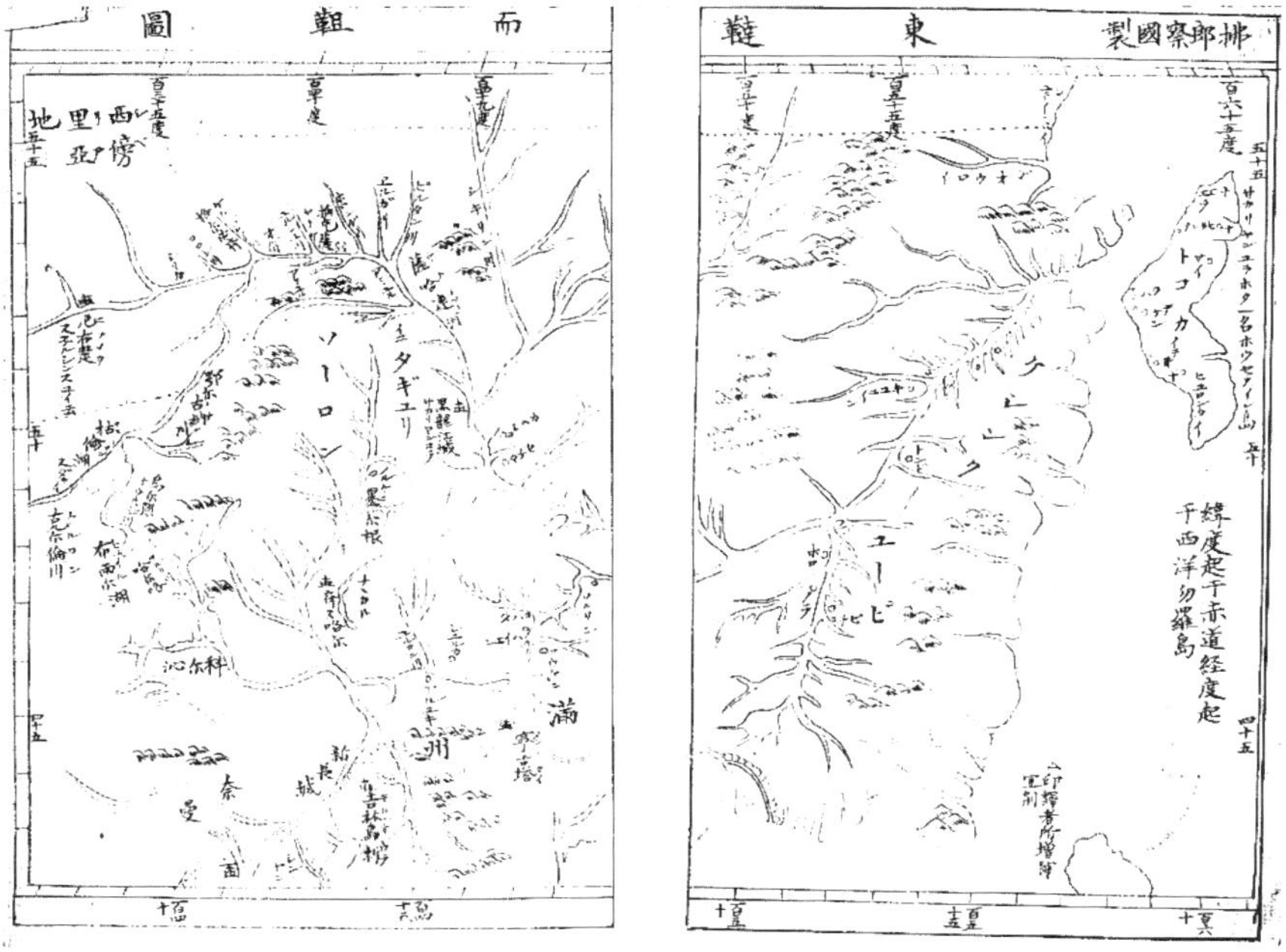


図3 「拂郎察国製東韃而靼図」 志筑忠雄『二国会盟録』所収（筑波大学附属図書館所蔵）

たことは明らかである。

ただし「拂郎察国製東韃而靼図」は「東タルタリア図」を模写したものであり、志筑自身が満洲を民族集団名称と考えていたか、地域名称と考えていたかは別問題である。『二国会盟録』本文にあたって検証してみると、満洲を民族集団名称として用いている箇所もあれば、民族集団名称なのか地域名称なのかはっきりしない箇所もある。また巻一に「欧羅巴《ヨーロッパ》洲の小韃靼より東南、伯児斉亜《ペルシア》及び莫臥児《ムガール》、唐土《もろこし》等の北方、北緯六七十度に至るまでの地、及び満洲を斥《ひらき》て韃靼と云う。其極北は際傍里亜《シベリア》に接する。又是を委しく支別すれば満洲、蒙古、回回の三種となる。即ち唐土より東北の地を満州と云う。真北にして近いものを蒙古と云う。唐土より西北の地を回回と云う」とあるように、明らかに満洲を地域名称として用いているものもある。さらに巻二には、「夫《それ》より稍《しばら》く行って又た諸人に逢う。此の諸人等は満洲の烏喇《ウラ》、アイキユー、寧古塔《ニングタ》及び其の他の地に竄極（流刑）にされた官である」とある。烏喇は現在の吉林、アイキユーは愛琿《アイグン》であり、いずれも寧古塔とともに清朝の八旗の駐屯軍が設置された地である。したがってこの場合、満洲は明らかに地域名称として用いられている。さらにこの該当箇所をジェルビオン『タルタリア紀行』のオランダ語原文で確かめてみると（二四二頁）、「東タルタリア」（Oost-Tartarye）となっている。すなわち志筑はもともとこの地に与えられていた地域名称「東タルタリア」を意識的に満洲と翻訳したのである。これは、志筑にとって、東韃靼よりも、満洲がこなれた地域名称になっていたことを示している。

なお志筑が用いたジェルビオン『タルタリア紀行』が収録されるオランダ語版『旅行記集成』第一一巻は、蘭癖《らんぺき》大名の平戸藩主、松浦清《きよし》（一七六〇―一八四一、一八〇六年に隠居した後の号は静山）の蔵書である。(9) 松浦清は稀代の蔵書家でもあり、蘭学の支援者でもあった。

## 2　馬場佐十郎『東北韃靼諸国図誌野作雑記訳説』

志筑忠雄より九歳若い長崎の阿蘭陀通詞に馬場為八郎（一七六九―一八三八）がいる。レザノフ来航時に、志筑がすでに隠居していたのに対して、馬場は現役であり、レザノフらの世話係を担当して頭角を現す。

レザノフは国交樹立の目的が果たせず、一八〇五（文化二）年失意のうちに長崎を離れるが、武力をもって開国させるしかないと考え、この意向により部下の海軍将校が一八〇六―〇七（文化三―四）年に日本側の拠点があったカラフト南端やエトロフ島で略奪をはたらく。これに慌てた幕府は、天文方の高橋景保《かげやす》（一七八五―一八二九）のもとで、オランダ語資料からロシア情報を収集させることにして、その要員として馬場為八郎を長崎から呼び寄せる。さらに翌一八〇八（文化五）年に馬場為八郎はソウヤ（宗谷）出張を幕府から命じられるが、これはロシアが再度、略奪を働きに北辺に来た場合、ロシアとの直接交渉の任にあたるためであった。江戸では為八郎の実弟にして養子である馬場佐十郎（一七八七―一八二二）が長崎から高橋景保のもとに呼び寄せられ、為八郎の仕事を引き継いだ。佐十郎は志筑忠雄のオランダ語の弟子でもある。

馬場佐十郎は早速、ニコラス・ウィツェン（一六四一―一七一七）『北と東のタルタリア』(*Noord en Oost Tartarye*) 第三版（一七八五年、初版は一六九二年）から蝦夷に関する部分を訳注し、『東北韃靼諸国図誌野作《エゾ》雑記訳説』全六巻（一八〇九年）を著した。翻訳の参考資料として、前述のオランダ語版のジェルビオン『タルタリア紀行』を多用しており、さらに第六巻には「東タルタリア図」を書き写して「野斯微杜《イエスウィト》所著東韃靼地図」と題して掲載している。(10)「東タルタリア図」の Manchews、Keching、Yupi、Taguri、Solon の対応箇所には、満洲、ケセング、ユピ、タグリ、ソロンと記しており、志筑忠雄の「拂郎察国製東韃而靼図」同様に、佐十郎はこれらを民族集団名称と理解して地図を書き写したことは間違いない。

ただし、本文第六巻には、「フルビイストもまた満洲のみを東韃靼と言っている。すでに此の者の書に、其の初め東韃靼に往き、後に西韃靼に往く云々とある。其の西韃靼と言うは満洲の西なる蒙古を言い、また其の東韃靼と言うは即ち満洲を指すなり」とある。「フルビイスト」はもちろん康熙帝に仕えたイエズス会宣教師フェルビースト（一六二三―八八）のことである。また「此の者の書」とあるのは、デュ・アルド『支那帝国全誌』所収のフェルビースト『東タルタリア紀行』であるが、この場合はオランダ語版ジェルビオン『タルタリア紀行』冒頭の解説部分（二〇五頁）のことである。オランダ語原文の該当箇所には、満洲、蒙古に該当する言葉は使われていない。この叙述の仕方からは、自分たちが使っている満洲・蒙古という地域名称を、ヨーロッパでは東韃靼、西韃靼といっているという、ニュアンスをくみ取ることができるであろう。志筑忠雄同様、馬場佐十郎にとっても、満洲・蒙古の方がこなれた地域名称だったのである。

## 五　マンチウと満洲

実は、志筑忠雄や馬場佐十郎らは上述のヨーロッパ経由よりも早く、カラフトのアイヌ経由で、カラフトの対岸が「マンチウ」であるという情報を得ていた。

当時、沿海州北部の住人サンタンの商人がカラフトにやって来て交易をしたり（サンタン貿易）、清朝が黒龍江下流のデレンに設けた交易所にアイヌが交易・朝貢に赴いたりしていた。清朝はこのようなアイヌを辺民に組織して統治し、無法者の取り締まりのため清朝の満洲人官員がカラフト中南部にまで赴くこともあった(11)。そしてカラフトのアイヌは、満洲人官員と彼らが住む地をマンチウという言葉で理解していたのである。

このカラフト経由の情報については、松浦茂の専論（「文化五・六年松田・間宮の北辺調査」『アジア史学論集』二、二〇〇九年）があるので、それを手掛かりに論じたい。

坂倉源次郎の『北海随筆』（一七三九年）には「此のタライカより北方にあたりて、サンタン、マンチウという所あり」とある。カラフト中部テルペニヤ湾岸のアイヌの集落タライカの北方にサンタン、マンチウがあるといっているのであり、当時の地理情報はあやふやで、マンチウが満洲とは結びついていない。タライカのアイヌは、満洲人官員やサンタン人がやって来る方向にマンチウ、サンタンがあると考え、坂倉はそれを書き記したのである。

その四十二年後の一七八一（天明元）年、『松前志』巻二で、著者の松前広長は長崎経由の情報源である「西洋地図」（具体的にはどの地図か判然としないが）を参照して、韃靼の東の果てが蝦夷地北部のカラフトの北方にあるマンチウ地方であると論じる。『北海随筆』よりは説明が具体的になっているが、なお地理情報が不正確なままである。つづいて松前広長は伊藤東涯《とうがい》（一六七〇―一七三六）の『名物六帖』（一七一四年頃）を引用して、『名山蔵』（明朝の何喬遠《かきょうえん》の著、一六四〇年）によれば、女直には三種あって、海西等の処に居るを海西女直といい、建州、毛隣（正しくは「毛憐《もうれん》」）の処に居るを建州女直といい、極東を野人女直ともいう。今の中国清主の始祖は即ちこの建州女直の人である」と記している。松浦は、当時の日本人はマンチウがいかなる勢力かはっきりせず、清を連想することはできなかったであろうとする。確かにマンチウの位置などの地理情報は極めて不正確なものであったが、マンチウ地方の位置の記述と、清朝皇帝が建州女直の出自とする記述が連続していることからすると、松前広長がマンチウと表記をしていたことと、マンチウを満洲と理解していなかったかどうかは別問題である。地理や統治形態については情報が欠如していたが、それでも松前広長はマンチウが清朝の領域であると認識していたと考えるのが妥当であろう。

林子平（一七三八―九三）は一七九一（寛政三）年に『海国兵談』（一七八六年脱稿）を全巻刊行するよりも先に、朝鮮、琉球、蝦夷、及び小笠原の地理を『三国通覧図説』（一七八五年）として著した。当時、日本列島周辺におけるロシアの動きが活発だったことを反映して、蝦夷地のアイヌに関しては挿絵も交えて、風俗に至るまで多くの紙幅を割いて解説している。この『三国通覧図説』には、五幅の地図が付されており、その一幅に「三国通覧輿地路程全図」がある。地図は不正確で稚拙なものであり、地図に付されている説明も、誤解や不正確な点が多いが、蝦夷地の対岸、サンタンの南方には、「満州。エゾ人、サンタン人がマンチウと並び称するのもこの地のことなるべし」という説明があり、満洲という地域名称が先にあり、それが北からの情報であるマンチウと同じであると推定する。他の一幅の地図「蝦夷国全図」には該当箇所に、「マンチウ。即ち満州なるべし。此の地は漢字、満字を雑え用いる」とあり、ここではマンチウという地域名称が先にあり、それが満洲のことであると推定し、同地では漢文と満洲文の両方を用いていることを指摘している。林子平はマンチウが満洲であり、その地では満洲文字が用いられていたことを理解していた、すなわち清朝の領域の一部であることを理解していたのである。

「蝦夷輿地之全図」（一七八六年）は、一七八五、八六（天明五、六）年の幕吏による蝦夷地、千島、カラフト南部の調査を踏まえたものであり、蝦夷地（北海道）、千島は実際の形に近づいている。この地図の黒龍江の河口に記された説明では、「満州。野作《エゾ》及び山《サン》丹《タン》人はマンチウという」と、マンチウと満洲の関係が断定的に記されている。

このようにして、一七八〇年代にマンチウが満洲であり、清朝の支配領域であるという知識が定着していったのである。そして前述したように、一七九〇年代にラクスマンがもたらしたと考えられるロシア語のアジア地図や、オランダ語版ジェルビオン『タルタリア紀行』所収の「東タルタリア図」によって、日本人が満洲と呼ぶようになった地域に関するより正確な地理情報を、知識人らは獲得していった。

間宮林蔵は、幕命により、一八〇八（文化五）年にカラフト、さらに翌一八〇九年に黒龍江下流域の踏査を行い、現地から随時、報告書を書き送っている。間宮はその報告書で、マンヂー、マンチー、マンヂー地方、マンヂー国、マンヂイ国、マンチー国、マンギー人、マンチー人という表記を用い、一度も満洲と記していない[12]。黒龍江下流デレンの満洲仮府で、三姓（現在の黒龍江省依蘭県）から派遣された満洲人官員らと交流し、「大清」と書かれた名刺を渡された間宮が、マンヂー／マンチーが満洲であると知らなかったはずはない。ただ探検家・フィールドワーカーとしての矜持を持った間宮林蔵は、アイヌ、サンタン、満洲人から自分が聞き取ったマンヂー／マンチーという音そのままに、報告書を作成したのである。これが一八一一（文化八）年、幕府献上本として作成された間宮林蔵口述・村上貞助筆録編集の『東韃地方紀行』『北夷分界余話』では、すべて満洲に書き改められている。間宮林蔵口述・古賀侗庵《こがとうあん》編集の『窮髪紀譚《きゅうはつきたん》』でも同様である。

　さらに間宮林蔵からの情報に接した高橋景保は、たちどころにサハリンとカラフトが黒龍江河口に浮かぶ一つの島（陸続きの半島ではない）であることを示す地図とその解説を、『北夷考証』（一八〇九（文化六年）旧暦八月）として書き上げた。参考地図の一幅として、前述のオランダ語版ジェルビオン『タルタリア紀行』所収の「東タルタリア図」を書き写して「第三図、西士ピートルホンデ書中に載する所の図」としている。ピートルホンデは、ジェルビオン『タルタリア紀行』が収録されているオランダ語版『旅行記集成』の出版者ピーター・デ・ホンツ（Pieter de Hondt）のことであり、当時の日本の学術界ではオランダ語版『旅行記集成』第一一巻をピートルホンデと称していた[13]。この地図では「東タルタリア図」でManchews、Keching、Yupi、Taguri、Solonと記された部分が、マンセイウス、ケシング、ユピ、タグリ、ソロンと記されており、「東タルタリア図」でManchewsが民族集団名称として用いられていることを理解していたはずである。ただ志筑忠雄、馬場佐十郎同様に、高橋景保自身が、満洲を民族集団名称としてのみ認識して用いていたわけではない。

『北夷考証』の本文では、高橋景保は満洲、マンチュ／マンチュー、マンチーという三種の語を使い分けている。基本的に地域名称としても民族集団名称としても満洲（満洲地、満洲地方、満洲人）を用いていたが、満人、満語という省略形も見られる。またオランダ語の綴り、発音を重視したのであろう、ジェルビオン『タルタリア紀行』からの引用文にかぎり、マンチュ人、マンチュー人の語が用いられている。まだヨーロッパではManchewが地域名称になっていないので、地域名称としてのマンチュ／マンチューの用例がないのは当然である。さらにマンチーに関しては、「按ずるに彼等（山丹及び夷人）満洲地を指して『マンチー』とよぶよし」と記している。つまり、高橋景保にとっても、満洲が使い慣れた地域名称であり、間宮林蔵の報告により、サンタンやアイヌが満洲地方を指してマンチーと呼称しているそうだと伝聞形式で叙述したのである。

## 六　高橋景保からシーボルトへ

このようにして、高橋のもとには、ジェルビオン『タルタリア紀行』所収「東タルタリア図」を初めとする東北アジアの大陸部分について精度の高い地図が集められた。またそれらの地図で不正確であったカラフトについても、間宮林蔵の踏査によって一定の精度を持った地理情報が随時、高橋のもとに届いていた。さらに伊能忠敬（一七四五―一八一八）の全国測量が継続中であり、精度の極めて高い国土の地理情報が高橋のもとに届いていた。これらに基づいて、高橋は『北夷考証』よりも二カ月ほど先んじて、「日本辺界略図」（一八〇九〔文化六〕年旧暦六月）を完成した。ロシアと清朝、清朝と朝鮮王朝との間の国境線は描かれているが、「大日本」以外の国名は記されていない。万里の長城以南の地には、「清」ではなく「漢土」と大書されている。朝鮮半島の上に記されている「朝鮮」の文字も、ロシア、清朝の国名が記されていない以上、国名ではなく、地域名称として記されていると考えるべきである。「日本辺界略図」では、「大日本」以外、地域名称・地名を記すという方針が貫かれているのである。

そしてこの地図の中央上部に黒龍江中流域を挟むようにして「満洲」と大書されている。そこには、ジェルビオン『タルタリア紀行』所収「東タルタリア図」で記されていたような、ケシング、ユピ、タグリ、ソロンなどの民族集団名称はもはや見当たらない。満洲の北隣に西百里亜《シベリア》と大書されているので、満洲が地域名称として用いられたことは明白である。

ではなぜ、清朝では用いられていない「満洲」という地域名称を、高橋はかくも明示的に記すことにしたのであろうか。もちろん上述したように、マンチウという語がカラフト対岸の地名としてサンタン、アイヌ経由で入ってきて、そのマンチウの地の正確な地理情報が手に入り、またマンチウが民族集団名称としての満洲に由来することを理解したからに違いない。しかし後に書物奉行（将軍家の図書館である紅葉山文庫《もみじやまぶんこ》の図書館長）になる高橋は漢籍にも精通しており、また幕命によりレザノフがもたらした満洲語国書を解読するため前年より満洲語を学んでおり、満洲が清朝では地域名称としては用いられていないことも重々承知していたはずである。

ここで「日本辺界略図」の満洲と北蝦夷の文字を見比べていただきたい。北蝦夷の文字と同じ緯度の大陸側に、北蝦夷と平行して、満洲と大書されていることがわかるであろう。

幕府は一八〇九（文化六）年、それまで慣用的にカラフトに対して用いていた「北蝦夷」を正式地域名称とする命を下した。つまり蝦夷地（現在の北海道）同様にアイヌが住むカラフトを北蝦夷と呼ぶことにより、日本の領域であることを宣言したのである（ただしこれはかなりの強弁であり、カラフト中部にはウイルタ、北部にはニ

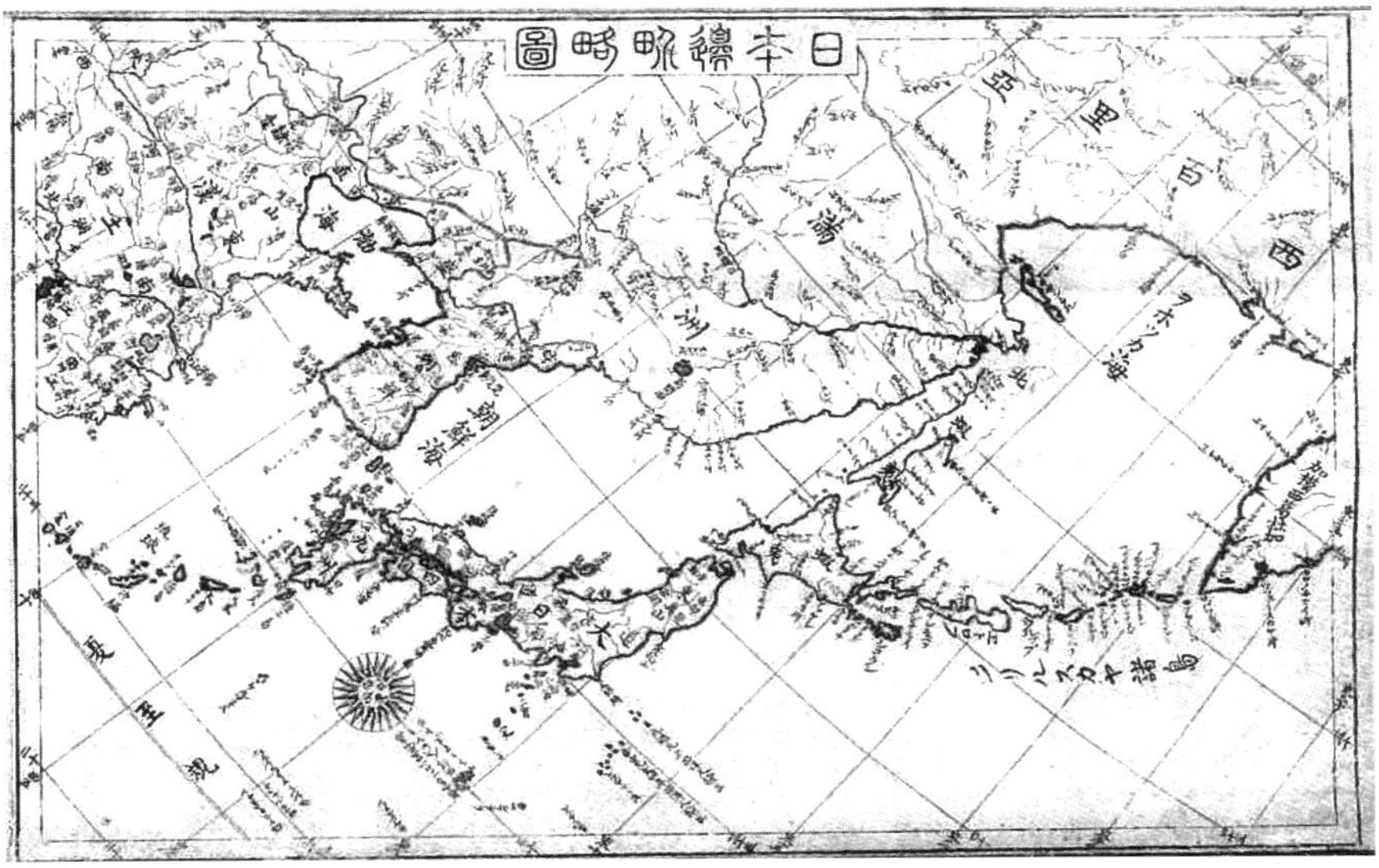


図４　高橋景保「日本辺界略図」

ブフが住んでおり、日本の支配は南部のアイヌの一部にしか及んでいなかった）。それはちょうど「日本辺界略図」が作成された六月のことである。

この北蝦夷の対岸、大陸側の大地は清朝の領域であり、そこには古代の「蝦夷《えみし》」と対比するにふさわしい、由緒のある地域名称が必要とされていた、それが清朝皇帝一族の出身部族を指す「満洲」であり、「日本辺界略図」により正式に確定的に用いられるようになったとするのは、筆者の考えすぎであろうか。

この「日本辺界略図」を高橋景保と懇意にしていた長崎のオランダ商館医フィリップ・フランツ・フォン・シーボルト（一七九六—一八六六）が手に入れる。一八二八（文政十一）年のシーボルト事件により、翌年、シーボルトは国外追放処分となり、高橋景保は捕縛され獄死する。また前述の馬場為八郎も長崎でシーボルトと高橋景保の連絡の便宜をとっていたため捕縛され永牢処分となり、羽後亀田藩預かりとなる。

シーボルトは帰国後、日本で調査収集した資料をもとに、『日本*NIPPON*』全二〇分冊（一八三二—五一）をドイツ語で刊行していく。そして第一回配本分に「日本辺界略図」を転載する。転載された「日本辺界略図」には、二系統の異版が存在したが、地名はいずれもオランダ語表記を採用している（海野一隆「シーボルトと『日本辺界略図』」『日本洋学史の研究』V、創元社、一九七九年）。また地名は翻訳あるいは転写されたが、いずれも高橋景保と日本の

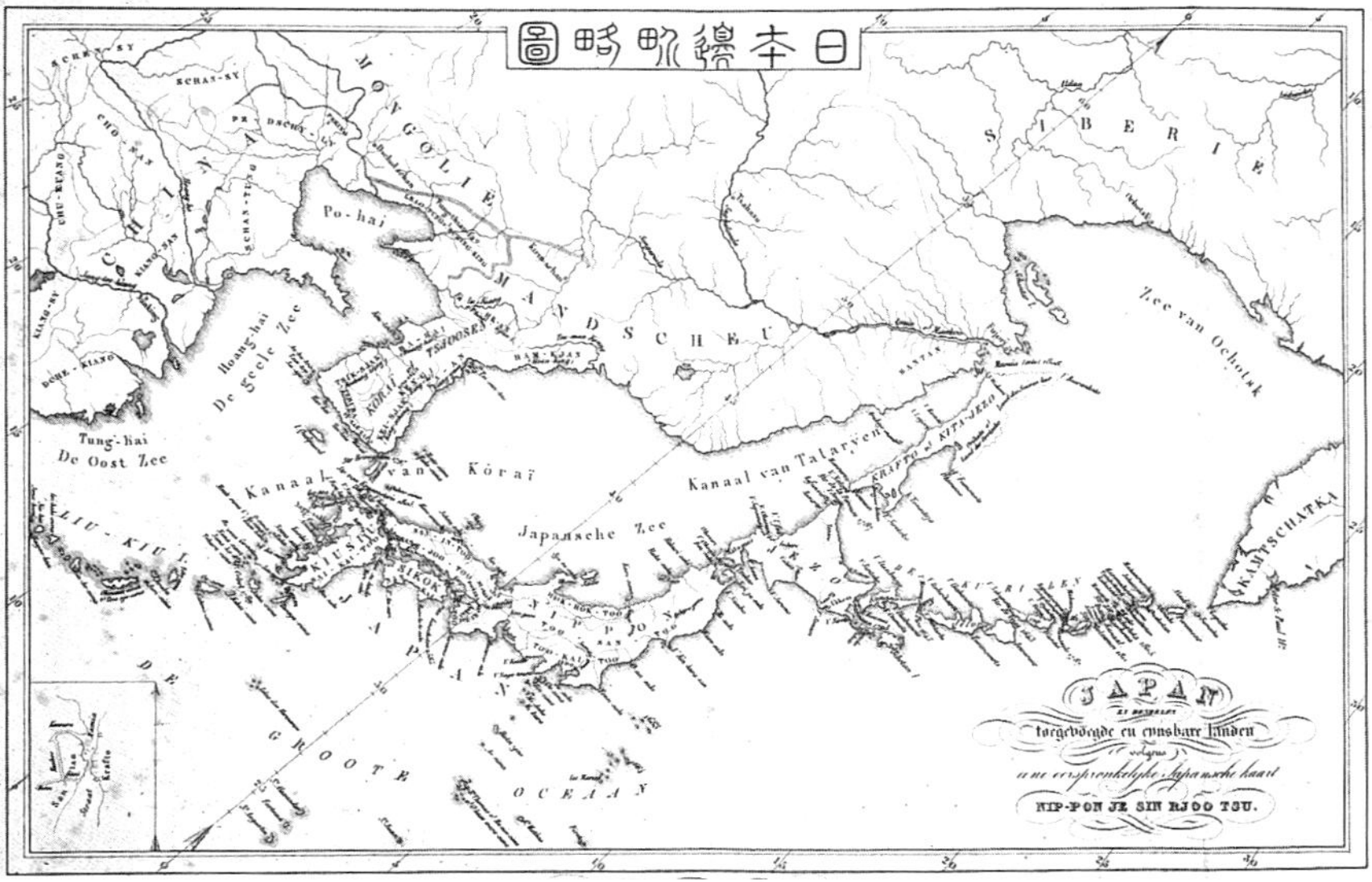


図5 「日本辺界略図」 シーボルト『日本』（ドイツ語版第一回配本，1832）所収
（国立国会図書館所蔵）

学術に敬意を表してのことであろう、「日本辺界略図」のロゴはそのままに印刷されている。その後「日本辺界略図」を含むシーボルト『日本』の一部分は、オランダ語版（一八三二年）、フランス語版（一八三八―四〇年）、ロシア語版（一八五四年）が作成され（宮崎克則「シーボルト『NIPPON』のフランス語版――Voyage au Japon」『九州大学総合研究博物館研究報告』六、二〇〇八年・宮崎克則「シーボルト『NIPPON』のロシア語版」『九州大学総合研究博物館研究報告』一〇、二〇一〇年）、別途「日本辺界略図」の英語版（一八五三年）も作成され、かくして地名としての満洲が欧米でも定着していくことになる。

なお中見立夫が用いた地名がドイツ語表記になった「日本辺界略図」において、満洲の表記は Mandchurei《マンチュライ》（英語の Manchuria に相当）となっている。[14] 中見はその地図を一八三二年の第一回配本のものであると考えているようである。しかしこの地図は北蝦夷 Kita-Jezo がサハリン Sachalin に改められているなどの特徴をもっているので、シーボルト生誕一〇〇年を記念して息子アレキサンダーとハインリヒが刊行した二冊本『日本』（一八九七年）所収のものである。[15] 第一回配本である地名がオランダ語表記の二系統の「日本辺界略図」では、満洲の表記はいずれも Mandscheu（英語の Manchu に相当）のままである。ただし同じ文字の大きさで Siberië《シベリア》、Mongolië《モンゴリア》（英語の Siberia、Mongolia に相当）と表記されているので、Mandscheu が地域名称として記されていることは明らかである。

「日本辺界略図」において満洲が地名を表す接尾辞を持つようになるのは、英語版（一八五三年）のManchuria、ロシア語版（一八五四年）のМаньчжурия《マンチュリア》以後である。すなわち「日本辺界略図」によるかぎりでは、欧米において地域名称としての満洲は、地名を表す接尾辞を伴わずに表記される時代が二〇年ほどあり、十九世紀中葉に至り、マンチュリアのように、接尾辞を伴う形式が出現したと判断される。

**注**

(1) 楠木賢道「江戸時代知識人が理解した清朝」（『清朝とは何か　別冊『環』⑯』藤原書店、二〇〇九年）、二四五頁。
(2) 中見立夫『「満蒙問題」の歴史的構図』（東京大学出版会、二〇一三年）、一二頁。
(3) 前掲、楠木賢道「江戸時代知識人が理解した清朝」二四八―二五二頁。
(4) 前掲、中見立夫『「満蒙問題」の歴史的構図』七―八頁。
(5) 前掲、中見立夫『「満蒙問題」の歴史的構図』八頁。
(6) 松浦茂『清朝のアムール政策と少数民族』京都大学学術出版会、二〇〇六年、六七―七三頁。
(7) 楠木賢道「『二国会盟録』からみた志筑忠雄・安部龍平の清朝・北アジア理解――江戸時代知識人のNew Qing History?」（『社会文化史学』五二、二〇一一年）、六一―八頁。
(8) 鳥井裕美子「『鎖国論』・『二国会盟録』に見る志筑忠雄の国際認識」（『志筑忠雄没後二〇〇年記念国際シンポジウム報告書』長崎文献社、二〇〇七年）、八六頁。
(9) 松田清『洋学の書誌的研究』臨川書店、五四八―五七四頁。
(10) 船越昭生『鎖国日本にきた「康熙図」の地理学史的研究』（法政大学出版局、一九八六年）、七二―七四頁。
(11) 前述、松浦茂『清朝のアムール政策と少数民族』八三―一二一・一八八―二二〇頁。
(12) 間宮林蔵述・村上貞助編『東韃地方紀行他』（東洋文庫四八四、平凡社、一九八八年）、一七九―二三一頁。
(13) 前掲、船越昭生『鎖国日本にきた「康熙図」の地理学史的研究』七四―七九頁。
(14) 前掲、中見立夫『「満蒙問題」の歴史的構図』九―一〇頁。
(15) 海野一隆「シーボルトと『日本辺界略図』」（『日本洋学史の研究』V、創元社、一九七九年）、一二四―一二五頁。

# 「歌」を歌えなかった明治の日本人

北原かな子

現在の日本には、西洋音楽があふれている。幼児期を対象とした音楽教室が各地に開かれ、ピアノやバイオリンの早期教育を受ける子供たちも少なくない。学齢期になると音楽の時間があり、子供たちは先生の伴奏やCDに合わせて難なく歌を歌い、リコーダーや鍵盤ハーモニカなどの楽器を演奏する。西洋音楽の基礎となる「ドレミファソラシド」をうまく歌えないという子供はほとんどいないと思われる。国際音楽コンクールに日本人が入賞することも珍しいことではなくなったし、小澤征爾のように指揮者として世界にその名声が鳴り響く人もいる。

しかし明治初期に来日したキリスト教宣教師たちの中に、このような日本の音楽風景を想像できた人はほとんどいなかったかもしれない。というのも、現在の私たちから見ると考えにくいことだが、明治初期の日本人にとって、「ドレミファソラシド」による音楽を歌うことは決して易しいことではなかったからである。文明開化とともにスタートした近代教育制度において、音楽は「当分之ヲ欠ク」ものであったし、初等音楽教育体制確立の中心となった伊沢修二も、アメリカ留学時代に音楽で苦労したことはよく知られている。こうした状態の日本で賛美歌や聖歌が礼拝につきもののキリスト教を広めようとした宣教師たちは、苦労が絶えなかった。

ハリストス正教を日本に伝えたニコライ師は、日々の日記に音楽にまつわる苦労を書き付けた。一八八一年五月十六日には、聖歌隊の少女たちの歌について、いっこうに声が揃わず、思わず逃げ出したくなると記し、また、同月二十三日には明らかに声を合わせるということがわかっていないと嘆いた。当時の日本人には「合唱」という概念がなかったことをうかがわせる。

プロテスタント宣教師たちの感じ方も同様だった。洋楽受容史の研究者である安田寛氏は、自著「神戸女学院の音楽教育」(『キリスト教社会問題研究』五一号)の中で、一八九〇年に来日して音楽教育にあたったエリザベス・タレー(Elizabeth

Torrey, 1848-1921）の言葉を紹介しているが、日本人が「ドレミファソラシド」の中の「ファ」と「シ」を正確に歌えないこと、和声感覚がないこと、日本人の伝統的な発声方法に問題があり、声域が低いことなどが挙げられている。タレーの言う「声域が低い」というのは、おそらく地声発声のことと思われるが、いずれにしても手厳しい意見の羅列である。

来日宣教師たちは、音楽の専門教育を受けた人物ばかりではなかった。しかし女性宣教師はある程度のオルガン演奏をこなす人も多く、当然のことながら賛美歌も歌うことができた。こうした宣教師たちの努力によって、明治三十年代（一八九七〜一九〇六年）に入ると教会に集う人たちが賛美歌や聖歌を歌えるようになってきたようである。

その一方で「当分之ヲ欠ク」状態だった学校の唱歌教育も徐々に体制整備が進められた。唱歌教育普及の中心機関となる音楽取調掛が設置されたのは一八七九（明治十二）年のことだが、翌年には国内各地から音楽教習の伝習生を受け入れるようになった。そこで学んだ人たちが地元に戻って師範学校などで指導し、さらにその教育を受けた人たちが学校教育で教鞭をとったのである。たとえば青森県のケースを見ると、県より選抜されて一八八四（明治十七）年から音楽取調掛で西洋音楽を学んだ傍島まねが八五（明治十八）年には青森県の師範学校で指導を開始している。

こうして明治二十年代（一八八七〜九六年）には各地で公立学校の音楽教育が普及していた。しかし、その内実はというと、西洋音楽に馴染んで育ってきたキリスト教宣教師たちから見ると、なかなかたいへんな状態だったらしい。たとえばフィラデルフィア出身の音楽教師だったシンガー（Florence E. Singer, ?-1938）は一八九七（明治三十）年の函館の様子を報告する中で、公立学校の教師たちが歌と呼んでいるのは金切り声だと嘆いている。シンガーにとっては、時に和楽器の音も耳障りで調子が合わないと感じられていた。もともとは背景となる音文化の違いなのだが、宣教師たちからみると、日本人が歌えないようにしか見えなかったのかもしれない。

開国から一六〇年あまりたち、現代の日本は文明開化期の来日宣教師たちがおそらく想像もできなかった音楽環境を作り上げた。むしろ、現代の我々が「ファ」と「シ」を歌えなかった当時の人たちをイメージしようとしても、なかなか難しいと思われる。

こうしてみると、私たちが現在享受している音楽の楽しみも、開国以来の年月の中で、従来の邦楽と渡来した西洋音楽とのさまざまな関わり合いのなかで少しずつ作られ、変化してきた結果であると、あらためて思わされるのである。

# 琉球時代から近・現代の孔子廟の履歴

武井基晃

琉球時代に久米村士の手によって久米村（唐栄）に建立され、沖縄戦を経て、今日に至る孔子廟（至聖廟《チーシンブー》・聖廟。以下、孔子廟に統一）の履歴を紹介しよう。

琉球時代の久米村における孔子祭祀は、一六一〇年に蔡堅（喜友名親方）が久米村士の人々と孔子と四配（顔子・曽子・子思子・孟子）の絵像を祭ったことに始まった。蔡氏の家譜には蔡堅が聖像を持ち帰り、毎年春秋に久米村士（唐榮士）が交替で祀った記録がある。その後、一六七一年に金正春（城間親方）が王府に願い出て、一六七四年に廟の建物が完成、一六七五年に孔子・四配の像を安置してその翌年には祭典（当時は二・八月の最初の丁の日）が始まった。(1) 一六七〇年代とは、対内的には羽地朝秀による改革直後の「琉球経済回復の現れ」の時期、そして対外的には琉球と清朝および日本（薩摩）の国際関係において清朝に対して徳化の成果を示すと同時に薩摩の意向に沿って琉球と薩摩の関係を隠蔽していた時期であった。(2)

こうして久米村に創建された琉球の孔子廟だが、当初あったのは廟だけで、肝心の学校が併設されていないことを、一六八三年に来琉した冊封使（汪楫・林麟焻）に指摘されてしまった。(3) この時の冊封使からの提言から三十数年後、次の冊封使の来琉に当たって、久米村惣役の程順則（古波蔵親方）らが「孔子廟の隣に学校（明倫堂）を建て、中国と同じ形にしなければ意味が無い。同時に、中国王朝の使者である冊封使にこれらを見せることができなければやはり意味が無い」(4) と請願し、冊封使（海宝・徐葆光）来琉の前年の一七一八年に明倫堂＝「沖縄最初の学校」(5) がようやく完成した。「学廟」の完成は外交上、琉球の体面を保つためにも必要とされたのである。

琉球王国の終焉後、その関連施設・蔵書類等はいわゆる琉球処分の過程で一八七九年に国有となったが、沖縄県の管理を経て一九〇二年に那覇区有となり、さらに一九一五年、それまで私財を集めて施設を管理し続けてきた久米崇聖会（久米村人の有志団体を前身とし一九一四年に設立された社団法人）に譲渡された。当時の那覇区久米町の孔子廟（聖廟）について、建物は「支那風」で「丹泥」を塗り、境内には樹が鬱蒼として、廟内には孔子ほか四賢の像が安置され、「春秋二

季ノ祭典今尚廃セズ」と記録されている。(6)

こうして近代においても釈奠（孔子御《クーシウ》祭《マチー》）は継続された。明治末期から戦前まで黒調の琉装で中国式とも伝えられる祭典が続いたが、一九三九年に時勢を受けて神道式に改められた。しかし、一九四四年には戦況の悪化で中止され、同年十月十日の空襲および沖縄戦で一帯ともに灰燼と化した。

遷座式の「孔子神輿」（2013年6月15日撮影）

戦後、那覇港に近い久米町一帯は米軍に接収され住民はすぐには戻れず、孔子廟の土地には軍道一号線（現在の国道五八号線）が通ってしまった（現在の那覇商工会議所付近で跡地に孔子像と記念碑が建っている）。久米崇聖会は一九六二年に琉球政府認可の社団法人として再出発し、孔子廟を会の所有地（那覇市若狭。もとは天尊廟・天妃宮を祀っていた場所）に復元して、復帰後の一九七五年に約三〇年ぶりの釋奠の再開に至った。

その後も毎年の釋奠（現在は九月二十八日に実施）は続けられてきたが、戦災以来の仮住まいの状態が近年まで続いた。久米村人の子孫にとって長い間の念願とされてきた孔子廟・明倫堂の那覇市久米への回帰は二〇一三年六月に実現した。移転に際しては若狭から久米まで孔子の神位を乗せたこの時限りの孔子神輿をはじめ、琉装に身を包んだ男性たちの行列が組まれた。孔子廟はあまり移転することはないため参考になる前例は中国などにも見当たらず、移転の行程はいずれもこの時独自に作り上げられ、また今後二度目はもうないはずのものである。当日の行列には那覇大綱引きを盛り上げる旗頭が「ハー、イヤ！」という掛け声や鉦・太鼓とともに付き従い、新しい孔子廟大成殿前では沖縄空手や琉球舞踊（かぎやで風）が奉納されるなど、今日の沖縄的な賑わいが盛り込まれていた。琉球国以来、明治そして現代まで連続する歴史の場である。

注

(1)具志堅以徳『久米至聖廟沿革概要』久米崇聖会、一九七五年。糸数兼治「琉球における孔子祭祀の受容と学校」『国立歴史民俗博物館研究報告』一〇六、二〇〇三年。伊藤陽寿「久米村孔子廟創建の歴史的意義――十七世紀後半の政治史的視点から」『沖縄文化研究』三六、二〇一〇年。

(2)伊藤前掲。

(3)糸数前掲、伊藤前掲。

(4)伊藤前掲。

(5)輝広志『久米明倫堂沿革概要――沖縄最初の学校』久米崇聖会、二〇一〇年。

(6)那覇区役所が一九一九年に、二万五〇〇〇分の一の地図作成のための基礎資料として陸軍陸地測量部に提出した調書（国土地理院所蔵）より。

# 奇兵隊が奪った小倉藩の蔵書『七経孟子考文補遺』

楠木賢道

豊前中津の城下町から南下すると、名勝、耶馬渓《やばけい》に至る。この耶馬渓の一角に耶馬渓風物館がある。同館は漢学者・文人、小野桜山《おうざん》（一八五四―一九三七）が集めた和漢の蔵書、一万冊余りからなる馬溪文庫が基となっている。桜山は各地を遊学した後、一八八七年、この地に居を構えた。当初は反古文庫と称したが、一八九九年に馬溪文庫と改称した。

馬渓文庫のなかで筆者の目を引いたのは、『七経《しちけい》孟子《もうし》考文《こうぶん》補遺《ほい》』である。伊予西条藩の山井鼎《やまのいてい》（一六九〇?―一七二八）が足利学校所蔵の古抄本や宋代刊本により、儒教の経典を校勘（数種の異本を対照・比較して原本に近づけること）し、一七二六年『七経孟子考文』として藩主に献上したが、一七二八年死去する。その後、西条藩主はこれを将軍吉宗に献上し、吉宗は鼎の師匠筋、荻生北渓《おぎゅうほっけい》（本冊所収、筆者論文参照）に補訂させた。この北渓の補訂が一七三一年刊行され、吉宗の命により、清朝に輸出された。図版中の物観は物部《もののべ》姓を名乗った荻生北渓であり、石之清、平義質、木晟は、兄、徂徠《そらい》門下の石川之清、三浦義質、木村晟《あきら》である。厳密な校勘である同書に対する清朝側の評価は非常に高く、まず『四庫全書』（一七八二）に収録され、さらに利用の便をはかるため、清朝考証学の集大成者、阮《げん》元《げん》が、一七九七年に私財を投じて刊行した。図版はこの阮元刊行本である。

阮元刊行の『七経孟子考文補遺』は、多数逆輸入されており、珍しいものではないが、耶馬渓風物館所蔵本（以下、「本書」と称する）の来歴は興味深い。手掛かりは、巻頭の「文垣書屋」「思永館」「奇兵隊印」という三つの蔵書印である。

「文垣書屋」からは、本書が東海道戸塚宿の蔵書家である鈴木長温（一七七四―一八四六）所蔵だったことがわかる。長温は、文筆家・幕臣の大田南畝（一七四九―一八二三）と交流があり、南畝は長崎会所に勤務し、輸入漢籍購入に便宜がはかれた時期があるので、長温は南畝を介して、本書を入手したのかも知れない。

思永館とは、一七八八年に設立された豊前小倉藩の藩校である。奇兵隊とは、もちろん高杉晋作（一八三六―六七）が編成した長州藩諸隊である。図版では「思永館」印に一部重ねて上から「奇兵隊印」

が捺されている。すなわち本書は、長温所蔵から思永館所蔵となり、さらに一八六六年の第二次長州征伐の小倉口の戦いに敗れた小倉藩が逃走した後、奇兵隊が思永館から持ち出したものである。「思永館」「奇兵隊印」の二印が捺された伝存書籍は多く、長州藩の蔵書を引き継ぐ山口大学附属図書館のほか、国会図書館などに所蔵されている。長州藩は小倉城を砲撃し、小倉藩は城に火を放って敗走し、思永館も焼け落ちている。戦火の中、多数の思永館蔵書が持ち出されたということは、高杉の命令の下、組織的になされたと考えるのが妥当である。高杉には、付随的ではあるが、小倉藩からの知の奪取という戦争目的もあったのである。

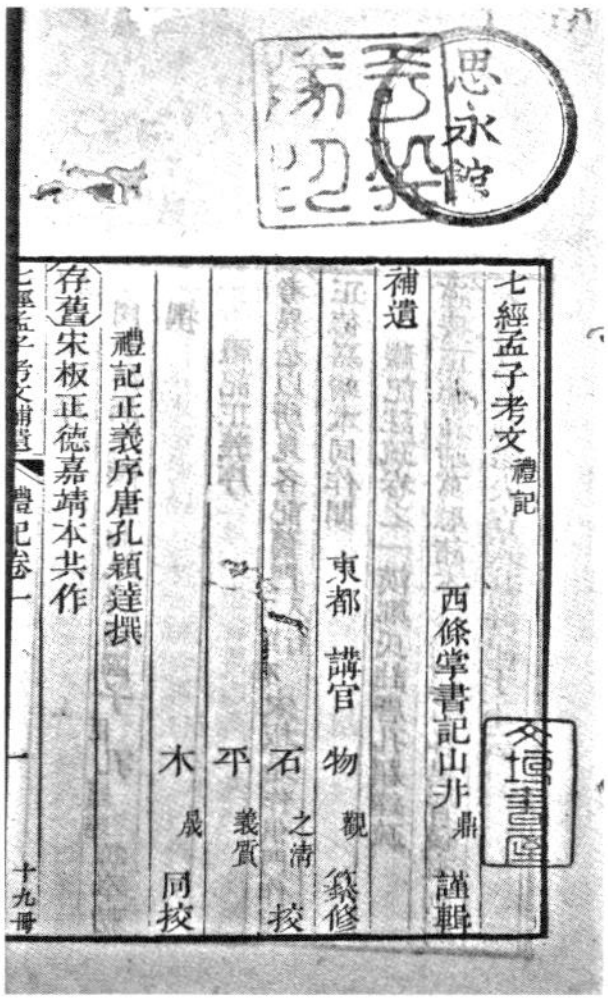

耶馬溪風物館所蔵『七経孟子考文補遺』

本書各巻の表紙には、「吉富寅太君所販、吉敷郡矢原村」などと桜山が朱書きしており、桜山が山口県吉敷《よしき》郡矢原村（現在の山口市内）の吉富寅太から買い取ったことがわかる。寅太の父、簡一（一八三八—一九一四）は高杉晋作の奇兵隊に資金協力したり、鴻城軍を組織して竹馬の友、井上馨とともに第二次長州征伐を戦った。ところが戊辰戦争後の長州藩における財政・兵制改革により、解雇された奇兵隊士が騒動を起こすと、簡一は木戸孝允（一八三三—七七）らとともに積極的に鎮圧にあたった。筆者は、この鎮圧時に、簡一が奇兵隊から本書を入手したと考える。

簡一はその後、地元の村長、県議会議員・議長などを歴任し、県政に重きをなし、国政にも進出し、第一、三、四回衆議院選挙にも当選する。国政に進出すると、村長・県議の職は息子、寅太が引き継ぐ。一八八四年に簡一が創刊した『防長新聞』も、簡一死後は、寅太が引き継いだ。

この『防長新聞』は一九三二年頃経営難に陥り、元従業員で日産コンツェルン総帥の鮎川義介（一八八〇—一九六七）から財政支援を受けている。このころ寅太は簡一から受け継いだ本書を、運転資金の足しにするために、桜山に譲渡したのではなかろうか。なお一八八九年の町村合併で矢原村はなくなるが、その後も通称で用いていたのであろう。

本書の来歴を俯瞰するとき、江戸から昭和まで連続する歴史を感じずにはいられない。

**参考文献**


大庭脩『漢籍輸入文化史』研文出版、一九九七年
大庭脩『象と法と』大庭脩先生古稀記念祝賀会、一九九七年
本耶馬渓町教育委員会『耶馬渓文庫蔵書目録』二〇〇五年

Photo by Ichige Minoru

# II 暮らす——地域と暮らし

# 沖縄の南北格差

## 【辺野古の苦悩】

古家信平

●ふるいえ・しんぺい 一九五二年熊本県生。一九八〇年筑波大学大学院博士課程歴史・人類学研究科中退。博士(文学)。民俗学。筑波大学教授。主著『火と水の民俗文化誌』(吉川弘文館)『台湾漢人社会における民間信仰の研究』(東京堂出版)等。

柳田史学論を思想史の立場から批判的に検討した家永三郎は柳田国男が、既成史学において体系構成の不可欠の範疇としてきた時代区分を否定したことを問題とした(家永三郎『現代史学批判』一九五三年、和光社)。その後、史学と柳田亡き後の民俗学は互いに歩み寄り、史学の例では小木新造が明治二十二年までを東京時代と呼んで、江戸的生活伝統に生きた人々を描き(『東京庶民生活研究』一九七九年、日本放送出版協会)、民俗学では、民俗的歴史論が提起された。民俗的歴史では、日常生活の繰り返しの構造が世界観を形成しており、伝承された民俗空間の地域差を現象面でとらえられるとする。民俗文化の地域社会における時間的な深さとその空間的差異による文化表象に対し、そこに成長する独自の時間認識のあり方がとらえられる。さらに、民間伝承には歴史的事実とは違った意味での真実性があり、そこに民俗的事実によって構成される歴史の存在が浮かび上がってくるのである(1)。

本稿では民俗的歴史論の観点から、民俗宗教の側面で地域社会における独自の時間認識を明らかにし、地域差を探るための一つの手がかりとして「街道」に注目することにしたい。特に注意を払いたいのは沖縄島の南北格差である。具体的に検討する地域社

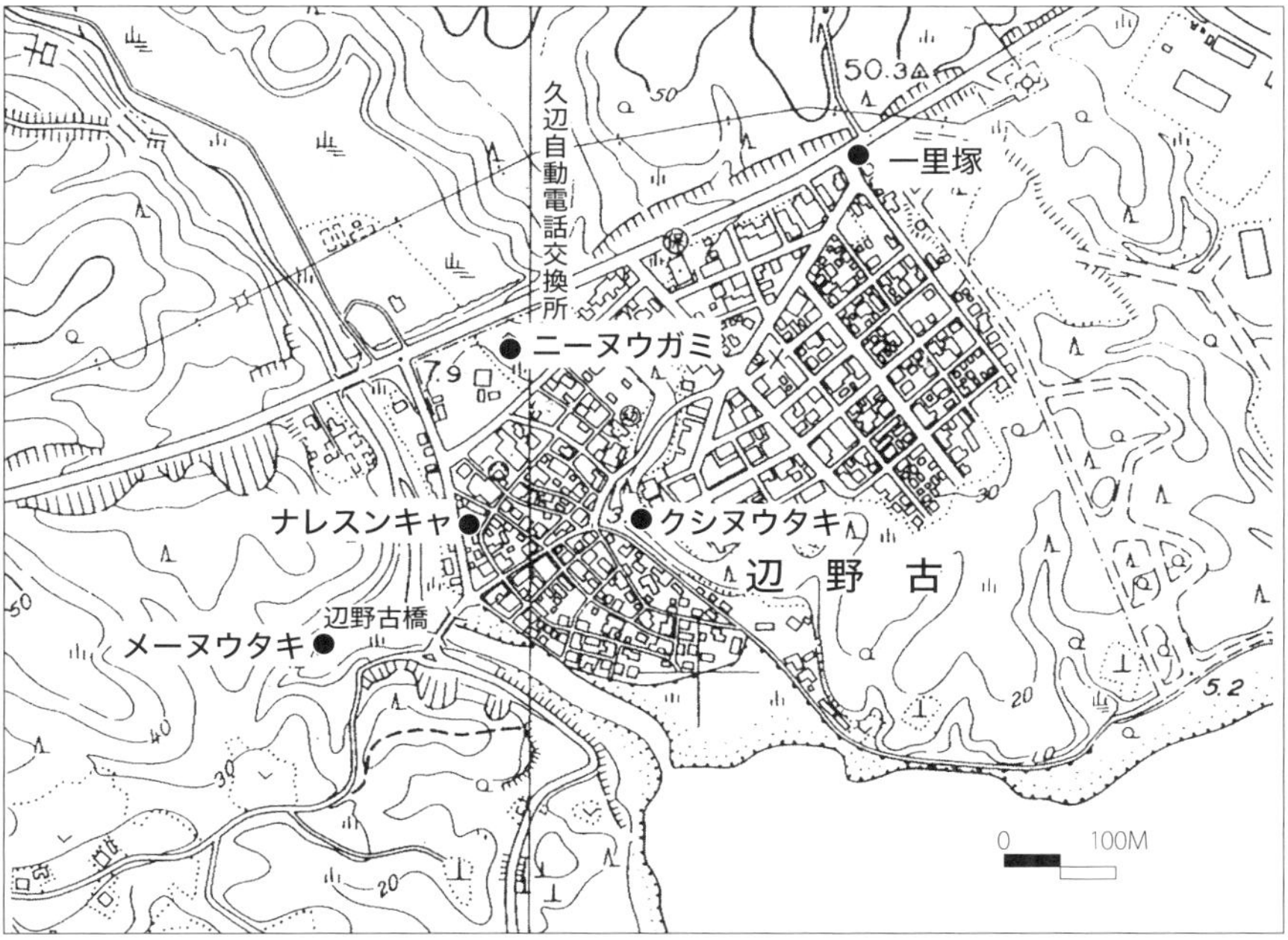


図1　辺野古の集落

（出典：名護市教育委員会『やんばるの祭りと神歌』所収の地図に復元された一里塚の位置を追加した）

会は、沖縄島北部にある名護市辺野古である。地図に示したニーヌウガミ、メーヌウガミ、クシヌウガミという三つの御嶽《うたき》に囲まれ、半円形に広がる家々が戦前の集落範囲に当たり、そこから三〇メートルほど登った北東の丘陵上にある家々は、米軍キャンプシュワーブの開設と同じころにできた米兵を相手に商売をする街である。

辺野古には、集落の北のはずれでキャンプのフェンス近くに一里塚が復元されている。丸いお椀を伏せたような塚が一対と、その間に幅一メートル余りの道が整備されており、往時の街道の姿をしのぶことができる。一里塚から北へキャンプのフェンスに沿って進んでいくとゲートがあり、新基地建設に反対する人々とテントや看板などが目の前に迫ってくる。琉球国の面影に思いをいたす風景と、あまりにも深刻な現実との落差は大きい。

## 三山時代

南に向かう飛行機で沖縄に近づくと、着陸にそなえて高度を下げ始めるころ沖縄島北部の緑豊かな山々が目に入ってくる。やがて平坦な地形となり緑がなくなり、家々が密集してきて空港に降り立つ。そうした景観の大きな違いは、地質の違いでもあり、北部は形成年代が古く三億年から五〇〇〇万年前の堆積物からなり、南部は若く五〇〇万年以降の琉球石灰岩などの地層でできている。(2)

今から一万年以上前には現生人類が存在し、採集狩猟民がいたと考えられている。島嶼で採集狩猟民がいた場合には、①島の面積が広い、②大陸あるは大きな島に隣接する、③海獣が豊富、④母集団から食料となる動植物の持ち込みがあった、⑤この四つのうちのいくつかの組み合わせでできた島である、という特徴があるものだが、琉球列島の島々はこれらの特徴を持っていない。さらに、採集狩猟から農耕への変遷があり、しかも沖縄ではそこから国が成立した。このような先史・原史時代を有する島は世界中にほとんどない。低湿地遺跡の種実分析により貝塚時代からグスク時代の初めにかけて穀類農耕が導入され、およそ九世紀から十二世紀が農耕の始まりとみられることが明らかになってきた（新里貴之・高宮広土編『琉球列島先史・原史時代の環境と文化の変遷』二〇一四年、六一書房）。

時代区分で三山時代といわれる十四世紀の沖縄は採集狩猟から農耕に移行した時期であった。中山、南山、山北の三つの勢力が存在し、北部を山北、南部を中山と南山が占めていた。一三七二年に中山王察度が明に入貢、山南王承察度は一三八〇年、山北王帕尼芝は一三八三年に入貢している。三つの勢力は各地に按司といわれる首長がおり互いに対立抗争するうちに、弱いものが服属させられて徐々に集合した結果であると考えられている。三山抗争期に辺野古は山北の領域に含まれる。山北王の拠点は今帰仁城で、按司をたたえるオモロも残されているが、按司の生活や統治組織をうかがえる資料はない（高良倉吉『琉球の時代――大いなる歴史像を求めて』一九八〇年、筑摩書房）。

三山の勢力関係を東恩納寛惇は、明への入貢数が約半世紀の間に中山、山南、山北の順に、六対二対一の比率となり、派遣留学生数では五対一対〇で、山北はもっとも劣っており、この数字は「国勢の比であるばかりでなく、文化の比でもある」と述べている。さらに、山北の人々の人情剛健を警戒して、のちに尚巴志が三山を統一し、尚真王が山北監守を今帰仁に置いて防衛としていたことを指摘している（東恩納寛惇『琉球の歴史』一九六四年、至文堂）。

山北は農耕を開始していたとしても中南部ほど平坦地がなく、水稲栽培を行ったとしても山沿いの限られた水系を利用していたに違いなく、焼畑による穀類・イモ類の栽培が主であったと考えられる。そして山に分け入る生活の中で種実を採るという狩猟採集の生活が、農耕と併行して長く継続したのではなかろうか。農耕生活が展開していたであろう南部から見れば、そこに異質なものを感じるのは無理からぬことである。後世の歴史家が国勢の比を文化の比といい、統一国家の王が北部に監守をおいたのも、背後に異質性を感じ取っていたからではなかろうか[3]。

そのころの辺野古はあるいは山北王の支配下にあったかもしれないが、沖縄島の中部以北の東海岸側にはこれといった主要グスクは存在しないので、山北王に対抗できるような首長がいたのかどうかはあやしい。山北王の拠点であった今帰仁城から辺野古に到達するには沖縄島北部の中央を南北に貫く山地帯を抜けなければならず、けものみち程度の小径しかなかったであろうことを思えば、山北の中でも辺野古はへき地であった。驚くことに、けものみち程度という状況は明治になっても変わらなかった。

## アジの世

辺野古で按司が割拠していた時期と関連付けられる旧跡にアジバカがある。集落から南へ辺野古川を渡り海岸沿いに進むと、こんもりとした岩があり、その中腹にある岩穴の一つがアジバカといわれる。石棺が五つほど納められていて、「久志若按司」「天願若按司」と彫られていたと伝えられる。アジバカには清明祭にニガミ（集落レベルの最上位の女性神役）と他の女性神役たちおよびトゥンチ（集落の草分けの家）の主婦らが拝みに行くほか、主として沖縄北部のいくつかの集落からもそれぞれに縁をたどって拝みに集まっている。先代のニガミ（一九〇二―八五年）によれば、アジバカに祭られた人が辺野古の創始者で、その子孫がトゥンチであるため清明祭では女性神役と一緒に拝むのである。

アジバカにあった石棺の一つに彫られていた久志若按司は、中国からの冊封使を歓待するために創作された組踊りの演目にもなっており、現在集落の村芝居でも上演されている。久志若按司は隣の久志集落にある墓誌には一五〇〇年ころの人物とされているが、アジバカの石棺との関係は語られていない。集落の青年が演じる久志若按司の姿は統一王朝に結びつくが、辺野古の創始者であるアジバカに祀られるものとも混然一体化している。

また、辺野古の一部の門中では今帰仁上りといって、今帰仁ノロ殿内はじめ今帰仁城内外の拝所を拝んで回る。これも先祖に縁づけられる行事であり、門中制度が浸透するにしたがって導入されたものと思われる。沖縄島北部に門中制度が普及するのはそれほど古くはなく、ユタの指示によって先祖を祭る香炉や位牌の移動が行われるのは明治末ころ以降のようである。今帰仁城の方から見れば山向うのへき地である辺野古の人々が、なぜか今帰仁城を先祖の故地と関連付けているということになろう。

いずれにしても、三山分立のころは後世の統一王朝の残した歴史書か中国側の文献による限られた資料を手掛かりとすることになり、山北地域のへき地であった辺野古の姿はおぼろげに分かる程度である。地元の人々はアジに関する旧跡の存在や清明祭の拝礼、久志若按司の上演、今帰仁上りといった行為とともに、「アジの世」と認識している。時代区分でいうと三山あるいは統一王朝に食い込む時期について、さまざまな手がかりを参照しつつ、王朝史とは別に自らの歴史を作り上げているのである。

## 統一王朝の成立

一四一六年、山北王の政治に反発した山北地域の羽地按司、国頭按司、名護按司は手兵とともに中山王尚思紹の下に投降したため、中山王は息子の尚巴志に命じて山北討伐にあたらせた。投降した三按司の兵に、浦添按司、越来按司、読谷山按司などの兵をあわせ三〇〇〇人で今帰仁城を攻撃し滅ぼした。さらに、一四二九年尚思紹の跡を継いだ尚巴志は山南を滅ぼして三山を統一した（高良前掲書）。これにより三山分立期が終わり、次の時代区分の第一尚氏王統に入る。

ここで今帰仁城を攻撃した三〇〇〇人の兵は中山王の根拠地から陸路で北上したのか、海路であったのか、考えてみたい。このことを史書は語っていないので、そのころの他の軍事行動によって類推することにしたい。

一四五六年、朝鮮半島の南に浮かぶ済州島の漁民らの乗った船が久米島に漂着したことがあり、琉球での見聞が『朝鮮王朝実録』に記載されている。その中に奄美大島が服属して十五余年になるとの記述がある。琉球の軍は一四五〇年、一四六六年、一五三七年、一五七一年にも奄美を攻撃している(4)。

一五〇九年の銘のある首里城正殿前の欄干に刻まれた銘（百浦添之欄干の銘）に尚真王の功績が記されている。その中に西南にある国名「太平山」に対して、一五〇〇年の春に一〇〇隻の船により攻め、その国人は降伏して翌年首里に来て貢物を献じた。「太平山」は宮古、八重山の総称とみられ、一〇〇隻という数はともかく海路により兵を動かしたことは確かである(5)。

このように三山統一の後も、奄美、宮古、八重山の服属に至るまで軍事行動が続き、それには船が利用されていた。『朝鮮王朝実録』に記録された奄美出兵のわずか三五年ほど前に行われた山北攻略に、三〇〇〇人という数は過大としても、糧食を含めると相当な量の物資を運ぶには海路を採用し、今帰仁城の近くに上陸したと考えるのが妥当であろう。そうであれば、当時の沖縄島西海岸沿いの道は、それだけの人員物資の運送には耐えるものではなかったのである。

一方、一七一三年に作成された琉球王国の地誌『琉球国由来記』巻三には、次のように尚巴志の時代に駅制が始められたと記している。

当国、駅始者、永楽年間、尚巴志王、琉球国帰一統、始造駅敷（東西之途、隔月互駟次アリ。其所ノ役、昼夜相詰、勉公事。通国用。今世之制度也。）

確かに三山を統一し支配を確立するには、王国をくまなく結ぶ交通路と駅制が必要になるが、文書の送達による支配体制が築か

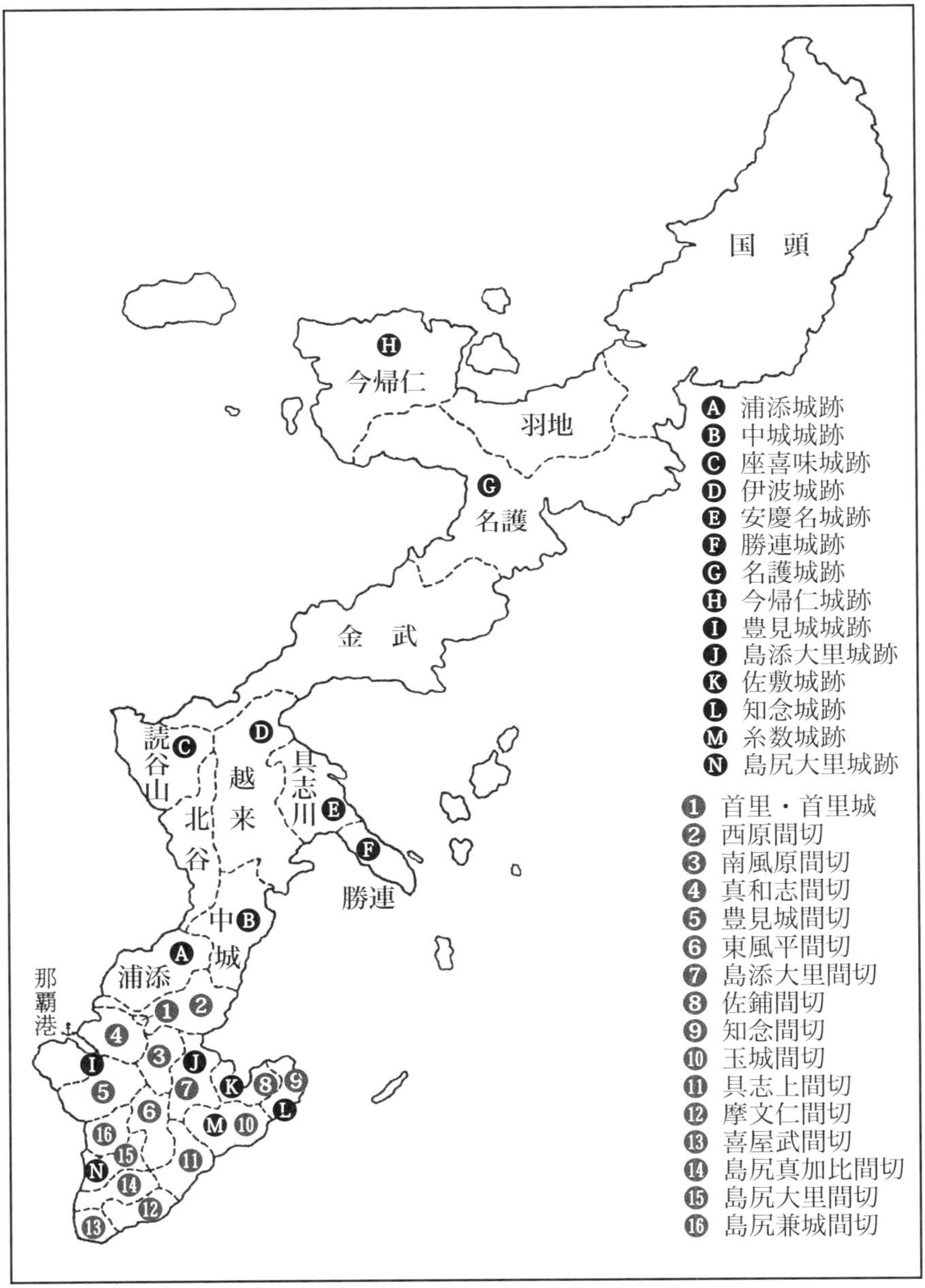


**図２　古琉球の間切と主なグスク**

（出典：高良倉吉『琉球の時代――大いなる歴史像を求めて』付図１より）

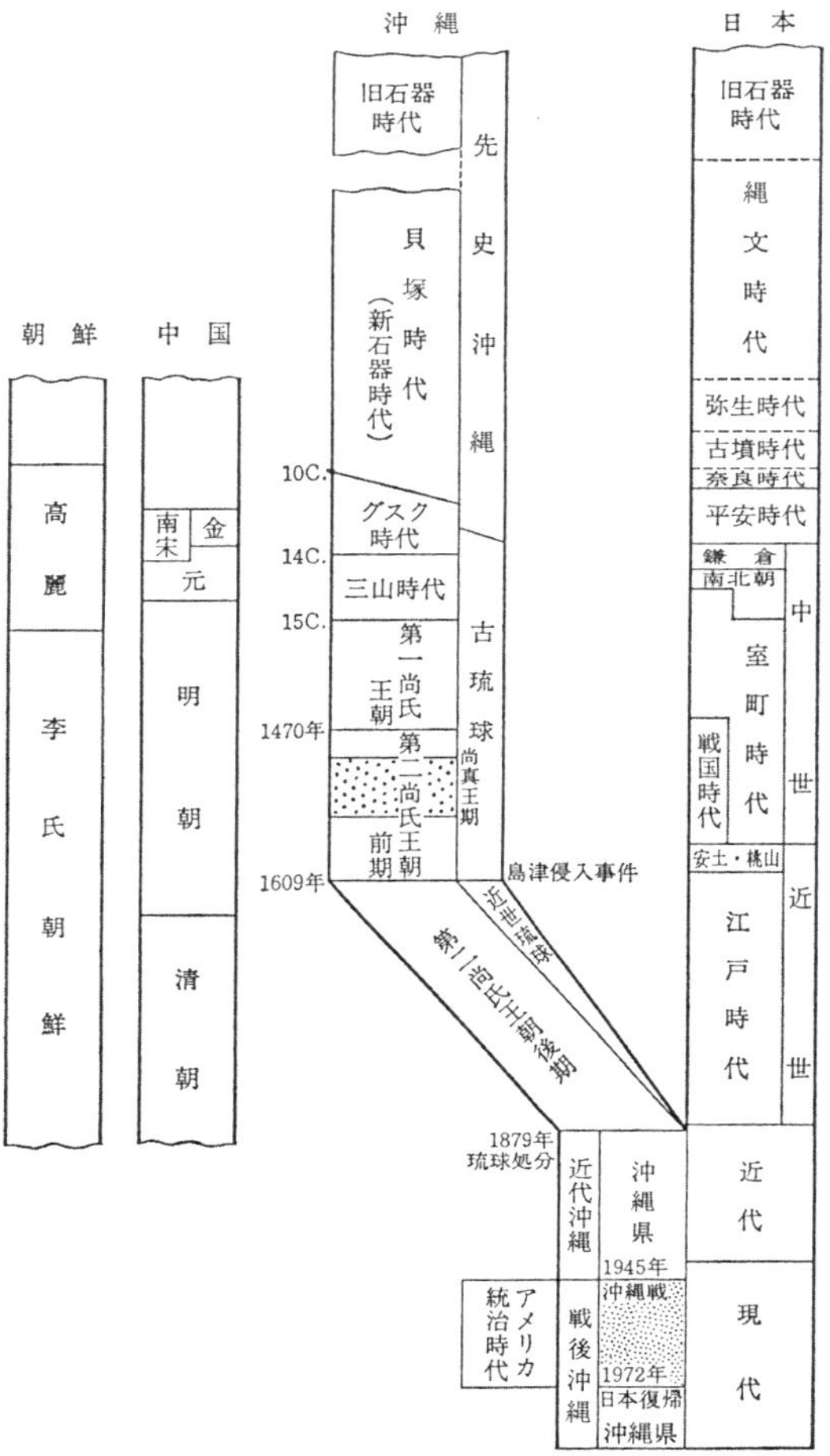


**図3　中国、朝鮮、日本の時代区分**

（出典：図2に同じ。付図2）

れるのはまだ先のことである。

## 第二尚氏王統のはじまり

尚巴志による統一王朝は、尚巴志の死後わずか三〇年で七代目の王尚徳が毒殺されたらしいことから滅び、新たに尚円を初代とする第二尚氏王統が始まる。一四七一年のことである（高良前掲書）。第三代尚真（在位一四七八―一五二六年）はそれまでの王の治世に比べて多くの治績を残している。その一つはそれまで各地に割拠していた按司を首里に集住させ、首里から按司掟という役人を派遣したことである。それまで各地に割拠していた按司にその地を治めさせ、首里に出てきても任務が終わると城に戻るという具合で争いも絶えなかった。地方に権力が分立した状態だったのである。正史『球陽』は一五二五年の項に次のように記している。

> 尚真王、制ヲ改メ度ヲ定メテ、諸按司首里ニ聚居セシメ、遙カニ其地ヲ領シ、座敷官一員ヲ代遣シテ、ソノ郡治ヲ督理セシム。俗ニ按司掟ト曰フ。而シテ按司ノ功勲アル者ハ、浮織冠ヲ恩賜シ、高ク王子ノ位ニ陞スルナリ。
>
> （桑江克英註『球陽』一九七一年、三一書房）

各地の按司を首里に住まわせて、代わりに役人を派遣し、按司には位階を授けることにしたのである。このことから首里と各按司掟の間の往来を確実にするため、交通路が常時維持されなければならなくなり、整備に向かったと予想できる。

沖縄北部では尚真の三男昭威が山北監守となる。それから約二〇〇年ほど後の一七四九年に今帰仁城内に「山北今帰仁監守来歴碑」が第十代監守によって建てられた。そこには三山分立にあって尚巴志が兵を起こして統一したにもかかわらず、山北は険阻な土地で人々は勇猛であり、中山を遠く離れているため教化しがたく、また険阻を恃んで変乱が生ずることを恐れた。そこで尚巴志の二男尚忠、(さらにその弟がついたが、うまく収まらず、王朝が変わった)尚真の代になって第三子昭威が監守として派遣され、これを元祖として代々続く次第をのべ、子孫にその来歴を伝えるものである(眞境名安興『沖縄一千年史』一九二三年、沖縄新民報社)。ここには第二尚氏王統の後期において、山北を教化しがたく変乱を生じる土地であったと見做していたことがうかがえる。それは沖縄南部の支配者層の認識でもあり、琉球国編纂の文書には次のような記述も見られる。正史『球陽』の尚豊十九年(一六四〇年)に、山北国頭郡に当謝というものがおり、盗賊を率いて山中に潜伏し村里で盗みを働くため、朝廷は糸満親雲上を派遣して取り押さえたという。この種の記述はいくつか見られるが、注意したいのは山北の人物の描き方である。「原来常ニ狩ヲ以テ業トナス」、「善ク弓ヲ躬リ、善ク槍ヲ使ウ」という具合で、狩猟採集民の姿を髣髴とさせる。

西里喜行は琉球国が国際社会においても広く認知された十六世紀に、国の担い手たちの自己意識が琉球意識として確立したとし、支配層の対外的な自己意識と民衆の自己意識は、国の中心地(沖縄本島地域)の人々に限られている、と述べる。(6) ここで沖縄本島地域として一括しているが、沖縄南部からは北部は異質な地域と見ていたとするのが妥当である。そのため十六世紀には沖縄北部には琉球意識が定着していたとはいえず、沖縄北部が琉球国へ統合され、南部と同じような琉球意識を持つに至ることについては、ノロ制度の受容の観点から検討することができる。

## 琉球国の面影——ノロ制度

辺野古を語るときに、尚真の治世との関わりで重要なのは、ノロ制度である。尚真の妹を神女の頂点に立つ聞得大君とし、その下に「三十三君」と称される高級神女、君々の下に地方神女をおく神女組織が展開される。辺野古は久志におかれたノロの管轄領域にあり、辺野古のニガミは久志のニガミとともにノロが主宰する公的祭祀に参加するのである。久志の先代ノロ(一八九三年生まれ)の語るところによれば、十三歳でノロに就任した時には辺野古からも祝いに来て、ノロ殿内(ノロが祭祀を行う家)の前で祝儀を行った。

ノロは王府の辞令をもって任命され、就任する際には「首里上り」といい所属の三平等の「大あむしられ」に伴われて聞得大君御殿などに参上して代替わりの恩を謝するのであった。宮城栄昌は「首里上り」の具体例として「中山家文書」から一八一四年の西原間切ノロの事例を紹介している。それによると西原間切ノロを管轄する首里の儀保殿内で火の神を拝み、殿内の座敷から御城を遥拝して高級神女にお礼の品を届け、ごちそうになった（宮城栄昌『沖縄のノロの研究』一九七九年、吉川弘文館）。この事例は尚真の治世から三〇〇年ほど経過した第二尚氏王朝後期にあたる。

一九一七年に沖縄中部の平安名ノロの就任に当たっては「儀保大あむしられ」の殿内に行って、新ノロが代替わりの報告と挨拶を述べ、儀礼をおこなう際に首から下げる勾玉や瓶道具などを神前に供えて拝礼しごちそうになり、辞去する際には「大あむしられ」から手ぬぐいなどの包みが贈られた（福田恒禎編『勝連村誌』一九六六年、勝連村）。折口信夫の一九二三年の第二回沖縄調査の覚書「沖縄採訪記」には、沖縄北部の今帰仁あたりのノロが二年前に交代したことを、そこの男性が代わりに通知に来ていたのに出くわしている（『折口信夫全集』第一六巻、一九六五年、中央公論社）。一九三二年には新たに就任した国頭村奥間ノロが首里の赤田殿内などを拝んで、前のノロの解御願と新ノロの立御願を行い、村に戻ると祭祀管轄領域内の五つの集落の人々が集まって盛大な祝いを行い、経費は五つの集落で戸割りにして負担した（宮城前掲書）。このノロには一九八九年に津田博幸が調査し、そこでノロは首里に行ったのは一度だけで、三殿内の神人が一緒に願を立ててくれたと述べ、かつての自身の行った儀礼を「首里上り」ととらえている。(7)

久志ノロをはじめ平安名ノロ、折口の報告による今帰仁あたりのノロ、奥間ノロ、いずれの事例も琉球国は消滅しているが、ノロの王府との絶ちがたい心情がうかがえる。

ノロとともに集落の祭祀を実修する神女組織についてはどうであろうか。沖縄の集落祭祀にはノロが配置された場合にはノロと配下のニガミと他の神役によって行われ、ノロが配置されていない集落においてはニガミが他の神役を主導して行う。辺野古は後者に相当し、字誌の調査によりこれまで神役に付いた二三人が明らかになっている。それぞれの神役には出身の系統があり、死去後に決まる後継者は同系統から出ることになっている。このうち就任儀礼が分かっている三例（一九三六、一九五六、一九五八年の就任）では、初穂儀礼である五月ウマチーに公的祭祀場のアサギにおいて行われ、盃事をして本家の火の神を拝し、神女たちや親族を招いた祝宴をした。古老によれば、戦前は五月ウマチーにその神女が座るべき神座にすわり、出身の系統の男神と女神が酒と九合御米をお膳に供え、盃をかわし、久志ノロとニガミらに盃を献じた（辺野古区編纂委員会前掲書）。これらのことから、ノロが「首里上り」で管轄の御殿を訪れ、就任のあいさつを行ったのと同じ構図が、集落の新たな神女がノロに盃を献じる形で行われているといえ、ノロを媒介として集落の神女が首里につながっているのである。そして、これらの事例はすべて今次大戦の前後のことである。

ここまで述べたように、ノロとその集落の女性神役たちの首里王府への絶ちがたい心情は、民俗報告からは琉球国消滅後の時期に確認できる。資料の制約はあるものの、ノロ制度の受容の観点からすると、北部において琉球意識が確立するのも実証できるのはその時期においてである。

もうひとつ興味深い資料を、辺野古の祭礼にみることにしよう。

## 琉球国の面影——ウマチーとウムイ

一六四四年に調整が始まる琉球国絵図の一七カ所の「歩渡り」の表示のうちの一カ所が辺野古の南からの入り口、辺野古川の手前に書かれている。ノロを迎えて行う収穫祭である六月ウマチーの際には、辺野古の神女たちは駕籠に乗ってやってくる久志のノロとニガミたちを「歩渡り」の川辺で待っていた。ノロ一行は集落への入り口にあたる河口を満潮時にあわせて渡っていたようである。辺野古の神女たちは久志ノロ一行が来るのを待ちかねて、河口近くの広場（ナレスンキャ）で次のウムイを歌ったという。

ゆすずみーや　なといなとさ
ヘイヘイ
いなすーやー　みついみーたち
ヤーアイ　ヤーヤー　ウヤーエ
ぬるぬちむ　なまーい　なまーさ
いなすーやー　みついみーたち
たりばかま　ぬらいぬらち
たりきいきび　ぬらいぬらち

（現代語訳）
夕方になってしまった
（囃子）
はや潮は満ちに満たして
（囃子）
ノロの心はおかしいよ
はや潮は満ち満たして
垂れた袴を濡れに濡らして
垂れた帯を濡れに濡らして（いるよ）

夕方になっているのにノロの一行は来ない、もう満潮になっているのにと気がかりになっていると、ノロは立派な袴や帯を満潮に濡らしてきた、という意味であろう。現在はこのウムイは歌われなくなっていて、ノロの一行は辺野古川の橋を渡ってアサギに直行するようになっている。アサギに到着したノロと神女一行は、決まった座にすわり辺野古の神女らと神酒をやり取りし、「かみがゆーふぁー」という今日では意味の分からなくなっているウムイを歌う。次に「なぎだむとぅ　しぎたむとぅ」という立派な神の御座所に美しい綾の筵を万遍なく敷いて神祭りをしていることを歌い、ハリセンボン、ジュゴンなどが干瀬口に張り巡らせている仕掛けの上から入るならば腹に穴が開き、下から入るならば背中が切れよと豊漁を予祝するウムイを歌う。次に「やまし（山猪）ウムイ」を歌う。これは真弓を持ち、犬を十頭も引き連れて猪を嘉陽の洞窟に追い込め刺殺し、大鍋で煮込んだと歌い、青年三名が槍に模した棒を立てるしぐさをする。次に、アサギの外に三本の縄が張られ、青年と神女が中に入って「ふな（舟）ウムイ」を歌う。首里へ貢ぐ船を造りそれを納めようとしたが、天候は悪く、それでも船を走らせると斎場《せーふぁ》御嶽が拝め、弁の御嶽、首里城の玉簾も拝めるほどになってきた、というものである。これだけのウムイが終わると、アサギでの儀礼は終了する。(8)

注目すべきは「やまし（山猪）ウムイ」と「ふな（舟）ウムイ」である。猪は犬に追わせて落とし穴に追込み、槍で突くという方法で獲られる。まさに、狩猟の場面が儀礼的に再現されており、王国時代には現実であり、今次大戦以降にもこれに近い狩猟がおこなわれた。一方、首里に貢ぐ船の航海の模様が描写されている。片方は沖縄北部の辺野古の現実の生活である狩猟を、もう一方は琉球王府とのつながりを示唆する。北部の意識といい得る狩猟をめぐるウムイと、南部の琉球意識につながるウムイが、公的祭祀としてノロの主導によって行われる儀礼の中に組み込まれている。ウムイの成立した時期は分からない。一七一三年に国王に上覧された『琉球国由来記』では辺野古で六月ウマチーが行われていることは確認できるが、その内容までは分からない。豊漁を予祝し狩猟のあり様を描き、首里王府とのつながりを示すという民俗的歴史の流れが、女性神役と青年たちによってウマチーで毎年再現されていることにも気を付けたい。

## 近世社会の到来

沖縄の近世的体制の形成は薩摩の近世藩形成をモデルにしており、大きな役割を果たしたのは羽地朝秀であった。羽地は一六六六年に摂政に就任し、王府の機構改革のほか地方制度、農村の改革を行なった。島津の侵入（一六〇九年）の後に作られた『琉球国高究帳』によると、当時の間切は二七、村数は三二二であった。これを一六七六年には三五間切として、近世の間切体制が完成する。『琉球国由来記』に記された村数は四三一で、約一〇〇年間に一〇〇以上の村が増えている。間切農村に対して王府から文書が出され始めるのも羽地のころからであり、文書は間切を次々に順送りされたのではないかという。(9)

一六四四年に琉球国絵図の調整が始まる。これは江戸幕府が全国に国絵図の作成を命じたものの一環として作られ、琉球国では正保期、元禄期、天保期の三度作られている。そのころ、道路整備はかなり進んでいたようで、沖縄島のみならず周辺離島、久米島、宮古、八重山に至るまで宿道が赤の実線で描かれている。主要な宿道には黒丸によって一里塚が記されている。沖縄島北部についてみていくと、西海岸、東海岸に沿って赤の実線が書かれ、今日の国道五八号線と三二九号線を彷彿とさせる。その間をつなぐ細い線が三ルート書かれている。「国頭間切大道よりあは村迄三里廿五町廿間」「なこ間切大道よりおほら村大道迄一里廿三町四十間」「幸喜村大道より金武間切大道迄壱里一町四十間」である。もうひとつ注目すべき点として「歩渡り」の表示が沖縄島内で一七カ所、「橋有」の表示が七カ所あることで、当時の架橋の様子がうかがえる。[10]

一六七三年金武間切から久志、辺野古、名護間切から一〇カ村を分離して久志間切とし、久志に間切番所がおかれた。これが辺野古が歴史書に登場する最初である。羽地朝秀の地方制度改革の一環であったと考えられよう。このころ、首里王府から北部への道は琉球国絵図に描かれたように、西海岸沿いと東海岸沿いの二つのルートがあり、この中で問題になったのは、東海岸の久志から西海岸の羽地につなぐ道がなかったことである。そのため、久志番所では金武から送付されてきた王府からの文書を、いったん金武間切の古知屋潟原まで戻し、そこから西海岸まで横断して名護間切の許田を経由して名護番所を経て羽地番所に送達する変則的な経路を取らざるを得なかった。そのため、久志間切の大浦、瀬嵩方面から羽地に抜けるルートを開くことが懸案となっていた。一六八八年に名護間切の訴えを御物奉行が聞き入れ、久志、金武、羽地、名護、大宜味の惣地頭が話し合い、さっそく工事に取り掛かり、ひと月で久志と羽地の間に道を開いた。大浦から御飯越地《ウバンクイジ》を越え東江に通じる東江原道と、御飯越地から川沿いに羽地川に通じるタガラ道が開かれ、番所も間もなく久志村から瀬嵩村に移された。[11]この道はわずかひと月で作られたことからも推測できるように、けもの道をわずかに越える程度のものであったと思われる。それは明治になってからの上杉県令の巡回記からも明らかである。

## 明治の交通路

二代目沖縄県令に任命された上杉茂憲は一八八一(明治十四)年六月に那覇につき、十一月から十二月にかけて沖縄島の全三五間切をおよそ一カ月で巡回し、翌年八月には久米島、宮古、八重山を半月かけて巡回している。間切番所では役人に対して民間の景気、窮民の救済、負債の有無、作物の豊凶、学校の設立状況、人身売買の有無、漁業の奨励など細かなところまで気を配った質問をしている。民情を視察して旧慣温存政策を改革し、教育と産業を興す方向へ舵を切る時期を迎えていた[12]。

上杉県令の沖縄島巡回には日誌を残している。総勢九人で十一月八日、泉崎の屋敷を輿に乗って出発し、小禄、豊見城、兼城、高嶺、摩文仁、真壁、具志頭、東風平、知念、佐敷、大里、南風原、真和志、西原と南部を巡回し、十四日から中部に入り、中城、越来、美里と北上している。美里番所から宮里村を経て高江洲にいたり、西原村から具志川番所に抜けている。上杉県令らが通ったかどうか定かではないが、現在、高江洲から具志川間の太田坂の石畳道が約一七〇メートルほど保存されている。かなりの傾斜地に幅二メートルほどの石畳道と両側に側溝も確保されている。登り口付近には一里塚もあったといわれているので、宿道として使われていたものであろう。

十九日、具志川番所を出発し、途中で金武村の役人の出迎えを受ける。そこを中頭と国頭の分界と記し、一行の駕籠の一つを国頭山奉行の駕籠と交換する。これは輿の底部が地面から高くなり、山道に適するものである。

二十日、金武番所を出発し、漢那村を経て久志村に達する。この農家で昼食をとってからさらに北に向かう。「途ニ上ル、海浜ヲ行ク、……路左ニ折ル、松林山圃ノ間ヲ行ク、……是ヨリ路小ニシテ崎嶇タリ、舁夫太タ痛セリ、……坂道羊腸ノ如シ、九回シテ下リ、又盤回シテ上ル、舁夫哮喘、呉牛ノ月ニ喘クカ如シ」と海辺から山道に入ると、道は細くなり駕籠を担ぐ人夫はひどく喘ぎながら進む様子が描写される。まもなく道も平坦になり、海辺の港に達し、駕籠から降りて船に乗り込む。海は静かで右手に辺野古村を見ながら対岸の海岸に着く。久志村からの宿道は辺野古川を渡り、神女たちがノロを待ちわびてウムイを歌った広場のわきを抜け、集落内を突っ切って山道を通って港に降りるルートであったが、上杉県令らはもっと山よりの山道のルートを通ったようである。

久志番所では役人との間に問答が書かれているが、「道路険峻ニテ、難渋スル処ハナキヤ」という問いに対して役人は「当村ノ上ニハ、駕籠モ通セヌ所アリ、石ヲ伏セ修繕致シタシ」と答え、県令は「該件ハ役所長ニ申シ出ヘシ」と答えている。他所では口にしなかった質問であるが、沖縄島中南部に比べての道路状況のあまりの落差に驚きとともに出てきた質問ではないかと思われる。

二十一日、久志番所を出て羽地に向かう。

両山ノ間ヲ過ク峻坂尤モ危険ナリ、皆輿ヲ捨テ丶歩ス、……路左ニ折レテ、路絶ヘタリ、小流川ノ水中ヲ行クコト、三四百歩ニテ、蕉園茅屋ヲ認ム、宛トシテ水ノ涘リニ在リ、山上猪垣多シ、路傍ニ薪ヲ乱積ス、是ヨリ山路険悪、蜷曲シテ上ル、……舁夫ノ遊丁、跡ヨリ臀ヲ推シ、扶ケ登ル、……「ヲバンクイチ」ノ巓ニ至ル、……路断ヘ渓中流水ノ処ヲ以テ路トシ、左折シテ水中ヲ行キ山途ニ就ク、是渓ハ即チ羽地

**図4　沖縄の関連地名**（本稿で言及した地名を示した）

川ノ上流ナリ

輿で通行することは困難なため徒歩での山道の歩行になり、川の流水の中を歩き、イノシシ除けのためサンゴを積んで防壁とした猪垣を見ながら、急なところでは後ろの者が前の者の尻を押して助けながら登っている。一六八八年に大浦から御飯越地《ウバンクイジ》を越え東江に通じる東江原道と、御飯越地から川沿いに羽地川に通じるタガラ道が開かれているが、県令一行はタガラ道の方を選んで羽地に向かっている。開削されてから約二〇〇年の間、この道路はさほど大きな改修工事は行われてこなかったようである。久志番所を出てから羽地番所に至るまで三時間の行程であった[13]。

翌年九月には尾崎三良が北部を巡回している。これは明治十五年に実施された地方巡察使に準ずる形で行われた視察である。

九月八日、金武番所を出発して久志に向かい、久志村で休んで山道を取って大浦という港に達している。ここでも辺野古の集落内は通らずに、上杉県令と同じように山よりのルートをとって港に向かい、そこから船に乗って大浦村そして久志番所のある瀬嵩に着いている。

九日、久志番所から西海岸へ向かおうとするが、名護に向かう路は険しく遠回りになるが、羽地を迂回するのが良いと薦められている。

久志ヨリ名護ニ至ル直路近シトイエトモ路径峻嶮籃輿不通宜ク羽地ヲ迂回スヘシ程陪ストイエトモ路差平坦ナリト

しかし、尾崎は近く険しい方を選ぶ。

余険ニシテ近キモノヲ取ル即石角嵬峨而シテ径漸ク一人ヲ通ス或断崖絶壁前径面ニ当ル籃輿殆ト通スルヲ得ス……又流渓中ヲ渉リ或ハ崖角ヲ飛拾シ其艱苦云フヘカラス皆謂古来此径籃輿ヲ通セシコトナシト[14]

かつて輿を通したことはないと言われるほどの行程を相当な苦労を経てウバンクイチに達し、さらに急な山道を通って東江原に達し、ようやく名護番所にたどり着く。久志番所を出てから四時間後のことであった。琉球国絵図に沖縄北部を東西に結ぶルートとしてあげてあった三つのルートのうち、「なこ間切大道よりおほら村大道迄一里廿三町四十間」が尾崎の通ったルートであったかもしれない。前年に上杉県令らが歩いた大浦から羽地へのルートも、尾崎が歩いた大浦から名護へのルートもかなりの難路で、荷車はおろか輿でさえ通行できない険しさであった。

久志、辺野古、そして久志間切の間切番所瀬嵩から西海岸の羽地あるいは名護までの交通路は、近世社会の到来の項で一六八八年に即製の道が作られたと述べたが、明治期の初めにあっても以上のようにほとんど変わらない状況であった。

首里、那覇など南部地域との交通事情の差を馬車、人力車、荷車の数によって知ることができる。一九一三（大正二）年には以下のようであった。[15]

| | 馬車 | 人力車 | 荷馬車 | 荷車 |
|---|---|---|---|---|
| 那覇 | 五一 | 九四八 | 八 | 八一三 |
| 糸満 | 一〇 | 五〇 | 〇 | 一三三 |
| 首里 | 八 | 六四二 | 一三三 | 一八三 |
| 与那原 | 五三 | 一〇一 | 一八三 | 五二 |
| 嘉手納 | 六九 | 二五 | 一九二 | 一七 |
| 名護 | 二 | 一 | 〇 | 一 |
| 渡久地 | 〇 | 〇 | 〇 | 一 |
| 宮古 | 〇 | 〇 | 〇 | 九 |
| 八重山 | 〇 | 〇 | 〇 | 二四 |
| 合計 | 一九三 | 一七六七 | 五一六 | 一二三四 |

この数字から見ると、那覇の人力車と荷車の多さは物流の拠点であることを示しており、首里の人力車の多さは士族層の多さを示しており、与那原、嘉手納までの数字は、物流が沖縄南部と中部に独占されていたことが示されている。沖縄北部の名護、渡久地は、宮古、八重山とほとんど変わらないことが分かり、交通路が整備されていなかったことがうかがえるのである。

この翌年の一九一四年に、西海岸を南北に結ぶ国頭街道が全通する。その二年後には那覇から名護まで車で往復した自動車旅行の記事も掲載されている。それによると、朝六時五〇分に那覇を出発し、嘉手納までは行きかう馬車に邪魔され速力も出せなかったが、八時三〇分に嘉手納を過ぎると疾走し、九時二〇分に恩納を過ぎ、一一時三〇分に名護に到着している。[16]

このような西海岸の交通路が整備される一方で、東海岸沿いの集落においては状況は以前とさほど変わりがなかった。一九一六（大正五）年に北部を旅した記者は次のように記している。

久志に来て最も感ずる事は交通の不便と寂寥たる山原の特色を発揮せる事である。名護から役場まで僅か二里三十町の道であるが、千尺の山を登ったり下ったりするので十里の道を行くより疲労を覚えた。[17]

国頭郡は至る処天然の美を具えて居るから日頃混濁せる生活に倦み労れた身心を澄す事も出来たが、道路険悪の為め歩行に余計の努力を要して、肝腎な調査や人に接するときにはへこたれて了ふ事が多かった。……道路の開通は本郡の緊急問題である。少なくとも各役場に郡道を開通し、浅井局長の立案たる嘉手納まで馬車を使用し、郡内の配達に工夫を凝したら毎日の新聞を其日に読む事が出来よう。[18]

名護から役場までというのは久志間切番所のおかれた瀬嵩までの交通をいうのであり、これは三十四年前に尾崎三良の通った道のことであろう。その記述からうかがえるのは、尾崎の歩いたころと大差ない交通状況である。そして、郡道の整備が必要であると主張し、役所から嘉手納まで馬車で往来することができるようになれば、その日の新聞を読む事が出来るようになるだろうと述べている。

このように西海岸では交通路が整備されるのに対して、後れを取っていた東海岸側でも変化が訪れる。

## 大正の大事件

辺野古から西海岸へのルートは、いったん久志方向に戻って潟原から山を越えて許田に出るか、瀬嵩から羽地あるいは名護に出るルートがあった。その二つのルートの中間に車が通れる郡道を建設しようと、辺野古が請負することを条件として開削事業に取り掛かることになった。以下は『辺野古誌』が述べる工事の様子である。

辺野古の常会で十六歳以上の者には工事に従事するように求め、一九一二（大正十二）年四月ころに第一期工事に着手した。一〇工区に分割し、各工区ごとに川沿いに飯場小屋を建て共同生活をしながら、ツルハシ、スコップ、ザルなどほとんど人力での作業であった。地勢は急峻な上、岩盤などの難所も多く橋梁工事など難工事であった。着工しても一年を過ぎて完成に至らず、工事に従事した人々に賃金は支給されず工事の途中で逃げ出す者や、夜逃げ同然で辺野古を離れる者も続出した。集落でも男手を失ったために農地に作付も出来ず遊休地と化してしまい、生活はますます苦しくなるばかりであった。一家で出稼ぎのため大東島に渡島しようとして港で出港寸前に足止めされ、事情を聴いた警察官が同情して、連れ戻しに来た役所職員を説得して返したという逸話も残されているくらいである。このような賃金の不払いや工期の遅れの要因は、工事の見通しの甘さにあったほか、出役した人々には当時は珍しかった米食が毎食賄われ、現場事務所においても事務経費以外の目に余る浪費があったという。こうした杜撰な経理運営も重なり工事は大幅な赤字を生み、共有の立木や土地の処分をしなければならなかった。第一期工事終了の翌年、第二期工事を行い、残りの区間の工事を行い、一九一五（大正十四）年に竣工した。翌年には世冨慶から客馬車が久志地域に乗り入れし、それに乗って南洋へ出稼ぎに旅立つものも多くいた。しかし、辺野古が郡道と接続するのはさらに遅れて、一九三六（昭和十一）年からの開削工事によってであり、一九三九（昭和十四）年ころにようやく金武、久志、辺野古、二見、瀬嵩を結ぶ路線が開通して荷馬車が往来する陸上交通の時代を迎えるのである（辺野古区編纂委員会、前掲書）。

一九七〇年代に辺野古の老人と話をしていると、問わず語りに出てくるのが、この郡道建設をめぐる事件であった。辺野古の男性はすべて動員され、牛馬も集落から一頭残らず工事の為に徴用された。サトウキビの生産も停滞し、四つの組ごとにあったサータヤ（黒糖製造のための砂糖小屋）は徐々に減って、昭和期にはいると一カ所だけになり、コメ、芋の生産も同様に低下した。

かつて、クシュクイ（田植えの後の休み日）やアブシバレー（田の畔の害虫を取って海に流す行事）の際には闘牛をして楽しんでいた。比嘉正松氏の遺稿によると「部落の東、シチャヌワキという所に闘牛場があり、そこでは農耕の使役のために飼育した牛を組み合わせて闘牛大会をやっていた。しかし、それも明治の末期までで、あとは途絶えている」（比嘉ムト『ふるさと辺野古を語る』一九八九年、私家版）。『辺野古誌』によれば大正期になって闘牛が始まったとされており、年代は定かでないところがあるが、大正末期には牛馬も売り払われてしまい、闘牛どころではなかったのであろう。

辺野古が郡道を請け負って集落をあげて工事に取り掛かった一九二二（大正十一）年には、新聞は軽便鉄路の嘉手納線が開通し普天間宮への参詣が増加するだろうと報道し[19]、翌日には名護村許田付近で乗客七名を乗せた那覇発の自動車が崖から転落するという事故の模様を伝え[20]、名護、那覇間の自動車定期運転の広告も載せられている[21]。与那原、嘉手納両線を走る軽便鉄路の機関車の煙突から出る火花が、周辺の家屋の萱屋根に飛び移るのが危険であるという記事も出ているように、沖縄中南部の陸上交通は鉄路においても発達していた[22]。このように西海岸の那覇名護を結ぶ国頭街道には、すでに自動車の定期運航が定着し、中南部では鉄路も整備されていたが、久志、辺野古一帯の交通路は昭和十年代中ごろにようやく出来上がるのである。やがて一里塚で出征兵士の見送り行事が行われるようになる。一九四二（昭和十七）年にはまず御嶽の前でニガミを中心に祈願が行われ、神女や教師、児童、夫人の順に列を作り、太鼓を打ち鳴らしながら一里塚まで行列し、万歳三唱して送りだした（辺野古区編纂委員会、前掲書）。

## 戦後の状況

一九四五（昭和二十）年六月、辺野古の後背地である大浦崎はほぼ米軍に制圧され、ここに今帰仁、本部、伊江島の各町村からの住民を強制移動させ収容する大浦崎収容所が作られた。物資の陸揚げは大浦湾に入港する輸送船によって行われ、割り当てられた収容者が荷役作業につき、賃金代わりに食料品の現物支給を受けていた。十一月には元の居住地への帰還が許されたため収容者は減り、翌年一月には収容所が廃止され、辺野古は戦前の寒村に戻り戦後の復興に従事することになる。特に、戦前から森林資源や農業を主産業としてきた辺野古には、新たな経済基盤を確立することが重要な課題であった（辺野古区編纂委員会、前掲書）。

一九五五（昭和三十）年一月、米軍は久志岳、辺野古岳一帯の林野を銃器演習に使いたいと連絡してきたので、久志村議会では山に依存する住民の生活を守るため反対決議をした。しかし、同年七月には長崎原、思原をキャンプ地とするほか山林地帯を含む広大な土地の新規接収を予告してきた。辺野古の最高決定機関である有志会では地元の利権を守り、地元に有益になるような条件をつけて折衝に臨むとの結論に達し、要望事項を申し入れたところ、米軍もこれを了承した。一九五六（昭和三十一）年十一月には極東放送で、辺野古の土地委員の一人が軍用地接収賛成意見を発表した。当時の立法院議員団は辺野古を訪れて契約阻止を図ろうとしたが、これを機に山依存から経済的脱却を図ろうとする常会決議も踏まえ、有志会の意志が固く、従来通りの方針で契約を進めることとなった。辺野古にも軍用地反対で契約を保留する地主もいたが、地権者による土地使用契約の方針は、全島民に大きな衝撃を与えるもので、島民からの非難も浴びることとなった。一九五七（昭和三十二）年には当時唯一の交通機関である乗合バスが、一日四便から一〇便に増発要請が出されるなど、基地工事を巡って人の移動が激しさを増し、潟原から久志、豊原の集落背後をとおり、辺野古の北方へと抜ける幅員の広い軍道が開通した。一九五九年十月に基地は完成する。これによって、辺野古の経済基盤は山依存から基地依存経済へと転換した（辺野古区編纂委員会、前掲書）。

辺野古だけでも三十数発の爆弾が落とされ、十数軒が焼け残っただけという被害からすると、集落は全焼してしまったといってもよいくらいである。現在ではわずかに残されたフクギの並木とテーブルサンゴの垣根が、戦争前の景観をうかがわせるだけである。空襲のために昼間は山に避難し、夜になると現在の基地の兵舎のあるあたりにあった畑に行って芋を掘ってくるという生活にまでなっていた。基地化により山林耕地のほとんどは接収され、軍作業や食堂の経営などに転換するなど生業形態は大きく変わった。軍用地料が支払われるようになり、辺野古区の財源もこれによって安定している。ベトナム戦争当時は米軍の軍事拠点としての沖縄の重要性が高まるとともに、辺野古にもベトナムブームといわれた基地関係収入が増えていった。郡道建設に次ぐ辺野古の重大事件となった基地建設であった。

経済的窮乏を起こし辺野古の行政史上大きな失策といわれる郡道建設の僅か三十三年後に発生した基地化の問題に対処するときに、郡道建設の現場を体験した人々をはじめ集落の指導者たちは、その失敗の記憶をたどり集落の立て直しを検討したことであろう。一九二二（大正十一）年にあえて郡道建設を請け負ったのも、おそらくは明治初期の上杉県令などの記述にあるような陸上交通の末端にあって、一九一四（大正三）年の国頭街道の全通など西海岸の発展に後れを取ることへの焦りもあったことであろう。琉球国においても交通路の中心は沖縄中南部にあり、琉球国絵図には宿道として辺野古の一里塚が描かれているが、その実態は明治になっても変わってはおらず、車が通れる道が出来たのは昭和十年代（一九三五〜四四年）半ばなのである。三山分立時代には一番文化的に遅れた地域とされ、それ以後も一貫してへき地であった辺野古に、この郡道建設と戦後間もなくの基地化への対処は大きな苦悩であった。さらに、普天間基地の移転による新基地の建設をめぐる最近の動向においても、新基地受け入れの判断にいたる苦悩がうかがえる。

## 琉球国の面影と基地問題の交錯

辺野古の年中行事は女性神役たちが主導し、現在でもアジバカへの清明祭の拝礼、正月のカーメー、五月と六月のウマチーなどが実修されている。その際には、区長はじめ集落の指導層や老人、青年たち、まさに老若男女が自由に参加する。

アジの世としてとらえられるのは三山分立期の前の時期を含んでいる。ノロ制度は尚真の時代に成立し、琉球国の廃絶のあとも、集落レベルでウムイなどの歌謡とともに受け継がれている。そこには時代区分にとらわれない民俗的発想が認められるのであるが、それは単に過去の面影を、引いているだけのものではない。

新基地の建設をめぐって一九九六年に普天間基地の代替施設候補地として辺野古の名前が上がると、辺野古の行政委員会では反対の決議をし、翌年には「ヘリポート建設阻止協議会・命を守る会」が結成される。これに対し、基地を受け入れ地域振興を図ることを目指して「辺野古区活性化促進協議会」が作られ、反対派、受入派が厳しく対立する構図が生まれた。辺野古の人々には非常に大きなストレスを与える状況が続く。

そうした中にあって、三〇年近い期間空席であった久志ノロ、久志ニガミ、辺野古ニガミの後継者が決まった。こうした職能者が決まるまでには、複数のユタを回って適任者であるかどうか判示を得る過程をたどる。ユタは世間の動向を無視した判示を与えることはなく、むしろ世間の意向を敏感に反映するものである。ユタが新たなノロ、ニガミの輩出を後押しするように関与し、それが世間の意向を反映しているとするならば、それはいかなるものであろうか。新基地建設をめぐり反対派、受入派に分かれて対立し、区民に非常なストレスが続いたのであるが、それを放置することを世間は容認しなかったのではなかろうか。アジバカの拝礼、正月のカーメー、五月と六月のウマチーなど辺野古の人々が反対派、受入派の別なく参列できる行事を主導する神女の復活は、それを願う人々の意向を反映したものであった。ここに辺野古の人々の民俗的歴史像は、単に琉球国の面影を追うばかりでなく、眼前の問題を乗り越え、心の平穏への道筋を示すものとなったのである。

大正期の郡道建設、戦後のキャンプの受け入れ、新基地建設問題への対処と、辺野古はあわせて三回にわたる大きな決断を迫られた。アジの世からの辺野古の歴史を探ることによってその対応の要因を知ることができる。自ら苦しみを解決する術も持っていた。長期の歴史的背景を見ることによって「沖縄南部中心史観」によっては明らかにできない観点を「民俗的歴史像」と「街道」に注目することによって指摘した。

注

(1) 宮田登「「民俗的歴史」論の動向――民俗学の方法論をめぐって」『国立歴史民俗博物館研究報告』二七、一九九〇。

(2) 新城竜一「琉球弧の地質と岩石――沖縄島を例として」『土木学会論文集』七〇巻二号、二〇一四年。

(3) 沖縄の焼畑に関する研究は不十分であるが、宮平盛晃によれば今日、七十五集落でかつて焼畑を行ったことを確認し、沖縄本島ではすべて北部であり、そのすべての事例で初年度の作物は甘藷で、麦は一例、粟は八例であった(宮平盛晃「沖縄の焼畑」『Asia Japan Journal』五巻、二〇一〇年)。北部には原生林は残っておらず、二次林ばかりである。建材や薪炭としての利用のほか、焼畑による伐採の結果でもあろう。

(4) 真栄平房昭「外国人の記録に見る琉球」『沖縄県史　各論編　3　古琉球』二〇一〇年、四二三頁。

(5) 高良倉吉「尚真期の中央集権」『沖縄県史　各論編　3　古琉球』二〇一〇年、二〇六―二〇七頁。

(6) 西里喜行「琉球=沖縄史における「民族」の問題――琉球意識の形成・拡大・持続について」『新しい琉球史像』一九九六年、榕樹社。

(7) 津田博幸「地方巫女と琉球王権」『新沖縄文学』八三、一九九〇年、七三―七四頁。

(8) 新里幸昭「久志村辺野古の六月ウマチーの神歌」『やんばるの祭りと神歌』一九九七年、一六三―一七三頁。

(9) 梅木哲人「近世農村の成立」『新琉球史』近世編(上)、一九八九年、一八五―一九九頁。

(10) 津波清「琉球国絵図と近世の交通事情」『資料編集室紀要』一九、一九九四年、五七、五九―六四頁。

(11) 田里修「旧久志の道」『沖縄県歴史の道調査報告』VI、一九八九年、四三―四四頁。

(12) 名嘉正八郎「沖縄県日誌解題」『沖縄県史　第一一巻　資料編　一』一九五六年、一八―一九頁。

(13) 上杉県令の日誌は『沖縄県史　第一一巻　資料編　一』一九五六年による。

(14) 沖縄県教育委員会『沖縄県資料　近代三』一九八〇年、六八―七〇頁。

(15) 名護市史編さん委員会編『名護市史・資料編・3　戦前新聞集成・2』一九八五年、二九頁。『琉球新報』一九一三(大正二)年十一月十九日。

(16) 注(15)に同じ、九八頁。『琉球新報』一九一六(大正五)年五月二十日。

(17) 注(15)に同じ、一一六頁。『琉球新報』一九一六(大正五)年十一月四日。

(18) 注(15)に同じ、一一七頁。『琉球新報』一九一六(大正五)年十一月九日。

(19) 『沖縄タイムス』一九二二(大正十一)年三月二十九日、宮城真治資料マイクロフィルム。

(20) 『沖縄タイムス』一九二二(大正十一)年三月三十日、宮城真治資料マイクロフィルム。

(21) 『沖縄朝日新聞』一九二二(大正十一)年七月二日、琉球大学マイクロフィルム。

(22) 『沖縄タイムス』一九二二(大正十一)年四月二十二日、宮城真治資料マイクロフィルム。

*Photo by Ichige Minoru*

# 九州の遊郭拡大を支えたもの

## 【軍隊・炭坑・港湾】

宮内貴久

●みやうち・たかひさ　一九六六年岩手県生。一九九七年筑波大学大学院博士課程歴史・人類学研究科文化人類学専攻単位取得退学。博士（文学）。お茶の水女子大学人文科学系教授。民俗学。主著『家相の民俗学』（吉川弘文館）『風水と家相の歴史』（吉川弘文館）等。

## はじめに

九州には福岡の柳橋遊郭、長崎の丸山遊郭など近世から有名な遊郭がある。特に丸山遊郭は四大遊郭と称せられた。一八七二（明治五）年に娼妓解放令が出されたが、福岡では一八七三（明治六）年に「芸者並貸座敷渡世者内規則」が出され、県による売買春が認可され、公娼制度が確立した。森崎和江によれば、当初は八カ所が許可されたが、明治期を通じて石炭が主要なエネルギーとなり炭坑町が拡大したこと、その石炭を積み出す港湾、さらに地政学的に国境に位置する県として朝鮮半島や大陸を行き来する港湾も繁栄したこと、小倉に第十二師団が創設されるなど各地に軍隊の駐留地が出来たことなどから、遊郭は拡大したという（森崎和江『買春王国の女たち――娼婦と産婦による近代史』宝島社、一九九三年）。

十九世紀から二十世紀にかけて、九州でも炭坑の開発、港湾の整備、佐世保などの軍港設置、軍隊の駐留、八幡製鉄所に代表される工業地の開発が行われ、各地に公娼制度としての遊郭が誕生していった。本稿では十九世紀末からの九州の遊郭の概要と変遷

表１　明治期の九州の娼妓数

| | 長崎 | 福岡 | 大分 | 佐賀 | 熊本 | 宮崎 | 鹿児島 | 沖縄 | 全体 |
|---|---|---|---|---|---|---|---|---|---|
| 1896 | 1,637 | 737 | 114 | 245 | 914 | 63 | 188 | — | 3,898 |
| 1897 | 2,859 | 900 | 134 | 317 | 1,024 | 65 | 257 | 856 | 6,412 |
| 1898 | 1,869 | 1,056 | 162 | 379 | 1,094 | 95 | 326 | 965 | 5,946 |
| 1899 | 2,311 | 1,045 | 170 | 360 | 1,157 | 92 | 298 | 1,080 | 6,513 |
| 1901 | 2,222 | 958 | 135 | 263 | 898 | 65 | 203 | 913 | 5,657 |
| 1902 | 1,965 | 1,079 | 119 | 238 | 958 | 60 | 210 | 832 | 5,461 |
| 1904 | 2,000 | 664 | 121 | 227 | 975 | 51 | 217 | 705 | 4,960 |
| 1906 | 2,342 | 1,041 | 173 | 225 | 1,105 | 59 | 250 | 837 | 6,032 |

を統計資料などで踏まえた上で、『全国遊郭案内』『全性連九州連合会会員名簿』という資料から、九州の遊郭の実態について論じたい[1]。

## 一　明治期の九州の遊郭

一八九六（明治二十九）年から一九〇六（明治三十九）年の九州の娼妓数をまとめたのが**表1**である[2]。

長崎は開港場として九州とは別枠に掲載されており[3]、娼妓数が最も多い。続いて熊本、福岡が多い。娼妓数が最も多いのは一八九七（明治三十）年の長崎で二八五九人、最小は一九〇四（明治三十七）年の宮崎で五一人である。沖縄は九州で人口は最少だが、人口の割に娼妓数が多い点が特筆される。九州全体の娼妓数が最も多いのは一八九七（明治三十）年の六四一二人で、最小は一九〇四（明治三十七）年の四九六〇人である。

一八九九（明治三十二）年から一九〇一（明治三十四）年には八五六人減少している。これは一九〇〇（明治三十三）年に内務省が「娼妓取締規則」を公布し公娼制度が確立され、地方から政府が統括するようになったこと、娼妓の年齢が満十八歳以上になったこと、さらに廃業の自己申請が認められたからである（山本俊一『日本公娼史』中央法規出版、一九八三年、三六七―三七一頁）。

表2　1918年の貸座敷数と娼妓数

| | 貸座敷数 | 娼妓数 | 遊客数 |
|---|---|---|---|
| 長崎 | 274 | 2,329 | 569,811 |
| 福岡 | 189 | 2,001 | 524,774 |
| 大分 | 65 | 367 | 84,978 |
| 佐賀 | 87 | 358 | 73,274 |
| 熊本 | 92 | 897 | 165,360 |
| 宮崎 | 24 | 194 | 23,819 |
| 鹿児島 | 23 | 350 | 90,887 |
| 沖縄 | 607 | 1,020 | 220,320 |

表3　1918年の人口千人あたりの貸座敷数と娼妓数

| | 人口（千人） | 人口千人あたりの貸座敷数 | 人口千人あたりの娼妓数 |
|---|---|---|---|
| 長崎 | 1,136 | 0.24 | 2.05 |
| 福岡 | 2,188 | 0.09 | 0.91 |
| 大分 | 860 | 0.08 | 0.43 |
| 佐賀 | 674 | 0.13 | 0.53 |
| 熊本 | 1,233 | 0.07 | 0.72 |
| 宮崎 | 651 | 0.04 | 0.30 |
| 鹿児島 | 1,416 | 0.02 | 0.25 |
| 沖縄 | 572 | 1.06 | 1.78 |

## 二　大正期の九州の遊郭

一九二二（大正十一）年、政府は国際連盟における婦人児童売買問題禁止に関する条約締結にむけて、国内の人身売買の実態を調査した。その資料が「婦人児童売買問題」である。(4) 同資料に記された一九一八（大正七）年の九州の貸座敷数、娼妓数、遊客数は**表2**の通りである。(5)

九州全体の貸座敷数は一三六一店、娼妓数は七五一六人である。娼妓数、遊客数とも長崎が最も多く、次いで福岡が多い。概して九州北部が多く九州南部は少ない。貸座敷数は沖縄が六〇七と最も多く、また娼妓数、遊客数とも三位であることは特筆される。

一九二〇（大正九）年の沖縄の人口は五七万二千人で、九州では最も少ない。(6)

人口千人あたりにおける貸座敷数と娼妓数をまとめたのが**表3**である。

最も多いのは沖縄で一・〇六店、次いで長崎の〇・二四店、佐賀の〇・一三店であり、沖縄は極めて多い。また、人口千人あたりにおける娼妓数が最も多いのは長崎の二・〇五人、次いで沖縄の一・七八人、福岡の〇・九一人である。このことから長崎は一店あたりの娼妓数が多く、逆に沖縄は少人数の娼妓がいる店が多いと推定される。また、九州南部は人口千人あたりにおける貸座

表4　1923年の貸座敷数と娼妓数

| | 貸座敷免許地 | 貸座敷数 | 娼妓数 |
|---|---|---|---|
| 長崎 | 25 | 292 | 2,358 |
| 福岡 | 10 | 213 | 2,391 |
| 大分 | 5 | 74 | 511 |
| 佐賀 | 10 | 100 | 499 |
| 熊本 | 4 | 86 | 849 |
| 宮崎 | 5 | 34 | 245 |
| 鹿児島 | 1 | 23 | 368 |
| 沖縄 | 1 | 230 | 870 |

表5　1923年の人口千人あたりの貸座敷数と娼妓数

| | 人口 | 人口千人あたりの貸座敷数 | 人口千人あたりの娼妓数 |
|---|---|---|---|
| 長崎 | 1,157.80 | 0.25 | 2.04 |
| 福岡 | 2,261.10 | 0.09 | 1.06 |
| 大分 | 895.1 | 0.08 | 0.57 |
| 佐賀 | 683.7 | 0.15 | 0.73 |
| 熊本 | 1,280.00 | 0.07 | 0.66 |
| 宮崎 | 676.7 | 0.05 | 0.36 |
| 鹿児島 | 1,452.50 | 0.02 | 0.25 |
| 沖縄 | 569 | 0.40 | 1.53 |

敷数と娼妓数も低い。

一九二三（大正十二）年の「貸座敷娼妓数調」[7]は、同年十二月末の全国の貸座敷娼妓数を警保局がまとめたものである。九州全体の貸座敷数は一〇五二店、娼妓数は八〇九一人である。一九一八（大正七）年の貸座敷数が一三六一店、娼妓数が七五一六人であるから、貸座敷は三〇九店減少し、娼妓は五七五人増加している。

**表2**と**表4**を比べると、熊本と沖縄は貸座敷数が減少しているが、他の県は増加している。沖縄は一九一八（大正七）年の六〇七店から二三〇店と三七七店も減少し、娼妓数も一〇二〇人から八七〇人まで一五〇人も減少している。貸座敷数は長崎が二九二店と最も多く、次いで沖縄の二三〇店、福岡の二一三店である。娼妓数が最も多いのは福岡二三九一人、長崎二三五八人、沖縄八七〇人であり、やはり九州南部は少ない。

人口千人あたりにおける貸座敷数と娼妓数をまとめたのが**表5**である[8]。

沖縄は貸座敷数・娼妓数が急減したものの、人口千人あたりにおける貸座敷数が〇・四店と最も多くある。次いで長崎の〇・二五店、佐賀の〇・一五店であり、佐賀が増加している。

人口千人あたりにおける娼妓数は、長崎が二・〇四人と最も多い。次いで沖縄一・五三人、福岡一・〇六人であり、九州南部が少ない傾向が続いている。

**表6　1935年稼業地別娼妓数と人口千人あたりの娼妓数**

| | 娼妓数 | 人口 | 人口千人あたりの娼妓数 |
|---|---|---|---|
| 福岡 | 1,368 | 2,756 | 0.50 |
| 大分 | 326 | 980 | 0.33 |
| 佐賀 | 390 | 686 | 0.57 |
| 熊本 | 756 | 1,387 | 0.55 |
| 宮崎 | 268 | 824 | 0.33 |
| 鹿児島 | 352 | 1,591 | 0.22 |
| 沖縄 | 394 | 592 | 0.67 |

**表7　1935年本籍地別娼妓数と人口千人あたりの娼妓数**

| | 娼妓数 | 人口 | 人口千人あたりの娼妓数 |
|---|---|---|---|
| 長崎 | 2,189 | 1,297 | 1.69 |
| 福岡 | 2,884 | 2,756 | 1.05 |
| 大分 | 977 | 980 | 1.00 |
| 佐賀 | 1,135 | 686 | 1.65 |
| 熊本 | 3,074 | 1,387 | 2.22 |
| 宮崎 | 1,252 | 824 | 1.52 |
| 鹿児島 | 1,674 | 1,591 | 1.05 |
| 沖縄 | 479 | 592 | 0.81 |

## 三　昭和初期の九州の遊郭

一九三五（昭和十）年二月に、社会局社会部が「芸娼妓酌婦女給の本籍地並稼業地別人員調」を行っている。[9] **表6**は稼業地別の娼妓数である。

長崎は不況により一九三四（昭和九）年に公娼制度を廃したためデータが無い（山本前掲書、五三七─五四一頁）。長崎を除く九州全体の娼妓数は三八五四人である。一九二三（大正十二）年の長崎を除いた娼妓数は五七三三人であるから、一八七九人減少している。

娼妓数は福岡が一三六八人と最も多く、次いで熊本の七五六人、沖縄の三九四人である。一九二三（大正十二）年と比較すると宮崎は微増しているが、他の県は大幅に減少しており、特に福岡は一〇二三人も減少している。人口千人あたりの娼妓数では、[10] 沖縄が〇・六七人、佐賀の〇・五七人、熊本〇・五五人となり、九州南部が少ない傾向は大正期と変わらない。

本籍地別の娼妓数は次の**表7**である。

稼業地別の娼妓数が三八五四人であるのに対して、本籍地別娼妓数は一三六六四人であり、九八一〇人も多い。これは九州以外で働いていた娼妓が多かったからだと推定される。本籍地別娼妓数が最も多いのは熊本の三七〇四人、次いで福岡の二八八四人、長崎の二一八九人である。人口千人あたりの娼妓数が最も多いのは熊本の二・二二人、次いで長崎の一・六九人、佐賀の一・六五人である。稼業地別とは反対に沖縄は〇・八一人と最も少ない。

娼妓数は九州南部が少ないことを先述したが、本籍地別だと宮崎は一二五二人、鹿児島は一六七四人と稼業別よりも千人以上多い。また、千人あたりの人数も宮崎一・五二人、鹿児島一・〇五人と福岡と変わらない数字である。このことから、九州南部は貸座敷数は少ないが、他県や九州以外の土地で働いていたと考えられる。

**表8　1935年の免許地、貸座敷数、娼妓数、遊客数**

| | 免許地 | 貸座敷数 | 娼妓数 | 遊客数 |
|---|---|---|---|---|
| 福岡 | 9 | 156 | 1,321 | 313,107 |
| 佐賀 | 10 | 72 | 340 | 48,601 |
| 熊本 | 4 | 78 | 815 | 166,512 |
| 大分 | 5 | 73 | 311 | 52,215 |
| 宮崎 | 5 | 27 | 284 | 67,485 |
| 鹿児島 | 1 | 22 | 371 | 98,156 |
| 沖縄 | 1 | 319 | 441 | 69,420 |

内務省の「各種接客業関係統計並貸座敷ニ関スル統計」によれば、一九三五（昭和十）年末の免許地、貸座敷数、娼妓数、遊客数は**表8**の通りである。(11)

一九二三（大正十二）年の数字と比較していく。免許地は福岡が一つ減少し、佐賀が一つ増加した。貸座敷数は福岡が五七減、熊本が三四減であるのに対して、沖縄は八九増、佐賀が二八増となっている。総計七四七店であり、長崎を除いた数字から一三店減少している。娼妓数は三八八三人で、同年の「芸娼妓酌婦女給の本籍地並稼業地別人員調」稼業地別の娼妓数三八五四人とほぼ変わらない。これも長崎を除いた数字から一八五〇人減少している。

遊客数は一九一八（大正七）年が総計一七五万三二二三人で、長崎を除くと一一八万三四一二人である。一九三五（昭和十）年末の遊客数は八一万五四九六人であるから、三六万七九一六人減っている。**図1**は一八七九（明治十二）年から一九四〇（昭和十五）年までの福岡の娼妓と酌婦数をまとめたものである。(12)

娼妓は一八七九（明治十二）年から増加していくが、一九二四（大正十三）年の二三六七人をピークに減少していく。以上のように、九州の遊郭は長崎が公娼制度を廃止した昭和初期から、その規模は縮小していった。

しかし、これは公娼が縮小したに過ぎない。酌婦と称する私娼は増加しているのである。**図1**のとおり、福岡県内ではピーク時の一九三〇（昭和五）年には八〇二九人の酌婦がいた。

**表9**のように一九二三（大正十二）年の九州全体の酌婦数は八八四一人である。(13)これはこれまで論じてきた娼妓数よりも多い。一九三五（昭和十）年末の娼妓数は三八八三人であるのに対して、酌婦は一万四六五九人と、三・八倍も多いのである。これは昭和恐慌による不景気により遊郭が減少するのに対して、不況により職を失ったものが酌婦となったからであろう。また制度的に公娼

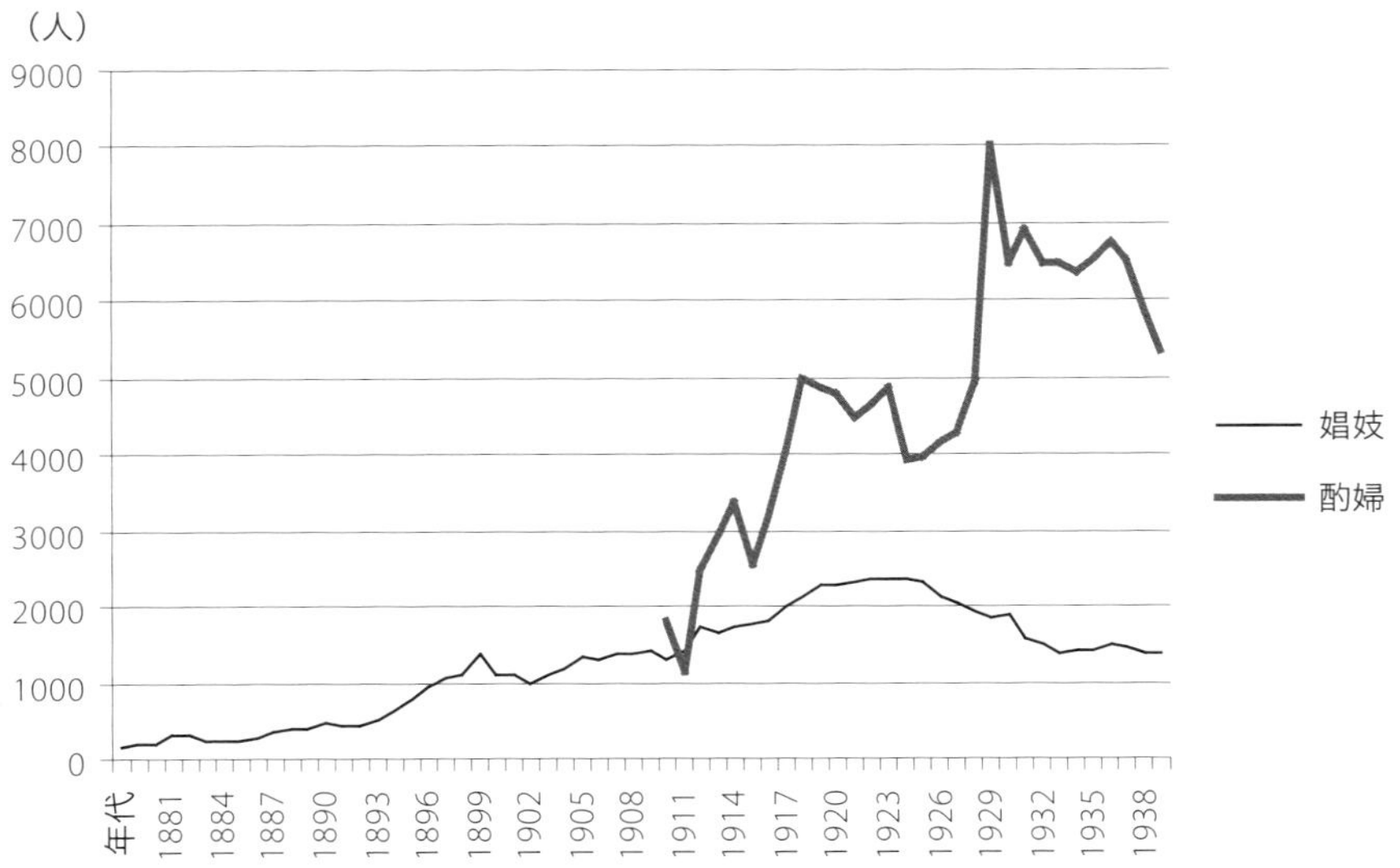


**図１　福岡の娼妓と酌婦数**

**表９　九州の酌婦数**

| | 長崎 | 福岡 | 大分 | 佐賀 | 熊本 | 宮崎 | 鹿児島 | 沖縄 | 全体 |
|---|---|---|---|---|---|---|---|---|---|
| 1923 | 1,537 | 4,299 | 365 | 629 | 869 | 138 | 764 | 240 | 8,841 |
| 1924 | 1,303 | 4,854 | 456 | 600 | 881 | 133 | 771 | 240 | 9,238 |
| 1935 | 2,801 | 6,374 | 1,394 | 748 | 1,006 | 1,214 | 856 | 266 | 14,659 |

制度では十八歳以上という年齢制限があり課税されたのに対して、酌婦は十四歳以上で無課税だった。このため私娼が増えるため、福岡では、一九二六（大正十五）年に娼妓は十四歳以上、酌婦は十六歳以上に変更された（森崎前掲書、一二〇—一三一頁）。

## 四　『全国遊郭案内』

『全国遊郭案内』（以下、『全遊』と略記）は、一九三〇（昭和五）年に日本遊覧社から発行された本である。同書は三書に復刻されている（南博編『近代庶民生活誌　第一四巻　色街・遊郭Ⅱ』三一書房、一九九三年、八—一七二頁。『買売春問題資料集成　第一三巻』不二出版、一九九八年、三一〇—四三一頁。吉田昌志編『モダン都市文化コレクション第三四巻　遊郭と売春』ゆまに書房、二〇〇八年、一—四九三頁）。

関東地方吉原遊郭の紹介から始まり、東北地方、北海道地方、樺太地方、中部地方、近畿地方、中国地方、四国地方、九州地方、台湾、朝鮮、関東州の遊郭が紹介されている。国内だけでなく植民地の遊郭も紹介されている点が特筆される。内容は遊郭がある都市の名所や産業が紹介され、貸座敷数、娼妓数、娼妓の出身、遊び方が紹介されている。大規模名遊郭の場合は店名が省略されているが、小規模の場合は店名も記載されている。九州の遊郭についていては後半の表11に示した。

『全遊』によれば、一九三〇（昭和五）年の九州全体で貸座敷が六八六、娼妓が六一一四人となる。一九二三（大正十二）年の娼妓数は八〇九一人であるから一九七七人減少している。一九三五（昭和十）年の娼妓数が三八五四人であるから、五年間で二二六〇人減少したこととなる。沖縄だけが二七四人増加であるが、福岡は五一二人減、大分は四〇四人減、佐賀は三〇八人減である。宮崎は五人減、鹿児島は一人減と九州北部ほど減少率が高く、九州南部は増減が少ない。

一九三五（昭和十）年の貸座敷数が不明なため、一九二三（大正十二）年の貸座敷数一〇五二店と比較すると三六六店少している。吉田昌志によれば『全遊』は「前年発行の松川二郎『全国花街めぐり』（誠文堂、一九二九）の後を追ったものであるが、おりからの全国的な旅行・温泉ブームを受けて、男性旅行客の『妻』たるべく編まれた遊郭案内記」と解題しており（吉田前掲書、六二六頁）、警察資料とは全く異なるのである。詳細は後述するが、『全遊』に紹介されていない小さな遊郭も存在した。したがって、『全遊』に紹介された貸座敷数・娼妓数には不正確な部分が残る。

そうした不明な点もあるが、九州には新柳町遊郭、丸山遊郭など近世から存在した遊郭、そして、小倉、佐世保など近代に軍隊・軍需産業で栄えた都市、門司など石炭の輸出港や港町、温泉街に遊郭は存在した。

## 五　『全性連九州連合会会員名簿』

『全性連九州連合会会員名簿』（以下『全性連』と略記）という資料がある。表紙に「一九五一（昭和二十六）年八月十五日現在」と印刷されている。同資料は、実家が福岡市新柳町大門通でAという遊郭を営んでいたA氏が所蔵している。

『全性連』の冒頭には、役員名が記されており、「最高顧問　池見辰次郎　福岡市新柳町　会長　石橋幸八　久留米市大石町」とある。森崎和江によれば、大吉楼主の池見辰次郎は一九〇七（明治四十）年に柳町遊郭移転の際に、柳町代表として選出された[14]。その後、福岡県の遊郭代表、さらに全国貸座敷連合会会長、福岡市議会副議長を務めた[15]。

『全性連』には、各県別に連合会に加入した店が組合別に、組合員名・店名・住所・電話番号が記されている。それぞれ県別に「福岡県特殊料理店組合連合会」、「佐賀県特殊料亭組合連合会」、「長崎県席貸業組合連合会」、「性病予防自治会熊本県連合会」、「大分県席貸組合連合会」、「宮崎県特殊旅館組合連合会」、「鹿児島県席貸組合連合会」と名称が異なる。特殊料理店とは赤線のことであり、『全性連』は九州の赤線で営業していた店の名簿なのである。

各県別の貸座敷数と人口、千人あたりの貸座敷数をまとめたの

が、表10である。(16)

九州全体で二〇四九店ある。福岡が最も多く一〇一六店、ついで長崎の二八五店、大分県の二五六店である。総じて九州北部に遊郭が多く、九州南部の宮崎や鹿児島は極めて少ないという傾向は戦後も同じである。

人口千人あたりの貸座敷数では、九州では福岡が〇・二九と最も高く、次いで佐賀の〇・二一、大分県の〇・二である。福岡の筑豊地方は有数の採炭地帯であり、一三組合二四〇店あった。佐賀には嬉野温泉という保養地に遊郭が一二店であるのに対して、唐津は四組合あり合わせて三四店、呼子支部は一七店もある。唐津は港町であり炭鉱もあり、福岡市にも近いため奥座敷として発展した。

**表10　1951年の貸座敷数と人口千人あたりの貸座敷数**

| | 貸座敷数 | 人口 | 人口千人あたりの貸座敷数 |
|---|---|---|---|
| 福岡 | 1,016 | 3,530,169 | 0.29 |
| 佐賀 | 202 | 945,082 | 0.21 |
| 長崎 | 285 | 1,645,492 | 0.17 |
| 熊本 | 188 | 1,827,582 | 0.10 |
| 大分 | 256 | 1,252,999 | 0.20 |
| 宮崎 | 50 | 1,091,427 | 0.05 |
| 鹿児島 | 52 | 1,804,118 | 0.03 |
| 沖縄 | 479 | 592 | 0.81 |

『全遊』は名所案内的な性格を持つのに対して、『全性連』は都市部だけでなく、組合に加入している郡部の店舗も網羅している点が特筆される。したがって、郡部の遊郭についても知ることができる。

『須恵村の女たち——暮らしの民俗誌』は、一九三五（昭和十）年十一月〜一九三六（昭和十一）年十一月三日まで、アメリカの文化人類学者ジョン・エンブリー、妻のエラ・エンブリーが熊本県球磨郡須恵村に一年間滞在して調査した記録であり、エスノグラフィーとして高く評価されている。

同書には芸者についての記述が散見される。「あるとき、多良木で、芸者になった女の子と出会った。」（ロバート・J・スミス、エラ・ルーリィ・ウイスウェル『須恵村の女たち——暮らしの民俗誌』河村望・斎藤尚文訳、御茶の水書房、一九八七年、二九〇頁）、「それから彼女は私に、『あなたのご主人は免田に一晩泊まる（すなわち、売春婦といっしょに）べきだった』といった。」（ロバート・J・スミス前掲書、三五〇頁）「エンブリー夫妻は滞在中、須恵村の男たちや近くの町からの友達といっしょに、いま話に出てきた免田の芸者を連れて遠出をした。」（ロバート・J・スミス前掲書、三五二頁）、「佐々木は、多良木の料理屋にいって、そこの女の子（売春婦）に、大丈夫かどうか聞いたら、彼女が自分は病気を持っていないと答えた、といった。しかし、数日後、彼は淋病にかかったのを知った。」

（ロバート・J・スミス前掲書、三六四頁）などである。売春婦に性病をもらったという話もいくつかある。

人吉市からさらに球磨川上流にある須恵村の男たちは、多良木や免田の芸者を買春していた。『全性連』によれば、人吉市組合には十三店舗が加入しており、「白木チヨ　白木屋　球磨郡免田町」、「大谷アサト　一角　多良木町」、「藤井トラノ　大正楼　多良木町」の三店舗あった。『須恵村の女たち』に登場してくる芸者たちは、この三店舗の娼妓だと考えられる。

## 六　『全遊』と『全性連』に記載がある店舗数

一九三〇（昭和五）年に出版された『全遊』に紹介された店舗が、

表11　『全遊』『全性連』に記載があった店舗数

| 遊郭名 | 全遊に紹介された店舗数 | 全性連に記載があった店舗数 | 全遊に紹介され全性連に記載があった店舗数 |
|---|---|---|---|
| 門司市馬場遊郭 | 15 | 45 | 1 |
| 小倉市旭町遊郭 | 30 | 18 | 3 |
| 八幡市白川遊郭 | 26 | 30 | 3 |
| 直方町遊郭 | 15 | 26 | — |
| 若松市連歌町遊郭 | 10 | 9 | 6 |
| 福岡市新柳町遊郭 | 42 | 45 | 2 |
| 久留米市桜町遊郭 | 23 | 48 | 4 |
| 若津町弥生遊郭 | 18 | 10 | 8 |
| 大牟田市遊郭 | 21 | 22 | — |
| 熊本市二本木遊郭 | 73 | 52 | 7 |
| 三角町遊郭 | 6 | 7 | 1 |
| 中深遊郭 | 4 | 3 | — |
| 八代町遊郭 | 7 | 14 | — |
| 鹿児島常磐遊郭 | 23 | 39 | 11 |
| 佐賀遊郭 | 17 | 27 | 0 |
| 東川副村諸富遊郭 | 11 | 1 | — |
| 住ノ江町遊郭 | 7 | 0 | — |
| 唐津町遊郭 | 8 | 4 | — |
| 佐志村遊郭 | 10 | 9 | — |
| 呼子町遊郭 | 14 | 17 | — |
| 武雄町温泉遊郭 | 7 | 9 | 4 |
| 伊万里町遊郭 | 9 | 14 | — |
| 佐世保市勝富遊郭 | 16 | 0 | |
| 佐世保市花園遊郭 | 47 | 28 | 4 |
| 早岐町遊郭 | 4 | 8 | — |
| 大村町遊郭 | 9 | 20 | — |
| 島原町遊郭 | 11 | 18 | — |
| 長崎市丸山町遊郭 | 22 | 114 | — |
| 長崎市出雲町遊郭 | 9 | 10 | 1 |
| 長崎市戸町鶴海遊郭 | 9 | 0 | — |
| 長崎市稲佐遊郭 | 14 | 0 | — |
| 別府市遊郭 | 57 | 100 | — |
| 大分港遊郭 | 22 | 22 | 13 |
| 佐賀関遊郭 | 4 | 7 | — |
| 下ノ江港遊郭 | 6 | 0 | — |
| 延岡町岡富遊郭 | 5 | 12 | — |
| 細島遊郭 | 4 | 2 | — |
| 宮崎市吾妻新地 | 20 | 8 | 2 |
| 油津町遊郭 | 4 | 7 | 0 |
| 都城市宮丸遊郭 | 7 | 4 | 3 |

第二次世界大戦をはさんだ二一年後の一九五一（昭和二十六）年にどのくらい残っているのだろうか。**表11**は『全遊』に紹介された遊郭の店舗数と『全性連』に記載された店舗数、ならびに両書に店舗名が確認できた店舗数である。

全体としては一九三〇（昭和五）年に六六六店あったのが、一九五一（昭和二十六）年には八〇九店と一四三店舗増加している。最も店舗数が増加したのは、長崎市丸山町遊郭である。二二店から一一四店まで九二店舗も急増している。次いで別府市遊郭が五七店から一〇〇店と四三店舗増加している。

全体的に増加しているなかで、熊本市二本木遊郭は二一店、佐世保市花園遊郭は一九店、小倉市旭町遊郭は一二店減少している。

戦前の熊本市は陸軍第六師団の駐屯地であり、佐世保は海軍佐世保鎮守府が設置された軍港だった。小倉市には陸軍造兵廠があり国内でも最大規模の工場だった。これら軍都における店舗数の激減は、敗戦による陸海軍の解体によるものと考えられる。

一九三〇（昭和五）年に『全遊』に店舗名が紹介された店は三九四店ある。このうち、一九五一（昭和二十六）年の『全性連』に店舗名が確認されたのは、七三店であり、全体の一九％にあたる。最も継続率が高いのが若松市連歌町遊郭で、一〇店中六店で六〇％の店が継続して営業していた。次が大分港遊郭で、二二店中一三店（五九％）。続いて武雄町温泉遊郭の七店中四店（五七％）、鹿児島常磐遊郭の二三店中一一店（四七・八％）である。継続率が高い遊郭の立地は、軍隊とは関係が薄い港町と温泉地だった。

## おわりに

十九世紀から二十世紀の半ばまでの九州の遊郭は、長崎と福岡が貸座敷数・娼妓数とも規模が大きかった。遊郭数は九州北部の方が多く、九州南部は少なく北部の四分の一程度であるという地域性が存在し、戦後も同じ傾向がみられた。しかし、本籍地別娼妓数から判明したように九州南部出身の娼妓の数は九州北部とさほど変わらないことから、他県や九州以外の土地で働いていた。なぜ九州南部に貸座敷が少ないのかは今後の課題としたい。

貸座敷数・娼妓数は減少する年もあったが、一九二一（大正十）年頃までは右肩上がりで拡大していった。『全遊』で紹介されている遊郭は、新柳町遊郭、丸山遊郭など近世から存在した遊郭がある一方で、十九世紀末期から軍隊・軍需産業で栄えた都市、軍港、石炭の輸出港や港町、温泉街に存在した。

しかし、福岡の娼妓数は一九二四（大正十三）年をピークに減少していく。昭和恐慌後の不景気により一九三四（昭和九）年に長崎が公娼制度を廃止し、昭和初期から九州の遊郭の規模は縮小していった。その一方で酌婦と称する私娼は増加していった。

『全性連』には都市部だけでなく郡部の遊郭も掲載されており、炭坑町に数多くの貸座敷が存在していた。『全遊』と『全性連』

に記載がある貸座敷名から、一九三〇（昭和五）年の六六六店から、一九五一（昭和二十六）年には八〇九店と一四三店舗増加した。また、『全遊』に店舗名が紹介された店で、『全性連』に店舗名が確認されたのは七三店あり、全体の一九％だった。継続率が高い遊郭の立地は、軍隊・軍需産業とは関係が薄い町であり、港町と温泉地だったのである。

**注**

（1）博多の遊郭については、井上精三の著書が詳しい。井上精三『博多風俗史遊里編』積文館書店、一九六八年。
（2）「各県人口に対する娼妓数」（内務省統計資料）市川房枝編『日本婦人問題資料集成』第一巻、ドメス出版、一九七八年、二八〇—二八三頁。
（3）同資料の「各府県遊郭調」の掲載順は開港場である「北海道、東京、京都、神奈川、兵庫、長崎、新潟」が別枠として記載されている。
（4）「各府県遊郭調」、「貸座敷娼妓数調」、「芸娼妓酌婦女給の本籍地並稼業地別人員調」でも、長崎は開港場として別枠である。
（5）「婦人児童売買問題」『買売春問題資料集成　第十六巻』不二出版、二〇〇二年、一一六頁。
（6）総務省、「人口推計 長期時系列データ 我が国の推計人口（大正九年～平成十二年）」。
（7）「貸座敷娼妓数調」『買売春問題資料集成　第十六巻』不二出版、二〇〇二年、一七七頁。
（8）総務省、「人口推計 長期時系列データ 我が国の推計人口（大正九年～平成十二年）」。
（9）「芸娼妓酌婦女給の本籍地並稼業地別人員調」『買売春問題資料集成　第十七巻』不二出版、二〇〇三年、二一九—二二〇頁。
（10）総務省、「人口推計 長期時系列データ 我が国の推計人口（大正九年～平成十二年）」。
（11）「貸座敷ニ関スル統計」市川編前掲書、五一六—五一七頁。
（12）『福岡県統計書』から作成した。
（13）「貸座敷娼妓数調」『買売春問題資料集成　第十六巻』不二出版、二〇〇二年、一七八頁。「警察ニ関スル諸表」『買売春問題資料集成　第十七巻』不二出版、二〇〇三年、一八八頁。「各種接客業関係統計並貸座敷ニ関スル統計」（内務省統計資料）市川編前掲書、五一四—五一六頁。
（14）森崎和江「セクシュアリティの近代」奥田暁子編『女と男の時空 V 鬩ぎ合う女と男』藤原書店、一九九五年、一六四—一七五頁。
（15）池見辰次郎（一八七四—一九五一）。彼の評伝としては次のものがある。福岡時事社編輯部編『事業ト人——奮闘秘話 1』福岡時事社出版部、一九二九年。末次良輔『池見辰次郎論』日曜夕刊新聞社、一九三六年。
（16）総務省、「人口推計 長期時系列データ 我が国の推計人口（大正九年～平成十二年）」。

# 馬鈴薯の十九世紀

清水克志

●しみず・かつし　一九七八年富山県生。二〇〇八年筑波大学大学院人文社会科学研究科修了。博士（文学）。秀明大学准教授。歴史地理学。主著『岩手キャベツ物語』（新岩手農業協同組合）。共著『景観形成の歴史地理学』（二宮書店）『近世の空間構造と支配』（東洋書院）等。

## はじめに——ベールに包まれた馬鈴薯普及の軌跡

教壇から社会科の教員をめざす大学生に「馬鈴薯（ジャガイモ）といって想起する日本の地域はどこか」と問うた時、「北海道」という答えが圧倒的に多い。実際に北海道は日本における馬鈴薯生産量の八割近くを占める主産地であるから、そのようなイメージは至極妥当である。そこで次に「日本人はいつ頃から馬鈴薯を食べるようになったのか」と問うと、先の答えからの連想で「北海道での開拓が進んだ明治以降」ではないかと類推する者がほとんどである。この問いに対して筆者は、「馬鈴薯を明治以降になって食べ始めた日本人も多いが、江戸時代からすでに食べていた人々も確実に存在する」と答えている。

大学生に限らず、中等教育を受けた日本人であれば、馬鈴薯と同じく新大陸原産でヨーロッパを経由して日本へもたらされた甘藷（サツマイモ）については、高校日本史の教科書に「徳川吉宗が青木昆陽を登用して救荒用の甘藷の栽培を奨励した」という件があるため、江戸時代から広く普及していたとの認識が強い。これに対して馬鈴薯については日本史の教科書に記載がないこともあって、導入から普及に至るプロセスが江戸時代にすでに展開していたとする認識は極めて希薄である。

　これまで日本における馬鈴薯の普及に関しては「近世に渡来し、すぐには普及に結びつかなかったこと」と「近代に普及して以来、今日に至るまで重要な作物であり続けていること」の二点は、半ば自明のこととされてきているものの、その間にどのような軌跡を辿り普及に至ったかに関しては、さほど関心が払われてこなかったといえる。小稿は、近世・近代移行期における馬鈴薯の普及実態を復原する作業を通して、この「点」と「点」を結ぶ「線」を描くことを目的とする。

## 一　近世後半における馬鈴薯の導入と定着

日本におけるジャガイモの導入時期は、一五七六（天正四）年とも一六〇三（慶長八）年とも言われているが判然としない。しかし、南蛮貿易の時代にオランダ人によって、ジャワ島のジャガトラ（ジャカルタ）から長崎に導入されたものとみられる。ジャワから導入されたため爪哇《ジャワ》薯あるいは「ジャガトライモ」と呼ばれ、これが転じて今日の「ジャガイモ」の呼称が成立したといわれている。ちなみに「馬鈴薯《ばれいしょ》」の呼称は、本草学者の小野蘭山が一八〇八（文化五）年に著した『耋莚小牘《てつえんしょうとく》』において、中国におけるジャガイモの呼称として紹介したことが起源とされる[1]。

　馬鈴薯は導入からただちに普及したわけではなかった。そのような中、甲斐国では、一七七七（安永六）年に中井清太夫が甲府代官に就任すると、幕府の許可を得て長崎から馬鈴薯の種いもを導入し栽培が試みられた。一七八四（天明四）年、清太夫が、郡内（都留郡）を管轄する谷村《やむら》代官を兼務するようになると、八代郡の九一色郷《くいしきごう》から都留郡内へ種いもを導入した。当時は天明の飢饉の時期でもあったため、都留郡内では馬鈴薯が救荒作物として定着した、という伝承が残っている。都留地域では、馬鈴薯のことを導入者にちなんで「清太夫芋」あるいは「せいだ」と呼ぶようになった、とも言い伝えられている。上野原市八米（旧北都留郡上野原村）の龍泉寺には、中井清太夫が「芋大明神」として祀られている。

　また、高野長英が一八三六（天保七）年に早生種の蕎麦と馬鈴薯の普及を目的として著した『救荒二物考《きゅうこうにぶつこう》』では、馬鈴薯について、甲斐や信濃へ古くに伝わり、そこから普及していったことが述べられている。また同書では、馬鈴薯の食味について、淡泊な点は「薯蕷《じょうよ》」（山芋）、甘味な点は甘藷にそれぞれ似ており、滋味と粘気があって毒はないことから、日常的な食用に向いていることが述べられている。さらに、耐寒性のある馬鈴薯は、甘藷の栽培が難しい寒冷地の「荒野瘠地」でも栽培が可能なことも述べられている。

次に馬鈴薯の地方名称の分布について、国立国語研究所の調査結果をもとに作成した図1で確認しておきたい（『日本言語地図第四集』国立国語研究所編、一九七〇年）。馬鈴薯の地方名称のうち外国語に関わる名称としては「アップラ」が挙げられるが、これはオランダ語で馬鈴薯を意味するaardappleに由来する呼称であり、宮城県から茨城県にかけて多く確認できる。またオランダ商館長に因む「カピタンイモ」も長野県に分布している。

　人名・地名に関わる名称としては、山梨県および神奈川県津久井地方の「セイダユウ（清太夫）イモ」、長野県以西の「コウシュウ（甲州）イモ」、東京都多摩地域や埼玉県秩父地域の「ツル（都留）イモ」、同じく埼玉県秩父地方などの「シンシュウ（信州）イモ」などがある。人名・地名に関わる名称から、馬鈴薯がいち早く導入された先述の甲斐国都留地域を起点として、北関東甲信地域へ馬鈴薯が拡散していった伝播ルートの存在が類推できる。

　形状に関わる名称の代表例は、中国地方に広く分布する「キンカイモ」であるが、これは同地方で「禿げ頭」を意味する方言「キンカ」に因むと考えられている(2)。また一年に二回収穫できるという意味の「ニド（二度）イモ」は、東北と近畿を中心に広域に分布している。しかし二期作が可能なのは関東以西であるから、東北地方へは二期作が可能な地域から「ニドいも」の呼称が伝わった可能性が高いとされている。以上のように、馬鈴薯には外国語や人名・地名、形状、収穫の時期や回数などに因んだ地方名称が数多く存在しており、それは、同時代に日本へ渡来した甘藷や南瓜《かぼちゃ》、玉蜀黍《とうもろこし》と比較して非常に多いとされる（『日本の方言地図』徳川宗賢編、一九七九年）。そもそも、地方名称が錯綜し割拠する事実は、近世において馬鈴薯が公的な普及政策ではなく、民衆レベルの個別的な導入によって緩やかに伝播していったことの証左とみなすことができる。

## 二　明治初頭段階での馬鈴薯普及の地域差

### 1　分析の方法と史料

一八七八（明治十一）年における馬鈴薯の作付面積と収穫量は九六〇〇町歩、三万二〇〇〇トンであった。同年における甘藷の作付面積と収穫量は一六万町歩、一〇〇万トンであるから、近世における緩やかな伝播による馬鈴薯の普及程度は、全国的にみれば甘藷と比較して微々たるものでしかなかったことが明らかである。それでは、近世を通じていち早く馬鈴薯を導入し実用化していたのは、どのような地域であったのか。ここでは、筆者がかつて明治前期に編纂された官庁統計類である『全国農産表』(3)と『共武政表』(4)を用いて、近世・近代移行期における馬鈴薯の普及実態の分析した結果を紹介しよう(5)。

　『全国農産表』は、一八七六―八二（明治九―十五）年にかけて逐年刊行された、日本で最初の本格的な全国農業統計である。集

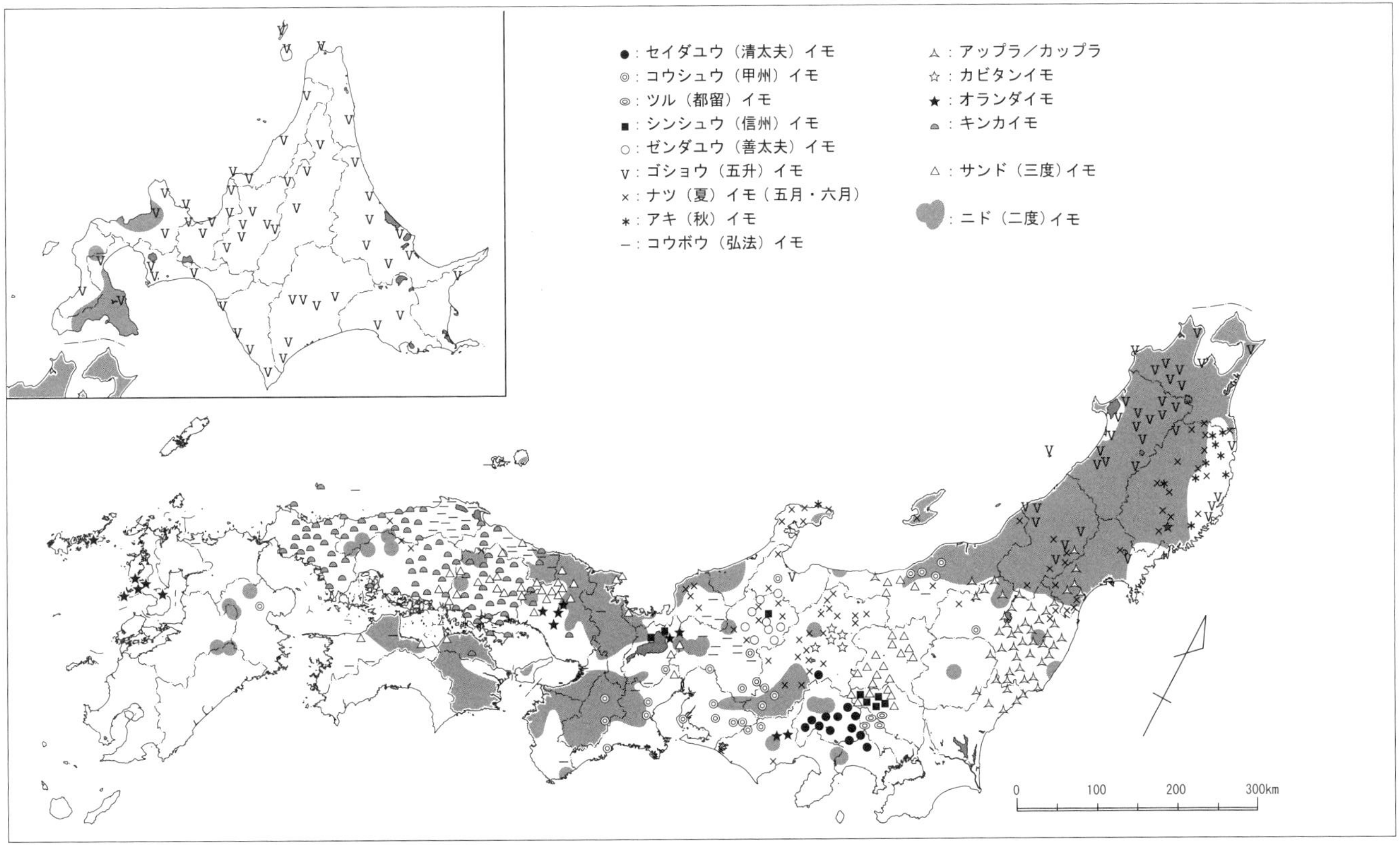


**図1　馬鈴薯の主要な地方名称の分布**（『日本言語地図第4集』をもとに筆者作成）

注）「ジャガイモ」「ジャガタライモ」「バレイショ」などの一般的な名称は対象外。

計の地域単位は、一八七九（明治十二）年以前は旧国別・郡別の両方が記載されているのに対して、一八八〇（明治十三）年以降は旧国別のみである。統計項目についても、穀類・いも類に該当する「普通農産」の場合、一八七八（明治十一）年以前は生産量と単位数量あたりの生産額、一八七九（明治十二）年以降は生産量と作付面積が記載されている。また、北海道と琉球が調査の対象外とされていただけでなく、諸般の事情から、年次によっては数値が欠如している場合がある。

『共武政表』は、陸軍が有事の際に徴発可能な物資等を把握する目的で調査された軍事用統計である。一八七二―七五（明治五―八）年にかけて提出されたものが第一回『共武政表』として刊行されて以降、一八七八（明治十一）年から一八八〇（明治十三）年にかけて第二回から第四回が逐年刊行された。同史料には、旧国別・郡別に戸数、人口、寺院、学校、水車、馬、車両、船舶の数と物産名などが記載されているだけでなく、「人口百人以上の輻輳地（集落）」については、旧村（大字）単位で同様の項目が設けられている。これらの史料は、江戸時代には広域にわたって統一基準で実施された統計資料がないことから、歴史地理学においては近世・近代移行期の日本社会の実態を把握するための重要な史料として、多くの研究者によって利用されてきた。

『全国農産表』のうち、郡別データの得られる一八七六―七九（明治九―十二）年の四か年分について、郡別の馬鈴薯および甘藷の生産量の平均値を算出する。この値を、第三回『共武政表』（一八七九年）の郡別の人口の数値で除し、年間一人あたり供給量を算出して、郡別の階級区分図で表現する。図の地域単位は郡区町村編成法の制定後の郡域であるため、一つの郡が分割された場合、分割された複数の郡はすべて同一の階級に区分した。また、年間一人あたりの供給量で示すのは、当時の庶民の食生活における馬鈴薯および甘藷の重要度を推定するためである。

## 2　寒冷地で先行した馬鈴薯栽培――郡レベルの分析

図2は、上述の作業手順により作成した、明治前期における馬鈴薯の郡別生産量（年間一人あたり供給量）の階級区分図である。これによれば、馬鈴薯の年間一人あたり供給量が、第一ランク（二〇斤＝一二キログラム以上）に該当する郡は五つ、第二ランク（一〇～二〇斤）に該当する郡は二二である。それらの多くは、北関東甲信から北陸、東北にかけての地域に集中していることや、東北日本・西南日本ともに、山間部が卓越する地域に属していることが読み取れる。

このうち、第一ランクに該当する五郡についてみると、都留郡（甲斐、カッコ内は旧国名、以下同じ）の一一九斤が最大で、吾妻郡（上野《こうずけ》）の六四斤、山田郡（伊賀）の三三斤、蒲原郡（越後）の二七斤、葛上《かつじょう》郡（大和）の二六斤の順に多い。都留郡の一一九斤は約七一キログラムであるから、一日平均に換算すると約二〇〇グ

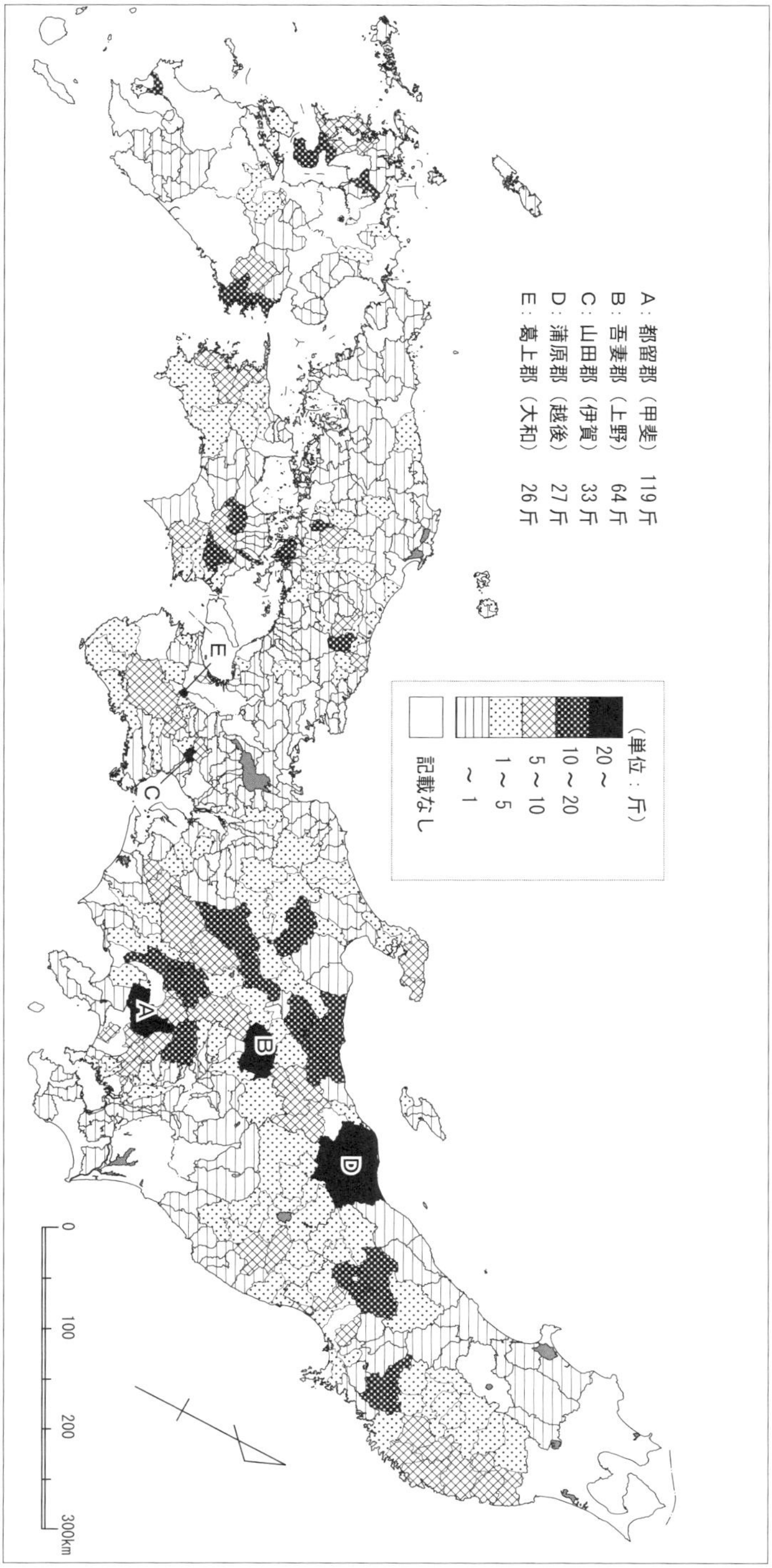


図2 明治前期における馬鈴薯の郡別生産量（年間1人あたり供給量）
（『全国農産表』（明治9～12年）、『第三回共武政表』をもとに筆者作成）

ラムに相当する。ちなみに、近年における馬鈴薯の年間一人あたりの供給量は約一七キログラムであるが、生産量全体の約四割が澱粉《でんぷん》原料用に仕向けられること考慮すると、生食用・加工食品用としての供給量は一〇キログラムに満たない。これらの郡の多くは山間部で平地に乏しいことから、郡内で生産した馬鈴薯の大部分を、米麦を補う自給食料として利用していたと考えられる。とりわけ、都留郡や吾妻郡では、馬鈴薯が庶民の食生活において重要な地位を獲得していたことが示唆される。とりわけ都留郡は、先述したように、天明期（一七八一―八九）にいち早く馬鈴薯を導入し、周辺地域への普及の起点となった地域である。またこれと同時期には、上野から陸前へ、阿波から紀伊へも馬鈴薯が伝播したといわれている。これらの事実から、明治前期の時点で馬鈴薯の栽培が盛んな地域は、多くの場合、近世から馬鈴薯が導入されていたことが示唆される。

その一方で、約七〇〇あった郡のうち、三分の一にあたる二三一郡では、四年次ともに馬鈴薯の項目が記載されていないことから、明治前期の時点では、馬鈴薯が導入すらされていない地域が、広範に存在していたことも確認できる。そのような郡は、とくに九州に多く分布しているほか、大阪平野、濃尾平野、関東平野などでも目立っている。このほか、四年間で収穫量が急増している郡も相当に確認できるが、そのような郡では、当該期が馬鈴薯の本格的な導入期に該当していたことが推察される。

図3は、図2と同様の手順で作成した、明治前期における甘藷の郡別生産量（年間一人あたり供給量）の階級区分図である。ただし、階級区分の第一ランクは五〇〇斤（三〇〇キログラム）以上で、馬鈴薯との間に大きな開きがある点に注意されたい。第一ランクに該当する七郡についてみると、谿山《たにやま》郡（薩摩）の二四二三斤が最大で、頴娃《えい》郡（薩摩）の一二九二斤、大隅郡（大隅）の九五九斤、給黎《きいれ》郡（薩摩）の七五六斤、千葉郡（下総）の五四四斤、那珂郡（日向）の五〇六斤、甑島《こしきしま》郡（薩摩）の五〇一斤の順となっている。千葉郡以外は、すべて南九州に集中している点も注目される。これらの郡では、庶民の食生活における甘藷は、「主食」ともいえる地位を獲得していたと考えられる。谿山郡の二四二三斤は約一、四五三キログラムであるから、一日平均に換算すると約四キログラムにもなる。この量をすべて生食していたとは到底考えられず、かなりの量を焼酎原料や飼料などの用途で利用したり、他所へ移出したりしていた可能性が高い。

第二ランク（一〇〇～五〇〇斤）に該当する郡は五三であるが、足立郡、新座郡、入間郡（以上、武蔵）と那波郡（上野）の四郡以外は、すべて西南日本に属している。第三ランク（五〇～一〇〇斤）になると、該当する五五郡のうちに、下総や相模の諸郡も多く含まれてくるが、やはり西南日本に属する郡が卓越している。このように、甘藷の年間一人あたり供給量が多い地域は、九州の南部から西部、瀬戸内沿岸、南関東などに集中し、馬鈴薯のそれと比

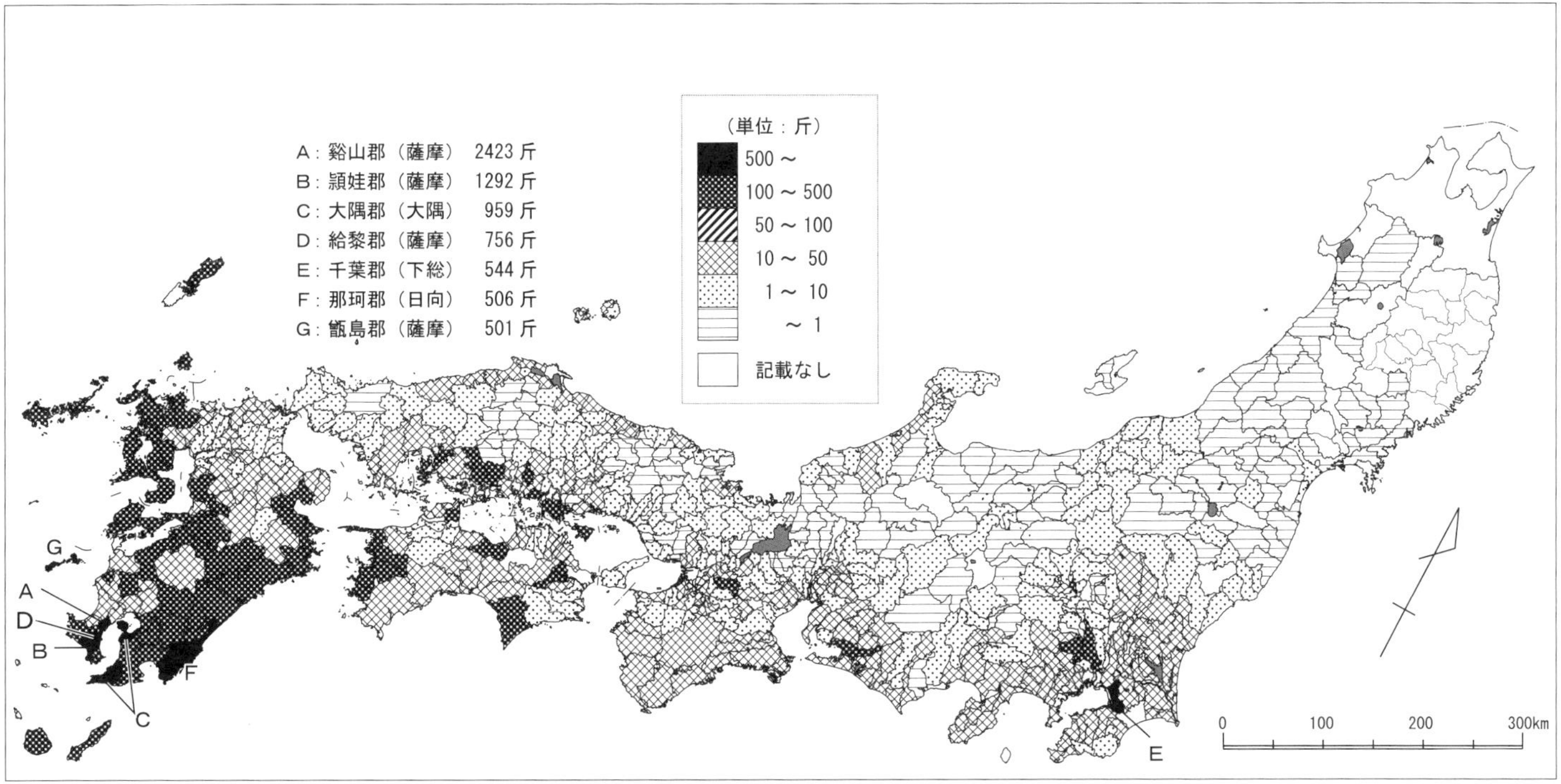


図3　明治前期における甘藷の郡別生産量（年間1人あたり供給量）
（『全国農産表』（明治9～12年）、『第三回共武政表』をもとに筆者作成）

較してかなり分布範囲が広かったことがわかる。

その一方で、甘藷の年間一人あたり供給量が一〇斤未満の郡や甘藷の記載自体がない郡も、東北日本や中国山地などで多く確認できる。特に東北地方では、四年次ともに甘藷の項目が記載されていない郡が相当数あることから、明治前期に至ってもなお、甘藷が導入されていなかったことが推察される。

そして、**図2**と**図3**の比較により、馬鈴薯の年間一人あたり供給量が多い北関東甲信から北陸、東北にかけての地域では、甘藷の年間一人あたり供給量が非常に少ないことが一目瞭然である(6)。阿波や肥前、豊後などに馬鈴薯・甘藷の供給量が共に多い地域がみられるものの、総じて馬鈴薯卓越地域と甘藷卓越地域は、落葉広葉樹林帯（ブナ帯）と照葉樹林帯の分布に酷似する形で、相補分布をなしていることが指摘できる。

## 3　山間部で先行した馬鈴薯栽培――村レベルの分析

次に馬鈴薯の生産地域の分布を村レベルでみてみよう。『共武政表』において旧村（大字）単位で「物産」に馬鈴薯を挙げる村が多数確認できるのは、北都留郡（甲斐）一八か村、射水《いみず》郡（越中）の一八か村、法美《ほうみ》郡（因幡）の一五か村、下北郡（陸奥）の九か村、大沼郡（岩代《いわしろ》）の一〇か村などである。一方、この時代の旧村レベルの産物が把握できる史料として、皇国地誌編纂を目的に集録されながら、日の目を見なかった残稿類を挙げることができる。以下では、後者の例として岩手県、前者の中から旧越中国射水郡をそれぞれ取り上げ、明治初頭段階で馬鈴薯の生産が盛んであった地域の特性を把握する。

岩手県では、明治政府の皇国地誌編集方針にしたがい、一八七六（明治九）年から約一〇年の歳月をかけて一一巻百三〇冊におよぶ『岩手県管轄地誌』が編纂された。同書は、藩政村（旧村）単位で書かれているため、旧村レベルでの「物産」が把握できる。

**表1**は『岩手県管轄地誌』に集録された一一郡六四二か村の主要作物について「物産」として記載している村の数を郡別に示したものである。「物産」に米を含まない村は岩手県全体で一五パーセントに上るのに対し、「物産」に大麦、粟、稗を含む村はそれぞれ八八パーセント、八〇パーセント、七三パーセントにも上っている。これは稲作地帯が北上盆地などの一部の地域に限られ、それ以外では麦や豆、雑穀類を主体とした畑作が中心で、米と麦や雑穀との混食が常例であったとされる当時の岩手県の状況と合致している（『岩手県史第一一巻民俗編』岩手県編・発行一九六五年）。米の記載割合が低く、麦や雑穀類（とくに稗《へい》）の記載割合が高い傾向は、二戸《にのへ》郡、九戸《くのへ》郡、岩手郡、閉伊郡、気仙《けせん》郡などでとくに顕著である。

馬鈴薯が記載されている村数は八〇であり、これは全村数の一二・五パーセントに相当する。郡別の記載数は閉伊郡が二四か村、岩手郡が二三か村、気仙郡が一二か村、九戸郡が八か村であり、

表1 『岩手県管轄地誌』の「物産」に主要作物を記載する村の数（郡別）

| 郡（村数） | 馬鈴薯 | 甘藷 | 米 | 大麦 | 小麦 | 大豆 | 小豆 | 稗 | 粟 |
|---|---|---|---|---|---|---|---|---|---|
| 二戸（43） | 0 | 0 | 16 | 30 | 31 | 39 | 6 | 32 | 26 |
| 九戸（59） | 8 | 0 | 32 | 51 | 48 | 58 | 46 | 56 | 57 |
| 閉伊（122） | 24 | 0 | 92 | 115 | 114 | 121 | 110 | 114 | 115 |
| 岩手（85） | 23 | 8 | 81 | 84 | 83 | 84 | 85 | 85 | 84 |
| 紫波（75） | 6 | 0 | 73 | 71 | 67 | 74 | 62 | 64 | 71 |
| 稗貫（68） | 0 | 0 | 61 | 52 | 30 | 52 | 19 | 28 | 48 |
| 和賀（69） | 1 | 0 | 69 | 52 | 62 | 69 | 65 | 62 | 63 |
| 江刺（15） | 1 | 1 | 14 | 14 | 14 | 13 | 13 | 0 | 11 |
| 胆沢（25） | 1 | 0 | 25 | 21 | 22 | 21 | 20 | 2 | 11 |
| 気仙（20） | 12 | 0 | 20 | 20 | 20 | 19 | 19 | 19 | 18 |
| 磐井（61） | 4 | 2 | 57 | 57 | 56 | 44 | 32 | 5 | 9 |
| 合計（642） | 80 | 11 | 540 | 567 | 547 | 594 | 477 | 467 | 513 |

（『岩手県管轄地誌』をもとに筆者作成）

その数は米の記載割合が低い郡で多い傾向にある。明治初頭の岩手県において馬鈴薯を生産する地域は、甘藷（一一か村、一・七パーセント）よりは多いものの、米麦や雑穀類の比ではないことから、局地的であったとみられる。**図4**は、岩手県の地勢を表したベースマップの上に『岩手県管轄地誌』に馬鈴薯を記載している村の位置を示したものである。この図からに、馬鈴薯の記載が確認できる村は、盛岡や遠野の近郊、北上高地（九戸・閉伊・気仙の各郡）で分布が密な地域があるほか、岩手郡域の奥羽山脈でも散見されることが読み取れる。明治前期の岩手県各郡における馬鈴薯の年間一人あたり供給量は、磐井《いわい》郡の一六斤を最高に、九戸郡の九・八斤、閉伊郡の八・二斤、他は五斤未満であった（**図2**参照）。このことと**図4**の結果を勘案すると、とくに九戸郡や閉伊郡など北上高地の山間部の村落において馬鈴薯が重要な食物として生産されていたことが推察される。

**図4**には甘薯（甘藷）を記載している村、米を記載していない村についてもあわせて図示した。甘藷を記載している村は盛岡近郊に集中し、それ以外では一関近郊など北上川の流域などの平野部に限定される。『全国農産表』では岩手県各郡に甘藷の生産量の記載がないことから、当時の甘藷は平野部の近郊農業において実用化に向けた途上にあったとみられる。また米を記載していない村は県北部の二戸郡・九戸郡に多くみられるが、とくに九戸郡ではそのような村で馬鈴薯が記載される例も確認できる。以上の

ことから、明治前期の岩手県では北上高地の山間部を中心に、以前から馬鈴薯の栽培が盛んであった村が存在していたことが指摘できる。

旧越中国射水郡は、富山県の北西部を占めていた郡で、現在の高岡市、氷見市および射水市の範囲にほぼ該当する地域である。明治前期における同郡の馬鈴薯と甘藷の年間一人あたり供給量は、それぞれ〇・六斤と六・四斤であり、郡全体でみれば馬鈴薯よりも甘藷が盛んに生産される地域であった。ただし『共武政表』の

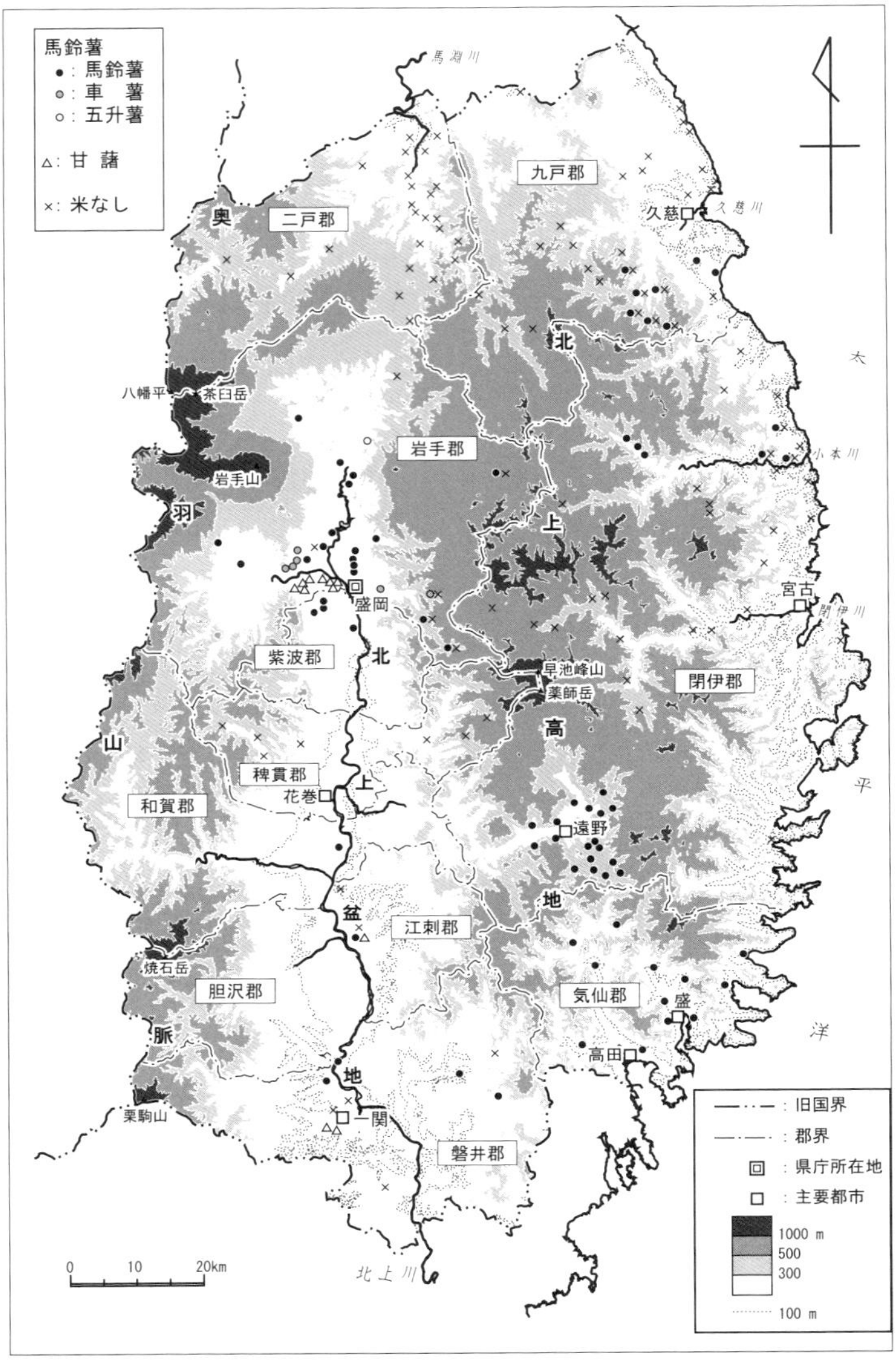


図４『岩手県管轄地誌』の「物産」に馬鈴薯を挙げた村の分布

（『岩手県管轄地誌』をもとに筆者作成）

物産の記載村数は、馬鈴薯が一八か村、甘藷二六か村と両者ともに記載数が多いことから、馬鈴薯と甘藷の両方が普及していた地域と位置づけることができる。

射水郡の北部[7]では、文政期（一八一八—三〇）に富山湾沿岸の薮田村（図5中のY）において、薩摩から甘藷を取り寄せて栽培を始め、自給食料としてだけでなく、金沢や富山へと移出するようになった（『氷見郡誌』富山県氷見郡役所編、一九〇九年）。そして、

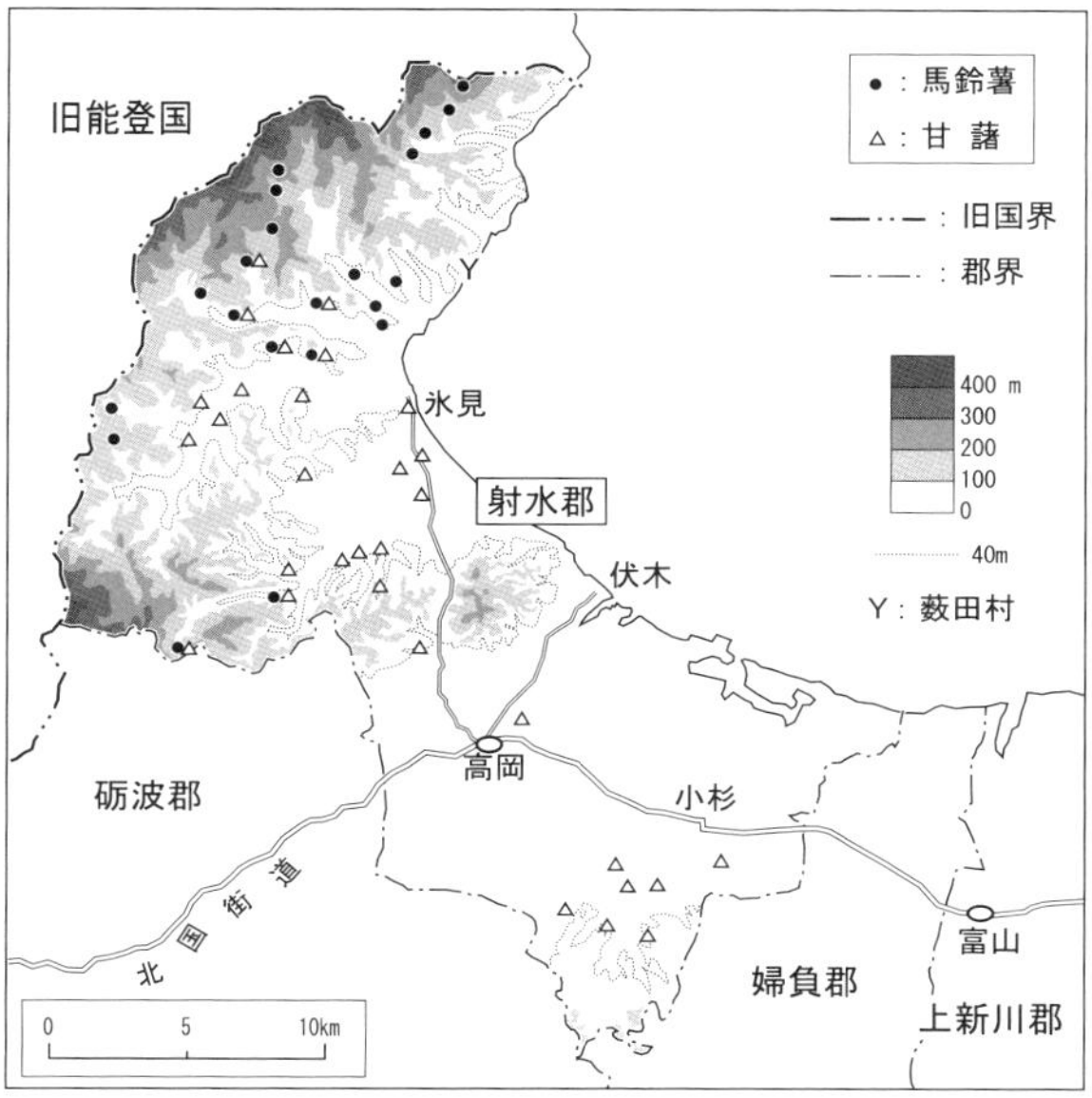


**図5　第三回『共武政表』の「物産」に馬鈴薯・甘藷を挙げた村の分布——旧越中国射水郡の例**
（第三回『共武政表』をもとに筆者作成）

天保の飢饉の際も、甘藷栽培によって、食料の欠乏を回避できたといわれている。

図5は、射水郡の地勢を表したベースマップの上に、馬鈴薯・甘藷を「物産」として記載している村の位置を示したものである。これによれば、射水郡において甘藷を記載している村は、富山湾沿岸の海岸地域あるいは内陸でも平野部に分布していることから、平野部を中心に甘藷が普及していたことがわかる。その一方で馬鈴薯を記載している村は、能登半島の脊梁をなし石川県と富山県を隔てる宝達《ほうだつ》丘陵の山間地域に分布し、平野部の甘藷と好対照をなしていることが一目瞭然である。

岩手県と旧越中国射水郡の分析からわかるように、郡レベルだけでなく、村レベルでも馬鈴薯・甘藷の生産地域の分布に明瞭な違いが確認できることは注目すべきことである。こうしてみると、高野長英が述べているように、近世において馬鈴薯は、甘藷の栽培が難しい寒冷な山間地に導入され、甘藷普及地域の間隙を縫うように、山伝いに伝播し山村の重要な文化要素の一つとして定着していった可能性が強い。

## 三　明治中後期以降の全国的普及

### 1　欧化政策と馬鈴薯

明治政府は殖産興業政策の一環として、外来野菜の導入を推進

した。開拓使の札幌本庁での馬鈴薯の試作状況をみると、一八七五（明治八）年には「馬鈴薯ヲ藝《う》ユ善ク風土ニ適シ収穫最多シ」、翌七六（明治九）年には「四月東京青山試験送致ノ米国種馬鈴薯ヲ在来ノ国産ト混栽シ其収穫ヲ試ミシニ米国種遥ニ優レリ」とある。馬鈴薯は夏季が冷涼な北海道の気候に適していたため、北海道では明治初頭の導入当初から積極的に栽培が推進されたことがわかる。またこの時期にアメリカ合衆国から新しく導入した品種を有望視する記述からは、近世以来続けられてきた在来種の栽培とは異なる新たな局面を迎えたことを示唆するものであろう。

その一方で、品種改良をめざしワタ・ナタネ・オオムギの人工交配試験などを日本で初めて実施した農学者玉利喜造は、本州以南では明治期を通じて、外来野菜の栽培に消極的であったことを述べた上で、「爪哇薯」については、九州地方では甘藷と比較して美味しくないために、東北地方では以前からすでに馬鈴薯を栽培していたために、暖地でも寒冷地でも、導入に消極的であったことを回想している(8)。玉利の回想からは、明治期の政府主導による馬鈴薯導入策に対する受け止め方が、近世段階での普及の地域差を反映して一様ではなかったことが窺え、興味深い。ところが、一八九〇（明治二十三）年に麦の不作によって東京で食料不足が発生すると、これを契機として、馬鈴薯への関心が高まり、青物市場での取り引きが盛んになるとともに、青山通りでも茹でた馬鈴薯を販売する店舗が現れ始めたという。

東京での馬鈴薯に対する関心の高まりが、一八九〇（明治二十三）年頃の食料不足を契機としていたことについては、同年六月十一日の『読売新聞』朝刊の記事「ジャガタライモの騰貴」(9)からも窺い知ることができる。この記事は、東京府では米価の騰貴によって、南京米や甘藷を入荷したが供給が追いつかなかったため、新たに「ジャガ芋」を買い求める者が急増したが、その「ジャガ芋」の価格も日増しに値上がりして庶民を困らせていることを伝えている。

玉利の回想や『読売新聞』の記事からは、東京に限っていえば、一八九〇（明治二十三）年、すなわち十九世紀の末に至ってようやく、馬鈴薯が庶民にとって重要な食材となり始めたことを窺い知ることができる。

## 2　多様な利用法と生産の拡大

日本における馬鈴薯の収穫量は、一八七八（明治十一）年には三万トン余りに過ぎなかったが、一八八七（明治二十）年には一〇万トン、一九〇六（明治三十九）年には五〇万トンを超え、明治期を通じて順調な伸びを示した（図6）。さらに大正期には、一九一九（大正八）年には一時的に一五六万トンに達した。馬鈴薯の収穫量に占める北海道の割合は、一八八七（明治二十）年には二三％に過ぎず、東北から北関東甲信、北陸にかけての諸県の地位が相対的に高かったが、明治三十年代（一八九七—）に過半数

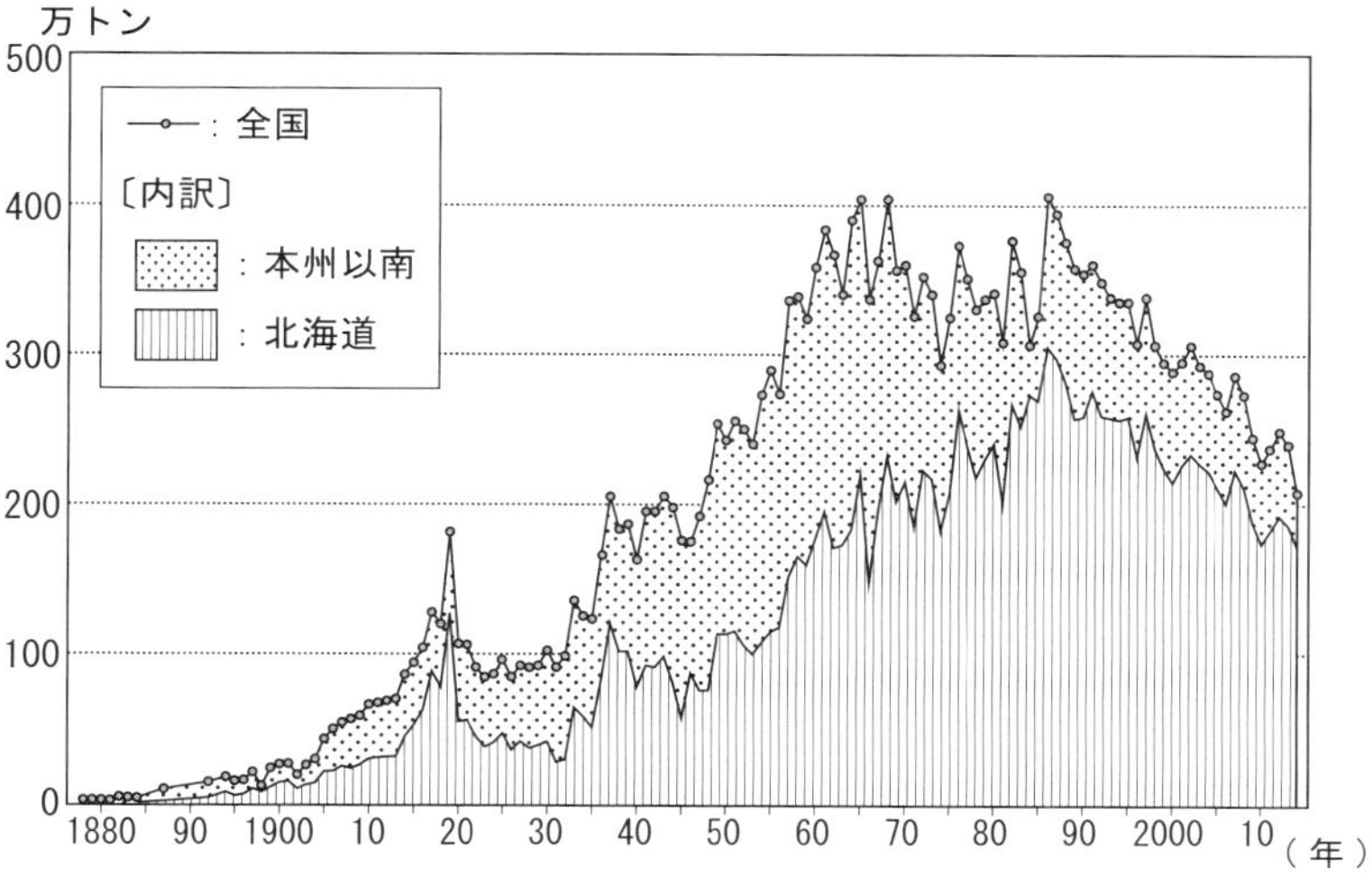


**図6　日本における馬鈴薯の収穫量の推移——1878～2014年**

（各年の『農商務省統計表』『農林省統計表』『農林水産省統計表』により作成）

を超えて以来、高率を維持するようになった。

北海道における馬鈴薯生産は、明治期を通じて開拓農民の自給用作物としての意味合いが強かった。ところが第一次世界大戦の勃発を契機としたヨーロッパへの澱粉輸出の増大は、原料である馬鈴薯生産を著しく増加させた[10]。そのことは、一九一六（大正五）年から一九一九（大正八）年にかけて北海道における馬鈴薯の収穫量が急激に増加していることからもわかる（図6）。ところが、大戦終了とともに澱粉価格が大暴落し、北海道の澱粉製造業は大きな打撃を蒙った。これ以降、北海道で生産される馬鈴薯の用途は、澱粉原料を主流としつつも種子用、生食用、酒精用などへの多様化が図られていった。

その一方で第一次世界大戦後は、「コロッケの歌」の流行に象徴されるように、都市の一般大衆の食生活にも馬鈴薯が浸透し、生食用馬鈴薯の需要が増加した時代でもあった。そのような中、それまで北海道内で有数の馬鈴薯澱粉産地であった八雲村（八雲町）などでは、府県での馬鈴薯生産の増大に対応した種いも産地への脱皮が図られた（玉真之介『主産地形成と農業団体』農山漁村文化協会、一九九六年）。この種いもの商品化の過程で、選抜された品種こそが、七飯村（七飯町）で川田龍吉男爵が一九〇七（明治四十）年頃にアメリカから導入したアイリッシュコブラーを起源とする「男爵薯」にほかならない。「男爵薯」は肉色が白色で消費者の嗜好に合致したこと、極早生種で府県では二毛作にも適して

表2　日本における馬鈴薯の品種別作付割合（1934年・1955年）

| | 昭和9（1934）年 | | | 昭和30（1955）年 | | |
|---|---|---|---|---|---|---|
| | 全国 | 北海道 | 府県 | 全国 | 北海道 | 府県 |
| 男爵薯 | 33.3 | 22.0 | 42.6 | 55.0 | 17.0 | 82.9 |
| アーリーローズ | 30.4 | 44.0 | 19.2 | | | |
| 三円 | 5.5 | — | 10.0 | 1.1 | — | 1.9 |
| 長崎赤 | 2.8 | 0.0 | 5.2 | | | |
| メークイン | 1.9 | 0.9 | 2.6 | 1.3 | 3.1 | 1.6 |
| 紅丸 | | | | 23.2 | 49.2 | 3.9 |
| 農林1号 | | | | 14.5 | 27.5 | 4.7 |
| ケネベック | | | | 1.0 | 1.7 | 0.6 |

（『蔬菜及果樹主要品種ノ分布調査』、『第32次農林省統計表』により作成）

いたことなどから、急速に普及していった。

馬鈴薯の品種別作付面積を示した表2をみると、一九三四（昭和九）年には作付面積全体に占める男爵薯の割合は三三・三パーセントであり、府県に限っていえば四二・六パーセントにも上っている。さらに戦後の一九五五（昭和三十）年の同割合は、全国で五割を、府県では実に八割を超えるまでに高まっている。一九三七（昭和十二）年に農林省経済更生部の報告[11]には、全国出荷量のうち、北海道と青森県が二七パーセントを占め全国各地へ出荷されるほか、群馬県や埼玉県などの関東近郊からも相当出荷量があることが報告されている（『青果物ノ生産・販売統制状況ニ関スル調査』農林省経済更生部編、一九三七年）。このことから、北海道からの種いも供給を背景として、昭和戦前期には府県にも馬鈴薯産地が形成され、全国的な馬鈴薯の流通が確立したことがわかる。そして馬鈴薯は、第二次世界大戦前後の食糧難の時代において、主食の代用品としての性格を一層強めていくことになるのである。

## 結びにかえて

明治初頭の国を挙げた馬鈴薯の導入政策は、二十世紀に至って、洋食文化の普及や北海道からの種いも供給体制の確立、大規模産地の形成と全国的な流通の確立などによって、ナショナルな普及へと結実した。これにより、今日に通じる馬鈴薯の生産・流通・

消費の「原型」が形作られたとみてよい。これに対して小稿では、近世後半における馬鈴薯の導入と普及に焦点をあて、ナショナルな普及へと向かう以前の実態の把握を試みた。

馬鈴薯は十八世紀の末以降に導入が図られていくが、十九世紀の段階における馬鈴薯の普及はきわめてローカルなものであり、地域的差異あるいは地域的偏在性が大きかったことが明らかとなった。甘藷が普及していた温暖地では見向きもされなかった馬鈴薯は、その間隙を埋めるように寒冷地や山間部を中心に浸透していった。これらの地域では局地的ではあるにせよ、ナショナルな普及以前から馬鈴薯が重要な生活文化要素として人々の暮らしに深く根ざしていた可能性が高い(12)。この点については、小稿をもってなお課題が浮き彫りになった感が強い。このことについては他日を期したい。

注

(1) ただし、中国における馬鈴薯はジャガイモとは別物であり、蘭山の説は誤用であるとする説も根強い。しかしながら、馬鈴薯は蘭山以降の文献にはジャガイモを示す呼称として広く用いられていること、農林水産省をはじめとする行政文書などでは今日でも馬鈴薯が通例であることなどから、本稿では「馬鈴薯」をジャガイモと同義の語として用いる。

(2) 河原宏「馬鈴薯の方言」『信濃(第三次)』四巻一号、一九五二年、二〇―二五頁。

(3) ①明治文献史料刊行会編・発行『明治前期産業発達史資料 別冊(一―四)』一九六四年、一九六五年。②同編・発行:『明治前期産業発達史資料 別冊(2) 明治十年全国農産表』一九六五年。

(4) 参謀本部編・発行『共武政表 明治十二年 上・下』一八七九年(国立国会図書館デジタルコレクション)。

(5) 清水克志「近世・近代移行期における馬鈴薯の普及実態とその地域的特質」『秀明大学紀要』第一三号、二〇一六年、一二五―一四七頁。

(6) 第三回『共武政表』の「物産」に馬鈴薯を含む郡は北関東甲信から北陸、東北にかけての地域と北海道に分布している。これに対し「物産」に甘藷を含む郡は、琉球、九州南部から南四国、瀬戸内海沿岸にかけて特に密に分布するほか、名取郡(陸前)と三島郡(越後)を北限として、太平洋と日本海の沿岸にも点在している。このことから『共武政表』でも馬鈴薯と甘藷の生産卓越地域の相補分布の傾向にあったことを確認することができる。

(7) 射水郡の北部地域(現在の氷見市および高岡市の一部に相当)は、一八九六(明治二十九)年に氷見郡として分離・独立した。

(8) 玉利喜造「明治園芸業の沿革」神田喜四郎編『明治園芸史』日本園芸研究会、一九一五年、一―一〇頁。

(9)『読売新聞』一八九〇(明治二十三)年六月十一日朝刊三面「ジャガタラ芋の騰貴」、ヨミダス歴史館(https://database.yomiuri.co.jp/rekishikan/)。

(10) 天間征「馬鈴薯品種の変遷をめぐる社会経済的環境」『北農』二〇巻一一号、一九五三年、一―一一頁。

(11) 農林省経済更生部編・発行『青果物ノ生産・販売統制状況ニ関スル調査』一九三七年、一二頁。

(12) 前掲注(5)、一二五―一四七頁。清水克志「地域資源の保全と活用における歴史地理学的アプローチの可能性――山梨県丹波山村の在来種ジャガイモを例として」『歴史地理学』五九巻一号、二〇一七年、一―一八頁。

# 下野国思川水系・流域の生業世界

平野哲也

●ひらの・てつや　一九六八年栃木県生。一九九六年筑波大学大学院博士課程歴史・人類学研究科単位取得退学。博士（学術）。常磐大学准教授。日本近世史。主著『江戸時代村社会の存立構造』（御茶の水書房）『日本農業史』（木村茂光編、吉川弘文館）等。

## はじめに

近年、日本史学や民俗学の分野で人間と自然の相互関係を追究する研究が進み、暮らしを営むための仕事である生業の多様性と複合性が解明されている(1)。本稿もその視点を共有しているが、さらに、特定地域における諸生業（さまざまな自然・資源利用）の連関構造を重視していく。それは、諸生業やそれを営む諸主体の間の連携と対立、共存と相克のあり方を考えることにつながる。その格好のフィールドとして、近世中後期の河川流域を取り上げ、村や百姓が、自らを取り囲む自然環境や地域資源をいかに活用し、どのような生業を営んでいたか、を具体的に明らかにしたい。

これまでの研究は、河川とその流域の百姓・村との関わりについて、主に、用水組合のように利用目的を共にする者たちの社会関係・組織とその運営に注目してきた。もちろん、流域には同じ生業・資源利用が集中し、等質な地域特性を育む例が多かった。ただし本稿は、流域という場・環境が多様な生業を生み出し、それらが有機的な連関のもとに成り立っていた側面に目を向ける。

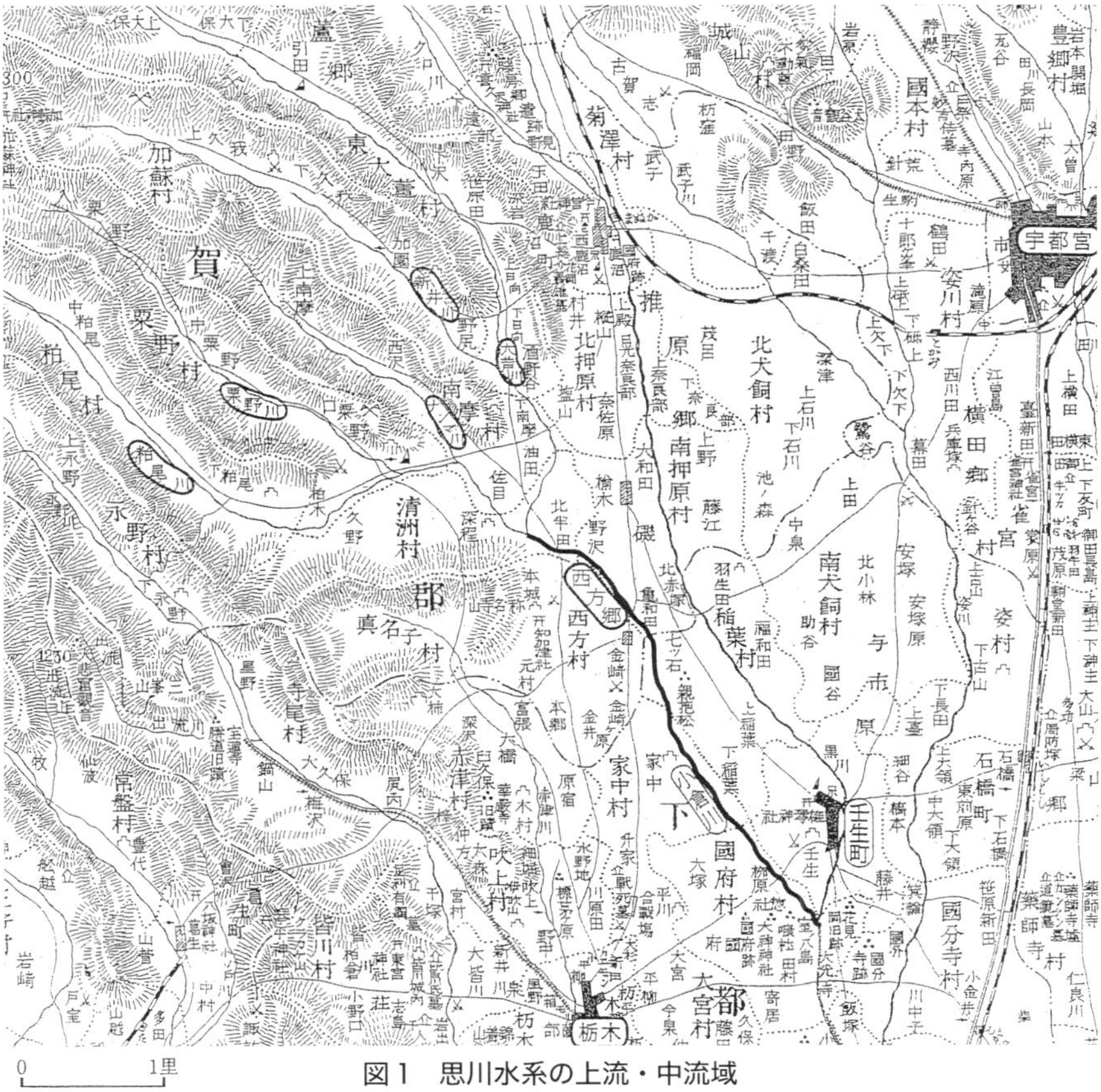


**図１　思川水系の上流・中流域**

（注）両毛文庫栃木通鑑附録「栃木県全図」（明治37（1904）年発行）より作成

村々の立地や資源状況、時代状況、百姓の意志によって諸種の生業が並存・輻輳する様相に光を当てたいのである。そこには、諸主体の利害の衝突も予想される。本稿では、村や百姓が自然・資源を有効活用する知恵・工夫とともに、流域に生じた諸矛盾を解決する知恵と努力も検討する。その双方が、流域社会の力量と懐の深さを端的に指し示すと考えるからである。

本稿にとっては、近世から近代まで持続する、川の共的な管理・利用システム、「共的資源」・コモンズとしての性格を浮き彫りにした菅豊氏の研究が参考になる（菅豊『川は誰のものか』吉川弘文館、二〇〇六年）。菅氏は川利用の中でもサケ漁に焦点を絞っているが、本稿は川をめぐる多様な生業の展開に関心を広げていく。

本稿の対象地域は、下野国（栃木県）西部の思川《おもいがわ》水系の上流・中流域である[2]（図1）。思川は、足尾山地を水源として山間を流れ、都賀郡の平野部を南流し、下野国南端で渡良瀬川に合流する。上流の山間部では、本流の粕尾川と支流の大芦川・荒井川・南摩川・粟野川が並流し、それぞれ谷を開析していた。これら五河川に連なる村々は、南北を山に囲まれ、谷筋に集落と狭小な田畑を持つ山間村落の景観を示していた。粕尾川と粟野川の合流地点から、思川が壬生（栃木県壬生町）城下南で黒川と合流するまでの流れを、別に小倉川と呼ぶ。五河川合流後の小倉川は水量が豊富で、流域に広大な平野をつくりあげていた。

## 一　川に連なる諸生業の連関と均衡

### 1　荒井川の水量減少が引き起こす村々の確執

荒井川は野尻村（栃木県鹿沼市）の南東端で大芦川に流れ込む。近世の両河川流域は水田に乏しかったが、百姓は、畑で冬作の大麦・小麦を栽培し、夏場は麻作に励んだ。麻は流域最大の特産物となった。また、周囲の山々から材木・薪炭を産出した。荒井川流域の山では石灰石が採掘でき、石灰を焼く百姓もあった。材木・薪炭も石灰も、域外に販売される商品であった。両河川流域には、地域資源を活用した多様な生業が展開していたのである。

荒井川が大芦川に合流するまでの三里ほどの間には、上流部から上久我・下久我・上加園・下加園・野尻の五か村（いずれも、鹿沼市）が連なっていた。一八六二（文久二）年十二月、このうち上加園村の名主・百姓惣代が、上久我村が企てた新堰・新堀造成に反対し、差し止めを願い出た。自村の水利環境の極端な悪化が予想されたからである。

「川付」の五か村はみな荒井川を用水源としてきたが、村々の立地によって取水条件に差異があった。上・下久我村は最上流部であるため、取水量に恵まれていた。「末水」であっても、下加園村は村内に大きな沼をもち、野尻村は大芦川からも用水を取ることができた。これに対して、五か村の中央に位置する上加園村は湧水源がなく、すべての農業・生活用水を荒井川に頼らざるを得なかった。上流・下流の四か村に比べて、水利に劣っていたのである。そうした水利環境をさらに悪化させたのが、荒井川の流水量の極端な減少であった。その原因は、荒井川流域の過剰な樹木伐採にあった。上加園村は、当該期の状況を次のように主張した。

> 近年は、諸国一般の山々で材木生産が隆盛している。荒井川流域も、満水の節、材木を筏に組み、江戸に送り出せる土地柄であるため、山々はもちろん「石裂山《おざくさん》」（加蘇山神社）の社木まで伐採が進んでいる。大木はあらかた伐り尽くされ、山々の景観は小木ばかりに一変した。そのせいで山林の水源涵養能力が失われ、「出水之潤」が薄くなった。荒井川の流水量は、年を追うごとに減少している。最近は、冬だけでなく夏場でも「干川」となり、農業用水や人馬の飲み水・生活用水にも差し支えることが増えてきた。

幕末期、山林の乱伐によって、上加園村の利水は窮地に立たされていたのである。上久我村の新田開発・新堰造成計画がそこに追い打ちをかけた。新堰ができると、上加園村の川上わずか一里弱の間に四か所もの堰が居並ぶことになる。そうでなくても減少していた流水を先に奪われ、自村の農耕が維持できなくなることを上加園村は恐れた。

この一件は、荒井川に関わる諸生業の密接な連関構造を示唆している。幕末期の状況を踏まえて、荒井川と諸生業の関係について、さらに詳しく見ていこう。

## 2 材木・炭生産による山林乱伐

思川水系上流の山間部では、すでに天和年間（一六八一―八四）には民間売木が始まっている。材木生産・流通は十九世紀にかけていっそう活発化し、思川水系を下る筏が増加・長大化する。

大芦川・荒井川流域の山々から伐り出された材木が目指す最大の市場は江戸であった。下野国都賀郡北西部の山村は、思川支流→思川（小倉川）→渡良瀬川→利根川→江戸川という川の流れで江戸市場に直結していた。豊かな山林資源と江戸に繋がる川の道、この自然環境・地理的条件が材木生産と巨大市場への移出・販売を可能とした。流域内外の有力百姓＝売木人（筏荷主《いかだ》）がそれを主導し、杣《そま》・木挽、材木の運搬者、筏師を雇用・編成した。資金力のある売木人の山林経営は、地元百姓がこれらの新たな生業に参加する機会を押し広げた。

大芦川・荒井川では、川幅が狭い急流の上流部では管流《くだなが》し（伐採した材木を谷川に一本ずつ流す運材法）をし、川幅が広がり中州が発達した地点で筏に組み直して川下げした。思川水系の輸送条件は、水の流れに従って江戸まで到達できる（川の遡行区間がない）点で有利性が大きかった。

近世後期、思川上流域産出の材木は、優良材として江戸市場で高い評価を得ていた。荒井川最上流部にある加蘇山《かそやま》神社には、一八四一（天保十二）年四月に江戸深川木場の中村屋与惣治・花屋仁兵衛が奉納した灯篭が現存する。それは、当該地域と江戸材木市場の深い結びつきを今に伝えるものにほかならない。加蘇山神社は、広大な山域を社地に抱える山林地主でもあり、材木生産・販売の主体であった。かつては、加蘇山神社による社木の管理が、荒井川流域の山林資源の保護、ひいては流域全体の環境保全に貢献していたと思われる。しかし幕末期には神社自身が売木を推進し、伐採規制のたがが緩んできた。一八五五（安政二）年十月の江戸大地震の復興に伴う木材需要も山林乱伐の一因となった。たとえば、翌年七月には旗本有馬備後守の要請で、上久我村から杉・檜・栗の角材三九〇〇本（代金一〇〇両）が、八・九月にも野尻村や加園村から御用材の杉・檜・栗五〇一一本が伐採され、江戸に移出されている。江戸大地震は荒井川流域の村々に材木の特需をもたらしたが、同時に山林資源の枯渇を促進した。

荒井川流域では炭生産も盛んであり、原木の雑木を減少させた。十九世紀前期には、上久我村だけでも、加蘇山神社の社家が統括する一三の炭竈《かまど》（炭竈所持者）が存在した。最上流部の石裂・寄栗集落の炭焼人仲間は一八三〇（文政十三）年、金銭を積み立て融通し合う講を立ち上げている。炭焼きへの補助が集団的・組織的になされたのである。

### 3　石灰生産がもたらす薪需要

荒井川流域、とくに下加園村で盛んに行われた石灰生産は燃料用の薪を多く消費するものであった。元禄年間（一六八八—一七〇四）には下加園村だけで三五人もの「あくやき衆」が存在し、宇都宮日野町の商人から前金を借りて石灰を焼き、その商人に製品を売っていた。

石灰生産は十八世紀には停滞したが、幕末～明治初期に再び勢いを盛り返してくる。その頃、加園村では毎年約八〇〇〇俵（四〇〇〇石）の石灰を生産し、二〇〇〇両ほどの代金を稼いでいた。当時の石灰は、鹿沼宿や近在の村々に売られ、肥料として使われた。石灰生産は、石灰石の掘り出し・担ぎ出し・駄送や薪取りなどの労働力需要も生み出し、百姓の収入源を増やした。こうした石灰生産のために大量の薪が採取された。一八八六（明治十九）年の加園村では、一万一六〇二駄（一駄三六貫）の石灰を焼くのに半計で二万三二〇四駄の薪炭を費やしている。石灰産地の都賀郡鍋山地方（栃木市周辺）では、石灰の増産とともに燃料需要が高まり、地域の山々が禿《は》げ山と化したという。荒井川流域の石灰生産も同様に、山林資源の枯渇の遠因となった。また天保年間（一八三〇—四四）には、石灰石の盛んな採掘が御林の領域を侵し、長雨時に御林の倒木を激化させている。石灰石の採掘行為も山林に対する負荷要因であった。

### 4　水田開発の進展と用水の争奪

日光領では一八五三（嘉永六）年から農村復興をめざして報徳仕法が推進された。その一環に荒地起返し仕法があった。一八六二（文久二）年六月、同領上久我村の百姓は、仕法の波に乗って新堰・新堀を造り、麦作にも麻作にも適さない天明年間（一七八一—八九）以来の荒畑二町歩の「田成《たなり》」（畑を水田に転換）を目指した。先述の通り、これに上加園村（幕府領と吹上藩領の相給《あいきゅう》）が反発した。上久我村の新堰・新堀設置はすぐには実現せず、一八六九（明治二）年に用水堀が完成し、以後ようやく開墾に着手している。その間、上加園村が納得するまで、水の分配について協議・調整が重ねられたものと思われる。

荒井川の水量減少の時代背景として、幕末期における百姓の水田開発意欲の高まりに注目しておきたい。それは可耕地の狭い山村でも顕在化した。百姓の米作志向の原動力は、幕末期の米価高騰に求められる。十九世紀前期、大芦川最上流部の上草久村の百姓は、村内に一枚の水田も持たず、水稲を生産していなかったが、村外から米を買い、家ごとに蓄えていた。奥深い山村にも米の需要があり、百姓は米の消費者となっていたのである。米価の高騰は、そうした山村の百姓の飯米支出を増加させ、家計を圧迫する。そこで、米の消費水準を落とさず、購入量を抑えるために水田を広げようとしたのである。他方、地主層の目には、幕末期の状況が米を高値で売り出せる好機の到来と映った。一般の百姓も地主も、思惑は異なるものの、水田開発と新たな取水に邁進した。幕末期の新田開発気運の盛り上がりは、山林の乱伐と相まって、流域の村々の間に川水の獲得競争を激化させた。

## 5　麻の加工を支えた川の水

荒井川の水量減少は、流域の麻作にも打撃を与えた。再び上加園村の訴えを聞いてみよう。

> 「高山之谷合」で「日影畑」の多い上加園村では、「冬作」（麦）の育ちが悪く、麻を畑作の主力に据えて、地元の特産物としてきた。年貢上納分にも充当している。麻は、畑から収穫した後、湯を掛け、荒井川の流水で「悉ク洗晒あげ」、「水一切ヲ以製法いたし」ている。それにより「しら賀苧」も仕上げることができる。流水がなくなると、上加園村の百姓全体の暮らしが成り立たない。

この主張通り、上加園村の百姓は、麻の湯かけに要する大量の水を川から桶で汲み上げていた。一日に収穫した約一〇〇束の生麻を湯かけするのに麻風呂（一杯がドラム缶約三本分の容量）三杯以上の水を使ったという。しかも、良質な麻を取るために、水は毎日取り替えた。湯かけ後は、晴天時に麻を干し、川で洗い、また干すという作業を繰り返した。次に、十分干し上げた麻を「水舟」（麻槽《おぶね》）に浸し、それを「麻床」に積み置き、一日に二度ほど水を加えて発酵を促した。そうして皮をはぎやすくした麻を取り出し、再度水につけたり、川水に浸したりした後、麻はぎを行った。さらに上加園村の百姓は、荒井川の清流で麻を洗い晒し（漂白）、付加価値を高めた。川の水は、精麻のあらゆる加工過程を支え、商品生産と品質向上の目的で最大限に活用された。それゆえ、麻の生産・加工という地元の有力な生業を守る上で、川水の減少は放っておけない一大事となった。

なお、荒井川流域の山林資源は、麻作と直接的な結びつきも持っていた。たとえば一八三三（天保四）年十二月、加蘇山神社の社家五人が、神社が所有する杉五〇〇〇本を抵当に入れ、領主から麻肥金三〇〇両を七か年賦で借りている。麻肥金の巨額さからみて、神社周辺の百姓に又貸しされ、荒井川流域の麻作に使われていったと考えられる。大山林地主である加蘇山神社が金銭融通の結節点となり、山林資源の信用力で麻の生産資金を調達し、地元の麻作の安定・振興に寄与していたのである。

## 6　河川水運に及ぼす影響

流量の減少が思川支流の各所で起こっていたとすると、管流し・筏川下げに不都合が生じ、壬生河岸（黒川右岸には壬生五河岸が設置されている）以南の思川舟運も不安定となる。それは材木・薪炭の流通・販売を阻害し、山村の百姓に不利益として跳ね返ってくる。樹木に覆われた山々が持つ保水機能が弱まり、下流の洪水被害が拡大したことも想像される。流水量の安定は、山村にとって、商品流通、生産物移出・必要物資移入の基幹ルートを保全・確保する前提条件でもあった。

## 7　諸生業の均衡の必要性

近世後期の荒井川流域では、村々や百姓が、諸種の地域資源や市場への地の利を生かして多様な生業を展開した。それらの多くは荒井川の利用で成り立ち、川を介して相互に密接に連関していた。川は、いくつもの生業に恩恵を与え、その持続を根底で支える包容力を保っていた。ただし同時に、そこに連なる諸生業のあり方によって影響を受け、激しく変化させられた。川の変化がまた、諸生業の動向を左右した。樹木・地下資源の過剰な利用圧力が荒井川の水量を減らし、田畑耕作や麻の加工を阻害していたことが好例である。同じ川に諸生業が結びついていたために、一つの資源利用が度を越すと流域全体の資源利用＝諸生業間の均衡が崩れる。諸生業のバランスをとり、いかに共存させるか、資源利用・保全の再編・調整が絶えず要請された。

実際、荒井川・大芦川流域の村々は、資源枯渇が深刻化する中で、山林資源の回復に向けた対策を講じている。その一つに、日光領の報徳仕法で推奨された植林が挙げられる。

二宮弥太郎（尊行《たかゆき》、尊徳の二男、日光山領八九か村の仕法を推進）は、木曽檜の良種を取り寄せ、苗木に育てて村々に下げ渡した。上・下久我村も一八五八（安政五）年三月、百姓一四三名の合議に基づき、両村の入会地への木曽檜の植林を取り決めた。以後、両村の百姓は協力して育林にあたった。両村は、木曽檜の商品価値に期待しただけでなく、林地の拡大による水源涵養機能・洪水防止機能の回復も企図していたのではなかろうか。一八六一（文久元）年には、大芦川沿いの下大久保村も、「永久村為《えいきゅうむらため》」の事業として、村持山での木曽檜四〇〇本の植林を計画している。当時、同時並行で開田を進めており、将来の売木収入とともに、開田に伴う水資源の減少を見越して、それを補おうとした可能性がある。村々にとって植林は、山と川と田畑の結合を安定・持続させる枢要な営為であった。「村為」の文言が示す通り、地域資源の利用・保全の主体として、村という社会組織が重要な役割を担っていたことも明らかになる。

## 二　川利用に関わる多様な生業とその共存

### 1　用水組合西方郷による小倉堰の利用と管理

近世の西方郷（栃木市）はもともと、戦国時代の領主であった西方氏（宇都宮氏の庶流）の城付領の中核をなす領域であった。そのまとまりをもとに、慶長年間（一五九六―一六一五）創設との伝承を持つ小倉堰とそこから取る用水の利用・管理を求心力として郷中の結束を強化した（図2）。新田開発の過程で新村が分立し、慶長年間に合計一二か村で構成される西方郷が成立した。(3)西方郷は、「西方郷小倉川用水組合拾弐ケ村」とも称され、郷が作成した文書には「西方領拾弐ケ村高六千石余之用水呑水、小倉川江長弐百七拾間之石堰仕、夏冬共ニ取来り申候」の如き文言が頻出する。用水組合として、農業・生活用水を小倉川に依存し、小倉堰との不可分の関係性を誇示する西方郷の自己認識がうかがえる。近世中後期、西方郷の内部では、取水方法や堰・堀普請の負担をめぐってしばしば確執が生じた。しかし、その度に組合村の議定書を作成し、治水と利水の秩序を整えた。渇水時には、番水によって一二か村の取水の公平をはかった。近世中後期の西方郷には幕領や旗本領が入り組み、相給村もあり、領主支配の面では分断されていた。しかし西方郷の村々は、明治時代以降も小倉堰に拠る協同性を根幹で保ち続けた。

小倉堰の維持・管理は、直接的には堰守と堰番が担った。堰守役は代々特定の家が継承し、堰脇の水神社付近に住み、日夜堰を監視していた。堰番は、西方郷一二か村のうち上郷・下郷それぞれ二か村ずつ、合計四か村の名主が就任し、堰・堀普請の統括や川状（筏の通行許可証）の発行などを職務とした。ただし、堰の利用・管理の最終的な意志決定は、一二か村の名主の合議によってなされた。小倉堰は、川幅いっぱいを石組みで締め切り、その上に水を流す大規模な洗堰であり、頻繁に行われる堰普請には膨大な人足と費用が必要であった。それらも、一二か村が用水の受益高に応じて分担した。

明治中期の統計によると、旧西方村（近世の西方郷にほぼ相当）は、畑方優位の都賀郡にあって田勝ち（水田率五八％）で、水稲収穫高・反収ともに著しく高かった。しかも、近世後期の江戸の地廻り米市場において、「野州西方米」は上位に格付けされていた。こうした西方郷の水田稲作地帯としての特性は、小倉堰の利用・管理にかけた百姓の営為の積み重ねによって形成された。

### 2　水車業と酒造業の相乗的展開

近世後期から幕末期にかけて、小倉川の水は水車の動力源としても重用された。

一八七〇（明治三）年当時、西方郷一三か村（畑作村の和久井村を除く）には二一人の「水車稼人」が存在した。水車を敷設する

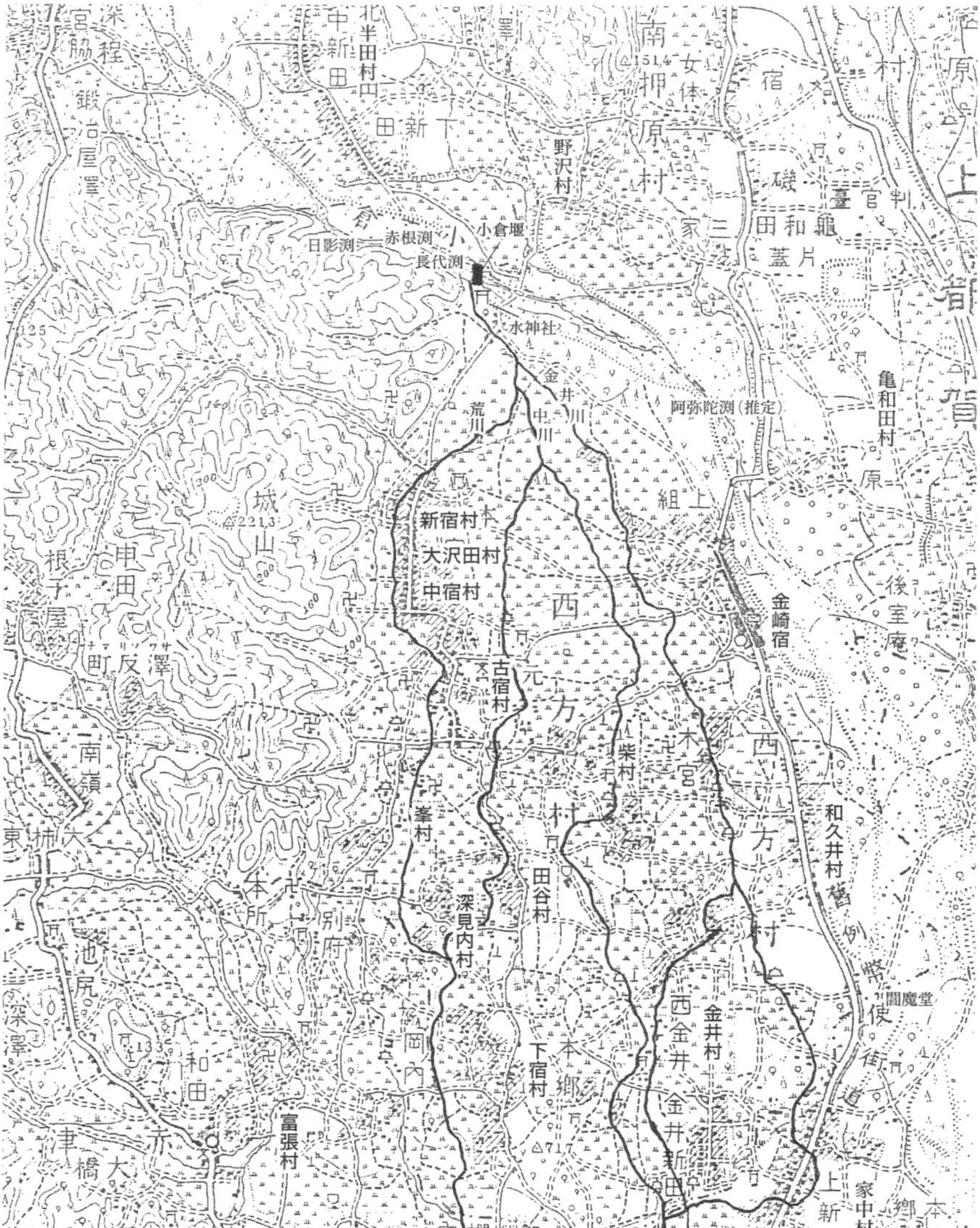


**図 2　西方郷と小倉川**

（注）大日本帝国陸地測量部発行 5 万分の 1 地図「壬生」「栃木」（明治 43（1910）年発行）より作成。
ゴシック体は西方郷の村。

には、水車堀を掘り、流水を引き込まねばならない。西方郷の用水慣行に後から参入し、既存の農業・生活用水を流用する水車業は、稲作を行う多くの百姓との間に水の分配をめぐる矛盾を生じさせる。そこで、新規に「水車稼人」となる百姓は、堀の開削予定地の持主と協議し、合意成立の後、当該村の村役人に水車利用（「御村方御用水借用御無心」）に関する誓約書を差し入れた。具体的な誓約内容は、水田の用水需要が低くなる秋の彼岸～冬季に「川留」をして水車を動かすこと、大量の用水が要る苗代時から秋の彼岸までは「川留」をせず、余水で水車を動かすことなどである。渇水時の水車稼動の全面停止も約束している。こうした条件が整えば、西方郷も新規の水車業を「郷内《ごうない》之《の》事故《ことゆえ》」として許容した。農業用水権の優越を確認し、水車堀への取水量・期間を限定することで、用水利用と水車業を両立させたのである。有限な水資源の管理を徹底しながら、状況に応じた水の分配秩序を構築し、川に関わる生業の幅を広げる西方郷の柔軟性が見てとれる。

「水車稼人」は、村々の地主から大量の米麦を預かり、その精米・製粉で搗賃を稼いだ。また、小百姓の精米・製粉も請け負い、副産物といえる糠（肥料となる）を商品として販売した。水車業は、地主の白米販売を助け、小百姓の米麦調整作業を軽減し、郷中に利益をもたらした。それゆえ、西方郷も「水車稼人」の営業を認めたのであろう。

水車業の拡大に連動して、近世後期～幕末期には、西方郷に酒造業が勃興してくる。現在も酒造業を営む古宿村（栃木市）の飯沼家は、越後からの移住者で、一八一一（文化八）年創業という家伝を持つ。飯沼家は代々、小倉堰から引く用水路の水と西方郷の米を使って酒を仕込んだ。一八六八（明治元）年には、古宿村だけでも飯沼家以外に三人の酒造人が営業している。越後出身の稼ぎ人を含め、酒造業に乗り出す百姓が郷中に続出していたのである。西方郷の酒造業は、郷内に米市場を広げ、地元の主産物である米の商品価値を高めた。そして、米や酒の売買過程で富を生み出し、地域経済に活力を与えた。重要なのは、小倉川が水車業を介して米作と酒造業を結びつけ、米作・精米・酒造の全過程を一貫して支えたことである。小倉川は、米所西方郷の産業振興の要であった。

## 3 川がもたらす渡船業・川石利用

西方郷の百姓が小倉川の流域に住んでいるからこそ得られる稼ぎ、利用できる資源は他にもあった。その一つが渡船業である。天保年間（一八三〇―四四）、小倉川の川幅は、平水時で二五間ほど、洪水時で一〇〇間余にもなった。西方郷の東縁を南北に貫く例幣使道は、金崎宿（栃木市）と対岸の亀和田村（鹿沼市）の間で川を渡る。両村には渡船場・小屋が置かれ、百姓が渡船業に従事した。時には、金崎宿以外の西方郷の百姓が渡船場を借り受けて船渡しを行うこともあった。西方郷と野沢村（鹿沼市）の間にも渡船場があり、幕末維新期には平水時と洪水時の人馬の渡し賃を定め、双方の百姓が船賃を稼いでいた。西方郷の百姓は、日々の暮らしの中で小倉川の渡河に関する知識・技能を身につけ、水量・水流の変化を見極める目も養っていた。その能力を生かして渡河点の水陸交通を担い、収入を得たのである。

小倉川は、水だけでなく石も提供した。西方郷縁辺の小倉川の河原には、川に研磨された川石が大量に堆積している。郷中の百姓はそれを堰普請や家作・井戸作りに用いた。幕末期には、川石を無断で郷外の者に渡す百姓が増えたため、村役人の監視を強め、郷全体で採石規制を徹底している。川石が郷外へ売られていたことが推察される。川石は、郷中・郷外を問わず、百姓に求められる有用な資源であった。

## 4　筏道としての川利用

小倉川は売木人（筏荷主）が上流・支流の山間から筏を流す川の道であり、すべての筏が例外なく小倉堰を通過しなければならなかった。ただし、川幅を締め切る小倉堰の前で、筏は立ち往生せざるを得ない。大量の筏を流下させる筏荷主からみて、小倉堰は筏道を塞ぐ障害物であった。一方、西方郷にとって上流から来る筏は、堰を破壊し、農耕の基盤を崩しかねない脅威となった。売木・筏川下げと堰利用・農耕は矛盾を孕んでおり、山村の売木人と平場の西方郷の利害は衝突した。

ただし、貞享～元禄年間（一六八四―一七〇四）の筏川下げ争論を通して、西方郷と筏荷主は折り合い、それを幕府が追認する形で、筏が小倉堰を越えるための作法が確立した。農業用水の需要が高まる四～七月は筏流しを禁じ、それ以外の期間は十分な水量があれば、筏荷主が「堰ニ無構筏岡を持越」を願い出、西方郷の許可を得た上で川下げすることが決まったのである。それは、小倉堰の手前で筏を解体し、いったん陸揚げして堰を迂回し、堰の下流で再び筏に組み直すという通過方法であった。これにより、本来相容れない堰利用と筏流しの矛盾は乗り越えられる。西方郷と筏荷主は、小倉堰の利用を優先しながら、互いの生業をともに成り立たせる合意を形成した。

十八世紀に入ると、民間売木の隆盛に伴い、思川水系上流部からの筏の川下げ量が増え、規格も長大化した。そのため、西方郷と筏荷主の筏川下げ争論が頻発してくる。西方郷の内部で、筏荷主と馴れ合い（筏荷主から堰銭を徴収した可能性が大きい）筏川下げを積極的に容認する村々と、堰の保全を掲げて筏の流下に対抗する村々が対立する場合もあった。しかし、いずれの争論も、筏の量や大きさを制限した上で、「筏岡を持越」の原則を再確認し、堰の保全と同時に筏川下げも滞りなく行う和談が成立している。これは結果的に、上流部の山林乱伐を一定程度抑制し、山林の水源涵養・洪水防止機能を守り、川の流水量や流域環境を安定させる効果をもたらしたといえる。また、現実的には、十分な水量・

水位があれば、西方郷と筏荷主の暗黙の了解に基づき、筏の堰上通過も許された。

筏の川下げを牽引したのは、薪炭も含めた都市の林産物市場である。地元の売木人ばかりでなく、宇都宮や江戸本所・深川、大坂の材木問屋・薪炭問屋など都市商人が、思川水系上流域の山林資源の商品化に巨額の資金を投じていた。十八世紀後期には、諸藩の御用木の伐採・流下も相次いだ。そうした中、幕末期には、西方郷の中から売木人・筏荷主が生まれてくる。平野部の西方郷は山林資源に恵まれていなかったが、川下の材木市場に魅せられ、地元の地主に経営資金を借り、上流域の山林から材木を買って商品とする百姓が多数現れたのである。幕末期の小倉川は、西方郷の売木経営を支える筏道にもなってきた。

上流・下流という空間認識は相対的なものである。郷中に筏荷主が簇生してからの西方郷は、それまで争論を繰り広げていた小倉川上流・支流域の村々と協調・結束し、さらに下流で思川（小倉川）を用水源・漁場として使っていた村々（現壬生町・小山市域）を相手取り、筏通行の障害（簗《やな》の設置や通行銭の徴収）の撤廃を求める訴訟を起こしていくのである。

### 5 川漁の盛行と漁業秩序の再編

資源・生業という観点で小倉川の役割を考えた時、見逃せないのが川漁である。小倉川（思川）は、明治前期には栃木県下で有数の鮎の産地として知られていた。その伝統は十七世紀中期にまで遡る。

一六四九（慶安二）年六月、西方郷と対岸の半田村（鹿沼市）の境界争論・川論に幕府の裁許が下り、日影渕・赤根渕・長代渕（以下、三か渕と略称）を、従前通り「御留《おとめ》川」とすることが申し渡された。「御留川」とは、領主の漁場として、一般の百姓の自由な立ち入りを禁じたことをいう。西方郷はこれ以前より、三か渕で御用鮎を捕り領主に献上する代わりに漁業特権を与えられていた。裁許がこれを追認した。三か渕は、小倉堰や水神社に近く、西方郷の用水利用にとってもきわめて重要な地点であった。また、阿弥陀渕～閻魔堂の区間では、三～五月の「小鮎之時分」の川漁がいっさい禁止された。ただし、六月以降は、西方郷と対岸の亀和田村（鹿沼市）・羽生田村（壬生町）の入会《いりあい》漁業が認められた。三か渕と阿弥陀渕～閻魔堂の漁場をあわせると、小倉川が西方郷に接するほぼ全流域となる（**図2**）。この裁許後、西方郷は、小倉川と郷中の関わりの深さを意識して、同川を「往古より西方川ニ御座候」と主張し始める。

裁許の内容からは、近世前期における沿岸村々の川漁の隆盛が、稚鮎の乱獲・減少を深刻化させていたこともわかる。それゆえ、水産資源の枯渇を防ぎ、繁殖を促すために、漁業者の限定と禁漁期間が設定されたのである。

やがて「御留川」（三か渕）は漁業従事者に対して一定額を課税

する「御運上《うんじょう》川」となり、西方郷が運上金三両を上納することで、独占的な漁業権を確保するに至る。

一七四七（延享四）年五月には、郷内の金崎宿が運上の単独上納と引き替えに川漁（阿弥陀渕〜閻魔堂の区間）の独占を図った。これに対して、「魚猟ニ而渡世仕候者数多《あまた》」抱える「入会村々」（郷中の残り一三か村と亀和田村・羽生田村）が、「入会川」の伝統を訴えて猛反発した。川漁の魅力の大きさがうかがえる。

「御運上川」となった三か渕の漁場において、宝暦年間（一七五一—六四）までに「猟師」が台頭してくる。「猟師」とは、西方郷中七か村の一二人で、大半は村々の名主・年寄・組頭を務める有力者であった。もともと三か渕の運上金三両は郷中の村々が応分に負担していた。しかし、簗漁を望まない村が出てきたため、一三か村（慶長年間以来の一二か村に和久井村が加わる）の相談により、簗漁をする者が運上金を負担し、それ以外の郷中百姓の網漁は勝手次第ということが決まった。簗の設置や維持管理には費用がかかる。その担い手が「猟師」であった。こうして三か渕では、運上金の上納者である「猟師」の簗漁と西方郷の惣百姓（「猟師」以外）の網漁が並存することになった。

しかし一七五六（宝暦六）年、「猟師」が運上金の負担を根拠として、他の百姓の三か渕への立ち入りと網漁を排除する訴願を行う。三か渕で漁を行う百姓が多すぎたからである。「郷中一同」（「猟師」以外の西方郷の百姓）はこれを「私欲」に基づく漁場の「押領（横領）」、郷中百姓の締め出しと捉えた。そして、一七四九（寛延二）年に示された「西方郷村々入会漁業」という裁許を盾に、「猟師」の簗漁の停止を訴えた。この時「郷中一同」は、「猟師」が三か渕を通行する筏から過分な留銭を取っていること、「猟師」の漁場独占が西方郷の結束を乱し「用水引方和順之筋も相破」ることも主張した。川漁で郷中が一致結束することが、用水の協同利用の安定と表裏一体の条件だったのである。

この争論は、一七五七（宝暦七）年四月、幕府の裁許で、①網漁は西方郷一三か村の「入会魚漁」、②簗漁は運上「請負人」＝「猟師」一二人に限定、という形で決着した。漁法を異にする漁業主体が共存する、従来の漁業秩序の再確認であった。

ただし、寛政〜享和年間（一七八九—一八〇四）にかけて、「猟師」と西方郷の争論が再燃する。事態の推移には紆余曲折があったが、幾度か幕府の裁許を受けながら、「猟師」の優位が確立していく。一八〇二（享和二年）、幕府の裁許により、三か渕の漁場利用について和解が成立し、主に以下のことが決まった。①三か渕を「猟師」の「猟場」と認めるが、西方郷一三か村からも一か村あたり毎年一人ずつの網漁を許し、運上金を「猟師」とともに負担する。②西方郷の許可なく、郷外の百姓を三か渕に立ち入らせない。

「猟師」の漁業権が勝っているが、わずかとはいえ、西方郷一三か村にも漁場が開放されたことが重要である。特定の百姓が漁場占有の公認を受けたとしても、現実には、川を排他的に独占利用することはできなかった。同時に、漁業者の数に上限を設け、無制限・無秩序な漁業圧力を解消する意味合いもあった。繰り返された争論の経緯と結末は、川が異なる目的・方法で多くの村・百姓が利用する環境・資源であり続けたこと、川利用の開放性と協同性を如実に物語っている。

　西方郷の百姓は、さまざまな川魚を日常の食料とした。洪水で田畑が被害を受けた時には、「漁猟仕一日送りニ渡世仕」と、川漁で命を繋いだ。川魚の中でも鮎は、周辺の城下町や宿場町で高く売れ、川漁を営む百姓の商品となった。

　西方郷は、小倉堰の水利権を主張する際に、しばしば川漁の優位性を根拠に持ち出している。川漁と小倉堰はともに、西方郷が小倉川に及ぼす利用特権の象徴であり、郷外の村々にその正当性を認めさせる拠り所となった。川漁と用水利用は相互に補強し合い、郷中百姓の生業と暮らしを守っていたのである。

水神社狛犬台座銘

　小倉堰に隣接する水神社に、一八六七（慶応三）年六月に奉納された狛犬がある。その台座には、「材木荷主一統　西方水車持一統　同酒造人一統　同郷中一統」という銘文が刻まれている。このうち「郷中一統」とは、水田稲作と川漁で小倉川を利用した西方郷の百姓衆を指す。つまり、上流山間部の売木人も含めて、筏川下げ・水車業・酒造業・水田稲作・川漁という諸生業を営む西方郷の百姓全体が、心を一つにして小倉川の恩恵に感謝し、安定的・持続的な川利用を祈願したのである。彼らは、小倉川の協同利用・保全こそが各自の生業の何よりの基盤であることを認識していた。流域の諸生業主体には、相互矛盾を超克するだけの協同精神が貫徹していた。

## おわりに

　川は時に洪水を引き起こし、人の生命・財産を奪う脅威となる。しかし本稿は、生きるために知恵と工夫を懲らして川に働きかけ、有用な価値を積極的に獲得する百姓・村の姿の解明に努めた。十八世紀・十九世紀を通じて川は、山林や田畑での諸生産を取り結び、流域の百姓に多種多様な生業（資源利用）を与え、支え続けた。それは、市場への志向も強めた百姓の川利用がいかに多彩かつ高度であったか、徹底度の証左ともいえる。

一つの川には異なる目的・方法の利用が集中・輻輳し、それぞれの利用主体の間に確執が生じた。川を媒介に諸生業が深く連関しているがゆえに、特定の生業の突出によって流域全体の資源バランスが揺らぎ（過剰開発・利用による資源枯渇の連鎖）、他の生業を圧迫することがあった。生業の差異に起因する利害対立は、たびたび争論に発展した。用水利用・川漁・筏川下げ・領域紛争（村境争論）などが何重にも絡み、問題が複雑化することも多かった。対立の相手や構図を変えながら、争論は繰り返された。

ただし本稿が強調したいのは、どれほど利害対立が先鋭化しても、諸主体の間に勢力の浮沈があったとしても、それぞれの生業＝自然・資源利用がつぶし合わず、十八世紀から十九世紀にかけて維持されたことである。争論は、矛盾を抱えた生業主体が利害を主張し合い、互いの生業の連関を再確認する契機となった。領主の調停や地域の有力百姓の仲裁を活用しながら、落としどころを模索する議論の場でもあった。その結果、時代状況や川の環境変化、資源のあり方に応じて諸主体の要求を擦り合わせ、資源の利用・保全秩序（利用権の序列化、利用期間・範囲・量の限定による棲み分けなど）が幾度も形成し直された。川という環境・資源を流域全体で保全する合意がなされれば、新たな水利用が社会に受容され、百姓の生業の幅が広がっていった。ここに、流域に生きる百姓・村の社会的力量が見出せる。川利用の可変性・柔軟性が、流域における諸生業の多様性と共存の基盤だったのである。

諸生業＝資源利用が並び立つためには、特定の資源利用の行き過ぎを相互に規制しなければならない。利用と規制のバランスの取り方が流域社会の秩序となった。諸生業の共存と均衡の維持は、流域の環境・資源の永続的な保全にも役立っていたのである。

**注**

（1）代表的な研究として、春田直紀「中世の海村と山村」（『日本史研究』三九二号、一九九五年）。水野章二『中世の人と自然の関係史』（吉川弘文館、二〇〇九年）。安室知『日本民俗生業論』（慶友社、二〇一二年）。

（2）平野哲也「江戸時代後期における地域資源の活用と生業連関」（『栃木県立文書館研究紀要』一一号、二〇〇七年）。同「江戸時代における川利用の多様性と諸生業の共存」（『栃木県立文書館研究紀要』一五号、二〇一一年）。

（3）一六四二（寛永十九）年に畑作新田の和久井村が誕生し、一七四〇（元文五）年に菅原新田が開発され、西方郷は一四か村に拡大する。ただし菅原新田は、郷中各所の開発地を一括して新田と扱ったもので、まとまった領域はなかった。

Photo by Ichige Minoru

# 近代沖縄における網と豚の資本主義

## 【明治期にみる漁業経営の変容と民俗文化】

及川　高

●おいかわ・たかし　一九八一年宮城県出身。筑波大学大学院人文社会科学研究科歴史・人類学専攻修了。博士（文学）。沖縄国際大学講師。民俗学・歴史人類学。著書『〈宗教〉と〈無宗教〉の近代南島史——近代・学知・民衆』（森話社）。

### 一　沖縄民俗社会と漁撈

四方を海に囲まれ豊かな漁場に面していたにもかかわらず、十九世紀以前の沖縄民俗社会において海産資源の利用は概ね自給に留まっていた。すなわち漁業を主な生業とするいわゆる「漁村」は後述する少数の村落に限られ、大方を占める農村では海産物は稲作の傍らに行われる磯漁で獲得されていた（島袋源七「沖縄古代の生活——狩猟・漁撈・農耕」谷川健一編『村落共同体』木耳社、一九七一年）。隆起サンゴ礁が形成する浅瀬の地形は、現地の言葉でイノーと呼ばれている（写真1）。イノーにはタコやエビが生息地し、アーサ（アオサ）などの海藻を採ることも出来た。またイノーの潮だまりに、干潮時に取り残された魚も、陸上からの銛突きで獲られて食料となった。もう少し積極的な漁法には魚垣《ながき》がある[1]。魚垣とは浅瀬に石垣を設ける漁法で、満潮時に海中に沈んだ垣の中に迷い込み、干潮時にそのまま取り残された魚を捕る技術である。こうした様々な磯漁の中でも特筆されるのが、スク（シュク）と称されるアイゴの稚魚を狙った漁業である。スクは体長一センチ

**写真1　イノー**（沖縄県南部）

ほどで、初夏の大潮の日に大群でイノーに押し寄せる習性がある。南西諸島の伝統的な女性祭司であるノロたちは、初夏の浜辺でスクの「寄り」を祈願した（松山光秀『徳之島の民俗文化』南方新社、二〇〇九年、一五―一七頁。谷川健一「『古琉球』以前の世界」網野善彦・大林太良・谷川健一・宮田登・森浩一編『琉球弧の世界』小学館、一九九二年）。海辺の集落はこのスクの到来を心待ちにし、群れが姿を現わすや否や、ザルや網を手に総出で海に出たという。こうして捕られたスクは塩漬けにされ、スクガラスと称される保存食として用いられた。かように十九世紀以前の沖縄民俗社会では、海産物とは専らその村落において自給されるものであり、それらは獲物というよりも、むしろ海から人間の世界にやってくる富として捉えられていた。海産物はかつて現地語で、寄り物《ユイムン》＝寄せてくるもの、と呼ばれていたが、そのことには海と魚に対する伝統的な観念が反映されている（川島秀一『魚を狩る民俗――海を生きる技』三弥井書店、二〇一一年）。

翻って南西諸島では、漁撈を専業とするいわゆる「漁村」から魚を購入あるいは物々交換する習慣はあまり広くは行われてはいなかった。これは一面では海の豊かさのために、民衆は専門技能を持たずとも海洋資源にアクセスし得た、ということでもある。ただそれ以上に重要な歴史的背景は、近世沖縄の民衆を規定した「地割制」と称される土地制度である。地割制とは民衆が土地私有を認められず、定期的な割替で配分された土地で農耕を行う、

写真2　糸満の年中行事ハーリー（爬龍船競争）

という一種の土地公有制を指している。その起源については今もって諸説あるものの、奄美群島およびトカラ列島における土地制度（久野謙次郎『南島誌・各島村法』柏常秋校訂、奄美社、一九五四年）や、薩摩藩領における門割制（山田竜雄『門割組織の崩壊過程』農林省農業総合研究所、一九五九年）との類似性や関連性が指摘されている。一般に日本本土ではイエが土地所有の主体となり、相続形態は多様であるにせよ、イエが自らの裁量でその所有する土地を相続する点では共通している。これに対し琉球王国では土地私有は制限される反面で、一定年齢以上に達した者には必ず耕地が配分される仕組みとなっていた。こうした土地制度は理念的には民衆を出生地に定着させ、格差の拡大を抑制する効果を果たしたものと考えられるが、同時に多様な生業形態が生じることの妨げにもなった。何故なら琉球王国の地割制は原理的に余剰人口が発生しない仕組みであり、漁業を含む様々な生業が、農村より溢れる労働人口を吸収する必要がなかったからである。このため沖縄においては、漁業に特化した漁村や、魚の市場的な流通といった文化はむしろ近代以降になって成立することになる。

こうした近世琉球の民俗社会において、あえて漁撈を中核とした生業形態を採った点で、糸満および久高島の漁師たちとは特異な存在であった（仲松弥秀『古層の村　沖縄民俗文化論』沖縄タイムス社、一九七七年、三〇五—三三一頁）（**写真2**）。本論が主として扱う糸満は沖縄本島南西部の村落で、同じく久高は沖縄本島南部の東の海上に所在する島嶼である。彼らの漁業を特徴づけたのはその獲物であった。すなわち糸満・久高の漁師たちが主に捕ったのは、サメ（フカヒレ）やウミヘビといった海産物であり、それは当然庶民が口にするような類のものではなかった。すなわち近世において沖縄の漁民が捕っていたのは、清国への朝貢品に供されるそれであったのである。糸満・久高の漁師たちは潜水漁撈の技術を駆使して、これらの獲物を銛突きや釣り漁などで捕え、琉球王府はそれらを買い上げて清国へと送っていた。故に近世沖縄の漁民の生活とは、市場経済に根差すのではなく、琉球と清国の間の朝貢関係を前提として経営されるものだったのである（上田不二夫『沖縄の海人――糸満漁民の歴史と生活』、沖縄タイムス社、一九九一年、七一―八〇頁）。

したがって琉球処分（一八七九（明治十二）年に完了）に伴って清国への朝貢が廃止されると、沖縄の漁民は生業形態の変化を余儀なくされる。すなわち市場を開拓し、自力で採算をはかっていくような漁業経営への移行を強いられたのである。とはいえ既述

**表1　沖縄における明治20年前後の漁業経営**

| | 1883年* | 1888年** | 1892年*** |
|---|---|---|---|
| 捕漁家（戸） | 1646 | 2279 | 2893 |
| 漁人 | | | 5855 |
| 専業 | 1000 | 1193 | 1934 |
| 男 | | | 1791 |
| 女 | | | 143 |
| 兼業 | 646 | 1086 | 3921 |
| 男 | | | 3252 |
| 女 | | | 669 |
| 漁船（艘） | 1260 | 1506 | 1694 |
| 地引網漁船 | | | 124 |
| 網船 | | | 422 |
| 釣舟 | | | 610 |
| 雑漁船 | | | 538 |
| 青螺殻（箇） | 199550 | 37749 | |
| 円 | 7582 | 3143 | |
| 夜光貝（斤） | | | 129353 |
| 平良及び高尻貝(斤) | | | 29602 |
| 鱶鰭（斤） | 31950 | 42906 | 1366 |
| 円 | 5910 | 4676 | |
| 永良部鰻（斤） | 2500 | 900 | 4423 |
| 円 | 2250 | 111 | |
| 乾烏賊・鯣（斤） | 29420 | 85574 | 1409 |
| 円 | 2059 | 5097 | |
| 海参（斤） | 3950 | 788 | 144788 |
| 円 | 1264 | 87 | |
| 海人草（斤） | 14200 | 20659 | 53796 |
| 円 | 852 | 710 | |
| 乾魚（斤） | | | 45567 |
| 乾蛸（斤） | | | 720 |
| 塩魚（斤） | | | 150 |
| 真珠貝（匁） | | | 600 |
| 紫海苔（斤） | | | 155 |

* 沖縄県治一覧。明治16年（1883）1887年刊行より抽出
** 沖縄県治一覧。明治21年（1888）1889年刊行より抽出
*** 沖縄県治一覧。明治25年（1892）1893年刊行より抽出

**表2　明治20年沖縄県の主要輸出海産物**

| | 輸出数量（斤） | 価　格 | 送り先 |
|---|---|---|---|
| 海参 | 4220 | 683円87銭 | 神戸大阪 |
| 鱶 | 54940 | 2546円89銭 | 同上 |
| 丁貝 | — | 1斤＝凡1銭 | 同上 |
| 長丁貝 | — | 同上 | 同上 |
| 高瀬貝 | 20940 | 294円601銭 | 同上 |
| スビ貝 | — | — | 同上 |
| 夜光貝 | 219620 | 7772円82銭 | 同上 |

※松原新之助『沖縄群島水産志』1889年刊行、「明治20年度輸出」より作成

のように近世沖縄の民俗社会は海産資源を概ね自給しており、漁民にとって市場は成熟していたとは言えなかった。このため明治十年代から二十年代にかけ糸満・久高の漁師が主として従事したのは、潜水技術を生かした貝殻類の採取である。当時の県の統計である『沖縄県治一覧』を見ると、一八八三（明治十六）年には水産資源として「青螺殻」が約二〇万個も計上され、収入の上でも「鱶鰭」を上回っていることが見て取れる（表1）。ちなみに「青螺殻」は単一の貝種を指すものではなく、蝶貝や高瀬貝、夜光貝類の総称と考えられるが、これら貝類は「神戸大阪」を経由して、洋服のボタン製造に供された（表2）。こうした潜水漁撈の最盛期に発明されたのが水中眼鏡（現地語では「ミーカガン」）である。沖縄における水中眼鏡の使用は一八八四（明治十七）年、糸満の玉城保太郎による発明を嚆矢とするという。水中視界の確保は潜水漁撈の技術を更に向上させることとなったが、このような近代社会に適応した新たな漁業が模索される試行錯誤の中で現われたのが、アギャーと称される網漁の技術である。

　アギャーは追込み網漁の一種で、海中に巨大な網を仕掛けて、その中へと潜水夫が魚群を追い込み、まとめて捕獲する漁法を指している。主な対象はグルクン（ムロアジ）などの群れで、アギャーという呼称は「揚げる」こと、すなわち深いところから網を張った浅い海まで魚を追い上げていくことに由来している。手順としては、海中にまず「建網」や「枝網」「袖網」と呼ばれる平網を二枚、おおよそ「八」の字を描くように立てて壁を作る。潜水夫らは遠方から水中を泳いで網に向かって魚を追っていき、最奥の袋網まで追い詰めていく。魚が入ったところで、今度は船の上の漁民によって袋網がすばやく建網と分離され、そのまま魚の詰まった袋網を船へ引き上げるのである。なお建網は時代にもよるが高さにして一〇メートルほどあり、これを立てれば海底から水面にまで及んだ。更に長さにおいては、長いものでは二〇〇メートルから三〇〇メートル近くあるものが用いられていた。

　こうしたアギャーの漁法が可能だったのは、沖縄の海の高い透明度に加え、漁民が予てより潜水に習熟し、それに前述の水中眼鏡の開発が伴ったことによる。アギャーの技術は一八八四（明治十七）年頃に、現地の漁師が刺網漁の改良として試行したことが嚆矢とされ、従来の研究では一八九〇（明治二十三）年頃にはおおよその技術が確立されたものと考えられている（糸満市史編纂委

員会『糸満市史　資料編一二』糸満市役所、一九九一年、一〇七―一一四頁)。実際には後述するようにこの技術が糸満漁師に広く普及するまでには幾つかの条件が満たされる必要があったが、いずれにせよこのアギャーという新しい漁撈は極めて優れた漁法であり、漁獲収量を飛躍的に高めることに繋がった。

ただ同時にその優越性とは、海産資源に対する高い収奪性を意味してもいた。結果的にほどなく地元海域での魚種の枯渇をみた糸満の漁師たちは、競争の激化を嫌って新たな漁場開拓に乗り出していく。その移住先は沖縄本島各地や先島諸島、あるいは北上して奄美から日本本土へ、更に大正・昭和期には南洋群島や東南アジアにまで及び、大日本帝国の膨張と歩調を合わせて活動領域を広げていくことになる(中楯興編著『日本における海洋民の総合研究――糸満系漁民を中心として(上)』九州大学出版会、一九八七年)。この過程で糸満漁師はしばしば「獲りすぎる」ことによって現地との摩擦を経験することになるが、それは同時に卓越した漁民としての「イトマン」の名前を各地に残していく過程でもあった。

さて、本論がこれから焦点を合わせてみたいのは、アギャーの普及を可能にした沖縄民俗社会の変容という問題である。既に述べたように十九世紀以前の沖縄の漁撈は、専門の漁民でさえ基本的には銛突きや潜水によって小規模に経営されているに過ぎなかった。しかしながらアギャーはそれらとは異なり、巨大な網を用いた集団的・組織的漁撈として明治二十年代に突如現れてくる。言い換えれば明治二十年代の後半から三十年代には、漁業の経営形態にいわば飛躍とでもいうべき変化が見出されるのである。だとすればこの飛躍をもたらしたのは沖縄社会のいかなる変化であったのだろうか。

## 二　網と資本主義

日本では漁網の素材としては、近代以前には麻糸が、近代以降には木綿が一般的に用いられ、それらがやがて化繊に取って代わられていくという変化を大まかには辿る。南西諸島の場合も同様であるが、近世沖縄では繊維として他に芭蕉糸およびカラムシが加わる。いずれにせよこれらの在来の繊維は強度や耐水性の関係から大型漁網を作るには不向きであった。それに加えてサンゴ礁の海底地形では、漁網の安定した展開が難しいこともあり、結局沖縄では大型網を用いた漁撈は近代以降もしばらくは発達をみることはなかった。農商務省技官であった松原新之助は一八八九(明治二十二)年の調査報告で、沖縄の網漁の状況を次のように述べている。

漁具は全管下ヲ通シテ大抵大異アル事ナク其網罟ノ類モ僅々数種ニ過ギズ。(中略)其網罟ノ類モ海底ニ凹凸ノ岩礁多キガ為メ巨大ノ結構ヲ設クル事能ハズ。纔カニ攩網ノ稍大ナル者ヲ用テ岩礁ノ凹処ニ投シテ群小魚ヲ抄ヒ若クハ海中ニ特立スル岩礁ヲ囲繞シ得ヘキ網ヲ作リ予メ魚類ノ逃脱ヲ防キ干潮ヲ待テ之ヲ捕ヒ或ハ網ヲ岩礁ノ側面ニ張リ魚類ヲ逐フテ此ニ罹ラシムル等（中略）従来沖縄県ノ漁利ノ主タルハ網罟ノ具ニ非ラズシテ釣漁ニアルガ如シ。蓋シ釣具ト雖モ長大ナル配縄ノ如キハ亦夫ノ海底ノ石花礁ニ懸ルノ恐アルヲ以テ容易ニ之ヲ用ユル能ハズ（後略）

（松原新之助『沖縄群島水産志』農商務省、一八八九年、一七―一八頁）

右記からは大型漁網が導入されておらず、依然としてイノー漁等に依存している状況が窺える。とはいえ日本水産業史の上でも、明治二十年代とはそもそも大型漁網の国産化に向けた模索の時代であった。漁網の大型化には細く強靭な撚糸を作り出す工業技術が必要とされ、それが日本において実現を見るのはようやく明治三十年代のことである（二野瓶徳夫『日本漁業近代史』平凡社、一九九九年、一一八―一三五頁）。このことを鑑みるに、仮に一八九〇（明治二十三）年にアギャー技術が確立したという前述の通説を支持するにしても、少なくともその当時用いえた漁網は低品質な綿網でしかあり得ない。ただしそれは言い換えれば、日本で大型かつ頑丈な漁網の製造が可能になるのとほぼ軌を一にして、アギャー技術は糸満の漁師たちへと普及していった、ということでもある。それはおおよそ明治三十年代に比定されるが、この時沖縄の漁民たちに、それまで全く経験したことのなかった組織的な網漁を普及させた事情とはいかなるものであっただろうか。

海洋環境に適応し、潜水に習熟した糸満漁師たちにとって、海中で大型の網を使う技術の導入そのものは深刻な課題とはなりえない。また沖縄の漁師たちが既に明治十年代から採貝によって貨幣経済に本格的に参入し、本土の産業界との関係を築いていたことも背景としてよいだろう。その上でやはり最大の障害は、大型の漁網を導入する際の購入資金、すなわち資本の問題であった。これに関し、笹森儀助が一八九三（明治二十六）年の沖縄巡検で書きつけた次の一文を見てみよう。

従来ノ海産業ハ県下島尻地方兼城間切糸満村人民ヲ除ク外漁業専業者極メテ稀有ナリ。而シテ専業者タル糸満漁師ノ如キモ漁具漁舟ノ不完全ニシテ底到将来海産業拡張ヲ謀ル得テ望ムヘカラス。然ルニ県下海産ニ望ミアルハ今更言を要セサル処ニシテ本業ノ盛否ハ延テ陸産肥料ノ供給ニ関係ヲ有スル最モ至大ノ業ニシテ之レカ拡張ヲ謀ル目下ノ急務ナリ

（笹森儀助『琉球沖縄本島取調書』法政大学沖縄文化研究所、二〇一四年、二一一頁）

特に解説は不要であろうが、笹森の目にも当時の沖縄の漁業は、糸満漁師を含めてなお大いに改良の余地あるそれとして映ってい

た。だからこそ彼はこの一文に続けて「海産業拡張」を主張するのだが、その記述が漁撈を、食糧生産のみならず「陸産肥料ノ供給」と関連づけていることは見逃せない。つまり水産資源はここに肥料の供給源として見出されるのである。そしてこの「魚を肥料として活用する」という発想は、冷凍・加工技術の未熟さゆえに魚介類を獲っても肥料にするぐらいしかない、という消極的判断によるものではない。周知のように日本の沖縄政策は植民地経営的性格を多分に帯び、具体的にはサトウキビのモノカルチャー化を基調に進められた。だとすればここに笹森が主張する沖縄の漁業振興もまた、実のところ農業振興という更に大きな政策方針に沿っていたことは明らかである。更に付記すれば、笹森が出自する北東北はニシンを利用した金肥生産に労働力供給の側面で強く結びついており（David L. Howell『ニシンの近代史——北海道漁業と日本資本主義』岩田書院、二〇〇七年）、彼の認識はそうしたバックグラウンドと無関係ではありえまい。かように日本の「北」を範とした「南」の経営のアイディアとして、まずは明治二十年代に沖縄の漁業振興は政策課題化されるのである。にもかかわらず、なぜ実際には沖縄の金肥生産が実現しなかったのかは後述しよう。

史料に戻れば、笹森はこの文章に続き「拡張之大領」を三点掲げている。すなわち、①「水産実業伝習所」の設置、②「適当ナル漁具漁船」の標準化と使用法の教育、③「漁業組合」設置の推奨と、公費による漁具漁船改良費の年限貸与、がそれである。これらの提言はそのまま実行されたわけではないが、沖縄に実際に敷かれた政策は概ねこれに沿って展開したように見える。まず、いささか時期は下るが、那覇に漁船の造船所が完成するのは一九一〇（明治四十三）年、また県立水産学校が置かれるのは一九〇七（明治四十）年のことである。同様に漁業組合組織も、一九〇二（明治三十五）年の漁業法制定によって初めて法的地位が規定されることになる（野口武徳『沖縄池間島民俗誌』一九八二年、一二八—一二九頁）。実は日本本土では一八八六（明治十九）年に漁業組合準則が制定され漁業組合の組織化が進んでいたが、当時なお帰属に曖昧さを残していた沖縄は同法の適用外とされていたため、このことは遅れての法適用ということになる。このように笹森が提言した内容は明治三十年代から四十年代にかけ概ね実現されていく。[2]

問題は漁民育成のための資金援助で、行政による何らかの産業振興策が敷かれたことは予想されるが、その規模や具体像を示す史料には著者は出会えていない。他方そうした行政の支援とは別に、漁業経営の確立に向け資金を提供した主体として、銀行の存在が挙げられる。すなわち沖縄には一八九八（明治三十一）年に沖縄農工銀行、および一八九九（明治三十二）年には沖縄銀行がそれぞれ置かれ、起業や設備投資のための資金を融通するようになるのである。そしてその貸付先には漁民も当然含まれていた。

この銀行に関して興味深いのはこの時期沖縄で行われていた信用保証の慣行である。一般に銀行が融資を行う場合、資金に対する何らかの担保を要求する。そして日本本土の場合、その担保となるのはしばしばイエの所有する土地であった。しかしながら地割制が敷かれ、庶民が土地を私有することのなかった沖縄ではそうした融資は困難であった。それどころか歴史的には沖縄の土地の私有化は、むしろこの時期に始まるのである。したがって銀行が置かれても明治三十年代初頭の時点では、沖縄の庶民には担保に出来るものを何も持ってはいなかった。このため沖縄の銀行は担保を取るのではなく、「組合」による信用保証に基づいた融資を積極的に進めることになる。これは要するに二〇人程度の構成員を集めて「組合」を結成し、その連帯責任を前提に無担保で融資をする仕組みである。こうした金融制度の沖縄社会に対する影響は多端に渡ると考えられるが(3)、管見ではその点を詳らかにした研究は見当たらない。ただアギャーの普及という本論の関心の所在に照らすと、こうした融資の仕組みは極めて示唆的である。何故なら連帯責任による融資制度は、漁網・漁船の購入資金の調達を目論んだ当時の漁民たちに、組織化を要求した筈だからである。

前述のようにアギャーは巨大な網を用いて多人数で経営される組織的漁撈であり、操船から網の展開、袋網の引き上げ、追い込みの潜水夫など、二〇人から三〇人もの漁民による分業を必要とした。このような大規模な漁撈の形態は、十九世紀まで行われていた沖縄の漁撈とは言うまでもなく大きく異なる。このことが要するに本論の言う飛躍であるわけだが、こうした飛躍的な集団化・組織化は、単なる技術的要請からのみ生じたわけではないのではないか。すなわち、そもそもそれ以前の設備投資と資金調達の段階で、沖縄の漁民たちは組織化せざるをえなかったのではないか、ということである。

このように資本との密な関わりによって大規模網漁が生まれたという本論の仮説は、アギャーの負の面、すなわち高過ぎる収奪性と労働力の搾取という事態をよりよく説明できるように思われる。第一にアギャーは収奪性が極めて高い漁業であるため、一カ所での継続的経営が困難であり、各地で水産資源の枯渇と、現地住民との摩擦を繰り返しながら移住を続けるしかなかった。また第二に指摘しうる労働力の搾取とは、具体的には沖縄各地で「糸満売り《イチマンウィ》」として記憶されている雇用形態を指している。糸満売りとは十代前半の少年を数年契約で糸満漁民の下に働きに出させることを指しており、口減らしの最も一般的な手段であった。彼ら「雇い子《ヤトイングヮ》」と呼ばれた子供たちは貧しい家庭の出身者が多く、海上での肉体労働には危険も多く伴った。こうした子供たちを糸満が買い集めたのは、アギャーに投下する労働力を必要としてのことである。子供たちには年季明け後、身につけた技能をもとに地元で漁師となる進路を与えられた面もあり、この慣行も一概に否定的には評価し得ないとはいえ、糸満のアギャーがこうした児童労働を前提にしていたことは事実である。このようにアギャーは高い環境負荷と労働力の搾取によって成り立っていたが、こうした経営形態は、漁網・漁船を融資で賄い、より多くの富を求めていく資本主義の欲望に根本的に突き動かされていた。言い換えれば大型漁網を用いたアギャーの導入とは、沖縄民俗社会における資本主義の原点なのである。そして現実にこの後の時代において糸満漁師たちは、大日本帝国の膨張を追いかけるように南洋群島や東南アジアへと侵出し、漁業を展開していくことになるのである。

写真３　沖縄県国頭郡本部町の「カツオのぼり」。本部はかつてカツオ漁で栄えた町である

## 三　残滓と豚

ところで沖縄ではアギャーに並行してカツオ漁が導入されている（写真3）。沖縄近海のカツオ漁は明治二十三（一八九三）年頃から本土の漁師が南下してきたことを始まりとしているが、明治二十年代後半から沖縄人によるカツオ漁が模索され、明治三十六（一九〇三）年には事業が軌道に乗るようになる（野口前掲書、一二八頁）。獲られたカツオは主にカツオブシに加工され、本土への輸出品として流通するようになるが、その産業開発には本土から招聘した技術者と水産学校の教育が大きく与っていた。言い換えれば沖縄のカツオ漁はカツオブシ製造を前提に成長し、あくまでも加工工場を伴って展開したのである。こうしたカツオブシ製造業は沖縄本島の北部の本部《もとぶ》の他、慶良間島や池間島などに分布している。このようにアギャーにせよカツオ漁にせよ、沖縄の漁撈は明治三

十年代以降、産業として大きく展開する。その前提には既述のように行政の支援があったが、ここでは次にそれらの新しい漁撈が笹森の考えた「陸産肥料」の生産には結びつかなかった事情についても見ておきたい。それは沖縄における肥料の民俗文化と深く関わってくる。

近世以前の南西諸島の農耕では、いわゆる金肥は用いられてこなかった。使用されるとすればそれは専ら自家肥料であり、具体的には緑肥と家畜の糞尿を発酵させたもの、および塵芥などが畑に混ぜ込まれて使用されていたに留まる。[4] 緑肥には特にソテツの葉を刻んだものが水田に混ぜ込まれたほか（安渓貴子・当山昌直編『ソテツをみなおす――奄美・沖縄の蘇鉄文化誌』ボーダーインク、二〇一五年）、海辺で採られる海藻やウニの殻なども肥料として使われていた。[5] また牛小屋や馬小屋、そして豚小屋には藁が敷かれ、それらは動物に踏みしだかれた。それら糞尿と混ざった藁を集めて積んでおき、発酵させたものが田畑の肥料としては最も手の込んだそれであった。こうした民俗には地域差もあるものの、南西諸島の民俗社会は概ね自家肥料に依拠しており、現地調査で尋ねる限り、金銭で肥料を購入する習慣は高度経済成長以降にようやく一般化したものとみてよい。

それではなぜ近代沖縄の漁撈は肥料生産に繋がっていかなかったのか。その背景として決定的であったのは沖縄の豚文化である。沖縄では近世以前より「フール」と称される豚小屋で豚を飼い、残飯や人間の排泄物を与えて育てる習慣があった。この文化は奄美群島にまで及ぶとともに、一年かけて育てられた豚は年末に解体され、新年の儀礼食などに供されていた。このような民俗のために、沖縄では人が食用としない魚は残滓も含めて豚に与えられたのである。すなわち沖縄では魚を発酵させ肥料とするより、そのまま飼料として豚に食べさせてしまった方が在来の習慣に即していたのである。更に豚の排泄物は前述のように藁と混ぜ込まれ、肥料として合理的に活用することが出来た。このように「南」において漁業は、一度は「北」に倣って農耕肥料の供給源と目されるものの、実際には現地の民俗に引き付けられていったのである。そしてこうした沖縄独自の魚と豚の関係は、やがて養豚という日本にとって新しい産業へと繋がっていくことになる。

大正十三（一九二四）年、沖縄県の畜産技師であった賀島正基は『通俗豚飼育法　附・沖縄県の養豚』と題した著作を刊行する。賀島は『家畜』誌に「お正月にふさわしき沖縄の豚料理」（『家畜』一〇巻一号、一九二六年）と題した小文を寄せるなど、豚の飼育技術に留まらず沖縄の豚文化に通じた人物である。その記述に「海産物の製造残滓は多く漁村に於いて用ひらるゝも農村に於ては之を用ひずして、其の代用品として蛙を煮て塩漬と為し或は又肉を煮て与ふることあるも一般には行はれず」（賀島正基『通俗豚飼育法　附・沖縄県の養豚』一九二四年、二〇一頁）という一文がある。ここに見える「海産物の製造残滓」が具体的には何を指すのか記述はないものの、魚の頭やエラ、内臓といったものと考えるのが自然であろう(6)。

アギャーで獲られた魚は、アンマーと呼ばれた漁民の夫人たちによって行商された。ただ高温多湿な環境のため、沖縄での鮮魚販売は常に時間との戦いであり、鮮度が落ちればすぐに買い叩かれるのが習いであった（加藤久子『海の狩人沖縄漁民――糸満ウミンチュの歴史と生活誌』現代書館、二〇一二年）。カマボコや天ぷらへの加工は、そのように売れなかった魚や傷ついて商品価値が落ちた魚に値を与えるための工夫であったが、その製造過程では当然、大量の残滓が出ることとなった。ましてやカツオブシ製造過程では頭や尾、エラ、内臓、骨などの残滓はより大規模に発生することとなる。こうした魚の膨大な残滓の発生は、沖縄が新たな漁業によって初めて経験する出来事であったが、これらの生ゴミがことごとく豚に与えられたのである。それが豚の肥育にもたらした効果は、わざわざ「蛙を煮て塩漬と為し」た代用品を魚の代わりに与える習慣があるという賀島の記述からも窺える。

ところで沖縄文化において、豚と漁撈は予てより結びつきを有していた。それは釣り糸や漁網の防腐のために、豚の血を染料に用いる習慣のためである。日本本土では漁具の染付は渋などが一般に用いられていたが（田辺悟『網』法政大学出版会、二〇〇二年、八七―九三頁）、沖縄および奄美では染料に豚の血を使っており、この習慣は化繊の漁網が導入されるまで続いた。この豚の血を使う民俗がいつ始まり、どこから伝わってきた文化であるかは今のところ明らかではない。いずれにせよ巨大な網を使うアギャーの漁師たちは、網の腐敗を防ぐため、定期的に豚の血で網を染めることを行っていた。川島秀一はこの染め付けが化学繊維が導入される以前には、一カ月に一回ほどの頻度で行われていたと報告し、「サバニ」と呼ばれる小舟を受け皿にして網を血染めにした後に、コシキで蒸すまでの工程を記録している。ところで興味深いのは彼の「糸満では、冬至の日の『トンジィ（冬至）ジューシー』とこの網染め以外には、ジューシーメーを食べられなかった」という記述である（川島秀一『追込漁』法政大学出版会、二〇〇八年、一七〇頁）。ジューシー（ジューシーメー）とは豚肉を主な具材とした混ぜご飯を指しており、沖縄では現在でも年中行事などでよく食べられている。川島はこのジューシーが、網染めの日に限定された特別な食事であったことを示唆しているが、むしろ彼の記述に従えば、糸満の漁師たちは一カ月に一度程度は豚を屠畜していた、ということになるだろう。もちろんそこで血を抜かれた豚の肉の全てを漁民自身が口にしえたかは、川島をはじめ、管見の民俗誌には記述がないため断言は出来ず、魚と並行して市場で販売されたことも十分考えられる。ただいずれにせよこうした豚の利用形態には、一年かけて儀礼食用の豚を育てたかつての琉球の民俗に比べ、より実際的な性格を見出さないわけにはいかない。これは漁民たちがそれだけの経済力や経営的視点を身につけたこと、ひいては資本主義的な論理が彼らに浸透したことの反映であるだろう。

## 四　結論

以上に見てきたのは、十九世紀末から二十世紀初頭の沖縄における漁撈の変容、およびそれを中心とした沖縄の民俗文化変容のスケッチである。既に述べた通り明治二十年代後半以降、沖縄の漁撈は潜水などに依拠した漁撈から、大型の網やカツオブシ工場と結びついた産業としての漁業へと軸足を移していく。それらの産業はそれなりの資本を前提とするものであり、この点で漁業は沖縄が資本主義に取り込まれていく最初の大きなきっかけであったと言うことは、決して言い過ぎとはなるまい。そしてそうした資本主義の論理の浸透は、かつて「寄り物」のスクを待ちわびた沖縄の人々の心性から、どこまでも魚群を追いかけていく近代的、あるいは現代的な心性への移行をもたらした一つの契機ともなったことであろう。

ところで沖縄における漁業振興の原点に、笹森の「北」を念頭に置いた提言があったことに改めて注意を促しておきたい。こうした「陸産肥料」の着想がどこまで沖縄経営に実際に反映されたかは改めて詳細な検討を要する課題であるが、「北」の知が「南」へフィードバックされたとすれば、それはその後ひたすら膨張を続ける近代日本の産業政策の全体的性格とも関わってくる筈である。なお補足として、二十世紀初頭の北海道では、カニの殻などを含めた魚介類を原料とする「養豚飼料」の開発が始まってくることにも触れておこう。これは日本本土において日常食のうちに豚肉が普及し始め、養豚産業が興ってくることを受けての産業動向である。こうした日本の養豚産業の形成過程において、その技術的な先駆者である沖縄の情報の影響が小さかったとは考えにくい。すなわち今度は「南」から「北」へと情報が繋がっていった可能性については十分考えられよう。とはいえその検討は既に本論の射程を越えており、別稿を期すこととしたい。

**注**

（1）奄美大島北部の龍郷や笠利でもかつてはこの魚垣が行われていたが、そこではこの漁法が中世に平家の落人によってもたらされたと伝承されている。沖縄でも魚垣やスク漁は村落祭祀と結びついており、最初に獲れたものを神女ノロに捧げる民俗がある。

（2）糸満村は一九〇四（明治三十七）年に村立水産補習学校を置くが、経営が思わしくなかったために一九〇七（明治四十）年には周辺の一四カ村と共同で島尻水産学校へと改組する。その翌年に最初の卒業生を出すとともに実習船の完成を見るが、それが一九一〇（明治四十三）年に県に移管されたのが、この沖縄水産学校だという関係にある。

（3）特に沖縄社会に大きな影響があった例として、共同売店の慣行が挙げられる。共同売店とは本島北部などの物流が不便なために商店がない村落で、地域の住民が組合組織を形成し、日用品や食料品を販売する店舗を設けたものである。

Photo by Ichige Minoru

（4）ここでいう「塵芥」とは床下などに溜まった塵を指す。沖縄の伝統的な住宅は湿気対策のために床が高くとられており、その下には鶏などが出入りして卵を産んだり排泄をしていた。それらの残滓をまとめて畑に混ぜ込むような習慣は、筆者の調査の限りでも沖縄県の伊是名島などに例がある。

（5）ほか沖縄県の恩納村では、食用にしない魚であるボラがよく寄ってくるため、獲れたら「畑に捨てていた」例がある。

（6）著者の最近の現地調査でも、奄美大島の大和村のカツオ漁が、こうした残滓を豚の飼料として活用していた例がかつてあったことは聞くことができた。魚の残滓を豚に与えることは、残飯を豚に与えて育ててきた南西諸島の人々にとって突飛な発想ではなく、本文でも述べたように従来の民俗の延長線上に行われた行為であった。

# 沖縄における豚便所の民俗とその廃止

萩原左人

●はぎはら・さひと　一九六一年静岡県生。一九八八年筑波大学大学院博士課程歴史・人類学研究科中退。琉球大学法文学部教授。民俗学。「肉食の民俗誌」（『日本の民俗12・南島の暮らし』吉川弘文館）等。

## はじめに

琉球列島の奄美・沖縄地域では、今日の産業としての畜産業が展開する以前から、一般家庭で豚が飼養されてきた。家畜としての豚は、生業や食生活など、人々の暮らしの諸相に関わる重要な動物であった。これらの地域における、豚をめぐる生活複合のありようを端的に示すのが豚便所の存在である。ここでいう豚便所とは、豚を飼養するための豚舎と人間の排泄空間としての便所を結合もしくは兼用した施設のことであり、人糞を豚に処理させる仕組みを伴う飼養形態を指す。このような豚便所の類例は東アジアの各地にみられ、日本の琉球列島はその分布の東端に位置している。本稿では主に沖縄地域（沖縄諸島・宮古諸島・八重山諸島）の豚便所をとりあげるが、その多くは昭和初期頃に姿を消しており、現行の民俗としては存在しない。以下では、近代の沖縄社会における、豚便所の持続と廃止の過程についてみていくことにする。

郵便はがき

料金受取人払

牛込局承認

8643

差出有効期間
平成31年1月
14日まで

162-8790

(受取人)

東京都新宿区
早稲田鶴巻町五二三番地

株式会社 藤原書店 行

ご購入ありがとうございました。このカードは小社の今後の刊行計画および新刊等のご案内の資料といたします。ご記入のうえ、ご投函ください。

| | |
|---|---|
| お名前 | 年齢 |
| ご住所 〒<br>TEL　　E-mail | |
| ご職業（または学校・学年、できるだけくわしくお書き下さい） | |
| 所属グループ・団体名　　連絡先 | |

| | | | |
|---|---|---|---|
| 本書をお買い求めの書店<br>市区郡町　　書店 | ■新刊案内のご希望 | □ある | □ない |
| | ■図書目録のご希望 | □ある | □ない |
| | ■小社主催の催し物案内のご希望 | □ある | □ない |

| 書名 | | 読者カード |
|---|---|---|

●本書のご感想および今後の出版へのご意見・ご希望など、お書きください。
（小社PR誌『機』に「読者の声」として掲載させて戴く場合もございます。）

■本書をお求めの動機。広告・書評には新聞・雑誌名もお書き添えください。
□店頭でみて　□広告　□書評・紹介記事　□その他
□小社の案内で　（　　）（　　）（　　）

■ご購読の新聞・雑誌名

■小社の出版案内を送って欲しい友人・知人のお名前・ご住所

お名前　　ご住所 〒

□購入申込書（小社刊行物のご注文にご利用ください。その際書店名を必ずご記入ください。）

| | |
|---|---|
| 書名　冊 | 書名　冊 |
| 書名　冊 | 書名　冊 |

ご指定書店名　　住所

都道府県　　市区郡町

## 一　豚飼養の沿革

沖縄における豚飼養のはじまりに関しては、すでに貝塚時代に猪もしくは豚の飼養が行われていたとの説があるものの、後世に普及した家畜豚との関連性の有無などについては、今後の考古学や家畜遺伝学の研究成果を待たねばならない。

文献上で豚飼養が確認できる例としては、琉球国に漂着した朝鮮人の見聞を収めた『朝鮮王朝実録』がある。なかでも一四七七年に与那国島に漂着し、沖縄本島まで島伝いに送られた済州島漁民らの記録は、十五世紀当時の沖縄本島と宮古・八重山諸島の家畜飼養の状況を知るうえで重要である。これによれば、ほぼ全域で牛が飼養されていたのに対し、豚に関しては宮古・八重山諸島には記載がなく、沖縄本島のみに豚が記されている（池谷・内田・高瀬『朝鮮王朝実録琉球史料集成（訳注篇）』榕樹書林、二〇〇五年、二二七—二五一頁）。当時、豚は沖縄本島で飼養されていたものの、宮古・八重山諸島など周辺地域には未だ普及していなかった状況を示唆している。

十七世紀に入ると、首里王府は家畜の私殺について禁令を出すようになる。『羽地《はねじ》仕置《しおき》』では、寛文七（一六六七）年に、田舎の葬祭礼のときに「牛共」を殺して大酒を飲むことを厳禁し、『法式』（一六九七年）では田舎の婚礼に際して「肴は豚以下」とし、耕作に使う牛の屠殺を禁じている（『沖縄県史料　前近代1』一九八一年、一六、六二頁）。こうした禁令は、当時の農村で牛・豚の屠殺が盛んに行われたことの証左でもある。特に、『法式』の記述に「豚以下」とあるように、牛と豚との間には順位づけがみられ、禁止の眼は牛に向けられていた。その目的は、庶民生活の奢侈《しゃし》を戒めるというだけでなく、勧農政策の一環として農耕の役畜である牛の屠殺を禁じたものである。この時期に、肉食の対象が次第に牛から豚へと移行したことや、食用家畜としての豚の飼養が広まりつつあったことがわかる。

続く十八世紀には、王府が養豚を奨励する政策をとったことにより、豚の飼養が急速に普及する。『球陽《きゅうよう》』の尚敬《しょうけい》王元（一七一三）年の項には、国王が広く仁政を敷き、各郡邑に鶏・豚を飼養させたとある（桑江克英訳注『球陽』三一書房、一九七一年、一三三頁）。また当時の政治家・蔡温《さいおん》は、『独物語《ひとりものがたり》』（一七四九年）のなかで、①以前、冊封使《さくほうし》[1]が渡来した際に饗応用の豚を毎日二〇頭必要としたが、沖縄本島の豚では足りずに奄美諸島からも取り寄せたこと、②その後養豚を広めた結果、二〇年後には毎日四、五〇頭屠殺するのにも首里近在の豚で賄えるほどに繁栄したことを述べている（崎浜秀明編『蔡温全集』本邦書籍、一九八四年、八二頁）。金城須美子は、十八世紀の王府による養豚奨励策を背景として沖縄各地に豚飼養が普及・定着したことに注目し、この時期以降に豚肉を中心とする食文化が形成されたことを指摘している。[2]

さらに、近世の琉球で豚飼養が普及した背景の一つとして、甘《かん》藷《しょ》（サツマイモ）の存在があげられる。豚は雑食性の家畜であるため、人糞や残飯などを飼料として利用できるが、それだけでは十分に肥育することは難しい。十六世紀に琉球を訪れた冊封使・郭汝霖《かくじょりん》は、当時の家畜の状態について、「物産は牛・山羊・鶏・豚の類であるが、多くは痩せこけて使いものにならない」と記しており、当時まだ家畜の飼料が十分でなかった様子がうかがえる（『那覇市史　資料篇第一巻3』一九七七年、二〇頁）。甘藷が中国から琉球に伝来するのは十七世紀初頭のことであり、以後農民の食生活を支える重要な作物として広く栽培された。甘藷は、芋だけでなく蔓や葉も豚の飼料として利用できる。このような甘藷の存在によって、その後多くの農家が豚を肥育することが可能となり、沖縄各地に豚の飼養が普及したものと思われる。

もう一つの背景として、豚飼養の副産物としての肥料作りがあげられる。近世琉球では各種の農書が記され、農民に対して肥料の生産と施肥が奨励されていた。『耕作下知方並諸物作節附帳』（一八四〇年）には、厩肥《きゅうひ》の作り方について、「カヤ、ススキは台所から『ふろ』の前まで広げ置いて踏み枯らし、雨が降ったら取りまとめ、朽ち次第『ふろ』に入れ、豚に踏ませてから肥料小屋に集めて貯め置く」と記されている（山田他編『日本農書全集』第三四巻、農山漁村文化協会、一九八三年、二一〇頁）。文中の「ふろ」は風呂ではなく、豚便所を指す沖縄方言である。十九世紀当時の農耕技術の一環として、豚便所における肥料作りが奨励されていたことがわかる。

## 二　近世的生活技術としての豚便所

次に、豚便所の形態と豚飼養の民俗についてみてみよう。

### 1　豚便所の形態

沖縄の豚便所に関しては、歴史的に交流があった中国大陸の影響を受けた可能性はあるものの、沖縄の歴史の中でいつ頃から現れたのか、その由来は不明である。

沖縄方言で豚便所のことをフル、フール、フリヤーなどといい、同系の名称は沖縄の全域に分布している。また隠語的な表現としてヤーヌクシ（母屋の後方）という例もあり、他に八重山諸島ではワーヌヤー（豚の家）ともいう。

豚便所の例としてよく知られているものに、十九世紀中頃に奄美大島（鹿児島県奄美市）に滞在した名越左源太《なごやさげんた》が描いた「嶋人の家宅の図」がある（図1。名越左源太『南島雑話2』平凡社、一九八四年、十一頁）。これによれば、当地の豚便所は木もしくは竹の柵で囲っただけの簡素な造りであり、上に渡した踏板から、あるいは柵越しに、豚めがけて排泄する様子が描かれている。

一方沖縄の場合は、このような木柵型の例はあまり聞かれず、

図1　近世末・奄美大島の豚便所（『南島雑話』より）

頑丈な琉球石灰岩の切石を用いた石組み（もしくはサンゴの石積み）による石室型の豚便所が多く作られていた。沖縄の豚便所の形態に関しては、十九世紀末、明治二十六（一八九三）年に琉球列島を旅した笹森儀助が、次のように正確に描写している。「民家ノ雪隠ハ即チ豚小屋ナリ。其構造皆石ヲ畳ミ、高サ四尺（貧富ニヨリテ、切石ニテ築クアリ、生石ノマヽニ築クアリ、一ナラス）、方四、五尺ノ囲トス。中ニ数頭ノ豚ヲ飼フ。又石垣ニ石台ノ袖ヲ張出シ、コレニ登リ、男女皆脱糞ス。糞ノ脱スルヤ、豚来リ鼻ヲ鳴シ、早ク糞ノ下ルヲ喜フニ似タリ。若シ秘結スル時ハ豚ニ対シ気ノ毒ト云ハサルヲ得ス」（笹森儀助『南島探験1』平凡社、一九八二年、二四〇頁）。

笹森が記しているのは西表《いりおもて》島（沖縄県竹富町）の事例であるが、このような石造りの豚便所は沖縄で広く使用されていた。**図2**は渡名喜《となき》島（沖縄県渡名喜村）のある家のフール遺構の平面図（法政大学沖縄文化研究所『沖縄渡名喜島における言語・文化の総合的研究』一九九一年、一八一頁）であり、**写真1・2**は沖縄本島・西原町（沖縄県西原町）のフール遺構を写したものである。いずれの形状も、笹森が記述したものとほぼ同様である。沖縄のフールは前方の排便台と後方の豚舎とを接合した構造で、前方の便所に該当する石台をトゥーシという。石台にはトゥーシヌミー（排便用の穴）が穿たれており、豚は豚舎の側から排泄物を受け取る仕組みになっていた。豚舎は成豚一頭が入る程度の狭い個室型で、壁・床とも

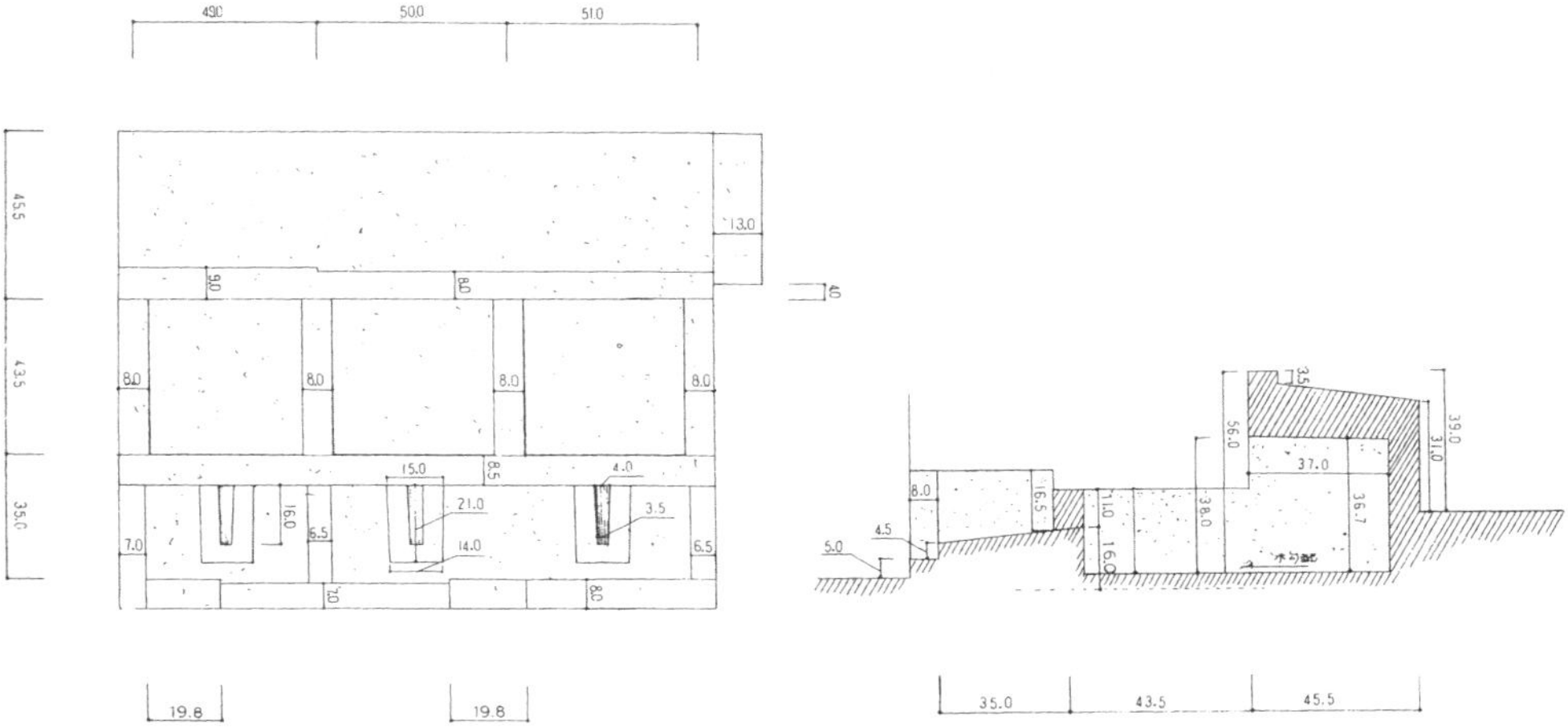


図２　渡名喜島の豚便所・遺構図（『沖縄渡名喜島における言語・文化の総合的研究』より）

写真１　沖縄の豚便所（沖縄県西原町）

写真２　豚便所のトゥーシ部分（沖縄県西原町）

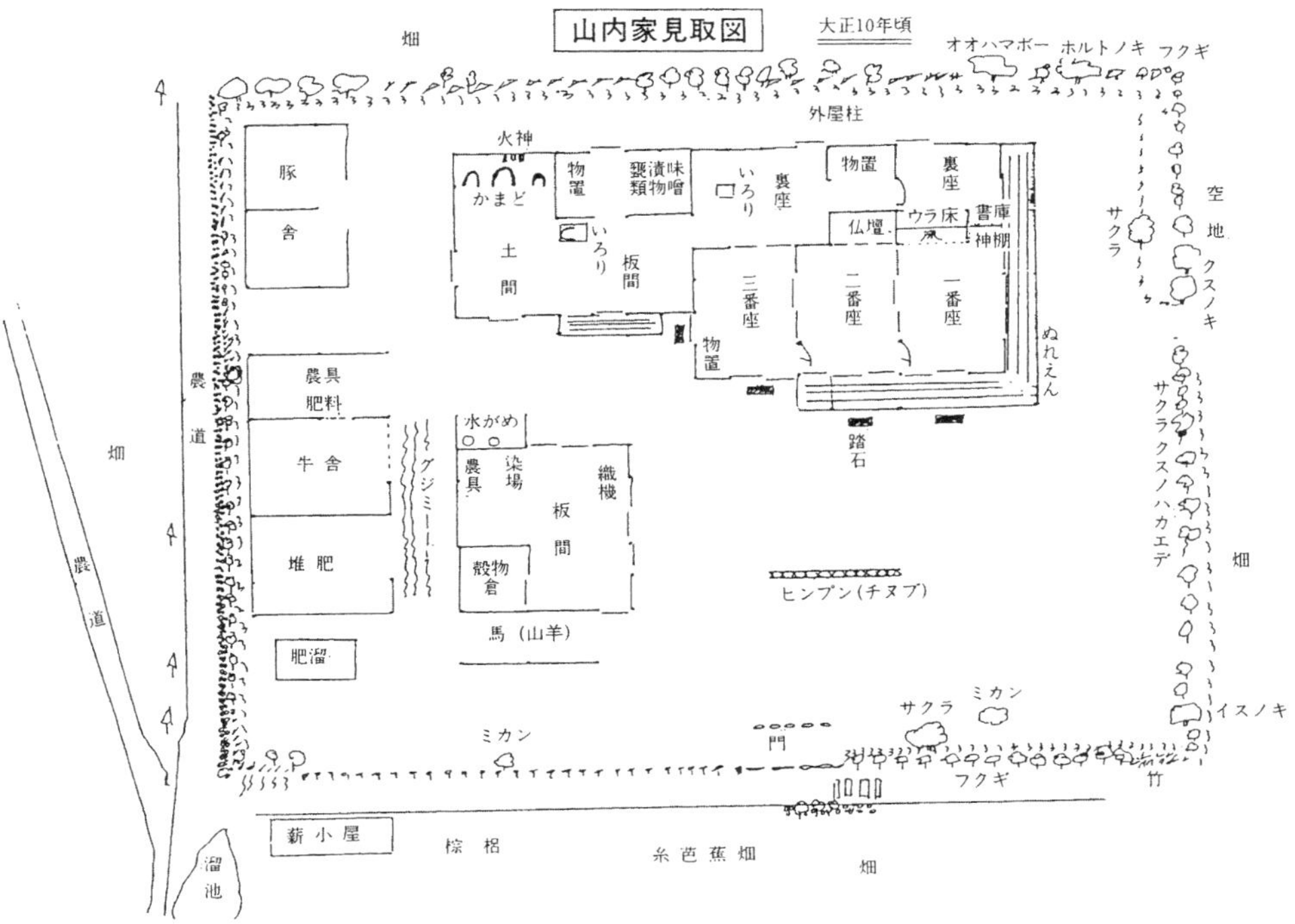


**図3　今帰仁村与那嶺の民家屋敷図**（『与那嶺誌』より）

に石材が用いられた。床面は地面よりも低く作られ、前方には汚水を集めて流すための溝が掘られていた。トゥーシは露天であったが、豚舎の後方には石材をアーチ状に組んだ小屋根が付けられていた。一般の家庭ではフールは一基で足りたが、経済的に余裕のある家や副業で複数頭の豚を飼養した家では、横並びに二連式・三連式のフールを持つこともあった。

## 2　豚飼養の民俗

続いて、豚便所による豚飼養の具体例として今帰仁《なきじん》村与那嶺《よなみね》の事例をみてみよう。筆者が一九八〇年代前半にこの地で民俗の聞き書きを始めた頃は、戦前に自宅で豚便所を使用した経験を有する方々が多くご健在であった。

与那嶺は、沖縄本島で通称ヤンバル（山原）とよばれる北部地域の農村である。現在の基幹産業はサトウキビや果樹の栽培であるが、かつては稲・粟・麦などの穀類、大豆・赤豆などの豆類、甘藷・里芋・山芋などの芋類も自給用に栽培していた。飼養動物は馬・牛・山羊・豚・鶏などで、このうち馬を所有するのは一部の家に限られていた。

与那嶺では豚便所をプルといい、戦前はどの家庭でも屋敷の豚便所で一、二頭の豚を飼っていたという。**図3**（与那嶺誌編集委員会『与那嶺誌』一九九五年、二六九頁）にあるように、屋敷内における豚便所の位置は、母屋の下手側で裏側にあたる場所（屋敷が南面する場合は北西の位置)であることが多い。豚便所を使用する際は、トゥーシの石台の上にしゃがんで用を足した。尻拭きには屋敷に植栽されたオオハマボウの葉を用い、他に破れた笊の竹ヘラなどを折って用いることもあった。豚便所の前には姿を隠すために板や石材で小さな塀がたてられていた。

各家庭で豚を飼養した目的の一つは自家消費用であった。特に正月には豚料理が欠かせないため、どの家でも毎年ソーガチャー(正月豚)用の子豚を一頭購入して育て、年末に屠っていた。もう一つの目的は副業用であり、正月豚とは別に一、二頭の豚を肥育して業者に売る家もあった。他に少数であるが、アサーと呼ばれる種付け用雄豚を飼って種付けを請け負う者や、ハピャーと呼ばれる繁殖用雌豚を飼って子豚を販売する者もいた。

豚の世話は女性の仕事とされ、主婦たちが餌作りを担当していた。豚には人糞だけでなく専用の飼料も与えていた。豚の飼料をワーヌムイといい、甘藷とその葉・蔓・食べ残しの皮・甘藷の煮汁・食器の洗い水・残飯などを混ぜて煮たものであった。各家庭では毎日大鍋で甘藷を炊いて常食としたため、その屑芋や残滓《ざんし》を飼料として利用した訳である。これを一日二回、昼と夕方に豚便所内のトーニ(餌槽)に入れて与えていた。豚は約一年で成豚になるが、豚を大きく育てた主婦は周囲から褒められたという。

また豚便所は肥料を作る場所でもあり、敷き草を利用して厩肥を作っていた。敷き草にはカヤやサトウキビの葉を用いた。これをしばらく豚に踏ませてから取替え、牛・山羊の厩肥と共に肥料小屋に積んでいた。この他に、豚便所の脇にある肥溜めに小便や汚水を溜めておき、これは主に野菜の肥料として用いていた。

以上は与那嶺における豚飼養の概要であるが、当時の他の農村においても飼養状況はほぼ同様であったものと思われる。豚便所による飼養活動は、①人間の排泄物や生活残滓を豚に与える、②甘藷を利用した飼料で豚を肥育する、③敷き草や汚水で肥料を作る、④肥育した豚を儀礼などで自家消費する、あるいは副業的に販売する、などのさまざまな機能を備えていた。沖縄の豚便所は、単に家畜飼養だけでなく、住生活・食生活・廃棄物の処理・農耕・儀礼などと結びついた多機能で複合的な生活技術であった。このうち、甘藷との結びつきや肥料作りなどの特徴は、近世の琉球における農耕をめぐる諸状況のなかで形成されたものであり、近世的な生活技術の伝承として位置づけることができよう。

## 三　豚飼養の近代化と豚便所の廃止

近代の沖縄社会では、先にみたような慣行としての豚便所が継続する一方で、行政による豚飼養の近代化が進められた。それは主に①豚の品種「改良」と、②豚便所の廃止の二つの側面から行われた。

## 1　豚種の「改良」

沖縄方言では豚のことをワーといい、外来種と区別する場合には在来の豚をシマワー（島豚）という。沖縄の島豚は、体毛が黒く、顔長で耳が垂れ、背線が凹曲し腹部が下垂するなどの形質的な特徴がみられた。成熟に一年以上を要するなど、西洋種に較べて成長が遅く体型も矮小であったが、粗食によく耐え沖縄の風土に適合した豚であったという。

**表1　沖縄県の豚飼養頭数**（『名護市史資料編 1』より作成）

| 年 | 総頭数 | 在来種 | 雑種 | 外国種 |
|---|---|---|---|---|
| 1894（明 27） | 84,883 | — | — | — |
| 1895（　28） | 93,551 | — | — | — |
| 1896（　29） | 95,901 | — | — | — |
| 1897（　30） | 87,515 | — | — | — |
| 1898（　31） | 96,969 | — | — | — |
| 1899（　32） | 104,321 | 104,321 | — | — |
| 1900（　33） | 103,358 | 103,035 | 323 | — |
| 1901（　34） | 104,763 | 101,301 | 3,462 | — |
| 1902（　35） | 104,132 | 103,712 | 403 | 17 |
| 1903（　36） | 102,387 | 102,135 | 210 | 42 |
| 1904（　37） | 85,566 | 85,378 | 160 | 28 |
| 1905（　38） | 101,736 | 97.994 | 3,301 | 441 |
| 1906（　39） | 111,329 | 105,415 | 4,843 | 269 |
| 1907（　40） | 114,936 | 102,671 | 10,412 | 1,853 |
| 1908（　41） | — | — | — | — |
| 1909（　42） | — | — | — | — |
| 1910（　43） | 97,534 | 77,684 | 19,321 | 529 |
| 1911（　44） | 106,988 | 84,273 | 22,467 | 248 |
| 1912（大 1） | 115,128 | 87,202 | 27,645 | 281 |
| 1913（　2） | 95,579 | 77,297 | 18,047 | 235 |
| 1914（　3） | 98,720 | 74,886 | 23,676 | 158 |
| 1915（　4） | 93,468 | 57,559 | 35,700 | 209 |
| 1916（大 5） | 105,958 | 55,866 | 49,858 | 234 |

（凡例）— は不明。

この島豚は、明治時代以後も沖縄で広く飼養されていた。**表1**『沖縄県統計書』（『名護市史　資料編1』一九八一年、二五頁）によれば、明治二十七年（一八九四）の県下の豚飼養頭数は八万頭強である。その後は年によって疫病による落ち込みもみられるが、全体としては緩やかに増加して十万頭前後を推移している。この統計は「在来種」「雑種」「外国種」の項目に分けられており、当初飼養された豚の大半が「在来種」であった。

沖縄県では、明治三十年代から交配用の外国種を導入し、在来豚を「改良」する事業を開始した。当時の新聞には、「豚業政策」と題する次のような記事がみえる。「本県種二頭より洋種一頭は多量の肉を得るなり先年森田龍之介氏渡来の初め頻りに改良種の効能を説しより県民漸く其利を悟り爾来時々種豚を輸入したるも（中略）猶ほ普及するに至らざる次第なるが洋種と在来種との雑種は国頭郡に於て先つ成功し次に首里に於て成功し今日に至りては一部の養豚家には其強健にして肥満力の大なるを認識せらるゝに至れり」（『琉球新報』明治三十八年二月二十五日）。

当時、沖縄県下に導入された外国種は主に在来豚と同じ黒色系のバークシャー種であり、これと在来豚との交雑種は改良種と呼ばれ、その生産・普及が進められた。この改良種は在来豚にくらべて早熟で肉量も多いことから、生産の効率化が図られたのである。大正四（一九一五）年の「産業十年計画案」にも、「在来豚は体躯矮小なるに反し改良種は早肥多肉にして農家経済上有利なりと認むるに依り体質強健肉量豊富なる『バークシャー』種を以て改良せしめんとす」とある（『沖縄県史　第一七巻資料編7』一九六八年、六六九頁）。

**表1**の内訳にみられるように、明治三十年代後半以降、「雑種（改良種）」の頭数が飛躍的に増加し、逆に「在来種」の頭数は急速に減少する。大正十四（一九二五）年に沖縄県立農事試験場が発行した『豚の改良』には、「今日本県の豚がバークシャー種でもつて改良されつゝあるので（中略）、即ち本県在来豚の純粋なものが今日では殆ど無くなつた、そして在来種とバークシャー種の雑種が過半になった」と記されている（『沖縄県農林水産行政史』第十巻、一九八一年、七八九頁）。こうして、明治末期から始まった豚種の「改良」事業の結果、かつての在来豚の純系は急速に減少し、昭和初期頃にはほとんど姿を消すことになったのである。

## 2　豚便所の廃止と生活の「改善」

豚飼養を近代化する上でもう一つの課題とされたのが、前代から続く豚便所の慣行を廃止すること、すなわち豚舎と便所の分離の問題である。こちらは、畜産および公衆衛生などの行政側からの働きかけや、現地の「生活改善」や「部落更生」などの運動により推進された。これらの運動において豚便所が問題視されたのは、主に豚コレラや豚丹毒《たんどく》など豚の流行病や、有鉤嚢虫《ゆうこうのうちゅう》（豚嚢虫）の寄生症などの原因と目されたためであり、かつ豚便所の仕組み自体が近代的な衛生思想と相容れない側面を持っていたためである。こうした理由から、豚舎と便所を分離して豚舎を清潔に保つよう、行政からの通達や指導がたびたび行われた。

奄美地域の場合、例えば「沖永良部島諸事改正令達摘要録」の明治十一（一八七八）年の項に、「自今豚は宅地内に一つの草葺小屋を建余地を設け厳に囲をなし其内に飼置き外に一寸も出すべからず、然して食物は唐芋の切端か菜草の類等を与て、決して人糞を食さすべからず」とあり、便所についても「本島各村大小便所の設け不備、偶々設あるも豚に食せるの方法たり是実に野蛮風にて大に賎すべし　自今岐度便所取建其大便小便は田畠の肥に用ゆべし」と記されている（和泊町『沖永良部島郷土史資料』一九五六年、七三頁）。島によって状況は異なるものの、奄美地域では早い段階で豚舎と便所の分離が進められたようである。

一方沖縄県の場合は、まず那覇などの市街地で豚便所の廃止がはかられた。明治十三（一八八〇）年に知事が那覇四村久米村に対し、「医院説明書」を付して「「養豚ノ儀ハ来ル六月一日ヨリ九月三十日迄禁止候」と通達している。説明書には「那覇久米村ノ如キハ人家最稠密《ちょうみつ》土地湿潤ニシテ大気亦随テ不潔ナルニ畜豚場ハ厠圊ト雑ルヲ以テ其悪息ハ市街ニ充満シ（中略）百病ノ原因タルヤ必セリ」とあり、公衆衛生の立場からの限定的な禁止であったことがわかる。同年さらに禁止期間が延長されたものの、おそらく強い抵抗があったものと思われ、三年後には先の禁令を廃止している（『沖縄県史料　近代3』一九八〇年、二九五―六頁）。

明治時代には、その後も県令などにより行政の側から豚便所の廃止（汲取り便所の設置）が進められた。明治四十（一九〇七）年二月七日付の新聞記事には、当時社交街として知られた辻町界隈でも、「其筋の命により貸座敷に新たに便所を設置せしむる（中略）一時は各座敷は大いに狼狽し居たるも多数の協議により便所設置の費用は家の所有主に負担せしめることに決定」したとある（『那覇市史　資料篇第二巻上』一九六六年、一二〇頁）。

このように市街地から次第に豚便所が消えていく経緯について、金城朝永は、「那覇市においては大正六七年頃時の警察署長の意見で都市衛生上遺憾の点があると称し、なるべく日本式便所に代える様にとの内命で、琉球式の厠の外に日本便所、あるいは内部の構造は今までのままで豚を飼わず上に屋根を葺いた和琉折衷のものを建てさせられ、新規の琉球式の厠は築造を禁止されたので自然その使用も減少した」と述べている（金城朝永『金城朝永全集』下巻、沖縄タイムス社、一九七四年、一四九頁）。

一方農村では、行政側の働きかけにもかかわらず、依然として豚便所が使用されていた。こうした地域を含めて全県的に豚舎の改良（豚便所の廃止）が図られる契機となったのが、明治四十一（一九〇八）年に起きた豚コレラの大流行であった。豚の流行病はその後もたびたび発生し、畜産業に大きな被害を与えていた。大正二（一九一三）年に農商務省で行われた畜産主任官の「協議会要録」では、沖縄県の取り組みとして「本県ハ明治四十一年以来毎年豚疫流行シ損害ヲ蒙ムル敢テ尠少ニアラサルノミナラス改良増殖ヲ阻止スルノ虞アルヲ以テ之カ予防ニ努ムルト共ニ豚舎ノ改良ヲ行ハントス」と報告している（『沖縄県農林水産行政史』第十巻、一九八一年、七四九頁）。

しかしながら豚疫予防と豚舎改良は順調には進まず、昭和五（一九三〇）年の「沖縄県畜牛馬匹改良増殖奨励計画書」では、「本県ハ全国ニ冠タル豚ノ生産地ナリ」としつつも、「（豚に）人糞ヲ喫食セシムルハ真ニ異様ノ現象ニシテ他ニ其ノ例ヲ見ザル所ナリ」と述べ、繰り返される豚疫の発生についても「県民ノ幼稚ナル衛生思想ト因習的偏見ニ拒マレテ其ノ根絶ヲ期スルハ近キ将来ニ於テ殆ド不可能ナルガ如シ」と悲観している（『沖縄県農林水産行政史』第十巻、一九八一年、六三三頁）。

昭和八（一九三三）年からは、昭和初期の恐慌を背景として、国による「沖縄県振興計画」が開始した。その前年に県が作成した「沖縄県振興事業説明書」には、畜産費の中に「豚舎改善補助費」が計上され、「豚ノ伝染病予防及豚嚢虫ノ撲滅ヲ図リ且豚ノ飼養管理ヲ改善セシムル為豚舎ノ新改築ヲナスモノニ対シ毎年新築ニハ一豚舎十五円二千箇所改築ニハ一豚舎五円二千箇所便所新築五円四千ケ所合計六万円ヲ年々補助ス」と記されている(『沖縄県史　第一五巻資料編5雑纂2』一九六九年、六九一頁)。この点については、同年に内務省で開かれた「第一回沖縄県振興計画調査会」において、井野次郎沖縄県知事が「次ハ豚デアリマスガ、(中略)飼育法モ亦極メテ幼稚且非文明式ノ風習ガアルノデアリマス、近時豚コレラ、豚丹毒、豚嚢虫ノ蔓延ガ著シイニ鑑ミマシテ、品種ノ改良増進ト同時ニ、飼育管理ノ根本的改善ヲ強制スル必要ガアルノデアリマス」と発言しており、豚便所の廃止が畜産振興における喫緊の課題とされていたことがわかる(『沖縄県史　第一五巻資料編5雑纂2』一九六九年、六一一頁)。

この時期、現地において実際に豚便所の廃止に多く関わっていたのが生活改善運動であり、婦人会や教員などが、早寝早起きの励行・社交儀礼の改善・住宅台所便所の改善などに取り組んでいた。昭和九(一九三四)年に石垣島でこの運動に携わった宮城文は、「幾多の生活改善の中でもっとも意義深いのは豚便所の廃止であり、生活改善委員がもっとも目ざましく活躍したのもこの問題であった。他面、悪口非難を浴びたのもこの時である。(中略)宮城文の屋敷に行って用便して来たらよい、という人もいると聞いたが、ある日屋敷内に五つ、六つ並べられた黄色のピラミッドを見せられた時には、驚きあきれるやら、悔しいやら、恥ずかしいやらで、だれにも知られないよう、家族の者の胸に納めて我慢したことであった」と述懐している(宮城文『八重山生活誌』沖縄タイムス社、一九七二年、二八・二九頁)。当時、豚便所の廃止に対する住民の抵抗が相当に強かったことがわかる。

生活改善の運動は県内各地で展開したが、県はモデル地区として「生活改善部落」を指定して運動を推奨した。この「生活改善部落」については、『南遊記』(一九三五年)に、「水が乏しい上に、住居が不潔で農家の大部分は豚に排泄物を食はす仕組の『豚便所』を用ひているから、伝染病菌や寄生虫は蔓《はび》り放題である。(中略)この状態を改善するために、県では生活改善部落を指定し、窮屈な財政のうちから浴場建設費や豚舎改良費を支出して、官民一致の努力をしている」と記されている(下村宏・飯島幡司『南遊記』朝日新聞社、一九三五年　一六三・一六四頁)。

こうした運動は、さらに官民一体あるいは地域ぐるみの部落更生運動として展開し、昭和十一(一九三六)年には「沖縄県部落更生共進会規定」が施行された。翌昭和十二(一九三七)年には、字単位での更生の取組みが顕彰された事例が、次のように報道されている。「全国十二ケ所の部落とともに栄誉に輝く有栖川宮厚生資金を伝達される沖縄県国頭郡名護町字幸喜《こうき》部落では、この栄誉に酬《むく》ふべく一層躍進沖縄の更生模範部落として活動すべく誓っている」、「同部落は(中略)昭和七年から生活改善部落に指定されてから部落民は更生意識に目覚め、(中略)生活改善同盟を組織して乳幼児童健康相談所、託児所、共同浴場を設置し、台所、便所、飲料水の改善を実行し、（中略）つひに部落民の更生運動は見事実を結んで模範部落の建設を見たものである」（『大阪朝日新聞』一月二十八日。『名護市史　資料編3』一九八五年、二二四頁）。

　また同年四月の記事には、「沖縄県が全国に率先して試みた本年の部落更生共進会の審査結果は三十日発表されたが、（中略）本年の栄冠を握った二等入賞の模範部落は国頭郡羽地村字真喜屋《まきや》部落で、同部落は昭和九年県財政更生部落の指定を受け、翌十年より計画を実施したが、僅か一年有余にして部落民二百三十七戸の活動が実を結び、（中略）沖縄古来独特の豚便所の改良、部落民の奉仕による道路改修、製糖場、共同茶園、青年倶楽部、私設消防組、共同浴場などを建設し、さらに生活改善、教育振興などに実績をあげ、一ケ年にして理想郷を建設したものである」とある（『大阪朝日新聞』四月一日。『名護市史　資料編3』一九八五年、二二四頁）。いずれの事例でも、豚便所の廃止が更生運動の項目にあげられている。

　さらに時局を反映してか、豚便所の廃止をめぐり警察が関与する例もみられた。昭和十四（一九三九）年には、「字民の大半が豚舎を改善」と題し、「島尻郡小禄《おろく》村字大嶺三一七区長金城政次郎（五八）氏は字区長就任以来時局を認識し村役場駐在所と連絡をとり積極的に部民の指導にあたり殊に豚舎兼用便所改善には良く警察の趣旨を理解し同字三百四十八戸を八支部に区分し各々一名宛の改善実行委員をおき改善に努力したため（中略）その功績顕著なものとしてきのふ仝村駐在所奥間巡査から金城署長に表彰方を申請した」とあり、豚便所の廃止に功績のあった区長が警察署長から表彰されている（『沖縄日報』七月十五日）。

　こうして沖縄県下では、昭和初期頃にはほとんどの地域で豚便所が廃止され、豚舎と便所が分離されたのである。ただし、なかには戦後一時期まで豚便所を使用した例もあったようだ。一九五一年に宮古群島知事により出された「養豚取締条例」には、「豚の飼育に当つては如何なる方法を以つてしても給糞してはならない」、「給糞豚は如何なる場合に於いても売買又は屠殺してはならない」、「豚舎には便所を附設しないこと」とあり、未だ廃止が徹底されていない状況がうかがえる（『沖縄県農林水産行政史』第十二巻、一九八二年、四七七頁）。しかしこうした例においても、その数年後には廃止されていった。

## 3　廃止後のこと

豚便所の廃止とは、豚舎と便所を分離することであった。廃止にあたり、豚便所そのものを取り壊す家もあったが、多くは豚舎の近くに別の便所小屋を建てることで対応した。新たに登場した便所は「改良便所」と呼ばれ、地下に便槽をもつ汲取り式であった。汲取り便所の場合、農村では人糞を下肥として利用できたが、市街地では新たに糞尿処理の問題が起きていた。昭和十四（一九三九）年、当時那覇では、「生活改善に伴ふ豚舎改良と相俟って農村の労力不足に依り臭い話ではあるが、市内のどの家庭の便所も糞尿が充満し（中略）、さきに那覇市参事会で糞尿処分問題に就き喧しく議論され、また那覇署でもその対策が講じられたけれども何等具体的結果を見るに至らず七万市民の芳しからぬ悩みの種」となっていたという（『沖縄日報』五月九日。『那覇市史　資料篇第二巻中の2』一九六九年、一三三―四頁）。豚便所の廃止により、糞尿処理という新たな行政課題が派生したのである。

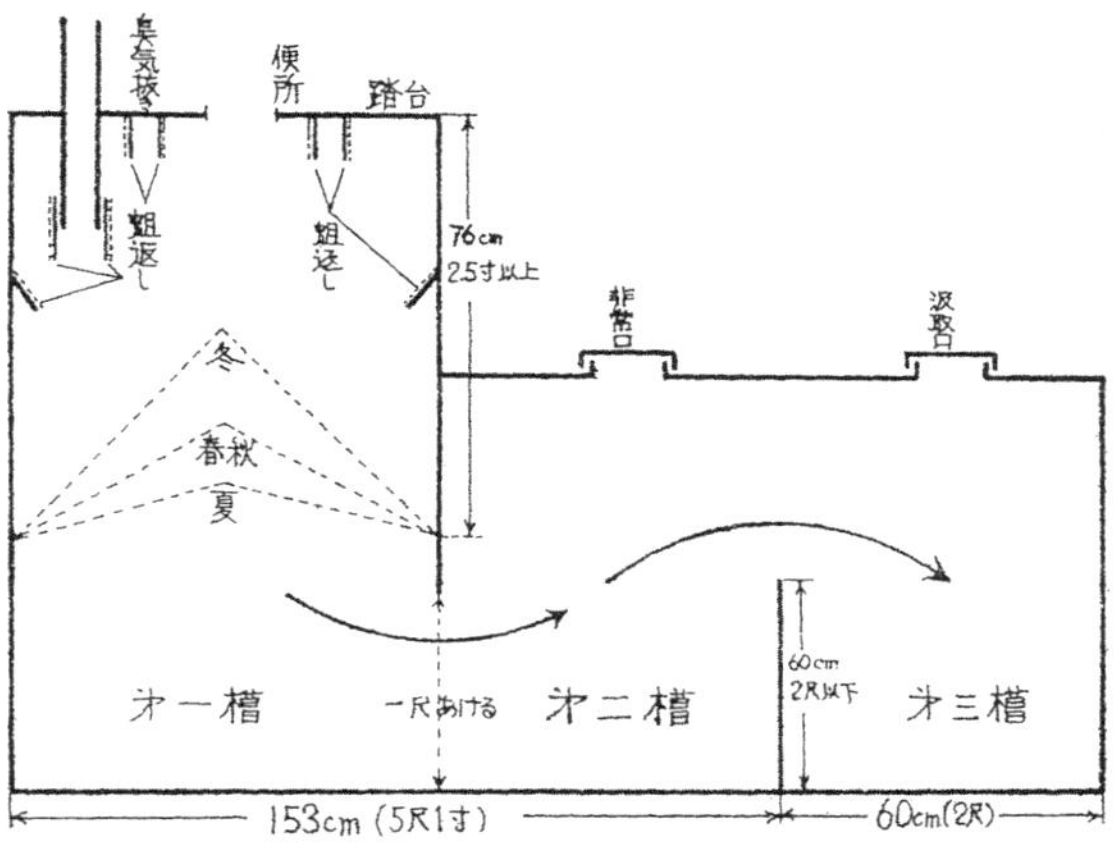


図４　三槽式汲取り便所（『今日の琉球』より）

この改良便所の設置は、戦後も継続して進められた。図４は、一九六二年に当時の公衆衛生課が雑誌『今日の琉球』に掲載した「三槽式汲取り便所」の図で、「糞尿処理の最低の基準としては三槽式便所があります。これの普及はそのまま病人の減少となり、公衆衛生の向上となって現れます」と推奨している[3]。ちなみに、先述した一九八〇年代の与那嶺では、戦後に建てられた改良便所が現役で使用されていた。その排便部はコンクリート製で、かつての豚便所の排便台（トゥーシ）の形状を模したものであった。

一方、分離後の豚舎では引き続き豚を飼養したが、沖縄戦によっていったん途絶した。戦後は、アメリカなどから移入した豚を用いて復活したものの、生業の形態や生活様式が多様化するなかで、次第に豚の自家飼養をやめる家が増えていった。その一方で、豚肉の消費需要を背景にして、豚を多頭飼養する専業的な畜産家が現れ、一九六〇年代からは郊外に大規模な養豚団地が建設されるようになった。こうして沖縄の豚飼養は、かつての慣行的で小規模な自家飼養から、今日の産業としての養豚業へ移行したのである。

## おわりに

以上、近代の沖縄社会における豚便所の民俗をとりあげ、その持続と廃止の過程をみてきた。豚便所は、かつてそれを使用した人々の側では、暮らしの諸相に関与する重要な生活技術として機能していた。これに対し、畜産振興や公衆衛生に関わる行政側からは、「真ニ異様ノ現象」、「幼稚ナル衛生思想ト因習的偏見」、「極メテ幼稚且非文明式ノ風習」として禁止され、さらに地域ぐるみの生活改善・部落更生運動により廃止されたのである。豚便所をめぐり、元来行政側の「近代化」とは異なる価値観を有していた人々が、どのような状況下で生活の「改良」・「改善」に取り組むに至ったのか。今後は、民俗の持続に対してだけでなく、その廃止や改変に対する人々の生活論理にも留意しながら聞き書きを続けていきたい。

**注**

(1) 冊封使とは、明・清代に中国皇帝が朝貢国の王を冊封するために派遣した使節のこと。ここで蔡温が言及しているのは、一七一九年に来琉した徐葆光《じょほこう》ら一行のことである。

(2) 金城須美子「沖縄の肉食文化に関する一考察」『生活文化史』第十一号、一九八七年、二九頁。

(3) 吉武進「環境衛生について」『今日の琉球』第六巻十一号、琉球列島高等弁務官府、一九六二年、十七頁。

**参考文献**

池谷・内田・高瀬編『朝鮮王朝実録琉球史料集成(訳注篇)』榕樹書林、二〇〇五年
沖縄県沖縄史料編集所『沖縄県史料　近代3』一九八〇年
沖縄県沖縄史料編集所『沖縄県史料　前近代1』一九八一年
沖縄県農林水産部『沖縄県農林水産行政史』第十巻、一九八一年
沖縄県農林水産部『沖縄県農林水産行政史』第十二巻、一九八二年
金城須美子「沖縄の肉食文化に関する一考察」『生活文化史』第十一号、一九八七年
金城朝永『金城朝永全集』下巻、沖縄タイムス社、一九七四年
桑江克英訳注『球陽』三一書房、一九七一年
崎浜秀明編『蔡温全集』本邦書籍、一九八四年
笹森儀助『南島探験1』平凡社、一九八二年
下村宏・飯島幡司『南遊記』朝日新聞社、一九三五年
名護市史編さん委員会『名護市史　資料編1』一九八一年
名護市史編さん委員会『名護市史　資料編3』一九八五年
名越左源太『南島雑話2』平凡社、一九八四年
那覇市史編集委員会『那覇市史　資料篇第二巻上』一九六六年
那覇市総務部市史編集室『那覇市史　資料篇第二巻中の2』一九六九年
那覇市企画部市史編集室『那覇市史　資料篇第一巻3』一九七七年
法政大学沖縄文化研究所『沖縄渡名喜島における言語・文化の総合的研究』一九九一年
宮城文『八重山生活誌』沖縄タイムス社、一九七二年
山田他編『日本農書全集』第三四巻、農山漁村文化協会、一九八三年
吉武進「環境衛生について」『今日の琉球』第六巻十一号、琉球列島高等弁務官府、一九六二年
与那嶺誌編集委員会『与那嶺誌』一九九五年
和泊町『沖永良部島郷土史資料』一九五六年
琉球政府『沖縄県史　第一七巻資料編7』一九六八年
琉球政府『沖縄県史　第一五巻資料編5雑纂2』一九六九年

II 暮らす――地域と暮らし

# 商店街前夜

## 【買い物空間の創出と商店主たちの連帯】

塚原伸治

●つかはら・しんじ　一九八四年千葉県生。二〇一一年筑波大学大学院博士課程人文社会科学研究科中退。博士（文学）。茨城大学准教授。民俗学。主著『老舗の伝統と〈近代〉――家業経営のエスノグラフィー』（吉川弘文館）等。

## 一　そして商店街が生まれた

### 1　商店街の誕生

一九三二（昭和七）年三月十七日、福岡県山門郡柳河町。[1] この町の京町通り、かつては瀬高町と呼ばれた一角で、[2] 商店主たちが五日間の大規模な大売出しを開始した。柳河町周辺で発行されていた『柳河新報』（以下、『新報』と略称する）[3] は、その二日後の三月十九日に、以下のような記事でそれを伝えた。

「陋習打破、商界革新を叫ぶ柳河京町有力商店結束し、京町大店会を組織し、十七日より五日間大売出し開始　柳河町大字瀬高町通りが京町と改称し、道路補舗完成と鈴蘭燈建設により新時代に適応すへく、京町筋有力商店結束正札断行し、良品廉価顧客に親切をモツトーとして京町大店会を組織した。其披露のため、去る十七日より二十一日まで五日間、景品附大売出しを挙行し、景品の内容大奮発で、一等十円、二等五円、以下六等まで空籤なしの景品と、特別披露に壱百円の商品券贈呈で、非常に人気を博してゐる。時恰かも彼岸に相当し、猶ほ二十商店で品揃ふと云ふ綜合デパートの感を起さしめ、顧客の便利を計つてゐるのでなかなかの盛況である。（中略）因に副景品百円券の抽籤は来る二十二日で、誰れの手に落ちるであらうか興味を以て歓迎されてゐる」(4)

ここでは、「京町大店会」という新たな組織の発足と、それにあわせた五日間の大売出しに触れられている。この記事の下には大きなサイズの広告が掲載され（図1）、「永年の陋習を打破し商界革新」を目指し、「一団と」なって「協力販売の実行」を果たすこと、今後は正札（定価）での販売を行っていくことが宣言される。

図1　京町大店会の結成についての広告
（『柳河新報』昭和7年3月17日）

大売出しと景品付きの福引きという、いかにも商店街らしいイベントの開催とともに告げられる「京町大店会」の結成。このイベントはその後の柳河（柳川）商業にとって、大きな転換点となった。

京町というのは、四〇〇メートルほどの通りの両サイドの町並みであり、現在の福岡県柳川市の大字京町一丁目から三丁目にかけての範囲と重なる(5)（写真1、写真2）。この「京町大店会」（以下「大店会」と略称する）(6)と同様の組織は、京町の通りにはそれ以前に存在していなかった。すなわち、この大店会結成をもって、柳川に商店街が誕生したのである。

ここであらかじめ断っておかなければならないのは、誕生という表現の内実である。もちろんこれが指すのは、まったく何もなかったところに突如として商店が並んだということではない。京町の通りは近世城下町のころより長らく商家が軒を連ねた商業地区であった。一九三二（昭和七）年の段階でもそれは変わらなかったし、この年の三月十七日を

写真１　現在の京町通り東側（2015 年 9 月 4 日筆者撮影）

写真２　現在の京町通り西側（2015 年 9 月 4 日筆者撮影）

もって京町通りが一挙に変化を遂げたということではない。通り沿いの商家はそれまでと同じように商売を続けたし、商店街の誕生以前から二十一世紀の現在まで変わらずに京町で商いを営み続けている店も複数ある。

組織という点からみても、完全にばらばらだったものがある日突然組織として結集したということではない。京町大店会が結成された京町通りの範囲は、京町一丁目、京町二丁目、京町三丁目という三つの町内にまたがっているが、それぞれの町内は、第一には儀礼のための組織として機能してきた。三柱神社の秋季例大祭は「おにぎえ」の名で知られる山車祭りであるが、そこでは各町が「どろつくどん」と呼ばれる山鉾や、舞台型の「踊り山」を曳きまわす。山車の曳きまわしが開始されたのは文政年間（一八一八―一八三〇年）のことであるから、京町通りに住む各商家が近隣と横のつながりを持つようになった契機は、大店会結成であるとはいえない。

であるのにもかかわらず、筆者はやはり誕生としての面を強調したいのである。それは以下の理由による。

小売商が軒を連ねる通りにおいて前提となるのは、まったく関連のない異業種が隣どうし並んでいるということである。文具店、乾物店、メガネ店、菓子店……という形で様々な業種がランダムで並び、なおかつ基本的には通りごとに一業種一店舗がほとんどである。隣どうしで住んでいるからといって、互いにまったく関連しないものを販売する隣人たちは、必ずしも経済的な連帯関係にあることを必要としてはいないし、商売敵ですらないのが普通だ。

一方、京町大店会が結成される以前から、柳河町では多くの同業者組合が結成されて、同業者間の連帯があった。また、一八九七（明治三十）年にすでに「柳河商工会」が結成されており、商工業者の権利の主張や各種のネゴシエーションはもっぱら商工会が担っていた。

それから、既存の組織として機能していた「町内」であるが、これも難題だ。大店会は、ひとつの町内で商店街組織を結成するのではなく、三つの町内が束になって結成されている。柳川に限らず他の町場でも同様の状況は見られるが、町内間の関係は、緊張を伴ったものであることが多い。町内という単位がもっとも見えやすい形で活躍する祭礼「おにぎえ」を例にとってみても、山車の華やかさを競う各町内の緊張関係が、祭礼の賑やかさをつくり出してきたことは間違いない[7]。現在もその状況は変わらず、チラシやポスターを作成するたびに、それぞれの町内の山車がどのサイズで映っているのか、一台のみを掲載する場合にはどの町内が掲載されるのかを、過去に遡って慎重に検討することが求められる。その程度には、町内間の対抗や緊張関係は、無視すべからざるものだといえよう。実際、大店会結成の直前に計画され実行された京町通りの道路拡張事業（後述）においては、すべての町内の総代を通じてかなり慎重に交渉が続けられていた[8]。だから、三つの町内がその垣根を超えて連帯することも、まったく当たり前のことではなかったのである。

そのような状況の中で、隣どうしで並んでいるというだけの小売店主たちが自発的に連帯していくという事態は、むしろ特別なことだと考えたほうが自然だ。商店街がすでに「当たり前」となっている現在の社会において、その不自然さが疑われることがないだけなのである。

## 2 じつは新しかった商店街

柳川における商店街の誕生をより広い文脈に位置づけておきたい。

商店街が二十世紀初頭の日本において「誕生」したという議論は、近年の商店街研究の重要な到達点のひとつだといえる。だが、商店街が特段吟味されるようになる以前は、前近代における町や通りと同じものであると見なされてしまった。そのために、商店街は全国どこにでもありふれたものであるのにもかかわらず、それが近代に生み出され育まれたという来歴は、等閑視されてきた。

新雅史は、そのような疑われることすらなかった前提を問い直し、商店街が二十世紀初頭に、しかも特定の政治的ミッションを与えられて「発明」されたことを明るみに出した（新雅史『商店街はなぜ滅びるのか──社会・政治・経済史から探る再生の道』光文社、二〇一二年）。[9]商店街は、単純に商店が並んでいる場所ということではなく、商店主たちが連帯し組織体としてまとまり、ひとつの買い物空間を作り上げている。それらの条件が整ったことで、商店街はこの世に産声をあげたのである。

組織としてあるいは理念としての商店街が生み出された一九二〇年代は、農村を出て都市に移り住む人々が急増した時期であった。とはいえ、それらの人々をすべて雇用するだけのポテンシャルを都市は持っていなかった。そこで、農村部から都市へと流入する人々が次々に零細自営業者となって貧困状態に陥るのを防止し、中間層として社会秩序に統合するための方策が検討されていた。その課題の解決策としての役割をもって商店街は考案された。

それから、百貨店も重要な役割を果たしていた。一九〇四（明治三十七）年の三越百貨店開店を皮切りに、全国で「百貨店」「デパートメントストア」が開店するようになり、短期間のうちに地方都市にまで波及していった。前出の社会問題に対処するために、ビルを建ててその中に多くの店を入れる（＝縦の百貨店）のではなく、小さな小売店の集合としての「横の百貨店」をつくることが提起された。そうして、商店街は誕生したのである。

商店街の理念は瞬く間に地方にまで浸透し、一九三五（昭和十）年の時点ではすでに、全国の中都市（人口三〜五万人）や小都市（一〜二万人）に至るまで商店街組織が成立していた（満薗勇『商店街はいま必要なのか──「日本型流通」の近現代史』講談社、二〇一五年）。

そのような文脈があっての京町大店会の誕生である。先の「大店会」発足を伝える『新報』の記事にも「二十商店で品揃ふと云ふ綜合デパートの感を起さしめ」とあるように、それは明らかに百貨店を意識したものであった。

ここで一点、素朴な疑問が浮上する。確かに商店街誕生の以前と以後の違いはとても大きい。その連続性を強調しすぎれば見えるものも見えなくなるだろう。しかし、柳河の場合は、先述の通りまったく何もなかったところに商店街が成立したのではない。また、政治的な使命を帯びていたとはいえ、任意の団体であるから、必ずしも上から押し付けられたのではなかった。だとするならばやはり、個々の地域の文脈で、なぜいかにして商店街が成立したのかを理解することがミッションとなるだろう。つまり、商店街の誕生をひとつの到達点として、そこに至る道のりを理解する視点が必要だと考えられる。[10]

以下ではこのような関心にもとづき、いかなる契機で柳川の商店主たちが商店街を実現していったのかを検討する。

## 二　商店街以前の事

### 1　十九世紀末、柳河の自画像──日に日に廃れゆく「水に浮いた灰色の柩」

柳河藩は、一八六九（明治二）年の版籍奉還、一八七一（明治四）年の廃藩置県によって消滅した。柳河県は短期間のうちに三潴《みずま》県、福岡県へと吸収合併され、最終的には山門郡柳河町として福岡県の一地方都市となった。[11]

柳河城下の商人たちは、藩の消滅によって大きな打撃を受けた。それまで政策上保護されていた商人たちの専売許可は無効化され、近世を通じて商売を続けた商人たちのかなり多くが、この時期に経営を断念している。このことは逆に、新たに商売を始めたい者からすれば、出店制限の緩和ということもできるだろう。町内と組の承諾があれば町内に住んで商売をすることができるようになった。その結果として、必然的に商人の入れ替わりが藩の消滅以前よりも活発になった。

とはいえ全体としては、水上交通から陸上交通へと人や物資の流れが変化するのに伴い、柳河の地位は相対的に低下した。一八八九（明治二十二）年から一八九一（明治二十四）年にかけて九州鉄道（現在のJR鹿児島本線）が開通した折には柳河を避けて西の瀬高に駅が設置された。また、同時期のことであるが、柳河藩の支藩に過ぎなかった大牟田が、一八八九（明治二十二）年に鉱山が三井財閥に払い下げられたのをきっかけに炭鉱の町として大躍進したことも、柳河の存在感低下に一役買っていた。

そのような事情もあって、柳河では明治期からすでに「昔はよかった。そして現在は最悪である」という落差をもった語り口が地域の自画像と化していた。たとえば『新報』が柳河振興を目的として創刊されたわずか七か月後の一九〇四（明治三十七）年にはすでに、「柳川の本通筋（京町通りのこと）を通つて見れば、如何に商売の不景気であるかが分る。是時局の為めのみに非るは、日用品の売行宜しからざるに依て証す可し」[12]という投書がみられる。

柳河出身の詩人北原白秋が故郷の思い出を題材とする詩集『思ひ出』のなかで、「廃市」「日に日に廃れてゆく」「水に浮いた灰色の柩」（北原白秋『思ひ出』東雲堂書店、一九九七年（一九一一年）、Ⅷ頁）とノスタルジックにうたいあげたように、明治期の柳河はすでに全盛期をとうに過ぎて、衰えゆく街であると考えられていた（塚原伸治『老舗の伝統と〈近代〉——家業経営のエスノグラフィー』吉川弘文館、二〇一四年）。

## 2　商店街への胎動——「柳河安売団」の結成と商店主の連帯

同じ時期の、柳河の小売商店主たちの動向に目を向けたい。

「柳河商工会」という、柳河とその周辺の商工業者による組織がすでにあったと先述したが、一九二四（大正十三）年に柳河商工会によって出版された『柳川商工案内』[13]によれば、実際にはそれ以前、一八八六（明治十九）年に結成された「柳河実業青年会」がその前身にあたる。この団体は一八九七（明治三十）年に柳川商工会へと名称を変更し、一九一二（大正元）年に正式に商工会としての認可を得ている。柳河商工会の事業は、「懇親を加味せる春季総会」のほか、「優良なる店員職工の表彰」「納税に関する調査」「官公衙の諮問に関する事項」「商工業地視察研究」「物価調査」「物価表配布」「交通機関期成運動」「当町の発展及び商工業振興に関する研究調査運動」をはじめ、柳河の商工業に関するあらゆることに関与していた（柳河商工会編『柳川商工案内』柳河商工会、一九二四年、一七頁）。

柳河商工会は、小売商のみではなく、工場経営者や職人あるいは銀行なども含んだ組織であった。結成以来三〇年ほどは特に下位組織も持たずに商工業者が一体となって活動をしていたようだ。

そして一九一八（大正七）年、商工会のなかに「柳河安売団」という団体が結成された。それは、商工会所属の小売商たちが様々なイベントを催すための組織であった。この組織の結成は、柳河の小売商たちが業種（販売品目）の垣根を越えて独立連帯した、初めての機会でもあった。この柳河安売団の結成はその後、柳河の商業活動の大きなうねりを生み出すこととなる。

一九一八（大正七）年に結成された安売団の活動は、『柳川商工案内』によれば以下の通りである。

又当町小売商店で組織せる柳河安売団は、（中略）盆正月の節季其他年数回、景品付大売出しをなし、又種々の事を行ふて町を景気立たせてゐる。（中略）挙行事項は大景品付売出しも回数を加へ、街路の高燭電照、春季に有明海潮干狩の斡旋、高畑公園で観桜会を開き、花間に電飾や売店を設備し、余興の手踊浄瑠璃、宝探し変装競技などで客を呼び。夏は祇園神社境内に納涼所を設け、余興に活動写真、手踊、安来節、浪花節、電飾盆栽、噴水等を以て歓楽郷と化し。又本団主催の大運動会には、全町総出で種々なる演技をなして、慰安と体育の目的を十分に達し、且つ町に活気を付けた。[14]

一九一八（大正七）年の『新報』は全号が散逸しており、どのような経緯で安売団の活動が開始されたのかは不明である。だが、少なくとも翌年以降、安売団主催のイベントはたびたび『新報』に掲載されている。たとえば、春と秋の大運動会のほか、二月の旧年末年始大売出し、五月の花まつり大売出し、七月の祇園会大売出し、十二月の誓文払い大売出しなど[15]、年に数度のイベントを開催している。運動会は別として、それぞれの大売出しには必ず景品付きの福引が伴っていた。

先述のとおり安売団は、商工会内部の組織でありつつ、小売商を中心メンバーとして任意に結成されたものだった。柳河の商工業者は近世以来、同業者組織を中心として活動をしてきており、そこに一八八六（明治十九）年以降公的な性格をもつ商工会（当時は「柳河実業青年会」）の活動が加わっていたというのが当時の状況としては正しいだろう。このように捉えると、安売団結成は商店街の誕生に先立つ出来事として位置づけることができる。同業者組織と商工会というふたつの活動の重要性に比べれば、安売団の結成は、出来事としてはとても小さなことではある。しかし、小売店がその業種を問わずに連帯するという、商店街結成のための大前提がここで生み出されたという点において、のちに与えるインパクトはとても大きなものとなった。

また、もうひとつ重要なことをあげておきたい。小売商が業種を問わずに連帯をする以上、どうしても最大公約数的な形で事業を行うことになるということである。商工会の活動内容が商工業の実質的な業務に関連するものを中心としているのにくらべて、前掲の安売団の活動内容が、運動会、大売出し、観桜会など、イベント中心になっているのはそのためだと考えられる。

そしてここで気がつくのは、まさにそれこそが日本中にありふれている、商店街の姿であるということだ。店舗が連帯して大売出しと景品つき福引、あるいは各種イベントを次々と繰り広げる、あの商店街スタイルである。

しかし、安売団の結成をもって商店街の誕生とすることはできないだろう。安売団が商店街成立の前提条件を与えたのは確かだが、安売団は商工会の内部から生まれ出たものである。当然京町に限らず柳河町全域の小売商人たちがそこには関わっていたし、隣村の城内村や沖端村の業者も商工会には加入していたから、どうしても町の至るところで同時多発的に売り出しが実施されることになった。イベントの開催場所も中心市街地から離れてはいないが、開催のたびにまちまちで、空間的に絞られているとはいえない。商店街が買い物空間をつくり出すものであることに照らせば、柳河町全域あるいはそれを超えた範囲はいささか広すぎるといえるだろう。商店街が買い物空間としての性格をもつためには、市町村全体のような広い範囲ではなく、通りの両サイドのような、消費者にとって適切なサイズがある程度求められる。だからやはり一九一八（大正七）年の安売団の結成を、そのまますなわち商店街の成立とするのは、勇み足になるのである。

それからもうひとつ、じつは、そこが買い物空間であるための重要な要件を、一九一八（大正七）年の時点で柳河の小売商たちの多くが満たしていなかった。なぜなら、その当時の小売商の店舗の多くは、買い物をする場所ですらなかったからである。

## 三　商店街前夜

### 1　店頭販売と買い物空間の創出
#### ――「ショー・ウヰンド」・道路舗装・スズラン燈

小売店舗が買い物をする場所ではない、というのはじつは当時の商慣習においてはまったく珍しいことではなかった。その点について触れるにあたって、ここではひとまず「買い物」を、商品と引き換えに代金を支払う交換の行為であると素朴に定義づけておこう。

二十世紀初頭頃までの柳河商人たちは、城下町時代の商慣習をかなりの程度継承していた。それは、御用聞き、掛け売り、客ごとの価格設定を前提とした商売である。それを単純化して説明するならば、商売はおおよそ以下のように進むことになる[16]。

まず、売り手は「お得意さん」のもとを訪れて、客がほしいものの注文をとる。いったん店舗に戻った売り手は、希望の商品を携えて改めて客のもとを訪れる。商品を引き渡すと、売り手は代金を受け取らずに店舗に戻る。店舗に戻った売り手は、客に渡してきた商品を帳面に記載する。代金は盆暮れの年二回まとめて請求され、客はそのタイミングで代金を支払う。

この近世的な商慣習の典型的なスタイルを、柳河の商人たちは一九二〇年頃までは続けていたようだ。この商慣習においては、少なくとも商品の受け渡しと代金の支払い（その両者の間には最大で半年のスパンがある）は店先で行われていないから、店舗を買い物の場所とすることはできない。交換のタイミングが絶妙に管理されているため、「買い物」がどこで行われているのかを判定するのはじつに難しいのである。価格の設定についても、商品ごとに定まった価格（正札）がないため、客ごとに支払う代金が異なる。しかも市で見られるような交渉によって確定されるスタイルではなく、完全に店の言い値だ。

この近世以来の商慣習に対する疑問は、一九一二（明治四十五）年の『福岡県山門郡柳河町是』にもみられるが（柳川市史編集委員会編『柳川市史　史料編Ｉ　地誌』柳川市、二〇〇一年）、一九二〇年代前半までは変更することなくそのまま続けられていたようだ。それが町をあげて古い商習慣の「改善」をするようになったのには、一九二三（大正十二）年に発生した関東大震災の影響があった。震災のあった翌月の『新報』には、震災の発生によって、京阪方面の問屋や卸売業者から支払いの督促が厳しくなったため、旧慣の二季決済を取りやめ、現金払いか少なくとも月末払いにするよう商工会で決議したという内容の記事が掲載されている。この決議はかなり多くの店で守られたようで、約半年後には、まだ正札方式を実行していない店があることを非難する記事が掲載されている[17]。

ほぼ同じ時期に、店先で買い物をすることも広まっていったようだ。じつはそれに先立つこと数年前、一九一七（大正六）年には「商店と飾窓（ショー・ウヰンドー）」という記事が『新報』に掲載されている[18]。安売団結成の前年である。これは、柳河の商店のショーウィンドウについて書いたものではなく、むしろ、商人たちが店頭での商品売買に無頓着であることを戒め、「之が為めに多少の金銭を払つても此飾窓公開の研究に務めるのは今日の急務である」と述べたものである。当時は店頭での販売を主にしている小売店はかなり少なかったと考えられるから、そのレイアウトや店頭の飾りに無関心であったことは容易に想像がつく。

しかし、その後呉服屋を中心に正札販売を急激に取り入れた結果として「陳列方式・正札販売」が流行り(19)、一挙に柳河の商人にも広まった。そして、一九二三(大正十二)年から商工会主催の店頭装飾競技会が開催されるほどには(柳河商工会編前掲書、一七)、各店舗が店頭での商売に力を注ぐようになっていた。

店頭で商品を販売することが普通になると、商店主たちは店舗が面する通りのことが気になり始めた。特に、小売店ばかりが軒を連ねる瀬高町(のちの京町)の商店主は、通りの美観と使いやすさを求めて交渉を始めていった。地元住民の熱心な交渉の結果、一九三〇(昭和五)年に瀬高町の通りの街路拡張と舗装工事が決定し、一九三二(昭和七)年二月に工事が終了した(柳河小学校々誌編集委員会編『柳河小学校々誌』柳河小学校創立百十五周年記念事業、一九八八年)。ほぼ同時に、瀬高町は京町と名前を変え、「柳河銀座」という表現もこの頃見られるようになった。

結果、京町の通りは柳河の他のどの通りよりも幅広く立派な通りとなった。同じタイミングで電柱は鉄柱となり、スズラン燈が新たに設置された。当然、道路拡張に伴って各戸の新改築も含んでいたから、多くの小売店では、建物の外観をそれまでの伝統的な商家の造りから、より近代的な店舗スペースを確保したものへと変更した。

ここに、「商店街らしい」外観が整えられた。地元住民の熱心な交渉の結果として、買い物空間は物理的な形でもここに出現したのである。

## 2　煽る百貨店と商店主たちの闘い

商店街が成立する上で、買い物空間が生み出されることと同じくらい重要なのは、店主たちの横のつながりである。柳河安売団のように町全体を単位とするのではなく、かといってひとつの町内でまとまるのでもなく、京町の三町内という「適度な」範囲でのつながりが形成されたのは、なぜだったのか。それについて考えておきたい。

まずは、道路拡張のための交渉があっただろう。道路を拡張するとなれば、そこから利益を得るのも、あるいは工事によって迷惑をこうむるのも、その通りに面して住む人たちだけである。道路の拡張舗装工事の範囲には京町以外の町内も少しは含まれるが、少なくとも商業の中心地である京町一丁目から三丁目の商店主たちが、もっともその恩恵にあずかる(あるいは迷惑をこうむる)ことは確かだった。その点で、少なくとも京町筋にすむ商店主たちは利害を共有する集団となったといえる。工事のために選出された委員長も、京町三丁目で薬屋を営む川野三郎であった。

しかし、それ以上に重要だったのは、一九二〇年代に九州で猛威をふるい始めた百貨店の影響であった。

九州全体でみれば鹿児島の山形屋(一九一六(大正五)年)、佐世保玉屋(一九二〇(大正九)年)には少し遅れたが、一九二五(大正十四）年、福岡市の中洲に、福岡市初の百貨店として福岡玉屋が開業した。当時の『新報』を読む限り、この福岡にできた百貨店は、柳河の消費者たちの高い関心を集めていたようだ。そのことは小売商たちからみれば、大きな脅威が登場したということでもあった。

この福岡玉屋は、ただ近隣大都市の百貨店であるという以上に、直接的な影響を柳河京町の商人たちに与えた。それは、出張大売出しという形式をとっていた。一九三〇（昭和五）年八月二十二日から三日間、福岡玉屋は柳河劇場を貸し切って出張大売出しを始めた。柳河劇場というのは一九二四（大正十四）年にちょうど京町通りからほど近い、横山町に開場した劇場である。

この出張大売出しに対して、柳河の商店主たちは対抗した。一斉に、「大々的廉売」で「対抗大売出し」を始めたのである。[20]対抗大売出しは、「商工会斡旋の下」に「柳河町各商店」が実施したというが、それが特に京町の商店にとって特別だったことは、想像に難くない。なぜなら柳河のなかでも特に京町には、衣料品関係の店舗が多かった。呉服店や洋品店、小物や履物、化粧品にいたるまで、身に着けるものを一通り揃えようと思えば京町の他になかったから、玉屋の出張大売出しはどこよりもまず京町の商店主たちにとって大きな脅威だったに違いない。

「大店会」結成の前夜、柳河を数度にわたって煽ったのは、玉屋に限らなかった。たとえば一九三一（昭和六）年には、同年に百貨店を開店した岩田屋が、やはり出張大売出しを行っている。そのような形で、煽る百貨店とそれに対抗する小売商店主たちという図式が繰り返されていた。

対抗大売出しの内実は詳らかではないため、この百貨店に対する対抗が商店街結成への直接の原因となったことは証明できない。とはいえ、繰り返す百貨店の出張大売出しとそれに対する対抗大売出しが一〜二年続いたことと、その直後に衣服、服飾品、履物、小物、化粧品、時計、メガネなど、百貨店と明らかにライバル関係にある店舗を中心とした大店会が結成されたことは、無関係だとは考えにくい。出張大売出しが、特に京町通りにほど近い柳河劇場で行われたことを考えれば、その印象はより強くなる。

いずれにせよ、煽る百貨店との数年の闘いが、柳河における商店街の誕生前夜を彩る大きな出来事であったことは間違いないだろう。

### 3　商店街を用意したもの

買い物空間の創出と、横のつながりの形成。このふたつを中心に、商店街を用意したものについて理解してきた。おそらく商店街を用意したのは単一の要素ではなく、「商店街前夜」ともいうべき時期の、様々な出来事が結びついた結果として理解したほうがよいだろう。

念のためつけ加えておくと、間違ってはいけないのは以下のことだ。おそらく京町大店会がもしなかったとしても、時代の流れからみれば、早晩商店街組織が結成されていたに違いない。だから、「全ての要素のうちどれかひとつが欠けても商店街は生まれなかった」ということを主張すべきではない。ここではむしろ、商店街の誕生を唯一の原因と結果に仕立て上げるシンプルなストーリーではなく、関係があるけれども必ずしも「原因」と名指すことができないような様々な出来事を「前夜」として描くことで、商店街がどのように用意されたのかを、浮きぼりにすることを目指したのである。

## 四　商店街の「その後」

本稿の目的は商店街前夜を描くことであったから、この先の商店街がどのようになったのかは、また別の課題となる。とはいえ簡単にであっても、以下のことに触れざるをえない。商店街が誕生した後にやってきた強い統制の時代（一九四〇年代前半）も、戦後復興の時代（一九四〇年代後半）も、あるいは高度経済成長の時代（一九五〇年代〜一九六〇年代）も、柳川という地域における小売業は、商店街を舞台として、あるいは商店街を単位として経験されることになった。だから、少なくとも柳川という地域に限ってみれば、商店街の誕生は、新たな時代の幕開けでもあったといえるだろう。そしてこれまで述べてきた通り、その新しい時代の始まりは、それまで続いていたものの行き詰まりや消滅や終わりとして生み出されたのではなく、それまで続いていたものの中から生み出されたものであった。

なお、筆者の見立てでは、ここから始まる「商店街の時代」は、二十世紀を通じて展開した結果、二十一世紀初頭の今日、緩やかに「終焉」を迎えようとしているようにも見える。これは本当に終焉なのか、あるいは新たな別の時代の「前夜」なのか。いずれにせよ、改めて問わねばならない大きな画期を迎えているのは間違いないだろう。

**注**

（1）一九五一（昭和二十六）年に、柳河町と沖端村、城内村・西宮永村・東宮永村、両開村が合併して「柳川町」となって以来、「柳川」の表記が一般的に使用されるようになった。本稿では、一九五一（昭和二十六）年以前のことのみを指す場合には「柳河」を用い、それ以後、あるいは通時的に当地域を指す場合には「柳川」を用いている。

（2）現在の京町は、近世城下町以来長らく「瀬高町」とされており、明治以降も大字瀬高町と称してきた。近隣の山門郡瀬高町との混乱を避けるために、一九三二（昭和七）年一月一日に「瀬高町一丁目」「瀬高町二丁目」「瀬高町三丁目」を「京町一丁目」「京町二丁目」「京町三丁目」へと改称した。

（3）『柳河新報』は一九〇三（明治三十六）年に創刊された地域紙で、一九七七（昭和五十二）年まで断続的に発行された。自治体名称が「柳河」から「柳川」へと変更になったのに伴い、『柳川新報』となった。その多くは柳川古文書館に所蔵されており本稿もそれを参照しているが、欠号も多い。政治的色彩は比較的薄く、唯一にして最大の主題は「柳川振興」だといわれる。有馬学「解題」『柳川新報記事目録Ⅰ』柳川市史編集委員会、二〇〇〇年。

（4）『新報』昭和七年三月十九日。括弧内引用者。新聞記事の引用時に適宜句読点を補っている。以下同様。

（5）二〇一六年八月現在の世帯数は、京町一丁目が七三、京町二丁目が一八、京町三丁目が二二である（柳川市公式ウェブサイト／住民基本台帳人口・世帯数 http://www.city.yanagawa.fukuoka.jp/shisei/tokei/tokeijoho01.html（2016.9.28アクセス））。一丁目には集合住宅があるため、若干多くなっている。

（6）「大店会」の名称決定のいきさつは不明だが、あるインフォーマント（男性、一九三〇年代生まれ）によれば、すでによその地域で使われていた「商店会」は、「小店」の響きがあるためにそれを避け、駄洒落のつもりで「大店会」を使用したという。ただし、このインフォーマントは大店会結成時にはまだ幼少であったため、直接経験ではなく口伝えの情報である。

（7）あるインフォーマント（男性、一九五〇年代生まれ）から、同業者組合の重要性との比較において、「柳川では、町の人は祭りをやらなかったら隣の人との交流が必要ない」という発言を聞いたこともある。

（8）『新報』昭和五年十二月六日。

（9）新が採用した「発明」の表現は、商店街前後の断絶や「人工物」としての側面を強調するのに一役買っていたが、それは同時に、「誰か」による意図的な創出を想定せざるをえない表現でもある。当事者である商店主たちの実践や商店街前後の連続性、あるいは偶然の出来事を含めて議論するのにはあまり適した表現とはいいがたい。本稿ではその立場の違いを強調するためにも、新が用いた「発明」ではなく「誕生」の語を用いることとした。

（10）このような視点は、百貨店の誕生と町の小売店の反応を、一連のものとして理解しようとする満薗勇の研究（前掲）からヒントを得ている。

（11）以下、断りがない限り、明治期柳河の歴史概略については、渡辺村男『旧柳川藩志』福岡県柳川・山門・三池教育会、一九五七年（一九一四年）を参照した。

（12）『新報』明治三十七年四月十日。

（13）柳川古文書館にて閲覧。

（14）括弧内引用者。句読点は適宜補った。

（15）『新報』大正八年十一月八日、十一月十五日、大正十一年一月二十八日、大正十二年十二月一日、昭和六年五月二十三日などに広告が掲載されている。

（16）柳河の「伝統的」商法については、塚原伸治「経営戦略としての「伝統」——地方都市小売業における伝統的商慣行の選択」『現代民俗学研究』二、二〇一〇年を参照。

（17）『新報』大正十三年二月二日。

（18）『新報』大正六年六月九日。

（19）塚原二〇一〇、前掲。

（20）『新報』昭和五年八月二十三日。

Photo by Ichige Minoru

# 江戸名工に連なる奥会津の大工

宮内貴久

福島県河沼郡柳津町の円蔵寺は「柳津の虚空蔵様」と親しまれ広く信仰を集めている。男女とも数え年十三歳になると子供の成長と幸運を祈り、柳津の虚空蔵様にお参りに行く十三参りという民俗がある。茨城県那珂郡東海村の村松山虚空蔵堂、三重県伊勢市の伊勢朝熊山金剛證寺とともに日本三大虚空蔵と称されている。

　南会津郡只見町塩ノ岐のM氏（大正八年生）は大工である。高等小学校卒業後に只見町小林に稼ぎに来ていた大沼郡金山町の山口求という大工に弟子入りした。塩ノ岐と金山町は距離的に遠く家族は反対したが、地元にはいい大工がいなかった。弟子入りした最大の理由は親方の山口求の親方を遡っていくと、柳津町の虚空蔵様が祀られている円蔵寺を造った大畠彦左衛門と田邊杢之進に行き当たるというものだった。

　奥会津地方では、「田邊杢之進は虚空蔵菩薩で有名な柳津町の円蔵寺本堂の改築に棟梁として参加した」、「田邊杢之進は柳津町の円蔵寺本堂の櫓の仕事を請け負った」など名工として語り継がれており、次のような伝説もある。

「柳津の虚空蔵堂の改築を行った際に、田邊杢之進は上屋の棟梁を務めた。杢之進が棟梁をすることに対して嫉妬し、おもしろくないと思っていたある番匠が、杢之進が墨付けした部材の墨を消して、わざと短く墨付けした。しかし、杢之進はそういうこともあるだろうとわざと長めに墨付けしていた。部材を削り、柱を組む前に尺棹で測ったところ、木割よりも柱の寸法が短かったため大騒ぎとなった。

　杢之進は名主に頼んで村人全員を集めた。短くなった柱の両端を村人総出で引っ張り、杢之進は『それ、がんばれ。もう少しで長くなる』とかけ声をかけながら、真ん中を玄翁で叩き続けた。しばらくして、『もう大丈夫だ。柱は元の長さになった』と言い村人に感謝して仕事が終わった。それを見ていた嫉妬心から短く墨付けした件の番匠は、いたたまれなくなり、後で杢之進に詫びを入れた。」

木割よりも柱の寸法が短かいという危機的状況下で、田邊杢之進は冷静に名主に頼んで村人全員を集めてもらう。普請とは村人総出の共同作業という側面がある。また、柳津の虚空蔵堂という、特に人々の信仰を集める社寺の普請は人々の篤い信仰心を伴うものである。杢之進はそうした人々の心意をうまく利用したのである。玄翁で柱を叩き村人総出で柱を引っ張っても、短く切られた柱が伸びるはずはない。杢之進は長めに墨付けしていたことを隠して、そうしたパフォーマンスを行うことにより、村人総出の力により短く切られた柱が元の長さに戻るという奇跡を起こす芝居を打った。この芝居は、大工さらには村人に、みんなで危機的状況を乗り切ったという達成感と満足感を与えたのである。

この芝居は、達成感と満足感を与えただけに留まらない。普請は大工をはじめ作業に従事する職人の結束力がもっとも要求される。杢之進は犯人探しをすると現場の雰囲気が悪くなることまで見越していたのである。嫉妬心から短く墨付けした番匠が、いたたまれなくなり、自主的に詫びを入れられる雰囲気を作るために、村人総出の芝居を考えついたのである。この伝説を語ってくれた大工たちは棟梁とは技術力だけでなく、人を統率していく人間力というものが必要だと言い、この話は伝説ではあるが今日にも生きる教訓話であると語ってくれた。

この田邊杢之進という大工は実在した人物である。「宗門改帳」によれば生年は一七二七（享保十二）年である。一七七〇（明和七）年に弥彦大明神の神主雲澤能登守から「唯一神道神拝或」が伝授された。一八〇五（文化二）年閏八月一日に杢之進は大塩村（金山町大塩）の鎮守の建て替え工事を行い上棟式で遷宮祝文を上奏し、一八〇八（文化五）年に享年八十一歳で亡くなった。

杢之進は一七五八（宝暦九）年正月に水戸の大畠彦左衛門から三輪神道系大工儀礼書である「番匠十六巻一流之大事」という巻物が伝授された。奥会津地方の大工は棟梁から一人前と認められると、巻物が伝授されるという民俗がある。巻物の末尾には系譜関係が記されている。M氏は五年間の修行後に招集され、招集から戻って礼奉公を行い、一九四〇（昭和十五）年に「番匠十六巻一流之大事」という巻物が伝授された。その末尾には次のように記されている。「水戸大畑彦左衛門信進→田邊杢之進慶純（宝暦九）→田邊彦左衛門光久（金山町中川・天保八）→田邊傳六忠朝（金山町中川・慶応元）→田邊彦三郎（金山町中川・明治十二）→山口求（金山町中川）」。M氏は望みどおり名工の系譜に連なったのである。

# 戦前期日本一のキャベツ産地・岩手の形成に果たした盛岡近郊の人々の役割

清水克志

今日、日本人が口にする野菜の中には明治以降に導入された外来野菜、とりわけ欧米原産の西洋野菜が多く含まれている。キャベツは、和洋中いずれの料理にも幅広く利用される西洋野菜の代表格である。昨今の「和食離れ」の煽りを受けて収穫量の減少が進むダイコンにかわり、キャベツは、近年収穫量において首位に浮上し、名実ともに日本人に最も親しまれる野菜となっている。

明治前期に政府が諸外国から導入した穀類と野菜類の品種を集録した『舶来穀菜要覧』（一八七五年刊）には、甘藍《カンラン》（キャベツ）が二四品種も含まれている。これは馬鈴薯（三七品種）に次ぐ多さであり、キャベツは導入された西洋野菜の中でも「花形」的な存在であったことがわかる。明治前期の時点では、キャベツ特有のにおいに対する抵抗感や、日常的な食生活に適した調理法が提示されなかったことによって、多くの日本人は、ただちにはキャベツを受け容れられなかった。しかし、においを取り除く調理法が周知され、都市を中心に洋食が普及し始める明治後期から大正期には、キャベツの需要が創出されていった。結球野菜であるキャベツは、都市近郊で生産されるだけでなく、鉄道によって遠隔産地からも入荷可能であったため、昭和戦前期までには産地リレーによる都市市場への周年供給体制の原型が形づくられ、庶民がふんだんに食べられる「大衆野菜」となった。

我々がよく知る現代のキャベツ産地は、夏秋季の群馬県嬬恋村、冬季の渥美半島、春季の千葉県銚子や神奈川県三浦半島などであるが、これらはむしろ後発産地であり、昭和戦前期までと高度成長期以降では産地地図の様相が大きく異なる。戦前期における日本最大のキャベツ産地は岩手県であり、盛岡近郊から東北本線の沼宮内《ぬまくない》駅（現岩手郡岩手町）、奥中山駅（現二戸郡一戸町）を軸として、岩手県北地域一帯にキャベツ産地が展開していた。

盛岡藩南部氏二〇万石の城下町として発展した盛岡では、北上川と雫石川、中津川などが合流する南郊を中心に近郊野菜産地が形成された。盛岡城下の南端部を占める仙北町は、北上川流域の穀倉地帯との関係が深く米穀商や酒造業、藁物商などが多数集積するほか、野菜種子を採種・販売する種苗業者が集積していたことでも知られる。仙北町には、文化年間（一八〇四〜一八）創業の山清商店（山田清之助）と万延年間（一八六〇〜六一）創業の高吉商店（高橋吉太郎、現高橋種苗店）の二軒の種苗業者が、現在も経営を続けている。

山清商店では、創業時から南部長牛蒡や南部長茄子などの盛岡特産品種に加え、全国各地から入手した特産品種の採種・販売を行っていた。明治七年（一八七四）に、岩手県が政府の方針に従いキャベツをはじめとする西洋野菜を導入すると、数年後には、同店でもキャベツや中国原産の山東菜などの採種を始めたと伝えられている。またこの頃には、近郊農家の中から冬季には北海道方面へ種子を行商する者が多く、その中からは北海道に定住して種苗店を営む者も現れた。少し時代は下るが、高吉商店には明治末から大正期の「大福帳」が残っており、その記録からは、北海道の種苗業者から玉菜《たまな》（キャベツ）や西洋人参の原種や種子を盛んに移入していた事実が判明する。

山清商店では、明治十五年に近隣の農家が北海道から持ち帰ったキャベツ種子を譲り受け、明治二十年代には、その採種に成功した。北上川の対岸に位置する神子田町の工藤惣太郎は、山田清之助らと種子交換を頻繁に行いながら、キャベツの採種を手掛けた篤農家の一人である。工藤は、明治三十七年（一九〇四）に「バンダーゴー」と「アーリーサンマー」の自然交配種から結球が緊密な「南部甘藍」を育成した。国産品種「南部甘藍」の育成は、工藤と彼を取り巻く篤農家たちが、育種の知識や技術に関する情報共有のもとに達成されたといえる。

工藤による「南部甘藍」の育成と前後して、神子田町に隣接する鉈屋町の青物問屋佐藤谷次郎が、鉄道を利用して東京の神田市場へのキャベツの出荷を開始した。大正四年（一九一五）に仙北町駅が開業すると、神子田町の青物仲買人の照井仁太郎らが神田市場や京橋市場への本格的なキャベツ出荷に着手した。照井は盛岡近郊から岩手県北地域へとキャベツ産地を拡大させ、東京市場に「南部甘藍」の「指定席」を作っていった。東京では大正期以降、洋食の流行に加え、家庭料理の中にもキャベツがとり入れられ、昭和戦前期には岩手などの遠隔産地からの安定供給に支えられ、安価で日持ちのする「大衆野菜」としての地位を確立していったのである。

二十世紀の急激な都市化と輸送園芸の発達の中で、戦前期に日本一のキャベツ産地となった岩手の歴史を紐解くと、その産地形成には盛岡近郊の種苗業者や青果商人、篤農家らが近世以来蓄積してきた育採種技術や市場への眼差しが重要であったことがわかる。近世城下町で培われ、近代へと踏襲された技術や人的ネットワークによって一世を風靡した岩手産キャベツの軌跡にも、江戸から明治への連続性の一端を見出すことができる。

# 現代の近江商人
## 【近江の商人であり続けること】

塚原伸治

近江商人というのは、言葉の意味からいえば近江国（現在の滋賀県）の商人ということになるが、一般的には近江に住んで近江で商売をする人たちのことを近江商人と呼ぶことはほとんどない。近江から出て、出店《でみせ》や行商によって他国で商いをした商人のことを、他国の人が近江からやってきた商人ということでそう呼んだものである。その活躍の範囲は、北海道から九州、あるいは時期によっては東南アジアや中国大陸にわたる各地に及んだ。

筆者は二〇〇八年から断続的に滋賀県近江八幡市でフィールドワークをおこなっているが、この近江八幡という町もまた、同県の日野や五個荘などと並んで多くの近江商人を輩出した土地である。八幡商人は近世を通じて江戸の日本橋や・大坂・京都に店を構え、他の近江商人と比較して規模の大きな店をもったことを特徴とする。江戸時代末期から明治にかけて没落した店もあったが、明治以降も経営を続けて会社組織に姿を変え、現在まで続いている老舗も多い。当然、商家が会社組織に姿を変える中で変化する部分は小さくないが、あえて維持・持続されていく部分もある。これらの持続するものはそれぞれに興味深いが、特に多くの関心をひきつけているものとして、近代的な会社の経営者となった企業家たちが、いまでも近江八幡の本宅を当主の自宅として所有し続けていることがあげられる。

この近江八幡の本宅であるが、近世の時点においては明らかに企業経営上の機能をもっていた。遠方に出店を持つとはいえ、当主は基本的に近江の本宅に残り、各出店の統括をしていた。本宅（本店）勤務の番頭・手代・丁稚がおり、新たに雇った丁稚の教育も本宅で担われていた。奉公人たちはそれぞれの出店と本宅を往復するように勤務していたから、内別家と呼ばれる出店支配人クラスの奉公人分家[1]たちも、本宅近くに自宅を構えて単身赴任をするのが普通だった。しかし、近代以降は江戸店《えどだな》が本店・本社となり、当主が社長となると、当主は本社に勤務するため東京に在住するようになった。東京に本社をもつ会社の経営者は、すでに数世代にわたって「東京生まれ東京育ち」である。経営上の役割も住まいとしての役割も終えたのだから、本宅を手放すのが当然の選択肢のようにおもわれる。ところが彼らは、いまでも近江八幡の本宅を人一倍大切に維持し続けている。たとえ当主は年に数日しかそこに滞在しないのにもかかわらず、である。

この本宅の維持について様々な理由が考えられる。八幡商人を含む近江商人が、当初より近江の産品を各地に流通させる「持下り商い」を存立基盤としていたことはよく知られており（末永國紀『近代近江商人経営史論』有斐閣、一九九七年）、その名残として理解することもできるだろう。あるいは出先での近江商人ネットワークが商売上有意義なものとなるということを理由にすることもできる。それ以外にも「合理的」な説明はいくらでもありうる。

しかしそれ以上に重要だと筆者が考えているのは、現代の近江商人たちが語る、近江商人の必須条件についてである。それは、近江にゆかりがある商人を近江商人というのではなく、あくまでも「近江の」商人こそが近江商人であるという信念だ。それは出店がどこにあろうと本宅は近江に残し、近江を拠点として商売をしなければならないということである。経営者やそれに連なる人々がよく伊勢商人[2]を引き合いに出して語るのは、「私たちは他国で成功しても、決して近江を離れなかった」という過去の経歴であり、「だから私たちはこれからも近江を離れない」という希望である。たとえ生まれ育ったのは東京で、近江八幡の本宅に滞在するのがわずかであっても、彼らにとってはそれが今なお本拠なのである。だから、八幡商人にとっての本宅の維持は、創業の地を保存することや、過去の豪商の邸宅を維持管理することと同じではない。

これからも彼ら近江商人たちは、東京で生まれ育ち東京で老いていくだろう。しかし、彼らにとっての近江は、ただ先祖の出身地ということではない。本宅を維持し続ける限り、彼らは近江の土地と確かに結びつき、彼ら自身も現在進行形で近江の商人であり続けるのである。それこそが真の近江商人であると考える現代の近江商人たちにとって、主人不在のままの本宅を維持し管理し続けることの意義は、想像以上に大きいといえるだろう。

**注**

(1)近江や京阪などでは非血縁の奉公人分家を別家と呼ぶが、独立して自分の店を持った別家を外別家と呼んだのに対して、独立して住まいを構えつつも本家に通勤を続ける別家を内別家と呼んだ（塚原伸治『老舗の伝統と〈近代〉——家業経営のエスノグラフィー』吉川弘文館、二〇一四年）。

(2)「近江泥棒、伊勢乞食」という表現があるように、近江商人と伊勢商人はよく比べられてきた。なお、近江商人ほどではないけれども伊勢商人の中にも本宅を伊勢に残したまま他国商いをした商人はおり、ここであげられている近江商人の特徴が必ずしも近江商人に固有のものであるとはいえないが、ここでは主観的な判断を重視している。

*Photo by Ichige Minoru*

# III 変わる——社会と人間

# 重なり合う「内憂」と「外患」

浪川健治

●なみかわ・けんじ　一九五三年東京都生。一九七八年東北大学大学院文学研究科博士前期課程修了。博士（文学）。筑波大学教授。主著『近世北奥社会と民衆』（吉川弘文館）『近世日本の言説と「知」』（共編著、清文堂出版）等。

## はじめに

十八世紀後半、宝暦―天明期（一七五一―八九）は維新変革の起点として位置づけられてきた。たしかに維新期は、政治体制の上では近世と近代を画期することは否めない。しかし、ここで歴史を見る目を、ある時間のなかで生きた人間とその世界におくとき、帰結としての歴史からそのあり方を遡ることは意味があるのだろうか。帰結に結びつかなかった、ないしはそのように評価されることのなかった事柄はまったく歴史的に意味をもたなかったのだろうか。たとえば、我々は幕末という時間とそれに続く維新という時間を知っている。そのほとんどは、言説としての理解であり、帰結に結びつく知識として幕末とその政治過程を理解している。けれども、その時代に生きた人間たちは、近世という社会が大きく変わろうとしていることを感じていたかもしれないが、社会そのものの変動の動きとその意味するところを必ずしも理解していたわけではない。

幕末とは、あくまでも結果としての幕府の瓦解があったからこその表現である。そうしたとき、あるべきものとしての近世とは相互に排除しあい、対立しあいながらも、変動を規定した契機はなんであったのだろうか。それを当時の人間が意識化したコンセプトとして示せば、「内憂」と「外患」という言葉になろう。

対外的な危機を近世人が言葉としたとき、それは「外患」と「外圧」という二つの表現になる。このうち、「外圧」は寛永以来の近世の外交体制秩序にはなく、それまで通交関係をもたなかった国々による新規の通商・国交要求などに基づく一切の接触とそれへのおそれであり、「外患」は外国や外部から圧迫や攻撃を受けるおそれである。それらの帰結は「開国」という形での世界資本主義のなかへの日本の編入ということになる。ここで、注意しておきたいのは帰結としての開国であって、「外圧」そして「外患」が近世人に意識されるようになったとき、そうした展開が想定されていたわけではないことである。

のちに触れるように、「内憂」とは徳川斉昭が一八三八（天保九）年に将軍徳川家慶に呈した上書のなかの言葉である。斉昭は困窮する民衆の蜂起と大塩の乱にみられる支配者内部の分裂を最大の危機としてあげた。しかし、斉昭が考えた「内憂」とはその端的な現象に過ぎない。「内憂」の本質とは斉昭の意図を超えた変動の契機であり、そうした支配層が危機感を募らせる現象を生んだ、支配体制そのものを掘り崩そうとする動き総体にあるととらえるべきであろう。

しかしながら、ここではその起点を宝暦―天明期として位置づけることはしない。たしかにそこには、「豪農」やそれと結びつく特権的商人を利用した田沼政権の出現、そして宝暦事件・明和事件などの反幕的な思想動向など、十七世紀に成立した近世の体制とは異質の展開がみられる。とはいえ、それは、現象として社会のなかに確認されるようになった段階であって、そうした現象を生む諸変化のあり方をその時代に生きた人間に関わらせつつ理解していくことこそが重要であろう。十八世紀を端緒とした「連続する歴史」とは、この「内憂」と「外患」という契機が意識されるとともに、これを克服するべく意識化された「富国強兵」と「脱亜入欧」という契機へと移行する過程でもある。

## 一　「外圧」と「外患」

### 1　プレ産業化段階での「外圧」

「外圧」と「外患」が近世人に明確に意識されたのは、ロシアの南下によるものであった。一七二五年、ピョートル大帝はベーリングに、カムチャツカ、オホーツクへの探険を命じた。ベーリングは、一七三三年に第二次探検隊を組織して、北京経由で日本へ交通路を開くための地図を作成する計画を立案している。ロシア船の日本接近の理由は、一七〇二年に漂流民デンベイの話を聞いたピョートル大帝が日本交易に興味をもち、航路の探索と通商樹立を命じたことにはじまるとされる（秋月俊幸『日本北辺の探検と地図の歴史』北海道大学図書刊行会、一九九九年）。ピョートル大帝の関心は、カムチャツカなどの先住民から取り上げたヤサーク（クロテンやビーバーなど高価な毛皮の現物税）としての毛皮をロシア本国から北極海を経て中国・インドに回漕する航路の開発にあり、日本は、航路上の経由地として重要な位置に置かれていた。この探検隊の副隊長シュパンベルグは、一七三九（元文四）年、仙台藩士と牡鹿半島南方の田代島（宮城県石巻市）で会見を行い、別行動をとったウォールトンも房総半島東岸の天津村（千葉県鴨川市）に上陸し村民と接触している。

清とロシアは一六八九年にネルチンスク条約、ついで一七二七年にキャフタ条約を結び、逃亡者・国境問題の解決、貿易と外交交渉を取り決めた。しかし、十八世紀のキャフタ貿易は必ずしも常に順調だったわけではない。条約締結以後、貿易は一〇回も停止されていたし、ロシアにとりキャフタ貿易は清に毛皮を輸出する重要な意味を持ったが、清からの輸入品目は南京木綿を中心としたシベリアの生活物資が中心で輸出超過状態であった。一方で、ロシアはすでに北部ユーラシア大陸を東進し、数次の探検の後、一七二八年にベーリングによってアラスカを植民地として編入する緒がつくられていた。一七八四年にはイルクーツクの商人グリゴリー・シェリホフがコディアック島のスリー・セインツ湾沿岸に最初の入植地を建設した。アラスカでの主な経済活動は毛皮交易であり、交易はシェリホフと娘婿であるニコライ・レザノフの会社によって独占的な運営がなされた。

この間、キャフタ貿易は一七八五—九二年にかけて中断していたことから、一七八七年、シェリホフは「日本、中国、朝鮮、インド、フィリピンおよび他の島々、アメリカのスペイン人、アメリカ人との貿易」を構想し、イルクーツク総督とともに請願書をエカテリーナ二世に提出したのである（森永貴子『イルクーツク商人とキャフタ貿易』北海道大学出版会、二〇一〇年）。そして、一七九〇年、ロシアはアラスカを植民地とし、九九年、「ロシア領アメリカ」として領有宣言している。イルクーツクに本拠をおく国策会社露米会社が設立され、アラスカの行政権を委ねられた。露米会社は同年に、アラスカから千島列島にいたる毛皮獣の捕獲や鉱物資源の独占的利用・販売の独占権を得た。アラスカではシトカ（ノボ・アルハンゲリスク）がその経営の中心となった。

## 2　対外危機感の広まり——「外患」の発生

幕府は、一七七一（明和八）年、流刑されていたカムチャツカを脱走して四国に流れ着いたロシア軍に捕虜とされていたベニョフスキー（オランダ語読みしたファン・ベンゴロから日本ではハンベンゴローとされる。ハンガリー人でポーランド軍大佐）が、奄美大島から出島のオランダ商館長に宛てた書簡によってロシアの南下の事実を知る。このこのち、ロシアからの「外圧」はやがて蝦夷地をめぐる緊張関係に発達、工藤平助や林子平の著作によって緊張関係が広く知られていくこととなる。

a．一七七八（安永七）年　クナシリ惣乙名ツキノエに案内されノッカマップに渡航してきたロシア人シャバーリンが松前藩上乗役《うわのりやく》（積載貨物品の監督一切を引受けて同船した役人）新井田大八に対して交易を要求し、翌八年、松前藩はアッケシでの再交渉で拒絶。

b．一七八三（天明三）年　工藤平助『赤蝦夷風説考』　緊迫した事態に対応する北辺開発の緊急性。

c．一七八五―八六（天明五―六）年　田沼意次、蝦夷地見聞を命ずる。

　クナシリ・エトロフでロシア人と接触した最上徳内によって、千島列島のウルップまではすでにロシアに蚕食され、その勢いはエトロフにまで迫っていることを知る。

d．一七八六（天明六）年 林子平『海国兵談』　ロシアの南下特筆。

e．一七八九（寛政元）年　クナシリ・メナシの蜂起、これは対蝦夷地・アイヌ民族に関する松前藩支配の破綻であったが、幕府はむしろ蜂起の背後に南下の姿勢を強めるロシアがかかわっていることを疑う。

そして、一七九二（寛政四）年、女帝エカテリーナ二世の許可のもと、伊勢白子出身の大黒屋光太夫ら三人の漂流者とイルクーツク総督イワン・ピールの通商要望の信書を携えたアダム・ラクスマンが乗船したエカテリーナ号が根室に姿を現すのである。幕府に対する明確な通商要求は、松平定信により長崎入港の信牌《しんぱい》（入港許可証）が渡されたことで、このときにはこれ以上の展開とはならなかった。

　注意しておきたいのは、このロシアの接近による危機感の深化と対外関係全体への関心は、幕末のビッドルやペリーの来航とは異なり、資本主義を基盤とした開港要求ではないことである。いわばプレ産業化＝プレグローバル段階の通商要求であった。ロシアによる植民はアラスカにとどまらずカリフォルニアにもおよび、もっとも南ではサンフランシスコの北八〇キロのフォート・ロスまで到達するなど徐々に拡大したが、露米会社は経営的には行き詰まりを見せていく。レザノフはアラスカの維持のため、毛皮などの産物の販売、回漕の中継地、また入植地の食料供給地として日本との交易を必要と考えた。一七九二（寛政四）年にラクスマンが松前で得たロシア船の長崎入港を認める信牌を利用することを発案し、アレクサンドル一世に献策、その許可を得ている。この結果、ロシアという国家と露米会社の共同による使節として、皇帝の国書を携えた特命全権大使としてレザノフが派遣されることとなった（一八五三年、ロシアはアメリカにアラスカ売却を提案しており、一八六一年にロシア政府が露米会社から行政権を回収した上で、一八六七年にアラスカはアメリカに七二〇万ドルで売却された）。

レザノフは、一八〇四（文化元）年、ラクスマンに与えられていた信牌を携えて長崎に入港したが、半年間放置された後に国書の受け取りは拒否され、退去が命ぜられている。レザノフは、一旦ペトロパヴロフスク（カムチャツカ半島）に戻ったが、アレクサンドル一世に日本遠征の許可を求めるとともに、露米会社の船舶二隻を用い、会社雇用の海軍士官ニコライ・フヴォストフほか一名の指揮の下、会社雇いの乗組員による日本の北辺襲撃を計画した。それが、「文化露寇《ろこう》」といわれる一八〇六—〇七（文化三—四）年にかけてのサハリンとエトロフの運上屋《うんじょうや》（漁業経営基地）や陣屋への襲撃となったのである。この襲撃は、日本側の一方的な敗北として国内に広まった。

## 3 近世人の「外圧」の捉え直し ——「小谷三志日記」と「千島の白波」

このことによって、為政者のみならず、北からの「外圧」に対する危機意識が社会一般に共有されるようになった。武蔵国鳩ヶ谷宿（埼玉県川口市）の富士講の「丸鳩講」の修行指導者（先達《せんだつ》）で、天保期には「富士講」を宗教的形式から、日々の実践道徳の積み重ねや日常処世の応用に重きを置く「不二孝」を行なう「不二道」へと発展させた小谷三志《こたにさんし》は、日記（『小谷三志日記』[1]）一八〇七（文化四）年五月十九日条に「ゑぞ奉行十日頃草加海道通る、馬一疋、人三百人余のよし、松前志摩守古来より真躰《(進退)》いたし、ゑぞ御国御取上新地両《(領地カ)》二万町貰い変」るという記述を残している。

『小谷三志日記』には一八〇八（文化五）年元旦から「四方拝三千大千世界天地和合」で始まる祈念の一つに「天子様御世万々歳」、「公方様御武運長久」とならび「蝦夷北国静謐願」が現れ、以降ほぼ毎日の祈祷となる。三志がいわゆる「文化露寇」を契機として対外関係に強い危機意識をもつにいたったことが知られる。加えて、それまで見られなかった「朝鮮静謐」もやがて祈祷の項目に加えられ、その危機意識は対外関係全体への深い関心へとひろがっていったことが理解される。この日々の「蝦夷北国静謐願」は、一八一三（文化十）年二月二十四日条になってようやく「ゑぞ静謐に成」ると記されるまで続く。この年は、一八一一（文化八）年の日本によるロシア船ディアーナ号の艦長ゴロウニン、一八一二（文化九）年の同号副長リコルドによる観世丸船主高田屋嘉兵衛の拿捕の応酬という険悪な日露関係が、ゴロウニンらの釈放を条件としてようやく安定に向かいつつあった時期である。

こうした緊張緩和に関する情報の記述は『小谷三志日記』のなかには見えないが、三志が北からの「外圧」によって一八〇八年以降、日々「静謐」の祈禱を続け、その祈禱は一八一三（文化十）年二月二十四日に停止される。この時点で、「ゑぞ静謐」を三志に得心させたなんらかの具体的な理由が必要である。しかし、それがどのような内容で、いかに三志のもとに伝えられていったのかは不明である。とはいえ、三志の『日記』は、流言の域を越えた北方の危機に関する確実性の高い情報の流れが関東にまで届いていたことを示している。

北からの「外圧」と「外患」は近世の知識人の間に共有され、外圧に対する危機感に支えられた対外関係全体への関心は深化していく。その顕著な例が、平田篤胤がこの一件に関わる一連の文書や記録を一八一一（文化八）年十二月（序）に編集した『千島の白波』(2)である。篤胤は、序の冒頭で「去《いに》し丙寅《ひのえのとら》の年」、一八〇六（文化三）年のロシア人によるサハリン・エトロフへの突然の襲撃と、同五年のヨーロッパにおけるナポレオン戦争に起因するフェートン号事件（フランス革命後、オランダは一七九三年にフランスに占領された。ナポレオンは一八〇六年に弟ルイ・ボナパルトを国王とするホラント王国とし、一八一〇年にはフランス帝国の直轄領に編入した。このため、フランス支配下のオランダ商館はイギリスの攻撃目標となる）についての情報を収集したことを記している。その収集対象は、幕府・大名の指令、関係役人の私的な手紙などであり、これらの事件に関する記録を門人を動員して収集したことが記される。

また、一八〇五（文化二）年にロシアに対する幕府の返書を清書した勘定格・御目見以上であった屋代弘賢から幕府中枢の情報を得て、自ら得たものとの比較・訂正を行ったほか、実際にサハリンやエトロフ・ウルップにも渡りロシア人とも接触した近藤重蔵や最上徳内に直接会って地理的な知識を得ている。『千島の白波』は全八巻からなり、巻之八がフェートン号事件の記録を収集しているほかは、ロシアによる襲撃とそれに関わる情報、松前藩の転封、奥羽諸藩の動向などを記している。とくに注目したいのは、その序のなかの一文である。

扨此事どもを記せる序に。過ぎにし元文の頃。仙台の海辺へ。異国船のよりたるを始め。同し類の事等を。一ツ二ツ記し添ぬ。但し是らハ因に挙る事にハ有れど。年の古きが故に。この巻の首に記しぬ。

篤胤にとって、過去に遡って海外からの脅威、すなわち外圧を具体的に意識したのは、「元文の頃」、さきに見た一七三九（元文四）年のシュパンベルグによる仙台藩領田代島（宮城県石巻市）への渡来とウォールトンによる幕領であった房総半島東岸の天津村（千葉県鴨川市）での村民との接触であった。『千島の白波』巻之一は二一件の記録を所収するが、このうち一一件は一七三九（元文四）年のロシア船来航に関する仙台藩の記録や幕府（老中・長崎奉行）への報告、房州代官原政久および村方からの届、勘定奉行への達などであり、ほかには一七六九（明和六）年のベニョフスキーの阿波への着船、安永から文化期（一七七二―一八一八）にかけてのロシア船の松前・長崎への着船、松前藩の移封などが記される。

『千島の白波』において平田篤胤は、一八〇六（文化三）年の「文化露寇」、すなわち十九世紀のロシアによる日本接近という対外関係の動向が、元文期（一七三六―四一）、十八世紀中期に遡って理解されるべきものであることを示した。これらは、ペリー来航（産業化社会による外圧）以前の動きであるが、日本にとっては近世の外交秩序が崩壊する幕開けでもあったのである。

この一件については、知識人にとどまらず、領主間においても危機感をもって捉えられている。直接にロシア船の接近とは関わらなかった秋田藩も「元文四未年五月下旬、奥州・房州筋海辺唐船漂泊、仙台江岡見織部被遣候一件」と題した情報収集を残している（秋田県立文書館の標題では、「元文四年、奥州・房州海辺ニ唐船漂泊之記事　全」）。これは写しであり、本来はこの一件に関わる絵図六枚も付されていた筈だが、それは失われている。それによると、一七三九（元文四）年六月十日の幕府老中松平乗邑《のりむら》からの大目付への廻状写が、海岸部を支配する幕府代官と幕領を預かる大名、さらに海に面した領地を持つ大名に達せられ、異国船の拿捕が指示された。これを受けて、秋田藩では国許と江戸在番とのやりとりがあり、仙台藩だけでなく盛岡藩も領内の警備体制を整えたことから、秋田領でも土崎湊（秋田市）や能代湊（能代市）をはじめ、目立たないように巡視を強めることと仙台領の情報の収取が計られている。そのなかでは、仙台藩との公的なやりとりだけでなく、ロシア船に乗り込んだ仙台藩士に地球儀が示され、提供された魚には銀貨が支払われたことなども記される。

重要なことは、十七世紀の日本にとっての近世の外交秩序とは、「鎖国」＝国家による対外関係の独占として認識されるものであったことである。そして、その実現はオランダ・清・朝鮮・琉球という周辺国家とアイヌ民族に通交を限定し、長崎を除けばその対応を対馬の宗氏・薩摩の島津氏・松前の松前氏に「四つの口」と称される外交と交易を委任させるシステムによってもたらされるものであった。

しかし、十八世紀前半に接近する諸外国は、一七三九（元文四）年のロシア船来航にみられるように通商地あるいは補給地、避難港としての有益性や航路の都合から必要とされる地を任意に選択するのであり、近世日本の外交秩序としての「四つの口」にその動きを妨げられることはない。列島の沿岸部は、どこであれ接触の地となりうることになる。そのため、近世の外交秩序からは除外された地域とその地域を支える諸関係は、十八世紀前半期以降には否応なく「外圧」に巻き込まれるのである。

幕府が一八五〇（嘉永三）年頃から編纂を開始した近世外交史料の集成『通航一覧』は近藤重蔵の「辺要分界図考」を引いて「魯西亜国の事、我国において初めて聞えしは、元文四己未、房州奥州の瀕海へ、ムスコウビヤの蛮舶往来し、士民へ銀銭を与へしを以て初とすへきか」[3]（巻之二七三）と述べている。このように、近世人が歴史を振り返ったときに、「いにしへ本邦に渡来」することはなかったロシアの一七三九（元文四）年の日本接近は「外圧」の大きな契機として意識されたのである。

近世の外交秩序は、国家によって制限された通交を維持するための秩序だった方法、体系、組織として成立したシステムとして語られるべきで、たんなる外交交渉の過程や貿易といった側面・側面の個別分析によって語られるものではない。そうしたシステムとしての外交秩序は、その対外関係を現出する場所と、そこをもふくみ権力的、物質的、さらには文化的にも対外関係のシステムを支えるヒンターラント、すなわち人・もの・情報の諸関係を体現する地域を、システムに照応したものとして再編成することをも意味する。だから、「外圧」はたんに諸外国の近世国家、より具体的には主権者としての幕府にのみ圧力がかかるのではなく、システムに照応した近世国家が作り上げた地域編成に間接的にではあれ変容を迫るものにならざるを得ない。したがって、「外圧」そのもの、あるいはそれに対する対応は、国家間の関係にとどまるのではなく、地域という視点からも取り上げられなければならない。しかも、それはたんなる交流関係ではなく、地域そのものがその時期に抱えた「内憂」とも言われる諸課題との関連から捉え直していくことが必要である。そのことによって初めて、時間のなかにローカル／グローバルな歴史が描き出されるのである。

## 二 「内憂」の根底——流動化、揺らぐ近世社会

### 1 「内憂」の本質

徳川御三家の一つ水戸藩の藩主徳川斉昭は、一八三八（天保九）年、十二代将軍徳川家慶に「内憂外患」に対する政治改革と海防策の強化を説いた「戊戌封事《ぼじゅつふうじ》」（戊戌は天保九年の干支。封事は密封して意見などを上奏する文書）という幕政改革の意見書を提出している。「外患」→海防策に対して、斉昭が「内憂」として捉えたのは、餓死しようとする百姓を見殺しにした天保飢饉への無策と武備もおろそかにする武士であり、その結果として「士民惰弱」となり、「近年、参州・甲州の百姓一揆」、「大坂の奸賊（大塩平八郎）容易ならざる企て」という「畢竟下々にて上を怨み候と、上を恐れざるより起り申候」事態となっていると危機感を募らせる。最大の危機はａ困窮する民衆の蜂起、ｂ大塩の乱にみられる支配者内部の分裂だという（『水戸藩史料　別記上』）。しかし、十八世紀前期から幕末期にはそうした農民一揆の高まりだけでなく、支配体制そのものを掘り崩そうとする動きが顕在化する。それは、村落を基礎とした緊縛体制から脱しようとする農民たちの動きであり、地域ごとに多極的な労働力の広範な移動として現れ、他面では農村の「荒廃」現象を生み出すのである。

それは、領主層には過重な年貢にたえかねた中・下層農民の経

営破綻、出稼ぎ・離村の激化と耕作放棄地の増加として認識される。松平定信は自叙伝・回顧録である『宇下人言《うげのひとこと》』(4)のなかで、「いま関東のちかき村々、荒地多く出来たり。やうやう村には名主ひとりのこり、その外はみな江戸へ出ぬといふがごとく、末にのみわしりけり。（中略）天明午のとし（一七八六・天明六年）、諸国人別改られしにまへ之子とし（一七八〇・安永九年）よりは諸国にて百四十万人減じぬ」と、農民が居村を離れ帳外・無宿として江戸へ流れ込むことをあげている。たしかに、農村が「荒廃」すれば、ただちに年貢収入の枯渇に直結し、支配の基盤にある村の組織も崩壊することになり、支配者たちにとっては重大な危機感をもって捉えられた。

しかし、近世の為政者と同じ視点で、この現象を飢餓↓飢饉↓出稼ぎ・離村の一連の、また一体的な流れとして捉えられるのだろうか。飢饉とは、人々が十分な食糧を手に入れられないために飢餓におちいり、その結果、広範に死者が出る現象である。問題は、前提となる飢餓がどのような条件——時代性によってもたらされたかということである。すでに元禄期（一六八八—一七〇四）には、たんに不作（生産・備蓄）であることより、藩財政を維持するためにどうしても上方へ年貢米を売却せざるを得ない近世特有の財政構造と、高値につられての商人などによる領外への制限を越える売却が重なって飢饉が起こるようになっていた(5)。飢饉は、十分な食糧を手に入れられない飢餓が一般化している社会状況があれば、そこに自然現象などの偶然的契機が引き金となることで容易に現出する。明らかにされるべきことは、飢饉の現象論ではなく、飢餓の一般化のあり方、飢饉にいたるまでの過程とそこにみられる相互扶助などをふくむ広義の社会保障システムの崩壊と再構成のありかたをどのように位置づけていくかということであろう。

原則上は田畑の売買を禁じられていたために、十八世紀以降、農村では質地地主制という形で地主による土地集積が進んでいった。一方で、地主手作《じぬしてづくり》経営という労働力を雇用する形での農業経営も存在した。つまり、一方では小作人が、他方には農業奉公人が生まれていた。それでは、この二つの農業労働力は、おりからの飢饉に対してどのような状態に置かれていくのだろうか。一般的には、土地をまったく所持しないか、零細でそれだけでは生活しえない小作農と、賃労働者化した農村奉公人との相違は労働と生産のあり方にある。小作農は自ら耕作し、年貢その他と小作料を除く収穫物の一部を手に入れ、農村奉公人は雇用されて労働の対価としての賃金を獲得する。

『宇下人言』に記されたような社会状況は、いわば結果としての「現実」であり、そうした状況が「現実」化するにいたる過程の時期、すなわち十八世紀中期には都市の発展・労働の分業化に伴い、農村からの労働力の流出が先行し、それによって農村奉公人の賃金は高騰し、賃労働者化した農村奉公人にとっては有利な経済条件がつくられていた。しかし、この状況は、万が一、自然災害などを契機として耕地の荒廃などの変化が生ずれば、それは耕作に必要な労働量の減少に結果するリスキーなものでもある。賃労働者化した農村奉公人の雇用の機会は、自然災害などの被害の程度によっては壊滅的なまでに減少せざるを得ない。これに対して小作農は、小作条件の悪化や小作地面積の減少となっても、不十分かも知れないが自らが耕作する土地から収穫する農作物から小作料を除いた一部を手に入れることは可能である。いずれにせよ、飢餓、すなわち民衆が十分な食糧を手に入れられない事態が容易に生まれる社会条件が十八世紀中期には作られつつあった。(6)

## 2 移動する労働力

それでは、農村から流動する労働力の背景は、たんに貧困、具体的には経営の破綻によって土地を失い小作人化する中・下層農民の動きだけであったのであろうか。いくつかの地域を取り上げてみよう。盛岡藩は毎年の「宗門人別目録」を幕府に提出しているが、そのなかに「来者」と「去者」という項目があり、領民の移動数を記録している。(7)本来、領外への移動は禁じられており、「来者」が領外からの入領者も含むほかは盛岡藩領内の移動について把握しようとしたものである。同領の「宗門人別目録」による領民数は寛延期(一七四八―五一)を境として急激に減じ、一七五七(宝暦七)年からゆっくりと増加するがそれ以前の数を一七六五(明和二)年までには回復できない(グラフ1)。この間、「来者」と「去者」の人数比較では、一七二八(享保十三)年・一七三八―四七(元文三―延享四)年は毎年一〇〇〇人程が「去者」とされ、一七四九・五〇(寛延二・三)年には二〇〇〇人を超える。その後、一七五六・五七(宝暦六・七)年も一〇〇〇人前後が「去者」となっている。「来者」は一七五二(宝暦二)年に一〇〇〇人を超え、「去者」の二倍程度になるほかは、一七三〇(享保十五)年にわずかに上回ったのみである。そして、一七五八(宝暦八)年以降は、「来者」「去者」ともに、極めて低い数値を示していく(グラフ2)。

つまり、「去者」数は「来者」数を上回ることがほぼ毎年の現象であったが、a.「来者」「去者」とも、本来的には町方あるいは村方からの「口過《くちすぎ》」のための領内移動を把握するものであった。つまり、「去者」数が領内で完結すれば、「来者」「去者」数はほぼ釣り合い、領民数全体も自然の増減=「生者」「死者」数の変化のみを反映するはずである(グラフ3)。しかし、b.「来者」を大きく上回る「去者」があることは、居村を離れるものの領内の「他郷」に定着し得ない者が多数存在した可能性を示している。移動は、「口過」のために行われるにしても領内だけで完結しなかったことを意味している。これには、欠落・逃散など逃亡による人数の異動は含まれていない。

こうした現象は、何を契機とすることで起こったのか。盛岡藩の家老の日誌『雑書』一七四四(寛保四)年一月二十日条の「花グラフ１　盛岡藩領領民総数 1716 ～ 65　（『雑書』）

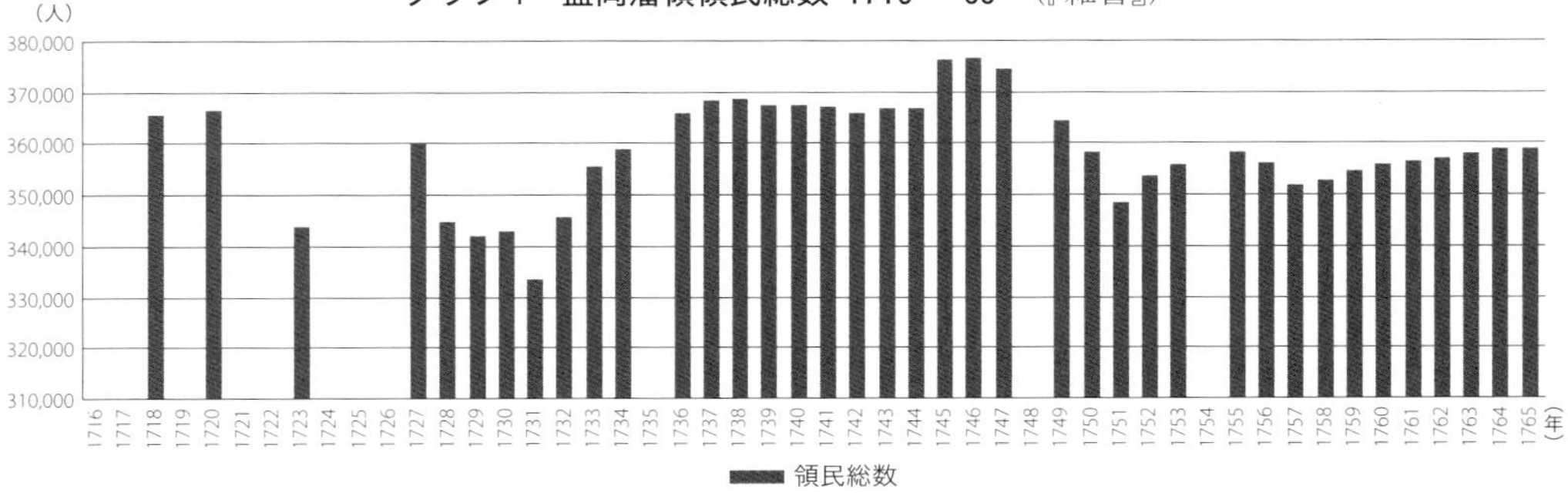


グラフ２　盛岡藩領における「来者」「去者」数の変化　1716 ～ 65（『雑書』）

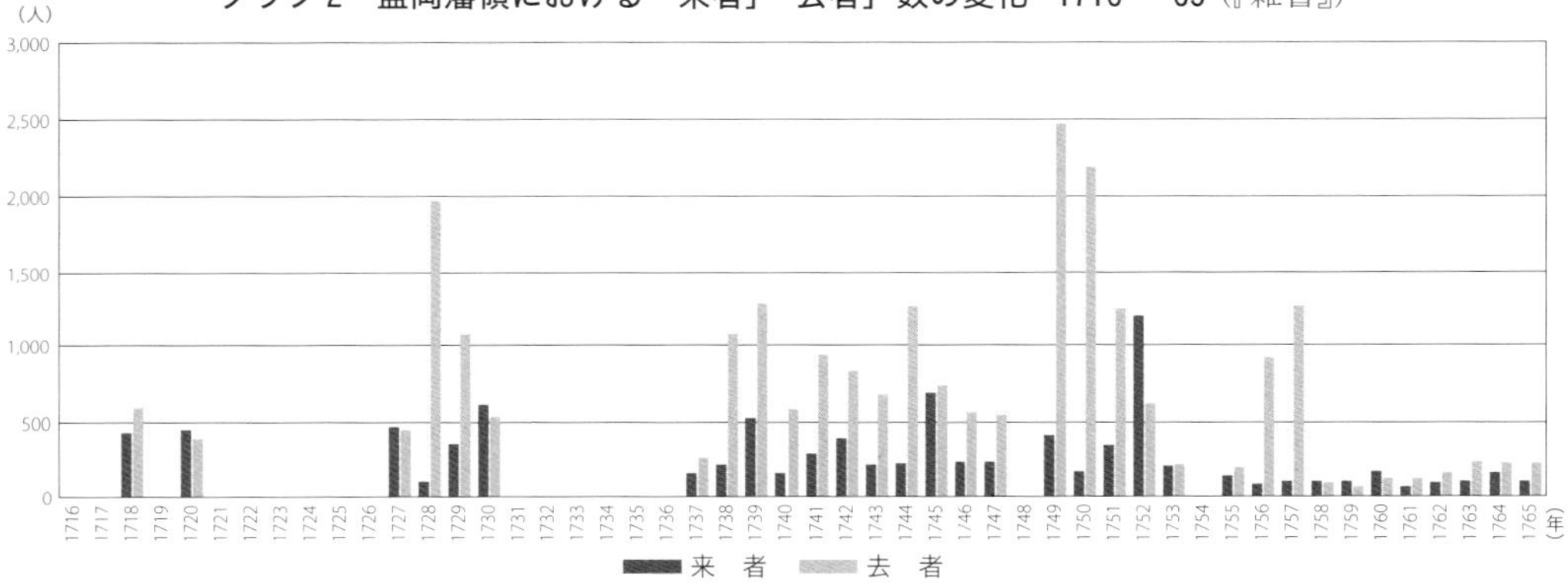


グラフ３　盛岡藩領における「生者」「死者」数の変化 1716 ～ 65（『雑書』）

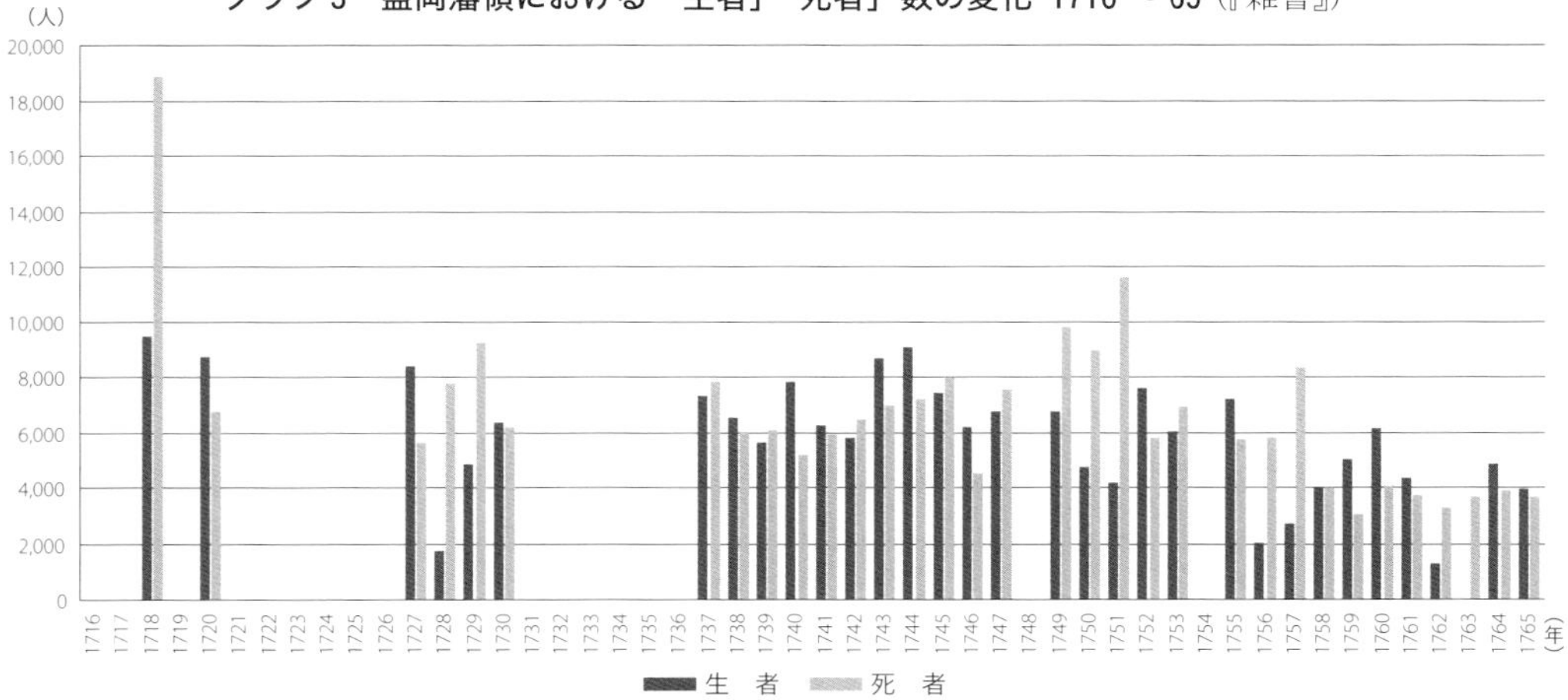


グラフ１～３、出典：浪川「18 世紀〈変容する地域と民衆移動〉」（『歴史』120 輯、2013 年）による。

巻四御代官共愚意」[8]では、a.近年、「身売」＝質物奉公人となる者がいないため、奉公人不足となり、これを雇用しての経営が成り立たない。また、奉公人となる者がいても、雇用の経費や「給銭・給米」が高騰しているために、人を雇ってみずから耕作を行う手作経営は困難となっている。このため、自己経営を止め小作地に切り替える者もあるが、小作人は割り当てられた小作地の田地や用排水路の手入れをおろそかにしがちなため、生産基盤が維持されない。b.村役人が奉公人不足となった理由を調べてみると、他領稼で高額の労賃が得られるため、盛岡藩領で農業奉公人となる者が激減したことが明らかとなった。

この他領稼ぎとは、盛岡藩領南端部で境を接する仙台藩領への稼ぎである。仙台藩は、原則、他領からの労働力の移動を禁じていたが、一七三四（享保十九）年に至り方針を転換し、武家奉公人及び農業奉公人不足から全領での他領奉公人召し抱えの合法化に踏み切っていた。つまり、盛岡領では、中小農民の経営破綻↓離村・流動↓耕作放棄↓手余地の出現＝「荒廃」ではなく、他領での労賃の高騰↓藩境を越えた稼ぎの展開↓領内農業経営の奉公人減少↓奉公人確保のため領内でも労賃高騰↓労働力不足加速・小作への転換↓手作経営の破綻・小作地の生産基盤破壊へと進んでいったことがわかる。

『宇下人言』のなかで危機感をもって「荒廃」が記されている関東でも、その渦中にあったはずの下野国芳賀郡（栃木県芳賀郡・真岡市・宇都宮市の一部）では十八世紀中期には百姓が生産物の販売市場の動向（とくに価格変動）を見極め、さらに経営・生活に関わる購入市場や労働力販売市場など、さまざまな市場動向を複眼的ににらみながら、より稼げる生業のあり方を絶えず模索していた。生産物の価格が低く十分な収入が見込めない時期に農耕を離れ、諸稼ぎ・賃稼ぎを選択したのである。結果として農業が放棄され、耕地は荒れたのであった。関東の「荒廃」とは、百姓の積極的な市場対応・戦略が生み出した、結果としての耕地の荒廃、離農行動だったといえる（平野哲也『江戸時代村社会の存立構造』御茶の水書房、二〇〇四年）。

こうした労働力移動のもう一つの典型が、東北・北陸からの松前・蝦夷地への「松前挊《まつまえかせぎ》」である。「松前挊」は、一般には松前・蝦夷地の漁場での労働をさしているが、箱館開港以後は箱館での町場労働が主となる。盛岡藩領のうち田名部《たなぶ》と呼ばれた下北半島部では、一七三七（元文二）年三月に田名部通の所給人[9]が、支配する知行百姓が無断で「松前へ働ニ出」て「音信不通」となり、「呼返」しのために村から人を遣わしている。また、一七四四（延享元）年、田名部代官は関根村（青森県むつ市）から長後村（青森県佐井村）までの村役人（検断と肝煎）に松前へ毎年「春中」に「渡世」のために赴く百姓が「過半」に及ぶことを指摘、松前へ稼ぎに行こうとする農民には必ず願を提出させ代官の許可を得ることを申し付けた（『青森県史　資料編近世4南部1　盛岡藩領』青森県、二〇〇三年、六三九頁)。

つまり、a. 許可を得れば、稼ぎ＝「松前挊」は合法的であり、十八世紀中期には海峡を越えた季節的な労働力の移動は公認されていた、b. 許可の条件は、田地に苗を植え付け終わっているかどうかであり、松前への稼ぎによって労働力不足となり植え付けもできず農業生産が阻害されないことであった。つまり、農閑期の「松前挊」は下北半島海辺諸村から恒常的に行われていること、藩の関心は稼ぎそのものの禁止ではなく、農繁期の必要農業労働力の確保であってその限りでの統制であったことになる。ここでも、中小農民の経営破綻→離村・流動→耕作放棄→手余地の出現＝「荒廃」ではなく、他領での労賃の高騰→藩境を越えた稼ぎの展開→領内農業経営の奉公人減少→耕作地放棄へと進んでいたことになろう。同時期に、盛岡藩領では領域の南と北で同じような労働力の移動があった。ただ、藩領の南は穀倉地帯であるためそれは厳しく制限され、北は必ずしも稲作に適さない自然環境にあることから経営の補完の範囲内で認められるという違いを生んでいる。

広域的な労働力移動がつねに起こることで、村落においては給銀の高騰を引き起こし、結果として農業奉公人の確保が困難となった。こうした事情によって、手作経営は行き詰まり、地主―小作経営への転換の途を歩ませることとなり、結果として二重の形で地主への土地所有集中が進むこととなった。しかし、百姓にとっては、盛岡藩領でも、関東農村でも見られたように、こうした移動は自らの選択として行うのであり、高い労賃など、いわばよりよい生活を求めての出稼ぎによる農村離脱であった。農村から流動する労働力の背景には、たんなる貧困、具体的には経営の破綻によって土地を失い小作人化する中・下層農民の動きだけがあるのではなかったのである。そして離脱した後に深刻化した農業労働力の不足は他領から高労賃を求めて領内に入ってくる労働力によって補完された。

幕府や藩は十九世紀にかけて一様に旅人統制令を施行するが、それらは大きく見ると禁止から統制、すなわち事実上の受け容れへと変化している。移動は、必要とされる労働力を補完するために、多元的に、かつ広域的に行われる。こうして十八世紀中期には、十七世紀とは異なり、藩境は人・物・情報を遮断する絶対的なものではなくなっていくのである。しかし、同時にそれは支配者から見れば支配体制そのものを掘り崩そうとする動きであり、「内憂」そのものであった。

## 三　一体化する「内憂」と「外患」

### 1　北への人の流れ――「松前挊」

一八五一(嘉永四)年十二月十四日に江戸を発ち新潟から日本海岸を北上した吉田松陰は、翌年に酒田(山形県酒田市)から吹浦

### 表1　1864年弘前藩領からの他領出稼人一覧

（単位：人）

| | 惣人数 | 男性 | うち16～59歳 | 出稼人数 | 割合1（%） | 割合2（%） | 女性 | うち16～59歳 | 出稼人数 | 割合1（%） | 割合2（%） |
|---|---|---|---|---|---|---|---|---|---|---|---|
| 弘前 | 15,563 | 7,895 | 4,827 | 644 | 8.16 | 13 | 7,668 | 4,561 | 492 | 6.42 | 10.79 |
| 寺社門前弘前 | 379 | 202 | 113 | 11 | 5.45 | 9.73 | 177 | 102 | 3 | 1.69 | 2.94 |
| 寺社門前在方 | 602 | 313 | 177 | 0 | 0 | 0 | 289 | 158 | 0 | 0 | 0 |
| 寺社門前浦々 | 70 | 35 | 19 | 3 | 8.57 | 15.79 | 35 | 22 | 0 | 0 | 0 |
| 郡内 | 252,468 | 130,009 | — | 3,449 | 2.65 | — | 122,459 | — | 1,812 | 1.48 | — |
| 青森 | 9,991 | 4,968 | 3,142 | 453 | 9.12 | 14.42 | 5,023 | 3,167 | 413 | 8.22 | 13.04 |
| 鯵ヶ沢 | 3,916 | 1,825 | 1,142 | 119 | 6.52 | 10.42 | 2,091 | 1,293 | 108 | 5.16 | 8.35 |
| 深浦 | 1,366 | 664 | 387 | 96 | 14.46 | 24.81 | 702 | 415 | 20 | 2.85 | 4.82 |
| 十三 | 1,231 | 619 | 386 | 2 | 0.32 | 0.52 | 612 | 327 | 2 | 0.33 | 0.61 |
| 碇ヶ関 | 802 | 408 | 252 | 3 | 0.74 | 1.19 | 394 | 242 | 0 | 0 | 0 |
| 大間越 | 270 | 125 | 82 | 0 | 0 | 0 | 145 | 85 | 0 | 0 | 0 |
| 野内 | 823 | 407 | 231 | 5 | 1.23 | 2.16 | 416 | 221 | 6 | 1.44 | 2.71 |
| 蟹田 | 717 | 368 | 220 | 41 | 11.14 | 18.64 | 349 | 189 | 15 | 4.30 | 7.94 |
| 今別 | 1,486 | 753 | 431 | 18 | 2.39 | 4.18 | 733 | 433 | 19 | 2.59 | 4.39 |
| 計 | 289,684 | 148,591 | 11,409 | 4,844 | 3.26 | — | 141,093 | 11,215 | 2,890 | 2.05 | — |

出典：浪川「幕末期の村落状況と民衆移動」（『市史あおもり』4、2001年）
備考：元治元年「弘前町中人別戸数諸工諸家業総括牒」・「寺社門前人別戸数諸工諸家業総括牒」・「御郡内人別宗旨分并戸数諸工諸家業牛馬船総括牒」・九浦町中人別戸数諸工諸家業総括牒」弘前市立弘前図書館蔵。割合1は男性・女性人数に対する出稼者割合、割合2は各16～59歳の実労働力に対する割合。

を経て閏二月二十三日に塩越（秋田県にかほ市）に至ったが、各家ごとに懸けられた職業をも書き加えた表札のなかに「松前出稼」を名乗る者の多さを『東北遊日記』(10)のなかで感嘆している。「松前挊」は、北陸から東北に至る日本海沿岸の地域と松前・蝦夷地の間の労働力移動であり、その広がりを松陰は驚きをもって目にしたのであったが、重要なことは、労働力移動の意味が貧窮分解の結果としての社会現象、あるいは蝦夷地・北海道への労働力供給関係の成立だけではなかったことである。

東北、北陸へと広がる近世後期から近代移行期に顕著となる大規模な労働力の移動は何を引き起こしたのであろうか。領内から多くの「松前挊」を出した弘前藩でも、嘉永から安政の開港に至るまでの間、とくに「松前挊」による労働力移動は激増していた。弘前藩は「国日記」(11)一八五〇（嘉永三）年二月二十四日の「勘定奉行申出」では、陸奥湾沿岸村落からの「松前鯡場行」を名目とした津軽海峡を渡る労働力移動が専業化し、農業労働力不足のため、毎年、「荒田畑大都千町歩余」、約一〇〇〇ヘクタールが耕作放棄地となっていることを指摘している。農業労働力の不足から廃田が生じる事態は、「海岸村々は勿論」、渡海が許可されず農業専念が強制されていた津軽平野中心部の村からも海岸部や町場の住人の名を騙るか、一旦、町場に籍を移すなどして他人の名義を借り、津軽海峡を渡り箱館・松前への稼ぎに出向くことが原因であった。なかには、その仲介を専門に行う者さえ生まれていた。

この結果は弘前藩領の構造に大きな影響を与えた。**表1**は一八六四（元治元）年の弘前藩領の町場、水陸の交通の要所のうちでもとくに九浦と呼ばれた海上交通との関わりを深く持つ町場からの人の流れである。人数的には郡方からの出稼ぎが男性・女性ともに圧倒的である。しかし、それについで青森・鰺ヶ沢（青森県鰺ヶ沢町）・深浦（同深浦町）といった湊を抱えた町場が続いている。しかも、人口に対する比率を**表1**中の「割合1」でみると郡方は男性・女性ともに三パーセント以下であるが、男性では深浦一四・四六パーセント、蟹田一一・四パーセント、青森九・一二パーセント、女性は青森八・二二パーセント、鰺ヶ沢五・一六パーセント、蟹田四・三〇パーセントと城下弘前（男性八・一六パーセント、女性六・四二パーセント）および町場のそれは遥かに高い数値を示す。郡方については人口の年齢別の分類がなされていないが、九浦については年齢別に分類され、**表1**中の「割合2」で実労働人口ともいうべき十六から五十九歳人口の他領への出稼ぎ者数を比較すると、「割合1」の五倍程度となっている。いかに、九浦に含まれる湊町、とりわけ青森・深浦、町としての大きさからすれば青森町が他領への稼ぎの拠点となっていたかがわかる。

しかし、この結果を海岸部町場の従来からの居住者の移動としてみるのは、本質を必ずしも明らかにしたことにはならない。ここでは青森町を取り上げるが、その実労働人口に占める割合は前述のように男性一四・四二パーセント、女性一三・〇四パーセントにのぼる。とくに、他の町場と比較して女性の出稼ぎ者が多いことは注目される。このような高率の人口流出が恒常的なものであったならば、青森の町あるいは湊としての機能に当然ながら多大な影響を与えずにはおかないであろう。まして、町場としての規模も小さい深浦では「割合2」の実労働人口でみると、男性の二四・八一パーセントにのぼっている。箱館への日常的な出入口である町場には人口が密集しており、それだけに人別を偽る＝「名目」を借り得る可能性は高い。したがって農村部から直接の「松前挊」を想定する以上に、農村部→青森を中心とする湊町→松前・蝦夷地という移動のルートが着目される。松前・箱館との結びつきが深い湊ほど「他領出稼之者」が存在する理由もそこにあり、恒常的に労働人口が青森町などの町場から海峡を双方向的に移動していたことを示している。

## 2 「面改」の戦略性――戸籍は御国体之基本

このような移動者の激増は、嘉永期にはこれまでの農業労働力の確保という観点だけではなく、海防、すなわち「外患」という視点からも、一層、他領への労働力の移動が課題として大きな意味を持ってきた。一八五九（嘉永六）年十二月七日付「郡奉行・勘定奉行申出」では、早春から晩秋に及ぶ「松前鯡場行之儀」は「海岸一円」に広がり、万が一「明春ニ至り万一非常之儀」が起こっても「無人」ではなんらの対処もできないと記している。「内憂」

は「外患」に直接にリンクしたのである。こうした憂慮は、異国船接近に対する海防政策の展開を反映する。弘前藩は、幕末期に頻繁化した異国船の接近に対して、それに照応する兵力や動員体制の編成を農兵取立てで対処しようとしていたからである。

このため、一八六二（文久二）年六月二十五日の「三奉行申出」では、より深刻に危機的な社会状況を捉え、それへの対処を述べる。①弘前藩の内外を取り巻く諸情勢は悪化し、「当時之御場合不容易形勢ニ相成候之処」にもかかわらず、②「下民之風儀、累年悪敷相成」と民衆支配の動揺に触れ、あわせて③「此姿ニ而は万一非常之節、必至と御差支之儀も可有之」という危機感が述べられている。④それらはこれまでの「弊風」の積み重なった結果であり、ありきたりの禁止令では立ち直ることのない、もはや「何れ一洗不仕候而は難相成時節」なのだという。⑤混乱は「戸籍は御国体之基本」にもかかわらず「人別は勿論、職・諸家業等ニ至る迄、悉錯乱」という所まで進んでいたのである。

他領への労働力の移動は、支配の基礎である「戸籍」だけでなく、「職・家業」といった身分制に関わって大きな混乱を引き起こしていた。このことには「松前拵」とその補完としての他領からの労働力の入り込みが大きく関わっており、「何れ一洗不仕候而は難相成」き状況を生み、それへの弘前藩の最大の対応策が前年の旅人統制令と同年の「面改《つらあらため》」の実施であった。これらは、「松前拵」―労働力移動という「内憂」と海防問題の深刻化・箱館開港という「外患」、この二つの基軸が交差するなかで図られた。

一八五五（安政二）年、箱館は日米和親条約によってアメリカ捕鯨船の寄港地となった。箱館でのアメリカ国民の居留権を要求した総領事ハリスは箱館に寄港するアメリカ捕鯨船は三〇〇隻を超えるとしている（石井孝『日本開国史』吉川弘文館、一九七二年）。それらへの必需物資の供給は、事実上の交易であり、物品需要だけでなく、労働力需要、またその労働力のための諸施設の建設など経済的波及効果は多大であった。外国との通交関係の発生は、理念とは別に、現実には、大名領主権力と住民との関係について、これまでの海防とは次元の異なる課題を生じさせた。

こうした事態への弘前藩の対処が、一八六二（文久二）年の旅人統制令の施行と一八六三（文久三）年の「面改」の実施である。一八六二（文久二）年の旅人統制令は、最初に「文化・文政之度以来御触出之趣」をいかに徹底させるかが強調され、ほぼ一八二六（文政九）年以来の方針を踏襲しているように書かれている。しかし、内容からは大きな変化を読み取ることができる。なぜならば、他領から流入してくる労働力に依存せざるをえない現実を認め、雇用は「御関所口」からの「出入改」を受けた者に限るなど、不可能となった禁止・否定策ではなく、いかに合法的手段をとらせ移動・定住の実態を掌握していくかという統制へと方向を転換しているからである。

一八六三（文久三）年の「面改帳」の記載内容は精緻なもので、

家ごとの戸主の五軒組合の構成、家業と名前・年齢、所持田畑の面積、家族名・血縁関係・年齢、嫁・婿の場合は実家の所在、他領出の者はその行き先、また他領からの入り込みの者はその理由と経緯など、家族数の男女別計と檀那寺、家屋敷の「名題」と広さ・軒数、所持の牛馬数および船の大きさ・船数の書上げを基本事項とし、最後に寄せが付せられる。

「面改」はなぜ、このような細かい内容を把握しようとしたのであろうか。それは、「内憂」である流動する労働力の把握だけでなく、海防というもう一つの課題を果たさなければならなかったからである。諸士を動員した蝦夷地警固が継続されている状況で、「外患」への対応としての海防体制は「民兵」の動員体制の確立にかかっていた。それは緊迫を強める幕末の政治状況に対応するための、補助的ではあれ、封建家臣団の不足を補う唯一の軍事組織でもあった。そうした「民兵」がどれだけ有効に動員できるか、あるいは領内を舞台とした軍事行動が起こった場合、それを支える諸物資や移動・輸送手段としての牛馬・船などの徴発がどれだけ可能であるのかは、戦略基盤としての生産力の事前の掌握にかかる。「面改」がたんなる人別把握で終わらなかったのは、「内憂」と「外患」に対処するという二つの課題を同時に果たそうとする意図によって施行されたからである。

すでに状況は、「何れ一洗不仕候而は難相成時節」にあること、その原因がもはや押しとどめられない流動化する社会にあるという危機感は、支配層に共有され、それへの対処として「面改」は行われた。「自由」な移動を再掌握するため現実に生産と生活の単位として機能している家を単位とした「面改」による個人把握のあり方は、近世の人別帳ではありながら、むしろ一八七五(明治八)年から陸軍参謀局(のち陸軍参謀本部)が徴発用台帳として編纂した軍事統計で、「凡ソ軍事ニ供スヘキ者ハ悉皆記載ス」として書き上げた「共武政表」に酷似する。移動する人間を前提として「面改」が戦略基盤としての生産力の掌握を目的とした以上、近代国家のそれを先取りした内容となったのは当然である。

## おわりに――「内憂」/「外患」あるいはローカル/グローバル

十八世紀中期以降、幕末期にかけて広く展開した労働力の移動の多くは、脱法的な一定度の「自由」な流動というべき性格を持っていた。農村支配の基盤が崩れることで幕府や藩は、国家的な命題である海防の遂行のためにも、こうした「自由」な移動を再掌握することを図る。結局、支配体制の動揺を引き起こす不法・脱法行為そのものの根絶はできない。何故ならば、そこには新たに開港という海防とは次元の異なる、むしろさらに労働力移動を加速させる要因が生まれたこと、そして近世国家がそうした加速度的に流動化する社会を新たな基盤とする政治的展望と方策を欠いている以上、結局は非合法な現状の追認に終わってしまうからである。
つまり、旧来的な支配体制は、対症的な対処はできても、もはやこの一体化した「内憂」と「外患」とに本質的な対処をするすべは持ち合わせない。封建的な割拠を乗り越える労働力の流動化は、形を変えた「内憂」であり、「外患」と一体化したものである。それはきたるべき国民国家による市場の統一と集権化によって配分される経済的体制によって統合される以外、有効な手立てはないからである。確実に近世国家の基盤は掘り崩され、列島のあらゆる所で新たな政治体制への移行が模索されることになる(12)。

十八世紀中期からの労働力の流動化は、形を変えた社会変動としての「内憂」であり、それが「外圧」「外患」と一体化した危機となることによって領主支配の根底、近世国家の原則は大きく揺らぐことになったのである。幕末(結果としての幕府の瓦解があったからこその表現であり、この当時の人間がそう認識していたわけではない)の課題は、そのような内容と歴史的意味をもって立ち現れる。

しかし、十八世紀中期には顕在化する流動化する社会(当然、十八世紀前期には内在化した問題であったであろうが)は、同時にそれまでの近世国家が想定していなかった十八世紀前期に端を発する資本主義的背景を強く持たない「外圧」によって、近世の国家体制は揺らぎをより加速させながら十九世紀へと移行していくのである。この「連続する歴史」を通じて「内憂」/「外患」は、一体化し、列島の各地へと拡散する。この一体化と拡散により、あらゆる地域がローカル/グローバルな変容のなかに巻き込まれることになる。この変容を考えることは、同時にこの時代を生きた近世人がどのように自らの時代と世界、言葉を換えれば時間と空間を認識していたのかということの解明にもつながる。

すなわち、それは、「維新」によって直ちに解決されるものではなかった。十八世紀を端緒とした「連続する歴史」は、「内憂」/「外患」という危機のなかで生まれ模索された。したがって、新たな「連続する歴史」は、「内憂」/「外患」を克服し、それに変わるべき社会的課題が提示され、具体化される過程から始まる。けっして明治「維新」はそれに相当するものでなく、あくまで「内憂」/「外患」という危機への混乱した対処の一過程に過ぎない。その意味で、十八世紀から十九世紀を一貫した「連続する歴史」とは、まさに「長期の十九世紀」としての歴史でもある。

**注**

(1) 小谷三志の日記は、『小谷三志日記I』・『小谷三志日記II』、鳩ヶ谷の古文書第七集および第八集として鳩ヶ谷市教育委員会から一九八二年および八三年に刊行されている。鳩ヶ谷市は現在では川口市に含まれる。

(2) 『新修平田篤胤全集』補遺五巻(名著出版、一九八〇年)。『千島の白波』について、対外認識の視点から論及した研究は数多い。平田篤胤の情報収集とそのネットワークについて、読みやすくまとめたものとして宮地正人「伊吹迺舎と四千の門弟たち」(『別冊太陽　知のネットワークの先駆者　平田篤胤』平凡社、二〇〇四年)がある。

(3) 『通航一覧』第七(国書刊行会、一九一三年)。

Photo by Ichige Minoru

(4)『宇下人言／修行録』（岩波文庫 黄221—2 文庫、一九四二年）。
(5)浪川健治「津軽藩政の展開と飢饉——特に元禄八年飢饉をめぐって」（『歴史』五二、一九七九年）。
(6)浪川健治「「難儀」と「御救」——弘前藩領にみる一八世紀前半の地域変容」（浪川健治、デビッド・ハウエル、河西英通編『周辺史から全体史へ』清文堂、二〇〇九年）。
(7)盛岡藩の家老席の日誌『雑書』に毎年、多くは十月に所載される。『雑書』は、もりおか歴史文化館蔵。一六四四（寛永二十一）年から一八四〇（天保十一）年にわたる一八九冊からなる。盛岡藩の公式記録として位置づけられており、同藩の政治・行政を知る基本史料として著名である。
(8)盛岡藩は花巻に城代あるいは郡代を置き、和賀・稗貫二郡を統括した。ここにあらわれる「四代官」はその支配下の「通」（とおり、盛岡藩の行政区画）を管轄する。
(9)盛岡藩士は盛岡詰のほか、領内の代官所への勤めを行うものがあり、所給人と呼ばれる。本書、山下須美礼「士族というあり方」を参照。
(10)山口県教育会編『吉田松陰全集』第七巻所収、岩波書店、一九三五年。
(11)弘前市立弘前図書館に所蔵される藩庁日記は、一六六一（寛文元）年から一八六八（慶応四）に至る、約二〇〇年間の弘前藩政に関する公式記録である。弘前城中で記録されたものを「御国日記」といい、江戸の上屋敷で記録されたものを「江戸日記」と称する。「御国日記」には、一六六一年から一八六四（元治元）年に至る領内の政治と支配に関する上申や布告といった各項目に加えて、江戸藩邸からの用状の控なども収められ、総数は三三〇一冊を数える。「江戸日記」は一六六八（寛文八）年から慶応四年の記録で、国許や幕府との連絡事項、藩主の交際に関することなどが主な内容であり、総冊数は一二一四冊である。ここでは、「御国日記」を「国日記」と略している。
(12)このような視点で、捉えた研究として浪川健治「近代移行期の民衆と地域移動」、および青山忠正「総論　幕末政治と社会変動」（明治維新史学会編『講座明治維新2 幕末政治と社会変動』有志舎、二〇一一年）がある。

# 由緒
## 【語られる「家」の歴史】

根本みなみ

●ねもと・みなみ　一九九一年マレーシア生。二〇一三年筑波大学人文文化学群卒業。同大学院人文社会科学研究科在学。日本学術振興会特別研究員（DC2）。日本近世史。「家紋が表象する由緒」（『史境』七一号、二〇一六年）等。

### 一　はじめに——近世武家社会における家研究について

近世における基本単位は「家」である。特に近世武家社会とは「さまざまなイエの組み合わせとして理解することの出来る秩序」（水林彪『封建制の再編と日本的社会の確立』山川出版社、一九八七年）と定義されるように、常に「御家」、つまり「家」の集合体であるということに規定される。

当初、近世的秩序における「御家」の問題については、下位権力に対する上位権力の絶対性が強調されてきた。これに対し、一九八〇年代に入り、笠谷和比古の『主君「押込」の構造』（平凡社、一九八八年）に見られるように、大名の「家」も家臣の「家」も帰属組織である「御家」の存続を第一義的に考え、この目的の前では、大名権力さえも規制されたという点に注目が集まり始めた。

こうした一九八〇年代の動向は、戦後の日本史研究のなかで指摘され続けてきた上位権力の絶対性に疑問を呈するものであり、同時に、各「家」の持つ自律・自立性に言及したという点で非常に示唆に富んだ見解である。しかし、一方で、さらなる課題も析出されている。それは、特に「御家」の内部の「家」に関わる問題である。大名や家臣の「家」の帰属体としての「御家」の存続は両者にとっても大きな関心事であったであろうが、同時に基本単位が「家」である以上、最大の目的は自らの「家」を存続させることであった。これは、大名であれ、家臣であれ、民衆であれ同様である。

　さらに、本稿において注目したいのが、「家」の語られ方、つまり、「家」をめぐる歴史に対する関心である。「家」意識の醸成と「家」の歴史叙述のあり方について、十七世紀には社会の各階層で「家」意識が醸成され、さらに系譜を遡ろうとする動きが見られることが指摘されている（若尾政希『覚醒する地域意識』吉川弘文館、二〇一〇年）。こうした傾向は大名家臣についても同様である。家臣の「家」の歴史は大名主家との由緒のみに集約されていくものではなく、むしろ大名家との由緒を組み込みながら展開していくものであり、家臣が「家」の歴史をめぐる意識を醸成させていく過程にも目を向ける必要がある。

　こうした視点から、本稿では「御家」のなかにおける「家」のあり方について、藩祖由緒との関わりを視野に入れつつ概観していく。特に、上位権力である「御家」に絡め取られる「家」という見方ではなく、上位権力と関わりつつ自らの「家」の歴史をどのように語るのかという視点に立ち、「御家」と「家」との関わりについて分析する視角を提示してみたい。

## 二　出羽家の歴史意識――藩祖由緒と家意識の邂逅

出羽《いずは》家とはどういった家なのか。同家は元々、石見国の国人であり、吉川家との婚姻関係も有していたほか、出羽元実（生年不詳―一六〇一（慶長六）年没）正室は、萩藩毛利家初代藩主・秀就の父である輝元の生母らと姉妹であった。さらに、主君である毛利家と家臣である出羽家を結びつける存在となっていたのが、毛利元就の六男・出羽元倶《もととも》の存在である。出羽元倶は、元就と三吉氏の間に生まれ、同母兄弟に五男・元秋、八男・元康がおり、元康の子孫は厚狭毛利家として、近世期には家臣団最上位の一門に属していた。元倶は、有力国人であった出羽元実（元祐《もとすけ》）の養子となったものの、家督を相続することなく、一五七一（元亀二）年、実父元就の死からわずか一カ月後に死去した。享年は十七歳であった。なお、墓所は現在に至るまで不明のままである。また、出羽家の家督は先述の元実の実子・元勝が相続し、近世に至るまで存続している[1]。

　このように、出羽家は元就の血を引く元倶を養子に迎えながらも、同人が夭折したため、結果的に一家臣として近世を生きることとなった。しかし、ここで問題となるのは、一時的であれ、主君たる毛利家の子息を迎えいれたことは、出羽家の歴史にどのように取り込まれ、家の歴史として語られていったのかという点で

**表1　元倶遠忌法要までの経過**

| | |
|---|---|
| 明和6年（1769）2月8日 | 出羽祐寿が支配方を通し、藩に伺書を提出<br>→藩は出羽家の嘆願を退ける。 |
| 同7年（1770）閏6月24日 | 藩が祐寿に対し、昨年の伺書を提出するように指示<br>→祐寿は伺書を提出。 |
| 7月29日 | 藩から祐寿に対し、元倶遠忌執行が通達。 |
| 8月8日 | 徳隣寺で出羽家主催の法要執行。 |
| 8月10日 | 洞春寺で藩主催の法要執行。 |

ある。当然、同時代的に見れば、有力国人である出羽家にとって、毛利家の血を引く人間を家督相続者として迎えいれることは、決して好ましいものではなかったと考えられる。しかし、近世に至り、主従関係が確定した後、出羽家は毛利家との関係をどのように自家の歴史に組み込んでいったのか。

このような疑問が生じた背景には、元倶という存在への注目がある。先述したように、近世に至り、元倶の兄弟の子孫たちは一門という家格集団に属していた。故に、一門の祖として、元倶の兄弟たちに対しては藩が主催する祭祀[2]が行われていた。一方で、夭折した元倶については、萩藩毛利家においても祭祀が行われていた形跡が確認出来ない。このように、本来元倶への注目はほとんど皆無だったにも関わらず、出羽家は藩に願い出て、一七七〇（明和七）年に元倶の二〇〇回忌法要を執行しているのである。つまり、元倶という存在に対する着目は、藩から強制されたものではなく、あくまでも出羽家側から発生したものであった。

元倶二〇〇回忌執行までの流れは**表1**で示した通りであるが、ここから分かるのは、元倶遠忌は二度行われているということである。一度目は徳隣寺（萩、臨済宗南禅寺派）で出羽家が主催したものであり、二度目は元就の菩提寺である洞春寺（萩、現在は山口市へ移転。臨済宗建仁寺派）で藩が主催したものである。では、この二つの法要はそれぞれ出羽家にとってどのような意味を持っていたのであろうか。また、元倶という存在を介した藩祖との由緒は、出羽家をめぐる歴史にどのように組み込まれていったのか。これらの問題を考えるため、ここでは三つの視角、すなわち「差異化」「回顧」「結節点」という視点を提示したい。

## 三　差異化のための藩祖由緒——特権の視覚化

二つの元倶遠忌を検討するなかで、時系列には反するものの、まずは後の方に行われた藩主催の法要の役割について見ていきたい。藩主催の法要において、出羽家の当主である祐寿が担った役割は、藩主の名代としての参詣・寺詣めであった。では、この役目を果たすことは、出羽家にどのような利益をもたらしたのだろうか。

注目すべきキーワードは「差異化」という観点である。この藩主催の法要に際し、出羽祐寿が意識していたのは、藩による法要、つまり公的な法要であるという点であり、自身が公的役目を担っているという点であった。

藩は洞春寺において藩主催の遠忌法要を執行するにあたり、元倶との由緒を有する家の参詣を許可する旨を通達した。つまり、元倶との由緒を有していれば、法要終了後、参詣することや香典を供えること自体は許可されていたのである。このため、多数の家が法要終了後、洞春寺を訪れたのだが、こうした参詣者に対する出羽祐寿の見解は決して好意的なものではなかった。ここで、祐寿は、「寺詰」、つまり、寺に待機しようとする藩士らに対し、公儀主催の法要であることを理由に引き取りを求めている。つまり、祐寿にとって、藩主催の法要とは、他藩士らと歴史意識を共有する類いのものではなく、むしろ自家の獲得した特権を視覚化・差異化し、家中に周知するための場であったと言える。換言するならば、藩による元倶遠忌法要とは、由緒の持つ排他的性質がその根幹を成す儀礼であったのである。

こうした排他的性質、つまり、特権化を目的とする由緒利用については自家の上昇願望として理解出来る。しかし、注目したいのは、もう一つの元倶遠忌の存在である。ここで言及した藩主催の法要における出羽祐寿の役目とは、藩の秩序のなかに自らを位置づけることであった。しかし、出羽家が主催する法要には藩からの下賜等はまったくなく、すべての費用を出羽家が負担しなくてはならないものであった。こうしたなかで、出羽家は自家主催の法要を執行したのである。そこには、藩主催の法要とは異なる点があったと考えられる。

## 四　回顧のための落祖由緒――家の歴史を振り返る

藩主催の法要において、法要の段取り自体は藩の寺社奉行が中心となっておこなっており、出羽家はあくまでも藩主名代として法要に参加することが主要な任務であった。つまり、契機自体は出羽家側から生じたものであったものの、藩主催の法要の中身を見ると、設定された法要に参加するという受動的関与であったということが出来るのである。しかし、出羽家が主催した法要では、条件は大きく異なる。法要の段取りを始め、招待客の選別など出羽家がこなさなくてはならない仕事は山積していた。

まず、出羽家が行ったのは、招待客の選別である。招待客と一口に言っても、由緒の遠近により、法要への関与の仕方には差があった。この内、「表案内」として法要時に寺に待機し、来客の応対をする家についてはそれぞれ元倶、特に出羽家との由緒を持つ家が選ばれている。この「表案内」を依頼された五家と出羽家との関係は表2の通りである。これを見ると、特に中世期から近世初頭に関心が集まっていることが分かる。しかし、この五家の

表2 「表案内」を依頼された家と出羽家の関係

| | 出羽家との関係 | 備　考 |
|---|---|---|
| 柳沢家 | 就次の妻の実家 | 出羽就次　元禄7年（1694）死去 |
| 内藤家 | 元実の妻の実家 | 出羽元実　慶長6年（1601）死去 |
| 祖式家 | 元実の孫娘の嫁ぎ先 | |
| 口羽家 | 元実娘の嫁ぎ先 | |
| 井上家 | 祐寿の義理の叔父の養子先 | 出羽祐寿　200回忌時点の出羽家当主 |

内、井上家は当主・祐寿の義理の叔父が養子に入った家であり、法要時点の当主とも関連した人選であった。

一方、出羽家の歴史意識が最も顕著に表れているのは、岩国吉川《きっかわ》家との交渉である。ここで、岩国吉川家について説明をしておきたい。本来、吉川家とは、藤原姓の家であり、大江姓を称する毛利家とは系譜上異なる家であった。しかし、吉川国経の娘が毛利元就の正室となり、その間に生まれた次男・吉川元春が吉川家の家督を相続したことにより、血筋上は毛利家の分家となった。元就の孫である輝元治世においては、毛利家の分家として、高い地位についていたものの、関ヶ原合戦後は、岩国を領有し、基本的に萩藩の藩政には関与しない存在となった。

近世期における吉川家の問題として、最も大きなものはその家格をめぐる問題である。萩藩は長府・徳山・清末《きよすえ》藩を末家として、いわゆる支藩として認めていた。しかし、吉川家については、こうした末家なのか、萩藩毛利家家中の家臣である一門家老と同等なのか、明確にならないままであった。このため、吉川家は自家の家格について、末家と同等であり、毛利家の家臣ではないということを藩内外に対し、主張し続けなくてはならなかった。しかし、拙稿ですでに言及したが、時代が下るにしたがい、末家と同等であるという点よりも、毛利家の家臣ではない、ひいては毛利家とは異なる家であるという点が強調されるようになり、萩藩毛利家の由緒とは必ずしも関連しない歴史意識を構築していった[3]。

出羽家はこの吉川家に対し、元倶遠忌への参加を求めるため、萩城下にある同家の屋敷を訪れた。この時、祐寿は出羽家と吉川家との間には由緒があり、それが法要執行を知らせる根拠であると述べている。では、この由緒の中身とは具体的に何を指しているのか。先ほどの吉川家に関する説明を踏まえるならば、吉川元春と出羽元倶が異母兄弟であるという点が主要な由緒であるようにも見えるが、出羽家の考える吉川家との由緒はこの点のみではなかったようである。

出羽家から法要執行の連絡を受けた吉川家であるが、元倶遠忌法要に代香派遣や香典下賜を行ったことがないという理由を以て、元倶遠忌法要に参加しなかった。法要終了後、萩の吉川家屋敷を訪れた祐寿は先例がないと述べる吉川家の屋敷番に対し出羽家と吉川家との間に婚姻関係があることに言及している。つまり、出羽家にとって、吉川家との縁戚関係を有していたという点が元春と元倶が異母兄弟関係にあることと同等、もしくはそれ以上に重要な由緒だったのである。近世期に入り、萩藩毛利家の一家臣である出羽家と末家並の家格を有する吉川家の間では、もはや縁戚関係を結ぶことは不可能であった。しかし、出羽家の歴史意識のなかで、中世期において結ばれた両家の関係が大きな比重を占めていたのである。

このように、元倶遠忌を通し、中世以来の歴史を回顧するという姿勢は他の招待客を選別する様子にも見て取れる。出羽家は吉川家以外にも、岩国領に居住する家に書状を出した。この時招待された原家・東家は、出羽家に残された史料によれば、元は同家の庶流であったが、天正末頃に吉川家のもとへ移ったという。これらの家は、朝鮮出兵の際には、出羽家とともに出陣しており、吉川家に移った後も、出羽家との関係が継続していた。

こうした点から考えると、出羽家にとって、元倶遠忌とは、単純に元倶という特定の人物に関わる宗教行事であったのではなく、むしろそれを契機とし、家の歴史を回顧するための行事であった。それは、藩政期における出羽家の構成員のみではなく、家の歴史に関連する人々や家をも巻き込んでいくものであった。

## 五　結節点としての藩祖由緒——家中における家同士の繋がり

ここまで、藩祖由緒が持つ性質として「家中における他家との差異化」「家の歴史を回顧する契機」という点を指摘した。前者は藩が主催する公的な法要の場で、後者は招待客を選別するなかで顕著に見られた。しかし、元倶遠忌にはもう一つ、出羽家が主催した法要がある。筆者はこの法要について、家中の家同士をつなぐ「結節点」としての性質を帯びていると考える。

藩による法要に先行し、出羽家は徳隣寺で元倶の遠忌法要を執行した。この法要に際し、家中の多数の家々を招待したことは先述の通りである。元倶二〇〇回忌に際して出羽家側が作成した「天真常照様弐百廻御忌一巻」のなかでは、一七七〇（明和七）年の遠忌法要において**表3**の通りの区分を設けている。この表を見る

**表3　招待客の区分**

| 出羽家による区分 | 備　考 |
|---|---|
| 表案内 | **表2**の5家 |
| 勝手案内 | |
| 寺詰の手伝い | 組代と出羽家の家人 |
| 祐寿が直接訪問した家 | 一門や老中など藩内上級家臣と岩国吉川家 |
| 寄組に所属する1000石以上の家 | 家禄が1000石を越える上級家臣たち |
| 手紙で法要執行を知らせた家。※250回忌の際は、必ずしも招待しなくて構わない家。 | |
| 200回忌時に関わりがあった家 | 譜録方や代官所勤務の家を含む |
| 元倶や毛利家、出羽家と由緒を持つ家 | 二宮家など毛利家との由緒を持つ家を含む |
| 当時萩に居住していない家 | 三田尻など萩城下以外に居住する家 |
| 出羽家と由緒を持つ岩国在住の家 | 東家2家と原家 |
| 寺 | 萩城下の寺 |
| 同役中 | 祐寿と同役についていた家 |

※「天真常照様弐百廻御忌一巻」より作成

限り、当時出羽家と縁戚関係にあった家のみではなく、一〇〇〇石以上の高禄家臣や一門ら家中における最上級家臣らについても招待の対象となっている。また、由緒をもとに招待された家も多数存在している。これらの家を招待する根拠となった由緒の根拠について祐寿は明記していないが、厚母《あつも》家や二宮家は毛利家や毛利元就との由緒を有しており、こうした点が招待の根拠であったと考えられる。さらに、次回の二五〇回忌にも招待すべき家と改めて詮議すべき家についても区別している。

一方で、こうした招待客の選別に対し、祐寿自身は満足していたわけではなかった。二五〇回忌に向け、祐寿は今度の法要では、元就との由緒を持つ家をより多く招待するようにと書き残している。祐寿の理想としては、出羽家の縁戚とともに、元就との由緒を有する家にも法要参加を大々的に呼びかけたかったものの、藩による元倶遠忌の執行決定が遅れたため、元就との由緒を全面に主張することが出来なかったのであろう。しかし、そうであったとしても、今回の二〇〇回忌法要に際し、出羽家は非常に多くの家を法要に招待した。その範囲は、一門ら最上級家臣らを始め、当時萩城下に居住していない家や江戸勤番で当主が不在の家なども含まれていた。さらに、岩国に居住している原家・東家も含まれている。

これに対し、全く招待客が居住していない地域も存在する。それは、長府・徳山・清末藩の支配地域であり、これらの地域については、招待客もおらず、後述するように法要当日に出羽家を訪問した者もいない。このことから、この元倶遠忌に際し、招待された家は非常に多岐にわたるものの、出羽家と日常生活で接点を持ちうる家、具体的に範囲を示すならば、萩藩毛利家家中に属する家と自家との由緒を有し、交際関係のある家を対象として想定していたことが分かる。

このように、出羽家は多くの家を法要に招待したが、当日の訪問客を見てみると、興味深い点を指摘することが出来る。**表4**は、「天真常照様弐百廻御忌一巻」における招待客と香典帳に記載された人々を比較したものである。この表を見る限り、招かれた以外の人々も出羽家を訪れていることが分かる。もっとも、招待した家については家の当主名のみ記載されているのに対し、香典帳には一つの家から複数人の名が記載されているが、こうした点を差し引いても、出羽家が考えた以上の人々が訪問したことは間違いないであろう。なかには、「〇〇代」と表記されている名もあり、当主が参加出来ない場合には、親族内から代理を派遣する家もあった。また、法要に訪れた人についてはその大部分については、居住地域が明記されている。これを見ると、萩城下でも城内三の丸にあたり、藩の諸役所や、毛利一門、永代家老、寄組といった上級家臣が集住する「堀内」を始め、堀内が手狭になったことから新たに下屋敷をおいた「平安古《ひやこ》」や「江向《えむかい》」など城下全域から訪問客があったことが分かる。

一方、招待を受けていなかった家がどのように法要執行の情報を得ていたのか史料上では明確にされていない。しかし、招待を受けなかった家のなかには「井上」や「国司」「益田」のように、萩藩毛利家のなかでも非常に分家が多い家の名も見られる。こうした家は、同族の構成員が法要に招かれたことを契機として、他の構成員たちも法要に訪れたという可能性が考えられる。いずれにせよ、全ての家が個別に出羽家との交際関係を有していたとは考えられず、元倶の存在、ひいては元就由緒に関わる法要であることを聞き、訪問したのであろう。

**表4　招待客と香典帳の比較**

| 招待客に名前がある | 香典帳に名前がある | 数(人) |
|---|---|---|
| ○ | ○ | 94 |
| ○ | × | 59 |
| × | ○ | 95 |

※○○妻などや出羽家は除外。

**表5　招待区分ごとの出席率**

| | 総数(人) | 出席(人) | 欠席(人) | 出席率(%) |
|---|---|---|---|---|
| 表案内 | 5 | 5 | 0 | 100 |
| 勝手案内 | 12 | 9 | 3 | 75 |
| 寺詰の手伝 | 4 | 3 | 1 | 75 |
| 祐寿が訪問した家 | 14 | 13 | 1 | 93 |
| 寄組千石以上 | 11 | 8 | 3 | 73 |
| 手紙で通達した家 | 52 | 24 | 28 | 46 |
| 当時関係があった家 | 11 | 6 | 5 | 55 |
| 由緒を持っていた家 | 16 | 8 | 8 | 50 |
| 萩に居住していない家 | 5 | 3 | 2 | 60 |
| 岩国 | 3 | 0 | 3 | 0 |
| 寺 | 15 | 11 | 4 | 73 |
| 同役 | 5 | 4 | 1 | 80 |

※「出席」は確実に法要の場にいたことが確認出来る家、「欠席」は香典帳に名前の記載がなく、法要中に出羽家に訪れたことが確認出来ない家を指す。

　多くの家が元倶遠忌に参加したが、その一方で、**表4**でも示したように、招待されたものの、当日の香典帳で名前を確認出来ない家も一定数存在した。尤も、法要終了後も数日にわたり出羽家を訪れた客がいたことが記されているため、完全に法要を欠席した家はこの数値よりも少なくなるが、六〇近い家すべてが後日訪問したとも考えにくく、欠席した家は一定数あったと考えられる。これらの家が欠席した理由は特に記述がないが、三田尻居住の村上家なども招待されたものの、香典帳に記載がないため、遠方に居住しており、猶且つ代理を派遣するほど重要な行事としては捉えていなかったと考えられる。

　家ごとの参加・欠席の理由については、当主や家の構成員の健康状態や藩の役職との関連、家の経済状況など勘案しなくてはならない要因が多く、現時点で傾向を析出することは困難であるが、招待区分ごとの参加者の割合は**表5**の通りである。この表からは、特に高禄の藩士らの参加率が高いことが読み取れる。藩主との由緒とは、多くの家を集める契機となるものの、家中の家の間に均質に受容されていたわけではなかったようである。

## 六　継承される遠忌法要と家関係

ここまで、一七七〇（明和七）年の元倶遠忌において藩祖由緒の果たした役割について見てきた。では、この時期、つまり十八世紀末頃に作られた出羽家の歴史意識は、この後どのように継承されていったのか。

そもそも、出羽家にとって、明和七年の遠忌法要は後世へ継承することが大きな目的であった。現在、山口県文書館に所蔵されている出羽家文書の「天真常照様弐百廻御忌一巻」とは、出羽家の子孫たちが将来元倶遠忌を執行する際、心得として利用することを目的に祐寿が自筆したものである。法要や準備段階における詳細な記述や、藩との交渉の様子などが同史料に収録されている理由は、きたる元倶二五〇回忌の際、元倶遠忌の先例書として利用するためであった。

元倶二〇〇回忌を無事に執行した祐寿は子孫たちに対し、以下の点に注意するように書き残している。

①法要執行の数年前から、「天真常照様弐百廻御忌一巻」をよく読むこと。

②法要の前年には、徳隣寺で法要を行うことや藩主催の法要における名代任命などを藩に願い出ること。

③幼少であるなど支障がない場合には、藩主へ御目見を済ませた嫡子も法要に参加をさせること。

①②は先例が無かったために、二〇〇回忌法要執行が危ぶまれたことによるものであると考えられるが、③については、この元倶遠忌が出羽家の儀礼であることを明確にすることを目的としたものであると考えられる。つまり、元倶の祭祀とは出羽家が代々行うものであることを明確にするため、当主のみではなく、次代の当主となる嫡子もその場に参加するようにと祐寿は伝えているのである。

こうした祐寿の遺言を受け、一八二〇（文政三）年には元倶二五〇回忌が執行された。この時も、藩主催の法要と出羽家主催の法要の二種類が執行された。二五〇回忌執行時の当主は、祐寿のように後世へ伝えるための記録を書き残すことはしなかったようであるが、香典帳など同法要に関わる史料は出羽家文書のなかに多数残されている。この香典帳には、一一一人の名が記されているが、当主の妻なども含まれており、家ごとの数になると、これより少ない数になると考えられ、二〇〇回忌法要時と比べると、訪問客は大幅に減っていると言える。また、岩国居住の原家・東家の名前も香典帳に記載が無い。つまり、この香典帳を見る限り、訪問客は原則、萩藩藩士とその家族に限定されたことになる。

その一方、訪問客が持参した物品を見ると、金銭や線香とともに、野菜や豆腐、麩などの食材も多数見られるようになる。こうした贈答行為は日常生活での関係による延長線上にあるものであり、元倶遠忌法要が藩主権威の派生としての格式高い儀礼というよりも、出羽家の私的領域に深く根ざした行事として理解されていたと言えよう。

## 七　藩政の終焉と戦死者——出羽家の幕末・明治

ここまで、出羽家が藩主である毛利家との関係を強化しつつ、その由緒を取り込みながら、生活のなかに根付いていった過程を見てきた。最後に、近世の最後、幕末〜明治維新の動乱のなかで、出羽家が直面した問題、すなわち戦死者の存在について見ておきたい。

一八六三（文久三）年八月十八日の政変により、中央政局から追放された萩藩は、一八六四（元治元）年京都において京都守護職であり、会津藩主・松平容保の政局からの排除を要求し、市街戦を展開した。いわゆる禁門の変である。この戦いのなかで、来島又兵衛や久坂玄瑞らを始め、約四〇〇名の萩藩士が戦死した。そして、この戦いのなか、出羽家の嫡子であった出羽孫四郎も行方不明となったのである。

萩城下に戦況が届くのには時間がかかり、孫四郎の父・孫平次は方々から情報を集めた。また、藩側も帰国しない藩士らの家族からの嘆願により、行方不明者の氏名や年齢を提出するよう、度々藩内に通達した。しかし、孫四郎の行方は明らかにならなかった。

一方、生死は不明のままであったが、孫四郎の供であった下人によって、孫四郎が禁門の変において負傷したことが伝えられた。下人の話では、福原越後（元僴《もとたけ》、永代家老）の指揮下についた孫四郎は禁門の変に際し、藤の森（京都市伏見区）で負傷し、大坂の萩藩屋敷へと向かうため、淀川から船で大坂へ向かったという。下人はそれ以上の情報は知らなかったが、城下では孫四郎は既に大坂で切腹したという風聞も流れていた。こうした風聞は出羽家の人々の耳にも入っていたであろうが、父である孫平次はこうした風聞を不確かなものであるとし、孫四郎については、あくまでも行方不明であるとしている。

また切実な問題もあった。「家」の後継者の問題である。後継者である孫四郎が帰国しない限り、父・孫平次に万一のことがあった場合、出羽家は断絶する可能性があった。このため、孫平次は孫四郎の捜索とともに、娘に聟を迎えることの許可を藩に求めている。しかし、あくまでも孫四郎は行方不明であったため、孫四郎が帰国した場合には、藩側から取りはからってくれるようにとも願い出ていた。

しかし、元号が明治へ改められ、戊辰戦争が終結した後も、孫四郎が帰国することはなかった。一方で、出羽孫四郎という戦死者をめぐる状況には大きな変化が生じた。戊辰戦争の勝利により、禁門の変により死亡・行方不明となった萩藩士の家族たちには、金銭が下賜されたのである。また、一八六九（明治二）年には祭祀料として孫平次に銀三〇〇目が下賜された。これらのことは、孫四郎という人物の死が公的なものとして認められたことを意味している。同時に、それまで一貫して孫四郎は行方不明であるとしていた父・孫平次も孫四郎の死を受け入れざるを得なくなったのである。

幕末・明治維新の過程においては、政治や社会がめまぐるしく変動した時期であるが、その一方で、多くの死者を出し、「家」のあり方が変容せざるを得なかった時期でもある。しかも、政局から追放され、幕府から討伐の対象とされた萩藩家中では、その過程で生じた多数の死者・行方不明者たちをめぐる状況も変化していった。近世期に入り、島原の乱など一部の例外を除き、戦闘行為による死亡、すなわち戦死ということ自体が一種の異常事態であるなか、こうした戦死者・行方不明者たちをめぐる状況はどのように変容したのか、今後も検討を行う必要がある。

## おわりに――「家」の歴史を語るということ

近世に生きた藩士は、自分の「家」をめぐる歴史をどのように捉えていたのか。単純に考えれば、主君に対する武功や奉公など、いかに主君に尽くしたかという点を中心に、藩士の「家」の歴史は編纂されるようにも見える。そして、その歴史を主張することは、家中における自身の「家」の地位を安定させ、時には向上させることに繋がったであろう。しかし、本当にそうした歴史のみが、「家」の歴史なのか。確かに、今回の出羽家による元倶遠忌法要にもそうした一側面があることに疑いはない。しかし、藩祖との由緒をめぐる一連の動向はこうした点のみに収斂するものではなかった。

元倶という一個人をめぐる由緒を契機とし、出羽家は主君である藩主家との繋がりを確認したのみではなく、自家の持つ特権の視覚化・家の歴史の回顧・他藩士らとの関係強化を図っていった。さらに、ここで出羽家は岩国吉川家や原家・東家については、近世以前の主従関係や本分家関係、縁戚関係に基づく由緒を主張していた。つまり、藩祖に関わる由緒を契機としながらも、実際には藩祖以前の、さらに藩祖とは直接関係のない歴史への関心をも高めていたのである。このことからは、大名家臣の間にも、「御家」に収斂されない「家」をめぐる歴史意識が展開されていたことが見て取れる。

一方、幕末期に出羽家を襲った悲劇、すなわち「家」を継承すべき立場にあった孫四郎が行方不明となったことは、もはや藩祖に関わる由緒では解決出来ない問題であった。戊辰戦争の終結に伴い、戦死者・行方不明者の遺族や家族へ祭祀料等の名目で金銭が下賜され、孫四郎の死は公的に認められることになった。それは同時に、孫四郎という人物の死が出羽家という「家」のみの問題ではなく、近世でいう「御家」から、やがては「国家」へと収斂されていくということでもあった。

十八世紀から十九世紀にかけての「御家」と「家」の関係については、未だ十分に実態が解明されているとは言えない。しかし、本稿で示してきたように「御家」のなかにありながら個々の「家」の歴史を語るということは、非常に多様な可能性を内包した行為である。それは、近世から近代へ、すなわち「御家」から「国家」へ統合の主体が移行する「長期の十九世紀」という時代のなかで個々の「家」の自律・自立性のあり方を考える起点でもあろう。

注

(1)『萩藩閥閲録』第二巻、出羽源八（山口県文書館、一九七九年）。

(2) 一門の元祖・始祖に対する法要については拙稿「法要から見る萩藩一門家元祖をめぐる藩内秩序」(『弘前大学国史研究』一三九号、二〇一五年)。

(3) 岩国吉川家の家格争論や歴史意識については、山本洋「『陰徳太平記』編述過程における記事の改変について」(『軍記と語り物』四十四号、二〇〇八年)や拙稿「家格争論から見る吉川家認識――毛利家・吉川家を事例に」(『社会文化史学』五十七号、二〇一四年)で言及している。

# 士族というあり方

## 【地域指導者の自己意識】

山下須美礼

●やました・すみれ　一九七七年北海道生。二〇〇七年筑波大学人文社会科学研究科単位取得退学。博士（文学）。帝京大学准教授。主著『東方正教の地域的展開と移行期の人間像――北東北における時代変容意識』（清文堂出版）。

### はじめに

陸奥国北東部に位置した盛岡藩では、地方知行制《じかたちぎょう》（地方は都市に対して農村、村方。知行は人と土地の支配）が取られ、家臣の多くは知行地（給地）を俸禄として受け取ることで、給人と称された。なかでも、城下町盛岡を遠く離れた地では、「在々御給人」と呼ばれる藩士が代官所に所属し、領主支配の一翼を担っていたが、戊辰戦争における敗北の後、その給人層の一部は南部家から切り離され、その後の戸籍編製において平民籍に組み込まれた。しかしその後、彼らは士族身分の回復を求めて、「族籍訂正運動」を展開していく。本稿では、この運動を推進した旧盛岡藩領三戸（青森県三戸郡三戸町）の給人を取り上げる。

盛岡藩・八戸藩の南部両家が治めた地を南部、弘前藩津軽家が治めた地を津軽と呼びならわすが、藩成立以来、この二つの地域の間にはお互いに強い反目が存在した。しかも戊辰戦争に際しては、盛岡藩は旧幕府側、弘前藩は新政府側の立場をとって対立し、両者の間には実際に戦闘も発生した。このような歴史的経緯を抱えていたにもかかわらず、明治以降の三戸周辺地域は、次の図に示したように、盛岡藩領の大部分が含まれる岩手県ではなく、旧弘前藩領とともに青森県に統合されていく。

この三戸の給人の一部は、明治のごく早い段階で、キリスト教を受容していく。同時に三戸給人の多くは、明治維新後も地域社会に残り、その地の名士として活躍していった。このような彼らの活動の総体において、明治の新しい国家や、青森県という行政単位は、どのように関係を取り結ぶべき存在として位置づけられたのであろうか。加えて、戊辰に敗北した藩の元家臣が、士族としての身分を奪われたまま地域社会にとどまるときに、時代の変容はどのように受け止められたのであろうか。これらの課題を遠望しながら、地域社会で生き続ける給人層を通した幕末維新について考察していきたい。具体的には、三戸の給人の言説や行動が、地域社会の時代状況にどのように規定されていくのかに着目し、時代が変容していくことに対する人々の在りようの一端を提示したいと考える。

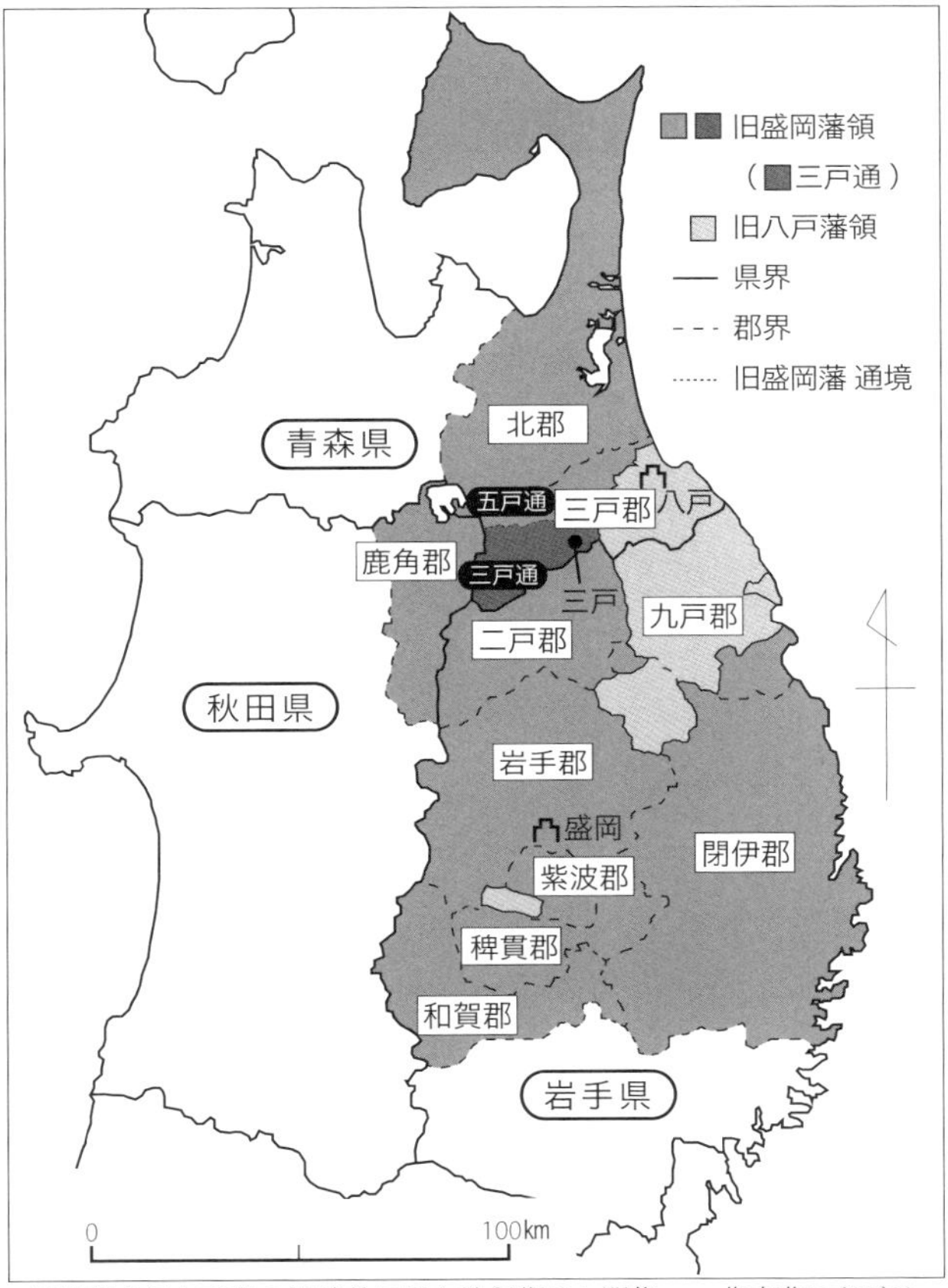


※拙著『東方正教の地域的展開と移行期の人間像——北東北における時代変容意識』(清文堂出版 2014)、221 頁、第 8 図を元に作成。

図　三戸とその周辺地域

## 一　盛岡藩における地方知行給人

現在の青森県東部から岩手県中部に相当する、陸奥国北東部の広大な領域を有した盛岡藩南部家は、一八〇八（文化五）年の高直しによって二〇万石となるまでの長い間、一〇万石の大名としてその地を支配した。盛岡藩はこの広大な領域を、郡とは別に「通」という行政単位で三三に区分し、各通に代官所を設置した。そして家臣団を、主に盛岡城下で勤務に就く「諸士」と、各代官所に所属する「在々御給人」（「所給人」とも）に分け、領主支配の徹底を目指したのである。盛岡藩ではそれらの家臣の多くに対して「地方知行制」を取り、知行地（給地）を与え、そこからの収益を俸禄とした。給地を有することで「給人」と称されたそれらの家臣に対し、盛岡藩は一七三八（元文三）年、それぞれの給地に関する詳細情報を提出させ、それを「諸士知行所出物諸品并境書上」（以下「書上」と省略）として集成した。「書上」は現在一二冊確認することができるが、そこには八一六名の給人が持つ、一九三五件の給地データが記録されている（浪川健治編『近世の空間構造と支配——盛岡藩にみる地方知行制の世界』東洋書院、二〇〇九年）。これを元に元文期（一七三六—四一）の盛岡藩の給人を見てみると、盛岡城下に詰める「諸士」では、一〇〇石前後の石高を拝領している層が最も多く、五〇〇石以上の高禄の給人も確認できる一方、「在々御給人」層では、そのほとんどが一〇〇石未満である。

代官所所在地の一つである三戸は、三戸通の中核であるとともに、三戸郡の中心地でもあり、盛岡城下以北における盛岡藩の拠点の一つであった。鎌倉時代に南部氏の祖先が拝領し、戦国時代に三戸城が築かれて以降、十七世紀初頭に盛岡へ本拠が移されるまでの間、南部氏の城下町として栄えたことから、その後も南部氏にとってゆかりの深い要地として扱われてきた。この三戸の代官所に所属する「在々御給人」は、「書上」には四七名分の情報が掲載されているが、この時点で知行高が最も高いのは一戸五郎右衛門の一〇一石余り、最も少ないのは梅内太郎左衛門の四石であり、梅内と同程度の小禄の給人はほかにも存在した。他の通においては、五石から一〇石程度の新田開発を自ら行い、その土地が新田であることを藩に認められると同時に給地として与えられ、与力や給人に取立てられる、といった事例が確認できる。多くの給地を有する給人がいる一方で、わずかな石高により、給人身分を得ている層が存在していたのである。このようなごく小禄の給人らは、藩から支給される俸禄を暮らしのあてにするのではなく、そのわずかな土地を給地という形で藩に認められることで、「給人」という武士身分の証しとし、盛岡藩の家臣団に連なる資格を得た。「給地」は武士の身分と藩との紐帯を示す威信としての価値が重要であったのである。このことは、広大な領域を支配しなくてはならない盛岡藩にとっては、在地の人々に「給人」という身分と立場を与えることで、城下から遠く離れた地域における領主支配をより堅固に補強する人材を得ることにつながり、一方、給人側としては、周囲の他の百姓との身分的差異を与えられることで、地域社会において支配層、指導層として立脚するお墨付きを得るというメリットとして受け止められた。

## 二　三戸周辺の幕末維新の政治状況

奥羽越列藩同盟の一員として新政府軍と戦った盛岡藩は、一八六八（明治元）年十月三日、藩主南部利剛《としひさ》の世嗣彦太郎が鎮撫総督軍本陣へ出向き、謝罪と降伏の意を表した。盛岡藩への処分は、藩主交替とともに、所領を二〇万石から一三万石へ削った上での白石（宮城県白石市）移封という、厳しい内容であった。家督を継いだ彦太郎は名前を利恭《としゆき》と改め、一八六九（明治二）年正月、白石藩主として新領地へ移った。

盛岡藩の旧領は松代・松本・弘前三藩の管理下に置かれ、北（後に上北郡・下北郡に分割）・三戸・二戸の三郡は弘前藩の取締地と決定した。前述したとおり、弘前藩領の津軽と盛岡藩領の南部の間には、長年の根深い対立関係があり、そのことを懸念した南部利恭は、領内に向けて弘前藩の支配に対し無礼や不服を言い立てぬよう布達したが[1]、領民は弘前藩の支配に拒否反応を示し、南部家の白石転封に反対して徒党強訴に及んだ。三戸通では、大勢の百姓の意を受けた総代の二名が、転封反対要求のために京都を目指そうとし（「万日記」二十七、一八六九年一月十一日条、青森県史編さん近世部会編『青森県史　資料編　近世6』青森県、二〇一五年）、一方では七戸・五戸・三戸の百姓らが「累代結怨之国柄」である弘前藩支配下となることへの不安を訴え出ている（「己巳年間旧藩記事　第七」一八六九年一月十九日条、前掲『青森県史　資料編　近世6』所収）。

白石転封や弘前藩支配を覆すために行動したのは百姓だけではない。三戸在住の藩士であった川村甚之丞という人物の功績について、後にまとめられた一文には、弘前藩の支配下となることに憤慨した川村が、反対運動に奔走したことが記されている。川村は周辺の給人層を説得し、各町村の総代人一二〇名余りの連署捺印のある陳情書を作成、奥羽鎮撫使に提出したという（太田弘三『三戸名士列伝』一九一七年、三戸町立図書館蔵）。

これらの反対運動の結果、三戸周辺地域の弘前藩支配は白紙となり、南部家は七〇万両を上納する条件で盛岡に留まることが許された（「華族家記　南部利恭」一八六九年七月二十二日条、前掲『青森県史　資料編　近世6』所収）。しかしながら、逼迫した藩財政にとってその金額は過重な負担であったことから、それを少しでも補填するために藩士らで講を組み、利潤の一部を藩主に献じようとの計画が持ち上がり、多くの藩士が結集するにいたった。しかし、その動きが反政府的な結社であるととらえられ、政府からの弾圧が加えられたのである。「報恩講事件」と称されるこの一件について、後述する「真田太古事件」に関する公文書のなかには、報恩講結成の中心となったのは盛岡士族の杉田斉宮、桂勘七郎、手柄一八ら数名であったが、その三戸における結集のリーダーは川村甚之丞であったと記録されており、ここにも川村の名前が見出せる（大島英介『小田為綱の研究』久慈市、一九九五年）。このように川村は、敗北した盛岡藩南部家、またそこに連なる自分たちに降りかかる困難に対して、なんとか抵抗を試みようとしていたことがうかがわれる。

しかし、このような目まぐるしい状況にあった一八六九年五月、盛岡藩から三戸の給人たちに、将来を左右する重要な事柄が申し渡された。家老が直々に三戸にやって来て伝えたその内容とは、三戸給人一三八名をはじめとする三戸代官所所属の者の「長之御暇」、つまり南部家の家臣であることからの解任であった（「万日記」二十七、一八六九年五月十六日条、前掲『青森県史　資料編　近世6』所収）。減転封の処分に、在地の「在々御給人」層までは抱え続けることができなくなったための措置であったと考えられる。

前述のとおり、三戸・北・二戸郡は、一度は弘前藩の管轄とされたが、反発が大きかったことから黒羽藩（栃木県大田原市）支配へと替わり、その後、三戸県が置かれた。一八七〇（明治三）年には、会津藩松平家が二三万石から三万石に減石されて、三戸・北・二戸郡へ移封となり、北郡田名部（青森県むつ市）を本拠として新たに斗南藩と名乗った。これにより三戸県は廃止され、斗南藩の支配下となり、三戸周辺にも斗南藩士とその家族が移住してくることになる（「斗南事情」、前掲『青森県史　資料編　近世6』所収）。その移住について、三戸の給人であった石井久左衛門は、彼らの衣服は薄く、荷物も五貫目までに限定され、扶持の交付もなく、一人一日玄米三合の割り当てが約束されているのみ、という難儀な様子を見聞し、非常に痛々しい状況であったと記録している（「万日記」二十八、一八七〇年閏十月八日条、前掲『青森県史　資料編　近世6』所収）。三戸給人たちは、同じ戊辰戦争の敗者に属しながら、自分たちよりもっと苛酷な処分を受けた人々を目の当たりにすることになったのである。一八七一（明治四）年七月、廃藩置県により斗南藩は斗南県となり、そして同年十一月、青森県の一部として統合された。

## 三　三戸における幕末維新期の給人の動向

前節で述べたような政治状況にあって、幕末維新期の三戸給人たちは、地域社会のなかでどのような動向を示していたのであろうか。いくつかの特徴的な側面から、地域社会における給人層の役割について見ていきたい。

一八六六（慶応二）年、三戸には郷学の「為憲場」が開設された。前年に盛岡城下で藩校作人館が開校したのにともない、藩士子弟の皆学が義務付けられたことを受け、三戸代官所所属の給人に対する経学講義と武芸鍛錬を目的として作られたのである（前掲『青森県史　資料編　近世6』、第四章第一節「近代移行期の文化・教育」解説）。そこでの指導・教育は、地元の給人層によって担われることになり、開設にあたっての学則伺には、給人の諏訪内甚蔵、薄木敬蔵、栗谷川善司の三人を「世話方」に、給人子弟の江釣子弘蔵、似鳥《にたどり》貫之助、諏訪内源司、馬場勝馬の四人を「句読師」に、給人の中田忠太郎、玉懸敬右衛門ら五人を「句読師手伝」に、そして御役医の太田了貞を「医学句読師」とすることが提案されている（「為憲場諸用抜書」、前掲『青森県史　資料編　近世6』所収）。「句読師」とは、素読の指導を担当したが、その一人となった諏訪内源司は、「世話方」の諏訪内甚蔵の嫡子で、盛岡で江幡《えばた》五郎、後の那珂通《なかみち》高《たか》の元で漢学を修めた人物であった。その後、明治初年には三戸小学校の教員となり、図書館の前身となる三戸書籍縦覧所《しょじゃくじゅうらんじょ》の開設にも関わるなど、長く三戸地域の教育を中心で担う立場にあった（三戸小学校百年誌編纂委員会編『三戸小学校百年誌』三戸小学校創立百周年記念事業協賛会、一九七四年）。

一方、明治初年の三戸にはキリスト教が流入した。そのキリスト教とは、北の開港地函館より展開した東方正教（＝ギリシャ正教）で、ロシア人司祭ニコライの布教により、戊辰戦争直後の函館で入信した旧仙台藩士を中心に、仙台と函館を結ぶ往来沿いに拡大していた（拙著『東方正教の地域的展開と移行期の人間像――北東北における時代変容意識』清文堂出版、二〇一四年）。三戸周辺地域においても活発な伝教が行なわれたが、その状況に警戒を強めた青森県は、一八七三（明治六）年、東方正教に親しむ者に対して、その旨と氏名の提出を命じた。その結果、三戸の八名、斗南の一名が、「反正証」を提出している。

記

去十二月中三戸滞留の教員

　先生仙台士族　　大嶋

東京ニコライ門人　十二月廿四日出立盛岡へ趣社中

　　　反正証差出し候者

三戸　佐藤連之助

連之助長男　佐藤良平

岩手県士族三戸寄留　川村甚之丞

三戸　諏訪内源司

同　松尾五三郎

同　近田蘭平

同　松尾五兵衛

同斗南　小野和助

三戸　佐藤九郎八

〆九人

函館教会へ入社証書不出者

三戸　宮喜代太

同　江刺家其太

甚之丞長男　川村定次郎

右之通御座候、証書之儀ハ太田長官名当ニて十二月廿日請取、
其節出張野上某官員へ差上申候也（2）

ここに名を連ねた人々の多くは、三戸に居住する元給人もしくはその子弟であり、幕末の為憲場においては、諏訪内源司が「句読師」であったのと同様に、佐藤連之助は「諸賞流和術」、川村甚之丞は「金田流炮術師範」、江刺家《えさしか》其太は「剣術相手方並」、など、それぞれ役割を担っていた（「為憲場諸用抜書」、前掲『青森県史　資料編　近世6』所収）。

これらの人々がどのような経緯で東方正教との結びつきを得たのかについては明らかにし得ない部分が多いが、自身も東方正教を受容した三戸給人出身の太田弘三による後の記録には、「抑当三戸教会ハ去ル明治三年八月廿七日ヘ《ママ》ートル川村正吉氏ノ創立ニシテ大ニ尽シ《ママ》処アリタルモ」[3]とあることから、正式な教会組織の設立とは言えないまでも、早い段階において信徒としての自覚を持つ集団が三戸に形成されていたことがうかがわれる。ここで教会を創立したとされるペートル川村正吉とは川村甚之丞の別名であり、「反正証」を提出した九名にも名を連ねている。後に三戸聖母教会と称する三戸の教会については、一八七六（明治九）年の正教会の記録には「三戸教会ハ宜キ景況ナリ」[4]と記され、翌年には「三戸教会ノハリステアニン総計七十名外、啓蒙ノ者壱名」[5]とあることから、川村甚之丞によりもたらされた三戸と東方正教の結び付きは、県による圧迫をかわしたのち、一八七六（明治九）年前後には教会組織の形を整え、多くの信徒を獲得するにいたっていたのである。

三戸におけるキリスト教の流入にも為憲場にも、また報恩講事件にも関わる川村甚之丞は、後にまとめられた略歴において、一八六八年の凶作に際し農民の困窮を見兼ね、太田弘三や真田太古に相談して沼宮内（岩手県岩手町）より籾一〇〇俵を調達し、各村に分配して農民を救済したことが紹介されている（前掲『三戸名士列伝』）。この時、共に行動した真田太古という人物は、この後「真田太古事件」[6]を首謀する。一八七七（明治十）年、三戸を中心に引き起こされたこの事件は、同年に起こった西郷隆盛を中心とする鹿児島士族の蜂起に連動した、反政府的な動向の一つとしてとらえられてきた。しかし実際は、批判されるべき「有司専制」の政府を糾弾して戦いを挑んだ西郷軍の勝利という結果となった場合、西南の士族たちは今以上に圧倒的な勝利者として位置づけられ、戊辰の戦いで地に落ちた「奥羽」が再浮上する機会は二度と失われてしまうという真田らの危機感こそが、事件の動機であったことが指摘されている（青森県史編さん近代部会編『青森県史　資料編　近現代1』青森県、二〇〇二年、第三章第三節「生まれかわる士族たち」解説）。この「真田太古事件」において真田とともに首謀者とされたのは、三戸の川村甚之丞と旧盛岡藩野田通の給人小田為綱であった。結局この事件は計画段階で発覚して真田らは捕縛され、収監されるにいたる。真田と小田には懲役の判決が下るが、川村甚之丞については、一八八〇（明治十三）年に死去したことが関係しているのか、処断文書には名前がない（前掲『小田為綱の研究』）。

また時期はさかのぼるが、川村と同じく為憲場に関わり、「反正証」にも名を連ねた諏訪内源司は、教職にあった一八七四（明治七）年十二月に、太政官に宛てて建白書を提出している。台湾出兵に際し、諏訪内をはじめとする三戸在住の六名が義勇兵を志願し、願書を提出したにもかかわらず、提出時にはすでに日清間に和議が成立しており、希望が叶わなかったことが建白書提出の動機であった。諏訪内は、このような結果になった原因は青森県庁の怠慢にあるとし、それを改善するには「民撰議院ヲ設立スルヨリ善良ナルモノハアルヘカラス」と述べ、民選議会の開設を主張している（「起民撰議院の議」、前掲『青森県史　資料編　近現代1』所収）。

このような川村や諏訪内周辺の動きは、三戸の給人層による自由民権的な動向として位置づけられる(7)。その根底には、敗北した地域社会に対する、ある種の責任を読み取ることができる。幕末から明治初期にかけての、刻々と変容する政治体制のなかで、郷学為憲場において指導的立場であった人々を中心に、地域社会の権益と自らの給人としての誇りをいかに守るかということが、三戸給人としての行動の一つの指標となっていたことが指摘できよう。キリスト教の受容も、その実践の一つとして位置づけることができる。

## 四　元三戸給人による族籍訂正運動

前述した通り、三戸の「在々御給人」は、戊辰戦争後の盛岡藩減転封処分の混乱のなかで、主家である南部家から解任を言い渡され、戸籍編製の際、士族籍には組み入れられなかったが、その後、一八七三（明治六）年になると、士族としての籍を取り戻すための運動を開始する。その中心となって活躍したのは、東方正教の信徒でもあった太田弘三である。太田弘三は、藩政期においては江釣子弘蔵を名乗り、諏訪内源司らとともに、為憲場では「句読師」を務めていた。その太田が一八九九（明治三十二）年にまとめた『埋木の花』は、この族籍訂正運動の経緯を、各段階の書類とともに記録したものである（太田弘三『埋木の花』三戸町立図書館所蔵、後に『糠部《ぬかのぶ》五郡小史　附三戸名所旧蹟考　埋木の花　鄙の土産』歴史図書社、一九七九年、として刊行）。ここから当初の運動について見てみると、「属籍と食禄」を失ったことに対する無念の気持ちから、一八七三年よりその回復の方策を探ってきたが、容易に聞き届けられる事柄ではなく、一八七九（明治十二）年になって、ようやく近田蘭平と諏訪内甚蔵が「奥羽巡察使佐々木議官閣下」に面会を果たし陳情書を県令に奉呈することができたが、解決の糸口を見出すには至らなかった、という状況が述べられている。ここに登場する「佐々木議官閣下」とは、一八七九年十月に宮内省御用掛拝命とともに奥羽巡視を命じられた佐々木高行を指す。巡視に出発した佐々木は、翌一八八〇（明治十三）年二月十八日には三戸にも立ち寄っていることが確認できる。[8] 近田蘭平は、前述の「反正証」を提出した東方正教関係者の一人であり、諏訪内甚蔵は同じく「反正証」を提出した源司の父親で、郷学為憲場の「世話方」を務めた人物であった。太田の記録の続きを追うと、一八九五（明治二十八）年に諏訪内源司から交代して総代となった太田弘三が上京し、旧主君の南部家に陳情のため通い詰めた結果、復籍に必要な証明書の発行を許され、それによりついに元給人たち一六〇名の、平民から士族への復籍が認められることになったという。

この運動において彼らは具体的にどのような主張をしていたのであろうか。太田弘三が総代となり、運動も大詰めとなった一八九五年の「属籍訂正願」には、次のような記述がある。維新当時は藩より減転封時の一時的な措置であると説得されたために、旧藩士としての禄を一度手放したが、旧来の居住地で慣れない農業や商業に従事している間に廃藩置県を迎え、そのまま戸籍編製の際に平民籍に編入させられてしまった、このことは祖先に対し、また子孫に対しても大変申し訳ないことである、我々が盛岡藩の士族であることは間違いのない事実であるから、なんとか士族籍への訂正を許可してほしい、という内容であり、切々とした訴えとなっている。

このような度重なる歎願の結果、彼らが盛岡藩士であったことを証明する書類として、旧主君の南部家が発行した証明書の一つが、写しとして太田家文書中に残されている。

証明書写

第一号　旧盛岡藩士卒之内、明治五年戸籍編製ノ際、平民籍ニ編入相来りタルモノハ、版籍奉還後ノ盛岡藩ニ於テ所分未済ノ侭新県ニ移リタルコトヲ証明候也

明治卅一年五月三十一日

東京市麹町区富士見町弐丁目三十五番地

華族南部利恭　印[9]

太田弘三らによるこの族籍訂正の運動は、青森県や岩手県、各市町村、そして旧主君家との再三にわたる交渉と書類のやり取りによって進められ、この証明書はその成果の一つであった。太田弘三は三戸の元「在々御給人」たちの願いを代表し、この骨の折れる活動の調整役を、それが成就するまで担い続けたのである。

## おわりに

三戸の元給人たちは、明治の世の中で長い時間を費やし煩雑な手続きを重ねることで、士族籍への回復を果たした。なぜ彼らは

このような苦労をしてまで、族籍の訂正を願ったのであろうか。それは、藩政期における「在々御給人」の立場や役割にその理由が見出せる。三戸給人の多くは、地方知行制のなかで給地を与えられ、末端藩士として代官所勤務をしていた。自ら田畑を耕作することも日常の一部であったなかで、他の百姓との差異は、たとえわずかばかりの給地であっても、その土地が盛岡藩から与えられたものであり、そのことによって彼らが「給人」という武士身分であることが保証されるという、その一点にあった。盛岡城下を離れた地において、その身分の違いに支えられ、彼らは支配層としての任務を全うしようとしていたのである。

幕末の郷学為憲場の開設は、その給人たちの結束を高める場として機能した。指導層のなかには、地域子弟のための私塾を開いていた給人の例も見られ、給人子弟の教育にとどまらず、地域社会の教育を主導するという意識も共有されていたと考えられる(前野喜代治『青森県教育史　上』青森県文化財保護協会、一九五七年)。

しかし、その支配層・指導層としての立場の根拠となっていた給人という身分は、戊辰戦争後の混乱のなかで召し上げられる。明治初期の川村甚之丞をはじめとしたキリスト教への接近は、そのような状況のなかにおいて、新たに拠って立つところを模索した結果とも受け止められ、さらには地域を主導するという自負心がもたらす、新しい知識や情報への鋭敏な反応であったともとらえられる。敗戦は給人から身分を奪うだけでなく、彼らのアイデンティティを脅かす状況も生じさせた。弘前藩支配への動きや、その後の青森県への統合は、長い間盛岡藩南部家の一員として生きてきた彼らの誇りを、ことあるごとに逆撫でした。そのなかで、少なくとも旧弘前藩士と同等の立場である士族身分を奪い返さなくては、指導層として地域社会の権益を守り、民衆の暮らしを立て直すこともできないという実感が、士族身分を回復しようとの思いをより強固なものにしていったと言えよう。

その後の地域社会における三戸給人の動静として太田弘三の姿を追ってみると、明治の終わりには三戸町会議員として、教育や産業、町史編纂など、三戸町のあらゆることに関わっている(「公私書類綴　明治三十九年ヨリ仝四十年」・「明治四十四年一月　公私文書控綴」三戸町立図書館蔵『太田家文書』所収)。そのなかには諏訪内源司や江刺家其太など、幕末以来、行動を共にしてきた旧三戸給人の名前も散見され、彼らが引き続き町政の主要な部分を担っていたことが確認できる。三戸聖母教会の運営に関わる信徒としての史料が残される一方で、同時期に糠部神社総代としての歎願なども行なっていたことが確認できるが、太田弘三のなかでは、すべて三戸町に関わる事象として、等しく矛盾なく扱われていたことが推測できる。一九〇四(明治三十七)年の日露戦争に関して太田弘三が起草した檄文のなかには「我々祖先来籍を三民の上に置き、忝《かたじけなく》も士と称せらる」[10]という文言も登場し、この多方面に渡る活動の原動力には士族であるとの自負心が大きく作用しており、太田弘三をはじめとする給人層にとって、族籍訂正というのは必要欠くべからざるものであったことがわかる。給人による幕末維新を考える時、族籍訂正運動の全貌や、太田弘三による明治以降の活動の総体に対する、より詳細な検討が必要となるが、それについては今後の課題としたい。

**注**

（1）「南部利恭家記　乾」（東京大学史料編纂所蔵写本）において記述されていることが、青森県史編さん近世部会編『青森県史　資料編　近世6』（青森県、二〇一五年）、第一章第四節「明治二年～四年の政治過程」解説等で触れられている。

（2）「キリスト教警戒の建言」青森県史編さん近代部会編『青森県史　資料編　近現代1』（青森県、二〇〇二年）所収、史料番号六六八、七三五―七三六頁。

（3）「明治三十四年一月 公私文書控綴 太田氏」（三戸町立図書館蔵『太田家文書』所収）に綴じられた、一九一二（大正元）年作成の「布教務拡張費御恵与願」の一部。

（4）「公会議事録 明治九年」（盛岡ハリストス正教会蔵）。

（5）「明治十年 公会議事録」（盛岡ハリストス正教会蔵）。

（6）真田太古事件については、東方正教との関わりの観点から、拙著『東方正教の地域的展開と移行期の人間像――北東北における時代変容意識』（清文堂出版、二〇一四年）において言及している。

（7）当該地域における東方正教の受容者による自由民権運動にかかわる動向については、拙稿「明治初期のハリストス正教会と政治的活動――南部地域における動向を中心に」（友田昌宏編『東北の近代と自由民権――「白河以北」を超えて』日本経済評論社、二〇一七年）において触れている。

（8）沼田哲「〈史料紹介〉明治十三年初の青森県情（上）佐々木高行奥羽巡視『復命書』より」（『弘前大学国史研究』第七〇号、一九八〇年）。

（9）「明治十四年以来公私雑書綴　第一号」（三戸町立図書館蔵『太田家文書』所収）。

（10）「公私書類綴　明治三十九年ヨリ仝四十年」（三戸町立図書館蔵『太田家文書』所収）による。

*Photo by Ichige Minoru*

# 身分意識の高揚と民俗社会

## 【西南戦争下の阿蘇谷の打ち毀し】

柏木亨介

●かしわぎ・きょうすけ　一九七六年東京都生。二〇〇八年筑波大学大学院人文社会科学研究科修了。博士（文学）。重監房資料館学芸員。民俗学。主要論文「和歌森太郎の伝承論における社会規範概念」（『史境』五九）、「寄合における総意形成の仕組み」（『日本民俗学』二五四）等。

### はじめに——近代と前近代を生きた人びとの思考

本稿は、「御一新」の語で表現された十九世紀の日本社会の転換期において、ローカルレベルで発露した世直し思想の様相を現地の資料から繙くものである。舞台は、西南戦争の最中、阿蘇谷（熊本県阿蘇市）で生じた農民一揆である。

当事例の先行研究では、地方文書や裁判記録などからその動向が明らかにされているものの、おもに地主—小作関係という社会経済的観点から分析されてきたため（水野公寿『西南戦争期における農民一揆　史料と研究』葦書房、一九七八年）[1]、その文化的要因については等閑視されてきた。一方、日本のメシアニズムを研究した民俗学者宮田登は、日本では歴史上、「メシアを必要とするほどの変革観」は見出せず、「やがて米の豊かな幸福に満ちたミロク世になっていくという信仰」が、民衆の世直し観であると指摘している（宮田登『ミロク信仰の研究　新訂版』未來社、一九七五年、三三〇頁）。十九世紀の東アジアでは多くの地域で社会体制が動揺していたが、人びとの日常生活レベルで見られた社会変革の様相

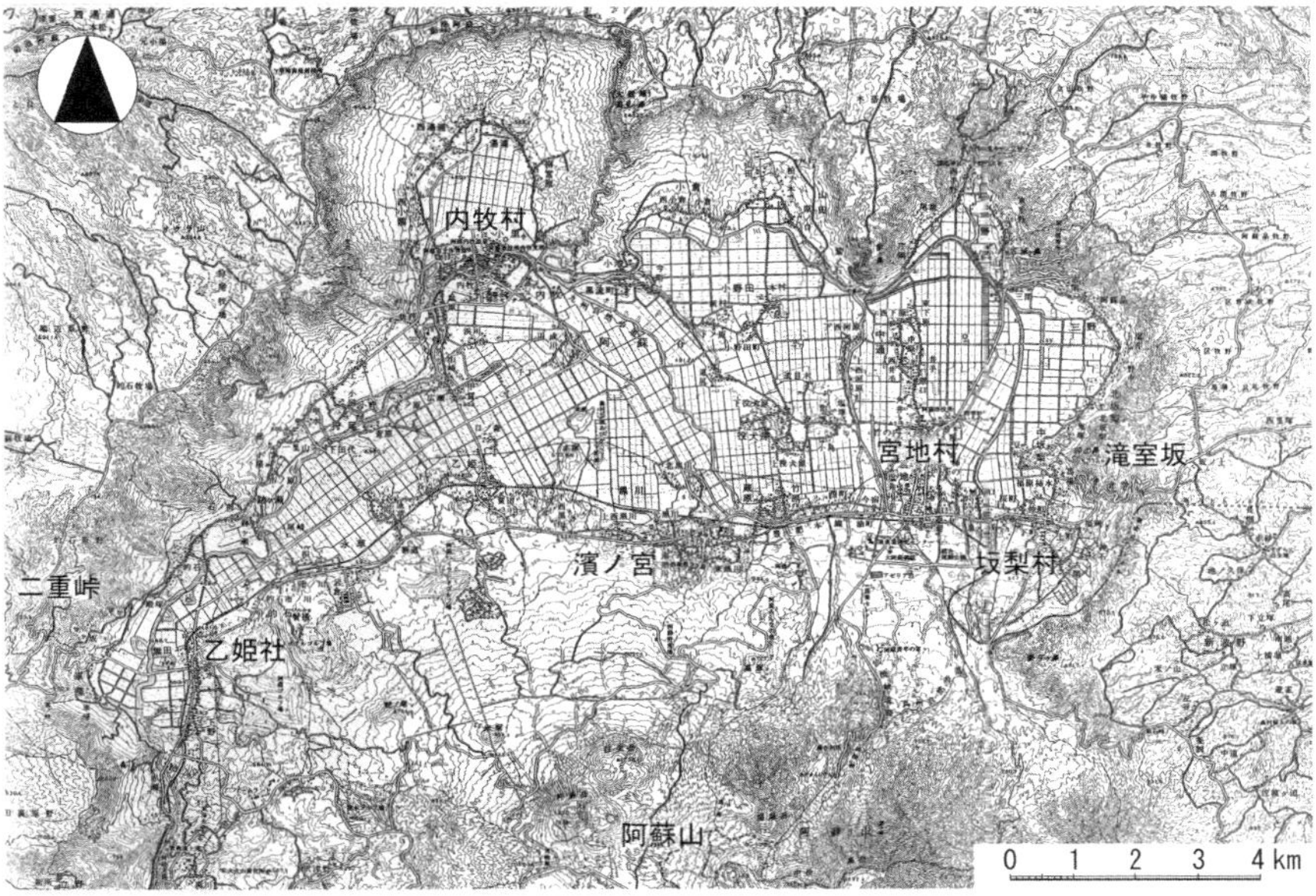


**図1　阿蘇谷の地図**（阿蘇市役所発行「阿蘇市全図（1/50,000）」をもとに筆者作成）

を経済（グローバル）と文化（ローカル）の双方を通して検討していくことは、当時の世界情勢とその後の社会の展開過程を多元的に理解するうえで必要なことであろう。

そこで本稿では、先行研究では取り上げられていない阿蘇神社の「社務日記」の記述を取り上げ、宗教的権威や人びとの社会規範意識といった民俗的思考に着目して事例分析を進めていく。

## 一　近世後期の阿蘇谷の社会状況

### 1　社会構成

はじめに幕藩体制下の阿蘇谷の社会状況を説明しておく。阿蘇谷は、阿蘇カルデラ北部、北外輪山に囲まれた火口原一帯を指す通称地名で、現在の熊本県阿蘇市の中心部に当たる（**図1**）。村々は火口原の微高地や北外輪山の麓に立地し、水田稲作を主たる生業としてきた。熊本藩では郡と村の中間にあたる規模に手永を置き、郡（郡代）―手永（惣庄屋）―村（庄屋）という行政機構を採っていた。阿蘇谷には坂梨手永と内牧手永の二つの手永が置かれ(2)、近世後期には両手永あわせて四十五村ほどあった。庄屋は世襲の職であったが、手永内の村々を転勤していく体制であった（吉村豊雄『一の宮町史③　藩制下の村と在町』一の宮町、二〇〇一年、一二一―一二八頁）。

一方、阿蘇谷には式内社の阿蘇神社が鎮座し（阿蘇市一の宮町宮地）、大宮司の阿蘇家は古代から地域的権威として存在してきた。中世には荘園領主という立場で阿蘇郡一帯を社領として支配し、近世には藩主から社領を安堵されたから、当地域では大宮司配下の社家（神官・権官）や神人のほか、阿蘇家直属の家来なども居住していた（阿蘇惟之編『阿蘇神社』学生社、二〇〇七年）。また、阿蘇郡は豊後国との国境に位置するため、藩は要所に地侍・郡筒などの在地鉄砲衆を置いていた。

　このようにして、阿蘇谷は古くから農民以外の身分の者たちも多く暮らしている地域であった。

### 2　農民の身分上昇

阿蘇谷では近世後期になると、農民が寸志を出して郷士になる例が増えていく。この仕組みは阿蘇谷の新田開発の歴史が関係している。

　近世期の阿蘇谷では中西部に広がっていた荒蕪地の水田開発が進められた。熊本藩では土着の郷士や細川氏入国の際に随行した下級の御家人に給地を宛がう余裕がなかったので、彼らに荒蕪地を割り当てて、新地を御赦免開として租税を免じた(3)。そこで彼らは浪人を集めて開墾にあたり、多くの新地が開かれた。こうして阿蘇谷では荒蕪地を割り当てられた地主と、その指揮のもとで開墾した永小作人との階層が形成されるに至った(4)。

　近世に入ると御家人らは積極的に新田開発を進めて阿蘇谷一面を水田化したが、それは乱開発となって洪水の発生をしばしば招いていた（阿蘇町町史編さん委員会編『阿蘇町史』第一巻、二〇〇四年、三四六―三四九頁）。また、阿蘇谷はもともと自然災害が頻繁に発生していた地域でもあった(5)。そこで藩では災害対策として近世初期より堤防・橋・灌漑施設設置等の公共事業を行なってきたが、費用や人夫については各手永内で調達することになっていたので、篤志者からの寸志は大きな役割を果たした。寸志を出したのは郷士や富裕農民層である。農民でも寸志を出せば郷士になる道が開け、郷士になれば段階に応じて合羽・傘御免、礼服・小脇差御免、苗字御免、刀御免となって、社会的地位の上昇と、その地位を身なりで誇示することができた。それとともに開墾地が御赦免開として年貢が免除され、富を得ることもできた。身分と富への希求によって寸志が集まり、阿蘇谷の公共事業へと費やされていった（吉村前掲書、一七三―一九三頁。阿蘇町町史編さん委員会編前掲書、三五一―三八七頁(6)）。

　有力百姓が郷士化して村内で身分差が生ずる一方、広大な水田を維持するための採草地・牧野に関する入会慣行もこの頃に形成され、ムラの共同作業が次第に重要になってきたのであった。

## 二　熊本県下の西南戦争

明治に入ると郷士としての特権は無くなったが、それでも戸籍の族籍に士族と記載されることは、身分上昇を遂げた彼らにとっては名誉なことであった。(7) そのようななか、明治初期の九州では新政府の方針に不満を抱く士族も多く、相次いで反乱が起こっていた。明治七(一八七四)年二月には佐賀の乱、明治九(一八七六)年十月には熊本で神風連の乱、続いて福岡県で秋月の乱が起こり、翌年の明治十(一八七七)年には最大規模の士族反乱にして、国内最後の内戦でもある西南戦争が勃発した。薩軍が士族を中心とするのに対して、官軍は平民出身者が多くを占めていたから、この戦争は身分別編成社会から国民国家への転換を決定づけるものであったといえる。

薩軍は明治十年二月二十二日に熊本城を包囲した後、各地を転戦し、田原坂の戦いなどを経て、官軍に次第に追い詰められた末、最後は鹿児島で鎮圧された(同年九月二十四日)。そのような情勢のなかで熊本県内各地において農民一揆が起こったのである。阿蘇郡の一揆は、明治十年一月九日、阿蘇郡下城村(現小国町)から始まって同郡上田村(同)に波及し、二月二十七日に満願寺村(現南小国町)、同二十八日に阿蘇谷の内牧村(現阿蘇市)へと連鎖的に発生している。

明治新政府が成立して社会のあり方が変わっていくなかで、それまでの特権を奪われたと感じる士族の不満、重税に苦しむ農民の不満、この両者の不満が明治十年の九州において暴力というかたちで発露したのである。

## 三　阿蘇谷の打ち毀し——農民と士族の関係

### 1　打ち毀しの概略

**表1**は阿蘇谷の一揆の動向と西南戦争の動向を時系列にまとめたものである。明治十年二月二十六日、薩軍は阿蘇谷の西玄関口にあたる二重峠に進出した。一方、官軍の部隊は大分側から順次、阿蘇谷に進出した。阿蘇谷を挟んで薩軍と官軍が対峙する格好となり情勢が不安となるなか、二月二十八日から三月二日未明にかけて地元農民たちによる打ち毀しが発生した。

打ち毀しのきっかけは、自分たちが納めた税金を預かる村役人が、それを県に移送せずに着服しているのではないかという地元農民の疑義に対し、その説明が行われていた内牧村の集会場において或る士族が馬上から不遜な態度を取ったことによる。農民は暴徒化し、戸長や村用掛等の村役人や高利貸しの豪家を目掛けて打ち毀しが始まり、阿蘇谷中に広がった(水野公寿『一の宮町史④西南戦争と阿蘇』一の宮町、二〇〇〇年)。

参加人数は**表2**のとおりである。三三四一人の参加が認められるが、当時の人口を考えると一戸一人宛で参加が求められたものと考えられる。(8) また、参加人数の半数近くは附和随行であって、手出しはせずに一緒に付いて回っていただけであったことに注目したい。先行研究でも指摘されているように(水野前掲書、二〇〇

### 表１　阿蘇谷一揆と西南戦争の経過

| 日 付 | 一揆の動き | 戦争の動き |
|---|---|---|
| 2 月 19 日 | | （征討令発令。熊本城炎上） |
| 2 月 22 日 | | （薩軍熊本城総攻撃（～ 23 日）） |
| 2 月 25 日 | 小野田村内の綾野下原村、新村の農民が借立米について寄合 | |
| 2 月 26 日 | 小野田村の村民集会で借立米について傘連判を作成 | 薩軍、二重峠に進出 |
| 2 月 28 日 | 黒流、小野田、小倉、小池、山田、役犬原村などの農民約 300 人、内牧村の浄信寺において戸長、用掛と集団交渉。解散後、農民は内牧村の地主、高利貸しや戸長、用掛の家を打ちこわし、さらに宮地村へ進む | |
| 3 月 1 日 | 一揆勢は坂梨村を打ちこわし、三小区の者は手野村へ、二小区の者は西町、竹原、坊中、北黒川村へと進む。黒川村で内牧村の地主や住職等が打ちこわしの中止を申し入れてきたので、代表が交渉し、「十年前貸金ハ悉皆捨方、十年後ハ元金据置利子ノミ捨方、小作ハ四分六分」の証文をとり、退散した。一揆勢 3000 と報告されている | |
| 3 月 2 日 | 一小区の農民が宇土村で打ちこわし。内牧村から山田村へと進む。黒流、小野田村の農民も参加し、さらに内牧村で打ちこわし。内牧の高利貸しは「貸金并質物悉皆捨方」と張り出した | |
| 3 月 3 日 | 小野田村では下原の天神社で寄合、「町方ニテモ借財一切捨方相成候ニ付、村方モ捨方ニ可致事ニ相談シ悉皆捨方」を要求すると決定 | |
| 3 月 4 日 | | （官軍、田原坂攻撃開始） |
| 3 月 5 日 | 黒流村の農民は内牧村の高利貸しから借金証文を取り返す（3 月中旬まで続く） | |
| 3 月 8 日 | 小野田村では借立米について歎願書を作成 | |
| 3 月 10 日 | | 警視隊が竹田から笹倉、大利村等に進出（警視隊は 5 個小隊 500 名、外に 2 小隊） |
| 3 月 15 日 | | 警視隊が坂梨村に進出、次いで内牧村に進出。坂梨、内牧村で有志隊が結成される |
| 3 月 17 日 | | 二重峠の戦い<br>警視隊、二重峠の薩軍を攻撃。34 名の戦死者を出し内牧、坂梨村へ退く |
| 3 月 20 日 | | （官軍田原坂第 6 次総攻撃、薩軍撤退） |
| 4 月 3 日 | | 警視隊が竹田に撤退。薩軍は坂梨村に進出し、大黒屋に本陣を置き、滝室坂に陣を築く |
| 4 月 7 日 | | 警視隊は笹倉村に進出 |
| 4 月 13 日 | | 滝室坂の戦い<br>激戦の末、薩軍は敗れ、二重峠に後退 |
| 4 月 20 日 | | 大津の戦いで薩軍が敗退し、翌 21 日に二重峠の薩軍も撤退 |

水野公寿著『一の宮町史 4　西南戦争と阿蘇』（2000 年、一の宮町）106-108、185-191 頁をもとに筆者作成

表 2　村別一揆参加人数

| 小区 | 村名 | 一揆参加者数 | | | | |
|---|---|---|---|---|---|---|
| | | 計 | 兇徒聚衆 | 放火 | 破毀牆屋 | 附和随行 |
| | 栄村（合志郡） | 1 | | | | 1 |
| | 永草村 | 86 | | | 44 | 42 |
| | 車帰村 | 32 | | | 27 | 5 |
| | 蔵原村 | 55 | | | 41 | 14 |
| | 的石村 | 59 | | | 25 | 34 |
| | 黒川村 | 65 | | | 52 | 13 |
| | 南黒川村 | 51 | | | 40 | 11 |
| | 東黒川村 | 52 | | | 42 | 10 |
| | 北黒川村 | 53 | | | 32 | 21 |
| 1 小区 | 西黒川村 | 58 | | | 46 | 12 |
| | 宇土村 | 12 | | | 1 | 11 |
| | 折戸村 | 15 | | | 5 | 10 |
| | 赤水村 | 63 | | | 20 | 43 |
| | 乙姫村 | 64 | | | 14 | 50 |
| | 坊中村 | 38 | | | 23 | 15 |
| | 跡ヶ瀬村 | 24 | | | 13 | 11 |
| | 狩尾村 | 149 | | | 78 | 71 |
| | 無田村 | 6 | | | 6 | |
| | 日新村 | 2 | | | 2 | |
| | 黒流村 | 50 | 8 | | 31 | 11 |
| | 小野田村 | 134 | 8 | | 58 | 68 |
| | 役犬原村 | 154 | | 5 | 69 | 80 |
| | 内牧村 | 237 | | | 53 | 184 |
| | 甲賀無田村 | 1 | | | | 1 |
| | 小池村 | 15 | | | 9 | 6 |
| | 小里村 | 31 | | | 15 | 16 |
| | 山田村 | 86 | | | 40 | 46 |
| 2 小区 | 西町村 | 71 | | | 57 | 14 |
| | 小倉村 | 67 | | | 34 | 33 |
| | 小園村 | 26 | | | 15 | 11 |
| | 宮原村 | 16 | | | | 16 |
| | 西湯浦村 | 61 | | | 14 | 47 |
| | 湯浦村 | 70 | | | 32 | 38 |
| | 成川村 | 51 | | | 20 | 31 |
| | 今町村 | 30 | | | 17 | 13 |
| | 竹原村 | 70 | | | 46 | 24 |
| | 宮地村 | 485 | | | 231 | 254 |
| | 中通村 | 198 | | | 166 | 32 |
| 3 小区 | 三野村 | 150 | | | 89 | 61 |
| | 手野村 | 153 | | | 75 | 78 |
| | 坂梨村 | 221 | | | 73 | 148 |
| | 北坂梨村 | 79 | | | 49 | 30 |
| 計 | | 3341 | 16 | 5 | 1704 | 1616 |

水野公寿編著『西南戦争期における農民一揆　史料と研究』（1978 年、葦書房）274 頁および同著『一の宮町史 4　西南戦争と阿蘇』（2000 年、一の宮町）110-111 頁をもとに筆者作成

○年）、人びとは打ち毀しに加勢しなければならない状況に置かれていた。加勢しなければ自宅が打ち毀されたり、放火されたりするのではないかと恐れ、ともに行動を起こしたものだったらしい。その雰囲気は次の調書の記述から伝わってくる。

①永草村　平民農業　白石義平　四十六年四ヶ月

自分儀、明治十年三月一日、近山ニ薪取リ参リ日暮ニ帰宅仕候処、党民共乙姫村ニ押寄来リ、加入不致者ハ打毀候旨口々申立候間、自宅ヲ破毀サルヽハ残念ノ至ト存シ、自分ハ鉈ヲ携ヘ狩尾村ニ罷越候処、右党民ニ行逢ヒ、夫ヨリ一同坂梨典治宅ニ押入リ、自分ハ米三俵切崩シ、続テ本宅之建具ヲ破毀シ……（後略）

②赤水村　平民　今村長八　外七名

自分共儀、明治十年三月一日、各在宅罷在リ候処、当大区二三小区村々一揆ヲ起シ、加党セザル村々ヘハ押掛ケ乱暴ニ可及旨口々申呼リ候ニ付、不得止相加リ、処々随行中多勢ノ勢ヒニ乗シ、今村長八ハ狩尾村坂梨典治方戸板并板壁等打崩シ、野田次作ハ山田村湯浅政休方厩ノ柱ヲ切リ……（後略）

③蔵原村　士族　山内常彦　二十年八ヶ月

自分儀、明治十年三月一日未明、党民役犬原ヘ押掛ケ同村屠牛場ヘ放火致シ候節、居村竹原茂八郎相見ヘ、右党民共党与致サ、レハ火ヲ放ツト相呼リ候ニ付、村内之者供々出方不致候テハ相成間敷旨申聞ルニ付、茂八郎並ニ山崎儀平ト相談ノ上、村方ノ者十二三名相誘ヒ、西田村ノ内字河原ニ於テ党民ニ相加リ、西町村佐藤壽一郎居宅打崩ノ際、割木ヲ以テ壁少々毀損致シ候、最モ其節同村蔵原惟康並ニ竹原村佐藤嘉四郎居宅打崩シ有之候ヘ共、更ニ関係致サス……（後略）

（以上、水野前掲書（一九七八年）より抜粋、傍線筆者）

平民とともに打ち毀しに加わった士族もいるが、先行研究によれば彼らは村の指導的地位にある者たちだった。これらの士族はこれに加勢したその他の平民と同水準の生活を営み、日頃からムラ付き合いをする間柄だったのだろう。参加者のなかには、日頃付き合いのある家に対する打ち毀しに躊躇する者もいた。平素のムラ付き合いのあり方が打ち毀し時にも表われている。

先行研究が指摘しているように、打ち毀された家は土地を集積した豪農や村役人であった。豪農は近世期の寸志行為によって士族となっていた。

## 2　被害の実例

打ち毀しの破毀戸数は六十一戸、そのうち戸長・用掛などの村役人の家が三十六戸、ほかは高利貸しなどの家である。イエの象徴である母屋の大黒柱や富の象徴である蔵が狙われたようである。

**写真1　打ち毀しで傷つけられた柱**（阿蘇市狩尾の高橋家、筆者撮影）

**写真2　修復した柱**（同上）

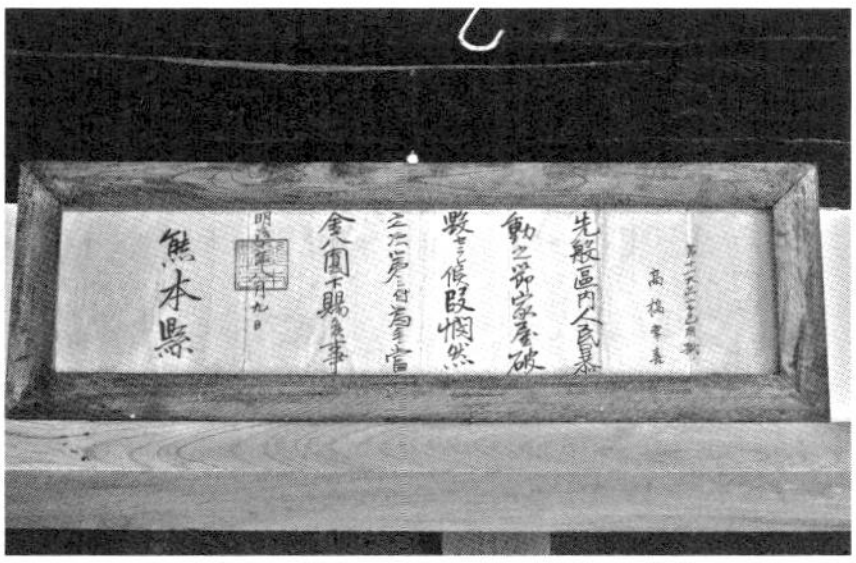


**写真3　熊本県からの手当金下賜の証**（同左）

**写真4　壁に開けられた逃走用の穴**（阿蘇市西町の蔵原家、筆者撮影）

手野村で庄屋を務めた家の子孫の話（昭和八年生まれ）によれば、幼少の頃に住んでいた家の柱には打ち毀しのときの傷があったという。当時から百年以上の時間が経っているが、現在でも打ち毀しの跡をいくつか見ることができる。

阿蘇市狩尾の高橋家には、鉈で削られた柱が残され（**写真1**）、座敷の柱や鴨居に補修した跡がある（**写真2**）。座敷には、熊本県から下賜された手当金の文書が飾られている（**写真3**）。主人の話によると、彼の祖父は士族という意識が強く、日頃から家の中では一段高くなった奥座敷に座っていて、その部屋以外は使用しなかったという。

また、阿蘇市西町の蔵原家では、二階の壁に小さな穴が設けられ、一階の天井裏に通じている（**写真4**）。主人の話によると、これは打ち毀しのときに避難するために設けた穴と伝えられているという。この家は阿蘇家の家来に当たる士族の家系で、地域の有力者として議員なども務めていたという。

筆者が阿蘇谷の村々でフィールドワークをした限りでは、村役人だった家は必ずしも豪農というわけではない。打ち毀しの対象となる家は、農民たちから自分たちの生活を苦しめていると認識された家だったと考えられる。それに対して、自分たちと同じ立場や同じ状況にあると認識された家の者は、士族であっても打ち毀しの対象とならず、むしろ加勢するよう周囲から促されている（前掲資料③参照）。

## 四　打ち毀しにみる阿蘇神社の宗教的権威

### 1　社家の社会的位置

阿蘇郡北部地域で打ち毀しが生じ、阿蘇谷でも情勢が不安となるなか、阿蘇神社神職や寺院僧侶が説諭に奔走したことは注目に値しよう。阿蘇神社宮司の阿蘇家は華族に列せられ（明治五年五月十九日受爵）、その他の神職たちは士族であったり平民であったりと一様ではないが、少なくとも近世においては農民でも武士でもない身分として、当地域では格別の地位にいた人びとである。彼らは打ち毀しのときにどのような対応をとっていたのであろうか。

阿蘇神社には明治初年からの「社務日記」が保管されており（**写真5**）、ここで当時の記述を追ってみよう。

まず、二月二十八日に説諭に向かっているが、その甲斐なく翌日に打ち毀しが始まってしまう。

**写真5　社務日記**（阿蘇神社蔵）

宿直　宮川深
　仝　宮川千尋

三月一日　晴

今日百姓一揆ノ起ハ、昨二月廿八日、二ノ小区副戸長ヲ同小区ノ暴民ドモ捕縛致、内牧詰所ニ押寄ントスル時、同所ノ郷士片山某馬上ニテ押付勝手ノ説諭ニ暴民挙立腹シテ、郷士片山ガ家ヲ始メ同町ノ豪家両三軒ヲ打崩シ、一ノ小区ノ人民ヲ誘ヒ、本日午前二字《(ママ)》二千人斗リ宮地町ニ押寄、豪家佐伯栗林ノ両三軒ヲ打崩ス、此時三小区ノ人民迄加リ都合四千人斗、午前十字《(ママ)》坂梨町ニ押至リ、同所豪家菅両家市原両家ヲ打崩シ、新松山ニテ二手ニ分レ、今一手ハ三小区副戸長井手某ガ家ヲ打崩シ、村用掛岩下家入ガ家ヲ打崩シ、当町ニ押出ントスル時、当神社正権宮司被下横町ニ出張致種々手も尽シ説諭ニ及ヒ候、依テ町内ニハ手出不申用掛ヲ打崩可申ト一揆共手分ケ致シ、宮川直衛、宮川経延、後藤屯一同ニ打崩シ、午後四時高宮廣雄エ押寄家蔵不残打崩シ、又二手ニ分ケテ、一手ハ山田村ニ押寄用掛両家ヲ打崩シ手野村ニ押出ン、今一手ハ井手村用掛岩下ヲ打崩シ、尾籠ニテ山田手ニ加リ部田目組ヲ押迫ン用掛不残打崩シ、本月二日午前一時頃時ノ声ヲ揚テ引取候由、又新松山ヨリ分レタル一二ノ小区ノ者共ハ、西町村蔵原某一ノ小区ノ戸長ガ家ヲ崩シ、坊中町豪家一二軒ヲ打崩シ、黒川用掛ヨリ乙姫永草エ押迫ス、今一手ハ蔵原、竹原、役犬原、四分一村々用掛不残打崩シ、本月二日午前二字（ママ）一揆共一先ツ自然ニ及候事

（傍線筆者）

一揆勢が阿蘇神社方面に向かってきたとき、権宮司が「種々手も尽シ説諭ニ及」んだ結果、宮地町内に手を出すことを止めている。具体的にどのような条件を提示し、説得させたのかは不明である。三月一日の記事にもかかわらず、記述の最後で「本月二日午前二字一揆共先ツ自然ニ及候事」と記していることから見て、書き込んだのは二日未明以後ということになる。

その後の記述によると、三月三日に宮司と随行の神職が三野村まで説諭に赴いた後、三月十四日から十六日にかけて神職たちが各村に説諭に向かっている。

彼らは打ち毀しに加勢する仲間でも、打ち毀される対象でもない。近世においては武士でも農民でもない神職であって、特に宮司家の阿蘇家は維新後は士族でも平民でもなく、華族という世俗から超越したところに位置していた。

## 2 戦時下の春祭り

薩軍と官軍が対峙していた三月から四月にかけては、阿蘇神社で毎年恒例の卯の祭りが行われる時期であった。卯の祭りとは、当社の祭神健磐龍命《たけいわたつのみこと》が二月卯の日に阿蘇谷に下向した縁起に因む祭事で、現在は新暦三月初卯の日から次の卯の日までの一三日間、毎朝阿蘇神社で神事が行なわれる（卯の日が三回ある月の場合は中卯の日から始まる）。期間中にはそのほかにもいくつかの祭事が催される(9)。当時は旧暦で行われており、明治十年は新暦の三月三十一日（旧暦二月十七日）から四月十二日（旧暦二月二十九日）までが卯の祭りの期間であった。

当時、薩軍と官軍は阿蘇谷を挟んで一進一退しており、三月十八日の二重峠の戦いの後、官軍は内牧村から波野方面に退却し、四月十日に薩軍が阿蘇谷に進出して坂梨村に陣を置くものの、同月十三日に滝室坂の戦いで再び二重峠まで退却している（図1参照）。つまり、卯の祭りの期間中、薩軍と官軍が阿蘇谷で互いに進退を繰り返していたのである（表3）。そのなかで行われた御前迎えは、二重峠近くの吉松神社（赤水村鎮座）から妃神の神木を

**表 3　卯の祭りの日程と西南戦争の経過**

| 日 付 | 卯の祭りの日程 | 戦争の動き |
|---|---|---|
| 3 月 17 日 | | 二重峠の戦い<br>警視隊、二重峠の薩軍を攻撃。34 名の戦死者を出し内牧、坂梨村へ退く。 |
| 3 月 31 日 | 卯の日：卯の祭りの初日 | |
| 4 月 2 日 | 巳の日 | |
| 4 月 3 日 | | 警視隊が竹田に撤退。薩軍は坂梨村に進出し、大黒屋に本陣を置き、滝室坂に陣を築く。 |
| 4 月 5 日 | 申の日：御前迎え | |
| 4 月 7 日 | | 警視隊が笹倉村に進出 |
| 4 月 8 日 | 亥の日：田作り神事 | |
| 4 月 12 日 | 卯の日：卯の祭りの最終日 | |
| 4 月 13 日 | | 滝室坂の戦い<br>激戦の末、薩軍は敗れ、二重峠に後退 |

伐り取り、道中の村々に立ち寄りながら宮地村の阿蘇神社まで向かう一日がかりの祭事である。このときの阿蘇神社の対応は日記によれば次のようなものだった。

四月五日　晴　　宿直　草部学
　　　　　　　　仝　　宮川深

此日　ミソキ御迎例ノ通、県下騒乱ニ付キ、一ノ小区当リモ不穏ノ聞ヘモ有之、宮川千尋、同宗正、濱ノ宮迄罷越シ、ミソキノ木ハ乙姫社々内ニテ伐ラセ、ハマノ宮迄出夫ヨリ持来リ候、尤御酒等ノ村々者先例ノ通相済候事

「ミソキ御迎」とは現在「御前迎え」と呼ばれる行事のことである（写真6）。通常は吉松神社故地の山林で神職自ら神木を伐るところから祭りが始まるが、今回限りは乙姫村の乙姫神社境内の木を伐らせることにし、それを西黒川村の濱ノ宮（浜神社）まで運ばせ、そこから阿蘇神社までは例年通り神職が道中の村々の接待を受けながら渡御している。

日記の記述を読む限り、卯の祭りは滞りなく行われているが、両軍の動向の記載もあり、物騒な雰囲気を伝えている。

四月六日　少々曇リ　　宿直　草部学
　　　　　　　　　　　仝　　松本為造

**写真６　「御前迎え」**（青年が担ぐ柴のなかに妃神の神体がある、筆者撮影）

本日午後二時薩兵五十斗リ坂梨エ出張ノ由シ報知アリ、二重ノ峠ニ出張兵卒ナランカ、後ニ聞ク黒川勢ノヨシ

四月九日　雨小降　　　　宿直　宮川清人
　　　　　　　　　　　　仝　宮川千尋

本日午前八時子ノ日卯ノ祭執行、奉仕草部真那夫、宮川千尋、宮川深、宮川清人、泉村　天満宮祭ニ付、宮川千尋出仕、昨日薩兵手埜村エ弐百余致出陣候由、阪梨エハ初百五十位着、尚追々相加リ、今日ニ至四百斗ニモ相成タリト云、将昨夕方東軍六小区内離レ山ト云ル□辺ヘ相見ヘ候由ニ付、薩軍進撃ニ及候由ノ処、行衛(方カ)不知立去候由、道路ノ風説紛々タリ

四月十日　風雨烈敷　　　宿直　宮川清人
　　　　　　　　　　　　同　草部学

本日午前八時丑ノ日卯ノ祭執行、出勤奉仕左ノ通、草部真那武、宮川智比路、宮川冨嘉志、宮川喜代人、宮川牟祢眞左、手廼出張ノ薩軍ハ永倉坂堅メトシテ内牧エ転陣ノ由風評、併シ今日迄ハ鉋聲モ無ク静ナリ

卯の祭りの期間中、村々では薩兵の姿がしばしば目撃されていた。四月八日から十日に至っては、数百人規模の薩軍が阿蘇谷の

村々を通過していて平穏な状況ではなかった。手野村、坂梨村、内牧村では薩軍が陣を置く様子を見せていた(10)。

そして、卯の祭りの最終日である四月十二日は、滝室坂の戦いの前日にあたり、阿蘇神社が鎮座する宮地村の隣村坂梨村は臨戦態勢に入っていた。それは次の記事から窺える。

四月十二日　美霽　　宿直　宮川清人
　　　　　　　　　　同　　宮川千尋

本日午前八時卯ノ祭執行、出勤阿蘇惟敦、吉瀬真種、草部学、宮川千尋、宮川宗真佐、宮川風嘉志、宮川喜代人、昨年相雇置候仕丁廣石岩治郎手全相務候ニ付、賞典金七拾五銭輿賜候、戦争鉋聲モ西ノ方幽ニ聞へ当地ハ先静謐ニ候事、午後第九時卯ノ祭被為済候ニ付、御本殿ニ御遷座有之、出勤人員左之通、阿蘇惟敦、草部学、宮川宗正、宮川清人、宮川深

四月十三日　美晴　　宿直　宮川清人
　　　　　　　　　　同　　宮川宗正

神輿御飾取

出勤早朝ヨリ吉瀬真種、草部学、宮川千尋、宮川宗正、宮川深、宮川清人、午前第六時頃ヨリ東方鉋聲相聞、第八時頃ニ至鉋声益烈敷水カ山ノ上、豆生田坂、馬場坂、瀧室坂東ノ方所々両軍鉋戦煙リ等相見候、明細者明日記録可相成、先ツ荒々相記申候事前件ニ付午後二時黒田風雄、黒田栄祠同出候

卯の祭りの後片付けをしている最中、滝室坂の戦いが起こり、薩軍は再び二重峠まで退却した。その後、官軍が阿蘇谷に再進出する。

当時、村々では両軍から徴用があったりして落ち着かない日々を過ごしていたようだが、阿蘇神社では御前迎えで行程の省略があったものの祭り自体は滞りなく行われている。現在の阿蘇神社の祭りは氏子の奉仕に負っている部分が大きいため、このような状況では祭事の執行は困難であると思われるが、当時は近世と同じく社家、神人などが奉仕に当たっていたから、さほど影響がなかったと考えられる。

士族反乱と農民一揆のなか、華族である阿蘇家は世俗とは離れたところに位置し、宗教的権威を保持して平民とは別の世界の存在だった。

## おわりに——世俗社会の世直しと宗教的権威の存続

以上、薩軍と官軍が対峙するなかで起こった打ち毀しについてみてきた。十九世紀の日本は、周辺諸地域との交流のなかで近代

国家の形成を図るにあたり、それまで身分別に編成していた人びとを一律に国民として再編成する必要性が生じたが、そのなかで士族と平民の不満が士族反乱と農民一揆というかたちで発露した。

阿蘇谷の農民は村役人の不正への疑義から打ち毀しを始めたが、人びとは周囲の雰囲気に流され、一戸一人宛というムラの共同作業と同じような社会規範のなかで参加していった。打ち毀しの対象となる家は、自分たちの生活を苦しめる村役人や豪農であって、一通り打ち毀しを済ませ、借金の帳消しが確認されると、以後は落ち着きを取り戻した。すなわち、日々の暮らしの安寧こそ農民が団結して取り組まねばならないムラの秩序であって、それが保証されたことで打ち毀しは止んだのである。近世に寸志行為を通して身分上昇を果たした士族の権威を、農民たちは恐れ入ることはなかった。

一方、阿蘇神社神職は説諭をする側として士族や農民とは異なる立場にいた。神職は打ち毀しの対象にならず、薩軍から狙われることもなく、薩軍と官軍が一進一退する状況においても祭祀を継続することが可能だった理由は、阿蘇神社が宗教的権威を保っていたからであると考えられる。

身分別に編成された近世社会から、一律の国民を基盤とした近代社会へと展開していくなかで、農民たちは士族のもつ権威を否定しつつ、華族のもつ宗教的権威は否定しなかった。近世後期に生じた寸志行為による身分上昇の気運は、士族の権威の後ろ盾が失われることによって脆くも崩れ去っていったが、阿蘇神社の宗教的権威は、十八世紀から十九世紀にかけて大宮司家の家格の高さを証明すべく、阿蘇神話を記紀に連なる由緒として編纂し直していたこともあって[11]、天皇を頂点とする近代日本社会においても保たれたのである[12]。

## 注

(1) そのほか、大江志乃夫「第二章第二節　農民闘争の発展と指導」『明治国家の成立――天皇制成立史研究』ミネルヴァ書房、一九五九年。小野武夫「肥後阿蘇谷の農民暴動」『維新農村社会史論』刀江書院、一九六八年。また、当時は阿蘇谷のほか阿蘇郡全体にわたって一揆が頻発したが、南郷谷（阿蘇カルデラ南部）の一揆は郷備金の取り扱いに対する民衆の不満が原因であるとの指摘がある（今村直樹「肥後藩の『遺産』相続争い――肥後の民衆と郷備金」猪飼隆明ほか著『熊本歴史叢書5近代　細川藩の終焉と明治の熊本』熊本日日新聞社、二〇〇三年、六三―一一〇頁）。

(2) 坂梨手永と内牧手永は上手永・下手永とも呼ばれ、阿蘇谷を東西二分するかたちで置かれていた。両手永は昭和二十九（一九五四）年に成立した旧一の宮町・旧阿蘇町の行政区域とほぼ重なっていた。

(3) ここでいう御家人とは肥後藩における身分呼称であり、細川家に仕える家臣のうち一領一疋《いちりょういっぴき》・地侍のことを指す。彼らは無給・無扶持であって、士席身分の家中とは区別される。もとは阿蘇・大友・加藤氏に仕えた牢人衆で、細川氏入国後（寛永九（一六三二）年）、肥後領内の主要押口に配備された。地侍の上役が一領一疋である（吉村前掲書）。

(4) この時期の地主と永小作人との関係は一方的な搾取的関係ではなかったらしいが、近代に入ると御赦免開の田畑は地主の所有物となったため、永小作人は永小作権が保障されなくなって不利な立場に置かれるようになった。戸水寛人「阿蘇の永小作」『法理論叢』第10編、有斐閣書房、一九〇一年（藤原正人編『明治前期産業発達史資料』補巻83、明治文献資料刊行会、一九七二年、所収)。

(5)例えば明和二(一七六五)年には阿蘇山からの土石流によって黒川が氾濫し、竹原村の小村道尻村が埋没している(阿蘇町史編さん委員会編前掲書、四〇八頁)。

(6)また、阿蘇郡は霜害に悩まされてきた地域であって、天保十―十一(一八三九―四〇)年には阿蘇郡の惣庄屋が相談しあい、北陸地方に四人ほど派遣して現地で寒冷地農法を学ばせ、越中で譲り受けた種籾を湯浦村・西湯浦村・今町村で試作にあたらせている。こうした試みも藩による褒賞の対象となっていた(吉村前掲書、八五―九四頁。阿蘇町町史編さん委員会編前掲書、三五〇―三五一頁)。

また、近世の阿蘇谷に住む人びとにとって、稲作経営の保全事業に貢献するということは、社会的地位(身分)の上昇と富の集積に繋がった。そして、稲作経営の安定化は自然気候や生産様式を同じくする阿蘇谷全体にわたる関心事であったから、これに対する共同祈願も阿蘇谷規模で展開したとみられる。例えば近世後期には風宮の風除け札が村庄屋を介して各戸に頒布されたり(佐藤征子『一の宮町史⑪ 神々と祭の姿』一の宮町、一九九八年、九九頁)、霜宮の火焚き神事の薪が阿蘇谷の村々から供出されたりしていた。

(7)戦前までは士族の家では結婚の際に相手方の身分を多少気にしたといわれている。筆者の調査中、士族の家系であることを誇りに感じる話者(おもに昭和以前の生まれ)に何度か出会った。また、庄屋の家がある小区域を「ショウヤムラ」と呼称するムラもあり、ショウヤムラの家の者は戦前は祭礼の神輿を担がなかったとの伝承もある。身分意識は現在もこのようなかたちで残っている。

(8)筆者は宮原村、湯浦村、西湯浦村、小園村(以上二小区)、手野村(三小区)に当たる集落で民俗調査を行ってきたが、大正期生まれの話者の話によれば、各集落とも明治ごろの戸数は**表2**の一揆参加人数と同程度であった。

(9)卯の祭り期間中、田作祭という結婚と稲作の所作を模した予祝儀礼が行なわれる。これは年禰社《としね》(阿蘇市一の宮町宮地鎮座)の祭神年禰神を、巳の日から亥の日までの七日間、旧社家宅に遷しながら数次にわたる祭事を行なうというもので、まず、初日(巳の日)に田作祭の始まりを告げる横筵《よこむしろ》神事を行なった後、旧社家宅を巡って毎夕朝に宅祭を行なう。次に、申の日になると御前《ごぜ》迎えを行なう。これは吉松神社(阿蘇市赤水鎮座、通称吉松宮)から年禰神の妃神(ヒメゴゼ)を迎え、阿蘇神社拝殿で婚姻の儀を執り行なうというものである。そして、亥の日には田作神事を行なって、一年間の稲作工程を模した所作を阿蘇神社拝殿で行なう(柏木亨介「祭事を支える人びとの志向性——重要無形民俗文化財「阿蘇の農耕祭事」をめぐって」由谷裕哉編著『郷土再考——新たな郷土研究を目指して』角川学芸出版、二〇一二年、一八六―二〇五頁。村崎真智子『阿蘇神社祭祀の研究』法政大学出版局、一九九三年)。

(10)かつて筆者が手野に暮らす大正三年(一九一四)生まれの話者から聞いた話では、彼女の祖父(生年不詳)は薩軍が手野にやってきたときに仲間になるよう誘われたが、断ったところ殴られたという。

(11)十八世紀から十九世紀にかけての大宮司家の動向や阿蘇神話の成立については、柏木、村崎の研究を参照されたい。村崎真智子「近世の阿蘇神話伝説の類型化・画一化」『国語国文学研究』三七、二〇〇二年。村崎真智子「近世の阿蘇神話伝説の正典化」『国語国文学研究』三八、二〇〇三年。阿蘇編前掲書。柏木亨介「阿蘇という時空間の設定——神話から郷土誌へ」由谷裕哉・時枝務編著『郷土史と近代日本』角川学芸出版、二〇一〇年。

(12)西南戦争が終結した翌月の明治十年十月、征討総督有栖川宮熾仁親王は阿蘇神社を参拝した。このとき賜った大額は長らく楼門に掲げられ、その後、平成二十八年(二〇一六)の震災まで拝殿に安置されていた。

**参考資料**

『社務日記』(明治十年) 阿蘇神社社務所蔵

*Photo by Ichige Minoru*

# 祭礼（たち）の明治維新

中里亮平

●なかざと・りょうへい　一九八一年東京都生。二〇一一年筑波大学大学院歴史・人類学専攻修了。長野大学非常勤講師。民俗学。「祭礼におけるもめごとの処理とルール——彼はなぜ殴られたのか」（『現代民俗学研究』二）、「変更からみる祭礼の現代的状況——東京都府中市大国魂神社の事例から」（『日本民俗学』二六一）、「誰がために山車は行く——神様、仏様、殿様、お客様」（『やまぐち地域研究』一四）。

## はじめに

十九世紀中頃に起き、日本、日本人、そしてその文化に大きな影響を与えた歴史的事件として明治維新がある。もちろん、それ以後の全ての変化が明治維新と名付けられた一連の歴史的事件にのみ起因するわけではなく、またそれをもって多くのことが変化したわけでもない。しかし、その影響は多大であり、それについては多様な視点、立場からすでに様々に論じられている(1)。

明治維新と呼ばれる歴史的事件は多様であり、複雑である。『大辞泉』では「徳川幕藩体制の崩壊から明治新政府による中央集権的統一国家成立と資本主義化の出発点となった一連の政治的・社会的変革。始期・終期には諸説あるが、ペリー来航による開国から大政奉還・王政復古の大号令、戊辰戦争、廃藩置県などを経て西南戦争までをいうことが多い」とされているが、その定義については様々な議論がある。

神仏分離や廃仏毀釈、近代化、産業化、都市化など明治維新とそれに伴う変化によって、日本全国の祭礼が様々な影響を受け、危機に陥ったことは確かである。しかし、この時代の祭礼に何が起こったのかについて詳細に論じたものは少ない[2]。その理由としては、まずこの時代の祭礼に関する資料が少ないという事実があげられる。より本質的なことをいえば、祭礼、あるいは民俗というもの自体が特定の歴史的事件によって直接影響を受けるようなものではないと考えられてきたということもあるだろう。

具体的な例をあげれば、人類学的な視点から小倉祇園太鼓を研究した中野紀和の著作における明治維新をめぐる記述は「祇園太鼓は幕末の動乱によって祭礼道具や装置を失ってしまう。それらにかわり、町内をまわっていた太鼓が行列に加わり、山車の前後につくようになる。その後、太鼓は山車の前後に据え付けられ、この形が明治の終わりから大正にかけて定着する。祭礼の形態の転換期である。この頃から、太鼓の打法を競うなど、太鼓を前面に押し出した祭礼として盛んになっていく」(中野紀和『小倉祇園太鼓の都市人類学　記憶・場所・身体』古今書院、二〇〇七年、五〇頁)と実にあっさりしている。また、歴史的な視点から江戸の天下祭りを研究した作美陽一の著作では幕末から明治維新までのできごとを『武江年表』から年表のような形で整理し、その後については「最大の庇護者であった江戸幕府の衰退は、天下祭りにとっては致命傷となり、文久二年以後かつての規模での山王・神田両祭礼は中止されました。(中略)明治二年までの四年間、江戸では曳山祭りが全く行われない空白の時が続きました。東京に曳山祭りが復活するのは明治三年からです。ようやく人心も安定してきたのでしょう。同年には山王祭り・深川祭り・神田祭りという江戸三大祭りが復活しました。江戸幕府の滅亡によって一時は消滅した山王・神田の両祭礼は、国家とは関係のない民間の祭りとして再出発したのです」(作美陽一『大江戸の天下祭り』河出書房新社、一九九六年、二五九―二六〇頁)としている。

それぞれが祭礼からみようとするものは異なっており、その視点の中に明治維新がないのは当然であるのかもしれない。だが、歴史的事件としての明治維新と祭礼の関係はそんなにもあっさりとしたものなのだろうか。

本稿は、一般的にはグローバルな変化とは孤立して古くから続けられてきたローカルな伝統的な文化であると考えられている祭礼という現象から、明治維新というグローバルな歴史的事件に伴うローカルな文化の変遷について論じる。そして、そこから明治維新という大きな非日常と祭礼という小さな非日常の関係性を考察する。

事例としては、秋田県仙北市角館のお祭り、東京都府中市大国魂神社のくらやみ祭をとりあげる。双方とも長い伝統を持つ、いわゆる都市の祭礼であるが、どちらも明治維新に関連して論じられることの多い、神仏分離と廃仏毀釈、近代化、産業化、都市化といった現象の影響を大きく受けている。このような祭礼の変遷の具体例を提示することで、祭礼という小さな非日常の世界から明治維新という大きな非日常を再照射したい。

## 一　祭礼の対象の変化――角館のお祭りの事例から

### 1　角館のお祭り概要

角館のお祭りは秋田県仙北市角館で九月七・八・九日にかけて行われる「神明社と薬師堂」の祭礼である。四百年以上の歴史を持つとされ、毎年二〇万人の観光客を集める祭礼である。また、国の重要無形民俗文化財の指定を受けている。

本来の氏子圏は旧角館町であるが、角館の拡大に伴い、続々と新しい丁内も参加しており、現在は一八台の山車が出る祭礼となっている。山車を運営するのは基本的には、江戸時代からの区分で分けられた丁内であり、それぞれに張番と呼ばれる会所を設けて自丁内を管理している。この張番は強い権力を有しており、山車は張番の許可がないと丁内に入ることができない。現在では複数の丁内で合同して山車を出しているところや丁内の若者が主催して山車を出している丁内も多くなってきている。

山車は祭礼の期間中に神明社、薬師堂へ参拝するほか、佐竹上覧、観光ぶっつけなどの目的を達成しながら、角館の町中を運行する。角館の町中は道幅が狭く山車が向かい合うとどちらかが道を譲らなければ交差することができない。そこで行われるのが交渉である。

交渉では双方が定められた作法に基づきながら、それぞれの主張を交わし、相手に道を譲らせようとする。長い時は数時間もの間交渉は続けられることとなるが、ここで決着がつかないと本番が始まることとなる。

本番の形態は時代ごとに大きく変化しているが、四トンを超える山車が正面からぶつかりあい、相手を押しのけ、払いのけようとする大変に迫力あるものとなっている。数時間に渡って続けられる本番では、自分たちの山車の特性や参加している人数、周辺の環境などに応じた様々な戦術が駆使され、また山車自体も毎年改良が加えられている。勝敗については様々な規定があるが、怪我人が出たり、公共物や民家が破壊されたりするとそこで中止となる。この本番の後も交渉が行われ、ようやく山車が交差することとなる。

山車同士には友好丁内や因縁のある丁内などがあり、また自分の山車が有利に戦える環境で相手を迎え討とうとするなど、様々な戦略が本番をめぐって駆使され、これが角館のお祭りの特徴の一つともなっている。

### 2　明治維新以前の角館のお祭り(3)

城下町としての角館は応永年間（一四二〇年頃）に戸沢氏によって開発された。関ケ原合戦後は国替えで秋田へと転封となった佐竹氏によって統治されることとなり、仙北地域の経済、交通、文化の中心地として栄えた。武家が住む内町と町人が住む外町（横町・上新町・岩瀬町・下新町・中町・下中町・七日町・西勝楽町・下岩瀬町の九丁内）に分かれており、内町と外町の間にあった火除け地は現在もその跡を見ることができる。

現在の角館のお祭りのルーツとなったとされる薬師堂の祭礼がいつ始まったのかについて正確なことは分かっていない。佐竹北家の『北家日記』内にある一七三二（享保十七）年に祭礼の期日を変更したという記録が、文献上登場する最も古いものである。同じく『北家日記』では一七九九（寛政十一）年に「勝楽町薬師祭礼に付き、町々より山都合四十ばかり表門より見る」という記録がある。一八一八（文政元）年には「祭山」「踊山」、一八三八（天保九）年には「祭り山廿日町は踊山、外の丁は吊り山」という記録が残されている。

これらの記録から明治維新以前の角館のお祭りについては、薬師堂の祭礼として始まったこと、町民主体の祭礼でありそれを武家や殿様が見物していたこと、「祭山」「踊山」「吊り山」といった形式の山車を中心とした祭礼であったことなどが分かる。

薬師堂の正式な名称は成就院薬師堂であり、戸沢氏が角館を統治していた時代に勝楽村の産土として信仰を集めていたとされている。真言宗寺院智山派に属し、佐竹家の角館の町割り変更によって現在の場所へと移された。

町民主体の祭礼であったことについては、角館の外町がたびたび火災にあって文書類が消失しており、その詳細が明らかとなっていない。丁内で出すオオヤマと有力な商人が個人で出すコヤマというものがあったこと、また一九六五（昭和四十）年に内町である現在の北部丁内が祭礼に山車を出す際に、お祭りは外町の人がやるもので内町は見るものだと反対があったこと（四十年記念誌編集委員会『北部丁内若者　曳山四〇年記念誌』二〇〇五年）などを合わせて考えると外町の町人主体の祭礼であったことは確かであろう。

**図１　角館飾山古図**（『日本民俗芸術大観 第１集　飾山囃子の記録』郷土研究社、昭和７年）

山車の形式について、「祭山」「踊り山」「吊り山」のそれぞれがどのようなものであったのかについては図像などの資料が残っていないため正確なことは分からない。しかし、外町から内町へと山車を見せに行ったという事実からは、この時代の山車がなんらかの手段で移動するものであったことは確かであろう。また、時代がずれるが一九三二（昭和七）年に発行された『日本民俗芸術大観第一集』に飾山囃子の記録として残されている絵画がある。ここには二本の棒の上に岩、滝、樹木、人形をあしらった巨大な山車の前面に囃子方と踊り子が乗ったものを四、五〇人の人数で担ぎ、それを周囲から綱で支えている様子が描かれている。山車は描かれた人間との比較から考えると一〇メートルを超える高さである。さらに、大正時代初期に作られた原寸の二〇分の一の山車のミニチュアの構造や大正時代になって登場し始める現在のような車輪を有する山車を曳き山と呼び、それ以前の山車を担ぎ山と区別したことを合わせて考えれば、人が担いで移動するタイプの山車が運行されていたことは確かである。

## 3　祭礼の対象の変化——神様・仏様・殿様

ここでは角館のお祭りにおいて、神様・仏様・殿様が迎えた明治維新とその後について記述する。戊辰戦争で大きな被害を受けることはなかった角館だが、一八七〇（明治三）年から神仏分離政策が進められていくこととなる。秋田県は仏語で神号を称する呼称廃止、社前に仏具を置くことなどの禁止が布告され、薬師堂は勝楽神社と名称を変えることとなった。一八七四（明治七）年の『北家日記』には「明治七年九月十七日未牌神明社之神輿相廻於表門一見、是迄神明神輿六月十五日廻、勝楽町薬師神輿八月六日相廻リ候所、薬師ハ廃、神明之神輿今日ニナル」との記述があり、薬師堂が廃止され、その祭礼の代わりに本来の日付を変更して神明社の祭礼が行われたことが分かる。また、一八七八（明治十一）年の「旧暦八月六日ニ付神明社ノ神輿が廻リ、岩瀬町、下新町、下仲町、勝楽町、七日町より飾山一台ずつ、また置人形モ各丁ニ」という記述から神明社の祭礼となってからも山車が出され、様式としてはそれまで通りの祭礼が行われていた様子がうかがえる。

大きな転機があるのは一八八〇（明治十三）年である。「明治十三年八月三十日、角館町旧鎮守勝楽町薬師尊之仏輿今日より廻候事ニ此度御指令ニ相成候段弥勒院届ニ候」との記述があり、またその前日に神明社の神輿が巡行したという記述があることから、一八八〇（明治十三）年までには勝楽神社が薬師堂へと戻ったこと、薬師堂の祭礼と神明社の祭礼を同時期に行う現在の角館のお祭りの様式が誕生したことが分かる。

また、神様・仏様の動揺や混乱の一方で版籍奉還や廃藩置県によって角館の殿様でなくなった佐竹北家に山車を見せるという行為は続けられ、紆余曲折がありながらも現在は佐竹上覧という名称で角館のお祭りの正式な行事の一つに組み込まれている。

## 4　ありふれた外部としての明治維新

明治維新とそれに伴う政策により、本来薬師堂の祭礼であった角館のお祭りは、一時祭礼の日付も様式も祭礼の対象も異なって

写真１　角館のお祭りの山車　神明社参拝（筆者撮影）

いた神明社の祭礼へと組み込まれ、その後薬師堂の復活と共に神明社と薬師堂双方の祭礼となり、それが現在まで続いている。「神明社と薬師堂の祭礼」としての角館のお祭りは、一八八〇（明治十三）年から始まったのであり、定義の仕方によっては、ここまで角館のお祭りの歴史として記述してきたことは、一八七〇（明治三）年の薬師堂の勝楽神社への変更によって断絶した薬師堂の祭礼の歴史であって、角館のお祭りとは直接関係ないということもできるわけである。

　これは祭礼の定義にも関わる問題であるが、ここでは一〇年間という短い間に祭礼を行う対象が、薬師堂→神明社→神明社と薬師堂、と変化しながらも、角館の人々は同じ時期に同じような山車を運行して祭礼を行っていたという事実を重視したい。祭礼の対象が仏様であろうと神様であろうと関係なかったと断言してしまうのは言い過ぎであろうが、町を飾り立て、山車を運行し、囃子を聞き、酒を飲み、騒ぐ、そういった行為こそが角館の人々にとっての角館のお祭りであったのではないだろうか。

　このように考えることで、その後明治二十年代前半から電灯線の架設が行われ、それまでのような高さの担ぎ山を運行することが困難になったことから山車が曳山へと移り変わっていったこと、昭和十年代ごろからそれまでいかに衝突せずに山車を運行するかということが重視されていたのが次第に山車同士が激突する本番が行われるようになり、それが角館のお祭りの代名詞のように

なっていくこと、山車の数が次第に増加し角館外町以外の山車も運行されるようになっていくこと、戦後になって周辺農村の人々によって担われていた囃子を角館の町中の人々も演奏するようになっていくこと、など角館のお祭りに起こった、そのあり様を全く変えてしまうような様々な変化と明治維新という歴史的事件を同列にみることが可能となる(4)。

明治維新という歴史的事件は角館のお祭りに祭礼の対象の変化という形で多大な影響を与えたが、それは角館のお祭り、そしてその参加者にとって様々な形をとって立ち現れ、祭礼のありようを変えていく祭礼の外部の一つでしかなかったのではないだろうか。

## 二　運営主体の変化——くらやみ祭の事例から

### 1　くらやみ祭概要

東京都府中市大国魂神社の例大祭くらやみ祭は五月三・四・五・六日にかけて行われる、文献で確認できるだけでも六百年以上の歴史を持つ祭礼である。八基の宮神輿と六台の大太鼓を有し、参加者一万人、観光客三〇万人とされる大規模な祭礼でもある。

元は武蔵野国総社の祭事であり、夜中に神輿渡御を行うことからくらやみ祭と呼ばれ、江戸時代には大都市江戸から多くの観光客が訪れる祭礼となった。明治以後大国魂神社周辺のシカチョウと呼ばれる地域の住民によって運営されるようになると神輿・太鼓が華美化・巨大化した。

しかし、昭和三十年代には急増した新住民などを中心にした世間から治安の悪化や風紀の乱れに対する激しい批判を受け、その名称とは異なる午後四時から神輿渡御を行う昼間の祭礼となった。その後、運営組織の整備など参加者の地道な活動の結果、二〇〇三（平成十五）年からは神輿渡御時間が午後六時からとなった。

写真2　くらやみ祭　神輿渡御（筆者撮影）

### 2　明治維新以前のくらやみ祭(5)

くらやみ祭の成立は武蔵国府創立の頃までさかのぼるとされている。平安時代には国府に着任した国司が管内の神社を巡拝する慣わしがあり国衙付近に神社が作られた。十一世紀後半には、こうした国府内の神社が、国内の諸神を祀った総社として整えられるようになった。くらやみ祭が武蔵国府の祭礼として始まったとすると、中世はその祭が次第に地域に根ざしていく時期とみることができる。この時代に関しては、一三六一（延文六）年、一四一五（応永二十二）年の年紀がある「市場之祭文写」に「武州六所大明神も五月ゑの市をたてたまふ」と、祭事の市がたったことを記載する文献が残っている。この「五月ゑ」というのがくらやみ祭の前身であると考えられている。くらやみ祭は、国府の祭礼と人々の交易の場である市が合わさって作られていったのである。

国府が廃れた後の府中は、戦国時代の北条氏が一五四二（天文十一）年に鎌倉街道の番所として「番場」を設けたことから、宿場町として発展していくこととなる。江戸時代になると、幕府から大国魂神社が神領五〇〇石を与えられたこともあり、正保年間（一六四四―四八）には、神領八幡町と二つの宿場という府中の原型ができあがる。また、甲州街道四番目の宿場町となったことで、くらやみ祭は観光行事としての性格をも持つようになり、観光客が集まるようになる。

こうした様子については様々な記録が残っているが、最も有名で量の多いくらやみ祭の記録は『遊歴雑記』に残されている。筆者は一八一八（文政元）年、一八二二（文政五）年の二回にわたってくらやみ祭を見物している。ここでは「されば当社の例祭は、五月三日の夜乃駒競ひの規式より、同じき六日巳の刻田植の神事に終て人々退散せり。その神事祭礼の作法、自余の社とは異にして、群衆又山をなす。取分五月五日の夜戌の刻より御輿の神行を第一とせり」と記されており、くらやみ祭が珍しい祭礼として多くの観光客を集めていたことが記されている。

また、一八六三（文久三）年に修好通商条約締結のため日本を訪れたスイスの外交官エーメ・アンベールは『LE JAPON ILLUSTRE』を一八七〇（明治三）年に発行しており、この中でくらやみ祭について記述している。ここではくらやみ祭は「多くの祭礼のなかでも、この大きな都市のほとんどすべての人が参加できる祭」であるとされている。

図2　LES MATSOURIS『LE TOUR DU MONDE』

残された絵画などからみても、この当時の神輿・太鼓は現在のものよりもずいぶんと小さいものであったようである。神事も御田植神事や神輿渡御時の提灯行列など現在と異なった点が多い。くらやみ祭は江戸近郊の祭礼でありながらも、その中心が神輿渡御や神事にあり、山車や趣向を凝らした風流を売りとした江戸の祭礼と異なった点が多いため、気軽に見ることができる風変わりな祭礼として江戸の人々の観光の対象となっていたのではないだろうか。

また、江戸時代末期の大国魂神社は神主家による社領の支配に反対する運動を経て、神職の身分階層性を強化する方向性が強く打ち出され、くらやみ祭自体もこうした神社の祭祀組織強化のための重要なデモンストレーションの場として用いられる傾向が強かったという。あくまでも祭礼の主体は神主家を中心とした神職の手にあり、周辺住民はその手伝いといった位置にあったのである。

### 3　運営主体の変化

くらやみ祭は明治維新によって全面的な変更を遂げることになる。まず、明治政府の方針で明治初年から一〇年間近く、くらやみ祭は中止を余儀なくされる。また、境内にあった仏殿や仏像などの撤去も行われる。さらに明治維新により社領を失い経済的基盤をなくした大国魂神社は、シカチョウと呼ばれる本町・番場・新宿と旧神領の八幡宿に神輿を委託することとなる。当時の神輿の割り当ては、二之宮・三之宮を八幡宿に、一之宮・御本社を番場に、四之宮・御霊宮を本町に、五之宮・六之宮を新宿に、となっていた。

この当時のくらやみ祭については記録が残っていないため、神社とシカチョウの間でどのような議論が交わされたかなどについて正確なことは分かっていない。シカチョウがどの神輿を担当するかということはくじ引きで決められたという伝承が残っているが、これもまた資料は現存していない。しかし、それぞれの町内に三〜一〇人の総代がおかれ、町内と祭礼を掌握し、年番・月番がおかれて、町内の実務にあたるという体制が作られ始めたのがこの時期であることは明らかである。

そしてこの時期、府中は経済的に大きな発展を遂げる。三多摩一円の養蚕業が地歩を固めるにつれ、府中には次第に在来産業型の工業が興り始める。そして、近在の商取引中心地として、府中の機能は、より重要なものとなっていく。こうした産業基盤の形成期にあって旧来の神領神官集団に代わって、府中町方の住民たちが経済力を基盤に祭礼の運営の中心的存在になっていった。

こうした背景のもと、くらやみ祭は再開され神輿・太鼓の新調が相次ぐこととなる。一八八二（明治十五）年に二・三之宮が神輿を新調する。これに続いて一八八三（明治十六）年には一・五・六之宮が太鼓を新調、一八八八（明治二十一）年三之宮が太鼓を新調、一八九一（明治二十四）年一之宮・御本社が太鼓を新調、一八九二（明治二十五）年五・六之宮が太鼓を新調、一九〇〇（明治三十三）年五之宮が神輿を新調、一九〇一（明治三十四）年一・六之宮が神輿を新調、一九〇二（明治三十五）年御本社が神輿を新調、と神輿・太鼓の新調が相次ぐ。明治十五年から明治三十五年までの二〇年間に一四基もの神輿・太鼓が新調されている。この次に新調が行われるのは一九二〇年代中頃であり、その後の新調もとぎれとぎれに行われたことを考えると、この時期は神輿・太鼓の新調が相当に活発であったといえるだろう。また、こうした神輿・太鼓の新調に必要な資金を集めるため旧武蔵野国全域に広がる広大な範囲で講組織が作られ、くらやみ祭に参加することとなった。

神輿・太鼓の新調とそれに続く講組織の拡大以外にこの時期に起こった大きな変化として、二・三之宮の分裂がある。明治初年、本町・番場・新宿・八幡宿のシカチョウに二基ずつ分割して委託された神輿であるが、八幡宿は元神領でありそれ以外の町と性質が大きく異っていた。八幡宿には、京所と八幡宿という二つの集落があり、京所は元神職関係の住民、八幡宿は元神領百姓の住民であった。このため、祭礼に関する費用負担の面で、京所が多くの金額を出す場面が多かったが、経済基盤を失った京所の元神職関係者にはこれが大きな負担であった。そのため、一八八八（明治二十一）年、京所は経済だけでなく、自治のすべてに渡って独立し、京所講を成立させるに至ったのである。これにより、京所・八幡宿合同の八幡宿という単位で運営されていた二・三之宮は分裂し、以後二之宮＝八幡宿、三之宮＝京所、という形で運営が行われることとなった。これは現在にも影響しており「二之宮と三之宮は兄弟神輿」「二之宮と三之宮はもともと一緒だったから仲がいい」などと言われ、双方の間には喧嘩などのトラブルが起きることが少ないという。

## 4 接続する現代と明治維新

くらやみ祭は江戸時代においてすでに神社が祭礼の主導権を握っていたために、神仏分離等が祭礼に直接的な影響を与えることは少なかったが、それまでのくらやみ祭の運営主体であった神社の経済力が弱まり、運営主体が神社から周辺の住民へと移り変わることとなった。ある意味で都市の祭礼の正当な姿になったともいえるわけである。

くらやみ祭の運営主体となった府中の住民の選択が、神輿・太鼓の華美化という方向性へと向かったことは興味深い。神田祭、三社祭などに代表されるいわゆる江戸の祭礼は山車を中心とした祭礼であり、八王子、佐原、川越、秩父といった周辺の都市の祭礼に大きな影響を与え、それらは山車を中心とした祭礼として現在まで続いている。くらやみ祭には現在二八基の山車が出ているが、それらは神事とは関係ない賑やかしの存在、脇役であり、その登場も戦後になってからである。くらやみ祭の主役はあくまでも神輿なのだ。神田祭や三社祭のように明治以後の電線の普及などによってその主役が山車から神輿へと移り変わった祭礼とはこの点で大きく異なっている。明治維新により祭礼の主役となった住民が自分達の祭礼を盛り上げ、飾り立てるために選んだのは、江戸流の山車ではなく、それまでもくらやみ祭に存在していた神輿・太鼓であったのだ。

考えてみれば、くらやみ祭は江戸時代において都市の祭礼ではなく、田舎の変わった風習として江戸の住民の観光の対象とされていたのであり、そもそも江戸の祭礼とは異質のものとして存在していたのである。

だからというわけではないのだろうが、くらやみ祭では明治維新と接続して三社祭とくらやみ祭を比較する語りを聞くことができる。[6]「大国魂神社は明治維新の時に幕府側についたから明治政府から冷遇されて官幣小社にしかなれなかった」「三社祭の浅草寺はすぐに明治政府についたから優遇された」といったものがそれである。[7]しかし、これは事実ではない。明治維新当時大国魂神社の宮司であった猿渡容盛は神道家として著名な人物であり、早い時期から明治政府に接触し発言を行っており、明治政府側に近い人間であった（府中市教育委員会『新版　武蔵国府のまち　府中市の歴史』二〇〇六年、三五三―三五五頁）。

くらやみ祭にとって明治維新は、歴史的事件というよりも現在を説明するもっともらしい語りとして活用されているのである。そういった意味でくらやみ祭における明治維新は現在とも接続するできごととして存在しているといえる。

## おわりに

本稿ではグローバルな変化をローカルな文化がどう受け止めるのか、大きな非日常は小さな非日常にどう影響を与えるのかについて考えるために角館のお祭りとくらやみ祭という二つの祭礼における明治維新をみてきた。その結果、角館のお祭りからは、明治維新という歴史的事件を経験してもそれを自らに影響を与える外部のできごとの一つとして対処し自分たちの望む祭礼を行い続ける祭礼の姿をみることができた。そして、くらやみ祭からは明治維新という歴史的事件を自分たちに都合の良いもっともらしい語りとして活用する祭礼の姿をみることができた。

こうした差異が生まれた理由としては、明治時代以前の祭礼の形態の違いや江戸・東京という政治的・文化的中心地からの距離の違いなど様々な要素が考えられる。今後、さらに幅広い地域の異なった形態を持つ祭礼の事例を集め、比較していくことで祭礼からみる新たな明治維新像を描き出すことができるかもしれない。[8]

しかし、本稿が最後に主張したいのは、祭礼という毎年繰り返す小さな、ローカルな非日常の懐の深さである。明治維新という歴史的事件、グローバルにつながる大きな非日常を、取り込み、利用し、さらにはそれを現代にもつなげていく祭礼という存在。歴史的事件は確実に、祭礼、そして民俗に直接的な影響を与えているのであり、祭礼研究から歴史的事件を除外視することは学問的に正しい姿勢ではない。祭礼の現代的状況においても祭礼が行われ続けている理由を考察するためにも、様々な次元の大きな非日常を祭礼という小さな非日常からみるという視点を持ち続ける必要があるのではないだろうか。

注

(1) 本稿に関連するものとしては、及川高「奄美喜界島における「神々の明治維新」神社神道とノロの宗教」『日本民俗学』二六五、二〇一一年、安丸良夫『神々の明治維新――神仏分離と廃仏毀釈』岩波新書、一九七九などがあげられる。

(2) 山澤学「日光弥生祭の明治」『ずいそうしゃ新書6　日光近代学事始』随想社、一九九七年などはその数少ない例の一つである。

(3) 以下の角館のお祭りの歴史に関する記述は、角館誌編纂委員会『角館誌第四巻　北家時代編下』一九六九年、同『角館誌第五巻　明治時代・大正時代編』一九七三年、同『角館誌第六巻　昭和時代編・角館歴史年表』一九七五年、角館のお祭りの保存継承と地域活性化実行委員会『角館祭りのやま行事　角館のお祭り』二〇一六年、角館町教育委員会文化財課『角館祭りのやま行事報告書』一九九七年をもとに整理した。特に必要と思われる部分については個別に引用を行った。

(4) 祭礼を自由に行なおうとする若者とそれを制御し飼いならそうとする幕府や藩権力のせめぎ合いは十八世紀から続けられてきたものであり、また明治維新後も現代に到るまで続けられているものである。そういった意味では角館のお祭りにとっては明治維新よりも道交法の方が直接的な影響力を持ったものであり、くらやみ祭にとっては明治政府よりもマスコミやPTAなどの祭礼批判の方が直接的な影響力を持ったのである。

(5) 以下のくらやみ祭の歴史に関する記述は、府中市教育委員会『新版武蔵国府のまち　府中市の歴史』二〇〇六年、同『大国魂神社の太鼓調査報告書』一九七四年、府中市郷土の森博物館『武蔵府中くらやみ祭』二〇〇四年、府中市史編さん委員会『府中の風土史』一九六七年、同『府中市史（上）』一九六八年、同『府中市史近代編資料集第九章――府中市の社会生活史資料集（二）』一九七三年、同『府中市史（下）』一九七四年、同『続府中の風土史』一九七六年をもとに整理した。特に必要と思われる部分については個別に引用を行った。

(6) 現代の祭礼における三社祭と他地域の祭礼の影響関係については、中里亮平「祭ブームと祭礼の影響関係――東京都府中市大国魂くらやみ祭の事例から」『民俗学論叢』二四、二〇〇九年で論じた。

(7) また、こうした語りと同じように登場するのが「戦後テレビの放送でくらやみ祭を撮影に来た。しかし、くらやみ祭の人たちは神輿を上から撮るとは何事だと怒って当時ものすごく高かったカメラを壊してしまった。それも二年連続で。三社はカメラの人に席を作ってここから撮ってくださいと接待して迎えた。それでテレビに三社祭を喜んで毎年放送するようになり、全国的に知られるようになった」という語りである。これは明治維新と係る語りではないものの、現在の三社祭とくらやみ祭の知名度の違いを事実かどうか分からない過去のできごとから説明し納得しようとする語りである点で、興味深いものである。

(8) 祭礼の現代的な変化については、中里亮平「変更からみる祭礼の現代的状況――東京都府中市大国魂神社くらやみ祭の事例から」『日本民俗学』二六一、二〇一〇年で論じた。

# 韓国の祖先祭祀を通してみる歴史と現在の関係

神谷智昭

●かみや・ともあき　一九七五年沖縄県生。二〇〇八年筑波大学大学院博士課程人文社会科学研究科単位取得退学。琉球大学准教授。社会人類学。主著「韓国における都市化と人の移動――首都圏北西部の新都市開発を中心に」（津波高志編『東アジアの間地方交流の過去と現在』彩流社）等。

## はじめに

### 1　祖先祭祀の重要性

韓国では他人に対する礼節が伝統的に重視されてきた。〝礼儀正しさ〟が求められるのは言葉遣いや態度にとどまらず、髭の有無や服装などの身だしなみから、タバコの吸い方や酒を飲む際の所作など細部にまで及ぶ。近年「最近の若者は……」という言葉は韓国でも聞かれるが、父子の間の厳格さ、老人や教師などと接する際の慇懃さ、先輩・後輩間の関係等をみると、現在でも〝東方礼儀之国〟という言葉を想起するのに十分である。

人間関係における礼儀の重視は、現世に生きる者同士のみならず、死者と生者の関係にもみられ、それは厳格な祖先祭祀として表れる。四代上までの各祖先の命日毎に行われる忌祭祀と、正月や秋夕（韓国でのお盆にあたる）などの名節に行われる茶礼まで含めると、長男筋の家では一年間に十回以上も祖先祭祀が行われ、直系子孫（特に男子）は祭祀に参加する義務を負う。それ以外にも名節には墓参が行われる他、五代以上の祖先に対しては陰暦の十月に墓前において時享祭が執り行われる。時享祭は個々の家庭だけでなく、祖先を同じくする一族全体にとって重要な祭祀と位置づけられている。一族は、一族全体の始祖を祀る大宗会から、ある地域の一族成員が集う宗親会、初めてその土地に根付いた祖先を起点にその子孫達からなる門中など幾つにも分節化され、それぞれの集団がそれぞれ祀るべき祖先の時享祭を担う。これらの集団は重要な祖先を祀る祭閣や祭祀費用捻出のための土地を所有することも多く、祭祀以外に祖先の顕彰活動などを活発に行っている。このように、数十人～数百人を超える人々が組織を作り、大変な労力と財力を投入しながら、数十年、時には数百年の祖先に対する祭祀を代々執り行っている様は、礼節という儒教徳目に対する彼らの忠実さと、親族集団としての結束の強さを如実に表しているといえよう。

写真１　論争の様子

## 2　予期せぬ出来事

筆者は韓国で現地調査を行う中で何度か祖先祭祀に参加したが、二〇一四年にY氏J派G宗中会という親族集団の派始祖[1]の時享祭を参与観察した際、次のような出来事を目撃した。その日、早朝より周辺地域から集まった子孫数十人が先祖の墓前で整列し祭祀の開始を待っていた。祭祀開始を前に、宗中会の役員が祭官の担当者を発表したところ、集まった人々の一部が大声で異議を唱えた（**写真１**）。これに対して宗中会の人々も反論、両者の論争は二〇分程も続き、一時は宗中会の祭祀担当役員が怒ってトゥルマギ（朝鮮時代知識人層の正装）を脱いで帰ってしまう寸前にまで至った。重要な先祖の祭祀のために集った同じ一族のメンバー同士にもかかわらず、彼らはなぜ激しく対立したのだろうか？本論は、この疑問に答えるためにG宗中会の歴史を振り返りながら、G宗中会あるいは韓国の父系親族集団に関わる人々にとって、歴史とはどのような意味をもっているか再考することを目的とする。(2)

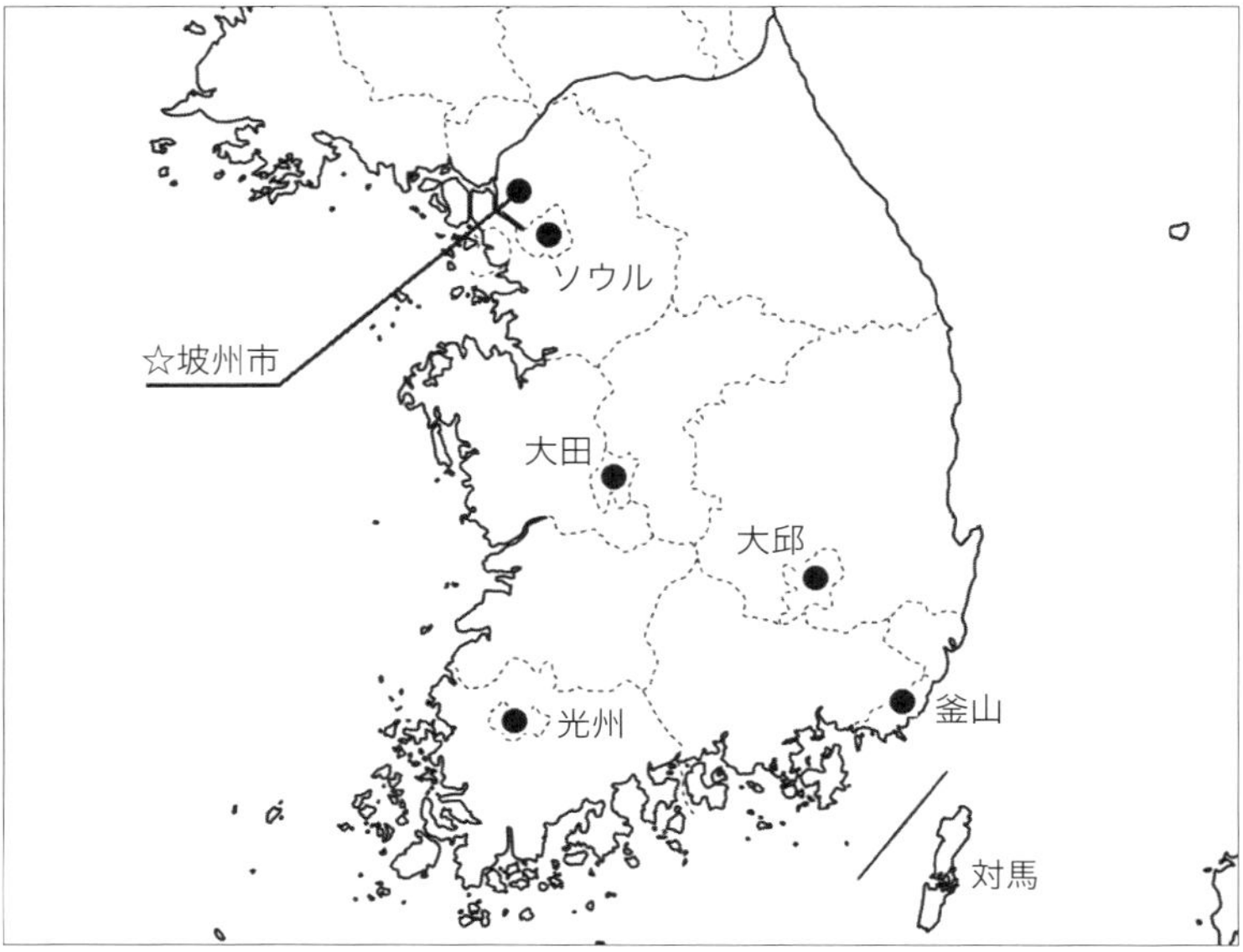


図1　調査地位置

## 一　事例の検討

### 1　G宗中会とN山とS庵

Y氏一族はY・Sという高麗時代の人物を始祖とする全国規模の氏族である。Y氏一族は長い歴史の中で多くの支派を形成していったが、J公派もその一つであり、始祖から数えて第十五世のY・B（J公）を派祖とする支派である。J公の墓は現在の大韓民国京畿道坡州市G面D里に所在していて（図1）、D里およびW里には朝鮮時代以来、Y氏J公派の子孫とされる人々が居住してきた。彼らが結成したのがG宗中会である。

W里とD里の西〜北西側にかけては丘陵地となっていて、そのうちの四〇万坪あまりがG宗中会の所有となっている。この丘陵地の至る所には、朝鮮時代〜現代にいたるまでのY氏一族の歴代の祖先の墓や一般の人々の墓が無数に点在しており、宗中会の人々は「祖先達の眠る場所」という意味を込めて「N山」と呼んでいる。このN山の管理とN山における歴代の祖先に対する祖先祭祀の挙行が、G宗中会の主な役割となっている（写真2）。

N山の山中にはS庵と呼ばれる小さな寺があり、一体の仏像が祀られている。ここには代々曹渓宗の住職が務めていて、周辺住民（特に女性）を中心に信仰を集めている。この寺は、創建の契機そのものがY氏一族の歴史と深く関わっており、S庵の存在はG宗中会の現在の活動方針にも大きな影響を与えている。

G宗中会、N山、そしてS庵は、それぞれの成立と展開、そして現在において複雑に関係し合っている。以下に記述する内容は、この三者が巻き込まれたある事件の顛末である。(3)

写真２　N山の墓域

## 2　N山の成立

G宗中会の派始祖は始祖Y・Sから数えて一五代目の子孫であるJ公（一三八四―一四四八）である。J公は、その娘が時の国王の后となり王と姻戚関係になったことで権勢をふるい、大司憲工曹判書等を歴任した人物である。J公が没すると、朝鮮国王世宗王はその死を悼み、J公という諱号を下賜し、J公の先妣の墓所があるG面内のW里・D里・G里一帯にわたる林野一万八千余町歩を賜牌地として下賜し、J公の遺体はその区域内に埋葬された。これを契機にこの区域の周辺にJ公の子孫達が集住するようになり、以後数百年もの間、N山は先山（歴代の祖先の墓が置かれた山）として、J公の子孫達の埋葬地として利用されてきた。

J公の死去八年後にJ公の配位であるH大夫人が死没すると、世宗王はその遺体をJ公の墓下に安葬し、J公にはさらなる追号を贈った。この時、J公の娘にあたる王妃は、父母の冥福を祈り、極楽往生を祈願するため、現在のS庵がある場所に間口三六間もの大きさの寺を建て、S庵と賜額したという。そして、木像を下賜する一方、僧兵二〇名を派遣して、墓所と先山を守護させたという。J公の子孫達は、S庵の境内にJ公夫婦の齋室を建て、そこでは代々族譜編纂作業が行われたと伝えられている。

その後、十六世紀半ばにはP君の娘が王に嫁ぎ妃となった。そしてP君が死没した際にはN山を守護する僧軍を増やすなど、S庵はより繁盛していった。しかし王后が崩御する頃には、王朝の方針として崇儒抑佛策が強く打ち出されるようになった。さらには士禍[4]、倭乱[5]などの災難が続き、S庵は次第に衰退していったという。それでも細々と命脈を保っていたS庵であったが、日本併合時代末期には寺を守っていた住持がこれ以上務めることが出来なくなったために、王后から下賜された仏像を近隣のP寺（曹渓宗）へ移した後、建物だけを残して事実上廃刹になったという。

## 3　J公の宗派問題とN山の所有者名義登録にまつわる事件

J公の宗孫は、J公の長男であるI公の子孫であるが、I公の子孫一族は壬辰倭乱（豊臣秀吉による朝鮮侵略。文禄の役一五九二～九三、慶長の役一五九七～九八）・丙子胡乱（清による朝鮮侵入と制圧。一六三七～三八）の争乱で避難した後四散し、消息不明となってしまったという。さらに、J公の次男であるS公の子孫達は、明宗時代に起こったY氏一族内の政争を遠因として、G宗中とは関係断絶となった。これによりN山と墓所は、G宗中が守護管理するようになったと伝えられている。

その後、数百年の間にG宗中は繁栄し、子孫達も増え、N山周辺に大門中を形成するに至った。その間、N山も禁養[6]を徹底し、鬱蒼と木々が生い茂る美しい姿を誇っていたという。ところが、李朝末期にS公派の宗孫であるY・Hが王朝の判書の役に就くと、その権勢を笠に、J公の長男であるI公の宗孫がいないのならば、次男の派であるS公の宗孫がJ公の宗孫となるべきだと主張してきた。さらに、Y・Hの息子であるY・Jも自分が正統な宗孫であるかのように振る舞い、専横を極めたため、G宗中との間で非常な不和に陥ったという。

こうした状況の中、一九一〇年に締結された日韓併合条約によって大韓帝国は大日本帝国に併合され、朝鮮半島において日本の政策が施行されるようになった。日本当局は、朝鮮半島経営のために、近代的土地制度の確立を急いだ。そのために全国の土地を測量すると同時に、水田、畑、林野、建物等の課税対象となる不動産の所有者名義を確定することを朝鮮の人々に求めた[7]。ところがその際に、Y・Jが、自分こそが宗孫であると主張し、N山、位土[8]、建物（S庵など）を、そっくり自分の単独名義で登記してしまった。これに対してG宗中は不当な所行で絶対に認められないと抗議し、G宗中との共同名義に訂正するように数年間継続して要求したが、Y・Jは全く応じず、Y・JとG宗中との反目はさらに激しくなった。

一九一九年の夏、大型台風が半島を直撃した。その際、N山で数百年間禁養し守ってきた木々が相当数折れてしまうという甚大な被害が出た。G宗中では、倒壊・飛散した木や枝は、当然宗中側で処理するものと考えていたが、以前からY・Jと内通していたY・Bという人物が、一足先に台風によって倒された木が大量にあるという情報を仕入れ、これを材木商人に売り払うことをY・Jに進言した。Y・JはY・Bと結託し、結局は倒木全てを材木商人達が持ち去ってしまったという。さらにその年の冬には、今度はひどい暴雪のために大きな松の木が数多く倒れる事態が発生したが、この時もやはりY・Bが台風の時と同様にG宗中会に断ることなく、勝手に処理してしまったという。

このようなY・Jの横暴に耐えられなくなったG宗中では、自分達の交渉では解決不可能であるとの結論に達し、一九一九年、京城地方法院にN山の所有を共同名義にするように求め告訴した。これに対しY・Jは、自分は当時水原に住んでいたために、台風や豪雪によってN山で起こった件については何も知らず、Y・Bが勝手に商人に売り払ったのだと裁判で主張した。そうしてY・BとY・D父子が表舞台に立ち裁判を戦いつつ、実際にはY・JとY・Bは裏で繋がりながら活動したのである。この裁判に関しては財力に乏しいG宗中は、裁判の費用を拠出することに非常に苦労したという。その当時、外孫奉仕を行っていたS・J公の祭祀は、秋夕と寒食に祭祀を挙行していた。祭祀費用はW里内にあった位土からの小作料で賄っていたが、裁判費用を捻出するために位土を売却し、寒食祭祀を省略して、十月の時享だけを挙行することになったほどである。

訴訟を起こして八年目の一九二六年の夏、第一審である地方法院で、一旦はG宗中勝訴の判決が出された。ところがY・J側は高等法院へ上告し、一年後の第二審では、G宗中の逆転敗訴となった。一審で勝訴を勝ち取った老練な日本人弁護士が、二審に入ってすぐに病死してしまったことが大きく影響したと言われている。この上さらに上告したとしても、覆すことは難しく思えたことや、財力に乏しいG宗中がY・J側の財力と対決できるはずもなく、結局敗訴することは目に見えていたため、G宗中では泣く泣く上告をあきらめたという。これにより十年近くにおよんだ裁判闘争は幕を閉じた。

Y・Jが勝訴したことにより、Y・B父子はますます意気があり、専横の度を高めた。彼らはまず、N山の伐木開墾を開始した。これまで数百年間G宗中で禁養を徹底し、空が見えないほどに鬱そうと木々が茂っていたN山の域内を、一斉に破壊してしまったのである。N山の至る所で、墓所の目前まで土地を掘り起こし、そこに田畑や桑畑を作った。青々と広がる桑畑の中に、望頭石だけが墓を守るかのように寂しく立つという状況だったという。元来、N山内の田といえば、J公の位土として十六斗落、J公の墓の下方右側にPN君、PW君（Y・Jの先祖にあたる）の位土二〇斗落、G里側にあったGA宅主の位土五斗落だけであった。現在N山周辺にあるそれ以外の田畑は、全てこの開墾の際に拓かれたものである。

こうした開拓事業はY・Bが主管者となり、Y・Dが現場の総指揮者となって行われた。Y・Bが舎音（耕作地管理と小作料徴収の責任者）を務めN山を管理し、GA宅主の墓所の墓直や、J公ならびにY・J一族の先祖の墓直までを総監督をするようになったために、小作人、墓直、山直たちが彼らに諂《へつら》い服従するようになり、Y・BとY・D親子の権勢は他の人々を圧倒するほどであったという。そうして数年が経過する間、Y・BとY・D親子は小作料を独占して我が世の春を謳歌していたが、そのうちに親子の利害が対立して相続問題で争うようになった。結局、一切の権限は息子のY・Dへ渡ってしまったという。

一九四二年、Y・Jの財産が激減し家が傾いたために、開墾地を全て売却処分することとなった。翌年の一九四五年の春には、Y・Jのその土地を、ソウルに住むY・Gという人物が買ったと言うが、Y・Gが買い取り後さらに転売したため、小作人達がその多くを購入したのである。

GA宅主の位土は、先述したとおり、G里地域に五斗落あったが、Y・Jが開墾地売却の時に一緒に売り払ってしまい、現在Y・Hが耕作している土地だけが残った。J公の位土は、W里に十六斗落が残っていたが、開墾地売却時、Y・J名義であったのを、Y・Dが自己所有の土地として名義移転登記し、その代わりに自身が耕作していたY・J名義の田八斗落だけをJ公の位土として残し、すり替えてしまったのだった。

一九五〇年に朝鮮戦争が勃発。その頃、ソウル敦岩洞の侘びしい家に住んでいたY・Jは、その年陰暦八月に八十五歳で死去した。飢え死にだったと言われている。さらに彼の息子も肺病を煩い衰弱し、戦乱の中で薬を得ることも出来ず、その年の陰暦十一月に死んだという。こうしてY・JとG宗中との対立は幕を閉じたかに見えた。

### 4　S庵毀損事件

一九五六年、突然ソウルから人夫達がやってきて、S庵と齋室を取り壊そうとする事件が起こった。宗中の人々がそれを阻止し咎めたところ、人夫達は、自分たちはこの建物を所有者から十五万ウォンで購入したのだと主張した。Y・Jとその息子は戦乱の最中で死亡したものの、N山やS庵などの所有権はY・Jの孫Y・GHに引き継がれていたのである。宗中の人々は、この建物は五〇〇年前に朝廷から仏堂兼齋室として建ててもらったもので、売ることも壊すことも容認できないと主張した。しかし、この人夫達と争って解決する問題ではないので、Y・GHに直接談判するべしということになった。苦労の末にようやくY・GHの家を探しあてたところ、母子は以前に住んでいた屋敷を手放し、敦岩洞の山頂付近の小さな家に住んでいた。宗中の使者は、Y・GHの母に、齋室を売却したことについて抗議し、G宗中の立場として絶対に容認できないと力説した。するとY・GHの母は、今、生活状況がこのような苦しい状況にあって、息子が中学三年生、その姉は大学二年生となったため、子供達の学費のために仕方なく齋室を売ることになったのであり、G宗中でもその事情を理解してくれと哀願した。母子の住んでいるところを見ると、垣根もない粗末な住まいで、彼らにとっては十五万ウォンでも大金であるはずで、齋室売却というようなことを強行したのも仕方のないと思われた。しかしながら齋室は、五〇〇余年もの間G宗中が守護してきたものであり、G宗中との相談も無しにこれを売り払ってしまうことなど容認できることではなかった。宗中の使者は、宗中では、歴代先祖の墳墓が残るN山も、齋室があってこそのものだと考えており、今回の件は絶対に容認できないことを伝えた。Y・GHの母は、N山の所有権に関しては、後日G宗中を訪ねて、万事を宗中と相談することを誓い、その旨を明記した証文を書いたうえで、今回の齋室売却だけは容認してくれと懇願した。所有権がY・GHにある以上、最終的には宗中側には選択権は無く、またY・GHの母も子を想ってやってしまったことで、証文も書いて深く反省していることから、宗中では断腸の思いで齋室売却を認めたという。こうして数百年続いたS庵と齋室は跡形もなく取り壊されてしまったのである。

　齋室が撤去されて二カ月後、Y・GHの母が宗中を訪れた。宗中の長老達も彼女の来訪を歓迎した。長老達が、過去のことは水に流し、荒廃した先山をもう一度整備し、墓所を守っていこうと言葉をかけると、Y・GHの母は感激して涙を流した。そして、これからは、先山の管理と墓所の守護については、G宗中でよろしくおこなって下さるようにと述べたという。宗中でも彼女の申し出を受け入れ、旅費を渡してY・GHの母を見送った。

　その後、宗中の代表が二、三度ソウルへ上京し、Y・GHの母と相談した結果、N山の所有をG宗中へ名義移転することとし、宗中からは協助金の名目で三〇〇万ウォンを提供することを決定した。三〇〇万ウォンは当時としては巨額な金であったが、永年の宿願であった先山の復帰が叶うという喜びから、N山周辺に住む宗中の人々が積極的に協力したという。各戸の経済力に応じて、一、二、三、四等級に等級を定め、一等級は籾二叺、二等級は一叺半、三等級は一叺、四等級は半叺ずつを寄付、それを二回に渡って集めることで、協助金を完全に支払うことができた。そして一九五七年、G宗中会へ完全に名義移転登記が実現し、現在のようにG宗中会がN山の管理とJ公以下の歴代の祖先の祭祀を主管するという状態の基礎が出来上がった。

　G宗中では、N山の所有権を取り戻すとすぐにN山の測量を実施した。そしてその結果に基づき、Y・Jが開墾して以後に無断開墾して使用されていた耕作地の坪数を算出して、耕作者に小作料を請求することで、毎年四十余叺ずつの収入を得られるようになった。この収入で山に植林できるようになり、次第に先山も青々とした姿を取り戻すようになったという[9]。一方、Y・D名義の土地をそのままにしておくことは出来ないということで、当時の有志（宗中会役員）であったY・HSがY・Dと交渉し、一八〇万ウォンで売却すると合意し、これを買い入れることを宗中で決定した。しかしながら、正式の契約締結時になって、Y・Dが自分の家の周囲と母親の墓所周囲の土地は囲み石で区分して、自分の所有の土地として分割してくれなければ土地を売ることは出来ないと言い出したため、仕方なしに自宅周辺と墓所は分割することで契約を結んだ。そうして一九六六年に完全に登記移転が実現した。

このように順調に復旧が進んだN山の所有権問題であったが、GA宅主の位土とJ公の位土についてはそのままにしていたことが仇となり、後に宗中に再び問題を引き起こすことになる。一九八六年、Y・Jの孫であるY・GHが外国から数十年ぶりに帰ってきた際に、両位土が自分の祖父の単独名義になっていると主張し、手続きをして売却処分するつもりであるから、宗中が時価で買い取るように要求し、そうでなければ他人に売り渡すと通告してきたのである。総面積にして三〇〇〇坪余り、総額一二〇〇万ウォン超の要求だった。宗中としてはすでに解決済みと考えていた問題で、さらなる巨額出費は宗中財政にとって耐え難い痛手であったが、この問題を裁判に訴えて再び十数年もの裁判闘争を行うことはより徒労となると判断し、Y・GHの要求を受け入れることになった。最終的に、J公派の花樹会で四〇〇万ウォン、G宗中会で六〇〇万ウォン、合計一〇〇〇万ウォンを準備し、Y・GHとの折衝の末に名義移転登記に至ったのである。

# 二　考察

## 1　争いの原因

再び最初の〝出来事〟に戻ろう。J公の時享祭において公然と異議を唱えた人々、実は彼らは、水原に住むS公の子孫にあたる人々であった。彼らの主張は、自分達はJ公の次男筋の門中であり、さらに遠方からわざわざ出席しているのだから、それなりの祭官としての役割が割り当てられるべきだというものであった。これに対してG宗中会の人々は、S公の子孫の方々の存在は尊重しているが、今回の時享祭の準備は全てG宗中会がおこなったのだから、祭官の割り当てについてもこちらの差配を受け入れて欲しいとのこと、もし祭官を担当したければ、事前にその旨を申し出た上で時享祭の準備にも一定の役割を果たすべきであると反論したのである。[10]最終的には、当時のG宗中会の会長が前面に出てS公の子孫達を説得し、参列していた長老格の老人達のとりなしをうけて、無事に時享祭を挙行することが出来たが、普段、厳粛な雰囲気の中で執り行われる祖先祭祀の裏側では、様々な人の主義主張や思惑が絡み合い、葛藤も存在していることを示す出来事であった。そしてその葛藤は、現在の経済的利害関係もさることながら、[11]個人の経験に先立ち、各集団が歩んできた歴史的経緯がより大きな原因となっていることは明らかである。口には出さなかったが、S公の子孫にあたる人々としては、本来であればJ公の祭祀は次男筋である自分達が担うべきという考えがあり、祭官の役すら割り当てられない現状に不満があるのだろう。一方、G宗中会の人々からしてみれば、現在の状況は歴代の先祖達の努力の結果であるという自負がある。特に現在のG宗中会の老人達は、先述した日本植民地時代に起こった事件のために祖父や父・叔父、先輩達が苦労している姿を目の当たりにしたり、その経緯を直接伝え聞いている世代である。今回の出来事で見られた激しい反発の裏には、水原から来た人々が、一連の事件の中心人物であったY・Jを宗孫とする門中の成員であるということに対する、感情的なしこりもあったのかもしれない。実際に、時享祭が終わってG宗中会のメンバーだけになった酒宴の席では、仲裁に入った長老の人々も含めて、水原から来た人々の〝非礼〟について非難が飛び交っていた。いずれにせよ現在、立派に祖先の時享祭を遂行することは、彼らにとっては数十代前の祖先に対する義務であると同時に、自ら祖父や父・叔父、先輩達に対する義務にもなっているのである。

### 2　継続される回復運動

一九七八年に、G宗中ではS庵の建物を再建している。そして一九九四年五月十二日には敷地五〇〇余坪をS庵に提供し、周囲の土地二〇〇〇余坪に対して使用許可を与える一方、金一八〇〇万ウォンを寄付して財政支援を行った。さらに、王后が下賜したと伝えられる仏像をP寺からS庵に再び移し、G宗中が創建主であるという確認書を受けて再創建した。旧S庵からP寺への仏像の移動は、緊急避難的で法的な手続きを経ずに行われたものであったため、年月が経つうちに仏像の所有権は曖昧になっていた。そのため、仏像の返還時には所有権をはっきりさせるために、P寺と確認書を交わし、法律に基づく登録を行う必要があったのである。この時、S庵をP寺の末寺と位置づけることが決められ、住持は曹渓宗から派遣されるようになった。このようにG宗中会では、S庵の再創建と仏像の返還のために、土地の提供や多額の寄付、住持の受け入れなど最大限の努力をしており、この問題にかけるG宗中会の人々の熱意が窺える。彼らにとっては、N山の所有権を取り戻し歴代祖先の墓の守護を行うことも勿論重要であったが、失われたS庵を再建し仏像を奉還することも同様に重要だったのである。それは、日本併合という歴史的事件とそれ以降の朝鮮半島の近代化に伴って起こった子孫間の争いにより荒廃したN山に、祖先の永劫の安息所であった在りし日の姿を取り戻すための回復運動と理解することができる。

　このような回復運動はその後も形を変えて継続している。G宗中会では二〇〇〇年代に入り、N山の墓域や関連施設の再整備が進んでいる。[12] その中でも宗中会内で議論を引き起こしたのが、S庵の再整備案であった。一九七八年に再建したS庵は、大きさが約四間、一つの棟に大雄殿と齋室を配置した小振りな造りであったが、G宗中会執行部では、その隣に新たに別棟に大雄殿を建設し、さらに住持の詰所や尼僧の居住スペースとして寮舎棟を建てるという計画を提起した。つまり、王妃から下賜された仏像を安置するに相応しい立派な建物へと建て替えようとしたのである。この計画に対しては、特に宗中会の若い世代から反対の声が上が

写真3　会議で大雄殿の必要性を説く老人

写真4　新築された大雄殿

り、二〇〇七年度の総会で一度否決された。小さいとはいえ、すでにS庵の再建は実現されたのに、改めて大金を投じて大雄殿を作る必要があるのか、それだけの金があるなら、宗中の人々の福祉に使うべきだというのが反対の人々の主張だった。しかし、その後も元老会が中心となって、反対派の人々に再整備の必要性を説いてまわり、最後は長老達が押し切る形で、二〇〇八年にS庵の再整備が決定された（写真3）。二〇〇九年七月に工事が始まり、二〇一〇年七月に完成（写真4）。敷地面積六五〇平方メートル、床面積一一〇平方メートル、総工費八億九〇〇〇万ウォンの大事業であった。こうした活動を通じて、G宗中会の人々は、自らがJ公と歴代の祖先の墓を守り祭祀を執行することの正統性を獲得しようとしているかのようである。

## 3　祖先・系譜・歴史

以上のように、G宗中会の人々にとって歴史とは、様々な出来事・事件の時系列的集合体であるだけでなく、父や祖父や曾祖父、「祖上（祖先）様」という言葉で表現される数多の死者の存在とそ

の系譜関係までを含むものである。このことはG宗中会の人々だけでなく、水原のS公の子孫達を含む全てのJ公の子孫にあてはまるだろう。重要なことは、同じ一族の歴史であっても、系譜関係上の位置によって、歴史の評価は変わりうるということである。その異なる評価の立場から、それぞれが考える〝正しい歴史（あるいは望ましい歴史）〟を後世に伝えるため、子孫達は活動している――先に起こった〝出来事〟は、G宗中会の人々とS公の子孫達それぞれが考える〝正しい歴史〟の違いが生み出した対立だったと理解できよう。彼らにとって過去を映す鏡ではなく、今まさに彼らを突き動かす動機となっているのである。

**注**

（1）先述したように、韓国においては一族が幾重にも分節化して集団（派）を形成することが一つの特徴であるが、それぞれの分節の基点となる人物が派始祖であり、派集団の中で最も重要な祖先として盛大な祭祀が行われる。

（2）プライバシー保護の観点から、本論においては人名や地名は基本的にイニシャル表記や仮称を使用する。

（3）本稿で扱う事例は、G宗中会の長老が書き残した資料と、N山やS庵に建てられた碑石に刻まれた内容、および聞き取り調査をもとに再構成したものである。

（4）十五世紀後半〜十六世紀半ばの朝鮮時代に頻発した、官僚に対する粛清事件。特にここでは乙巳士禍を指す。

（5）豊臣秀吉の朝鮮出兵のこと。明を巻き込んだ戦いは、十六世紀東アジア最大の戦争であったとされ、戦場となった朝鮮社会に多大な影響を与えた。

（6）木々の伐採を禁じて森林を保護すること。

（7）朝鮮における土地調査事業に関しては、宮嶋博史『朝鮮土地調査事業史の研究』（汲古書院、一九九一年）を参照。

（8）祖先祭祀の費用を捻出するための田畑のこと。一族の中で重要な祖先の祭祀にはそのための田畑が用意されており、それを小作農などに貸し出して得られた収入を歳費に充てるのが一般的である。

（9）現在七十代くらいまでの老人達は、N山で植樹活動したことを幼い頃の思い出としてもっている。

（10）儒教式祭祀においては、祖先に対して供物や酒を捧げる初献官・亜献官・終献官、献官を補佐する執事、祝文を読む大祝、その他様々な祭官の役割分担がある。祭官に抜擢されることは個人にとっても門中にとっても名誉なこととなる。

（11）G宗中会は、現在も幾つかの訴訟を抱えている。その殆どは、先山をはじめとする共有財産に係わるものであり、先山や墓域の保全・整備、歴代の祖先祭祀の挙行、共同財産の管理と並んで、裁判への対応とその結果報告が執行部役員の重要な仕事の一つとなっているほど、宗中会にとっては土地に絡む係争が深刻な問題となっている。同胞であるY氏一族の子孫が訴訟の相手となっているものも多い。訴訟は韓国北西部において開発が盛んになり出した一九九〇年代後半以降増え続け、二〇〇〇年頃にはG宗中会の役員が絡むN山の土地の密売事件が発覚し、大問題となったこともある。

（12）その背景には、一九九〇年代後半以降坡州市で進められた新都市開発と、開発計画にかかる用地売却による宗中会共有財産の急増が関係している。詳しくは、神谷前掲、二〇一三年を参照。

＊本論のデータの一部は、平成二十年度〜平成二十四年度文部科学省特別教育研究経費「人の移動と二十一世紀のグローバル社会」の調査を通じて得たものである。

# 東北の東方正教

山下須美礼

　幕末の開国以来、開港場に置かれた外国人居留地には、役人や商人などとともに、多くのキリスト教宣教師が来日した。日本人への布教を志す彼らは、明治を迎えると積極的な布教活動を本格化する。カトリック、プロテスタント諸派、東方正教など、さまざまな教派の宣教師たちがしのぎを削り、布教活動を展開した結果、全国各地でキリスト教が受容された。たとえば開港場である横浜では、一八七二（明治五）年に日本で最初のプロテスタント教会が設立され、熊本では一八七六（明治九）年、洋学校教官の影響を受けた多くの生徒がプロテスタントに改宗した。このように、明治初期の主要なキリスト教受容がプロテスタント諸派の活動により実現していたのとは対照的に、東北、なかでも奥羽山脈の東に位置する地域においては、ロシアから流入したキリスト教である東方正教（ギリシャ正教・ハリストス正教）が広く受容された。たとえば仙台藩六二万石の城下町であった仙台では、一八七三（明治六）年に東方正教の教会組織が形成され、盛岡藩の中心であった盛岡にも、一八七五（明治八）年には教会が誕生している。その結果、一八七九（明治十二）年には、仙台藩と盛岡藩の旧領とその周辺地域に限っても、信徒数は二千人を超える規模となっていた。一方で、仙台におけるプロテスタント教会の誕生は、一八八一（明治十四）年の仙台教会（長老派・現在の仙台東一番丁教会）の設立を待たねばならない。

　ではなぜ、当時の日本における典型的なキリスト教の展開とは異なり、東北地方の東側では東方正教が優勢となったのであろうか。それは幕末、蝦夷地に開かれた開港場である函館に、日本で唯一のロシアの出先機関としてロシア領事館が設置されたからである。当時のロシア帝国では、東方正教が国教であったことから、国の機関には必ず聖職者が派遣された。その一人が、現在御茶ノ水駅近くのニコライ堂にその名を残す、宣教師ニコライである。ニコライは、日本における布教活動への強い野心を秘め、来たる日のために日本語習得や日本研究に邁進した。そして戊辰戦争のさなか、かねてよりニコライから密かに教理を聞いていた三人の日本人に洗礼を施すに至ったのである。その後ニコライの元には、戊辰戦争で敗北した仙台藩の家臣が多数訪れ、教理を受け入れていく。幕末期の函館は、蝦夷地警備を任された東北諸藩の関係者が頻繁に往来する土地であり、戊辰戦争が始まると、新政府軍との決戦を前に多くの仙台藩士が滞留していた。このような連関が、新しい時代への足掛かりを得たいと考える仙台藩士たちを、函館のニコライの元に呼び寄せたのである。

ニコライの元へやって来た仙台藩士たちの多くは、一八七一（明治四）年に洗礼を受けると、郷里である仙台へ「伝教者」として派遣された。彼らは城下町仙台だけではなく、自分にゆかりのある領内の町々へと伝教を進めた。さらに正教会の拠点となった函館と仙台をつなぐ往来沿いで、熱心な伝教活動が展開された結果、東北地方の東側では、明治のごく早い時期に東方正教の一大基盤ができ上がったのである。

しかしながら、カトリックやプロテスタント諸派も、東北地方で手をこまねいていたわけではない。たとえば現在の青森県に着目しよう。正教会は、旧盛岡藩領と八戸藩領に相当する県東部で、次々と信徒を獲得し、八戸や三戸に教会が設立された。一方、県西部に位置する旧弘前藩領では、プロテスタントの一つであるメソジスト派のキリスト教が流入し、「弘前バンド」と称されるほどの展開を見せていた。弘前藩士族の本多庸一や、東奥義塾のJ・イングによる伝道は、一八七五（明治八）年、東北地方最初のプロテスタント教会の誕生を導いている。正教会では県の中心部に位置する青森町（現青森市）での伝教を本格化させようと計画するが、それは日に日に活発化するメソジスト派の伝道に対抗しようとの思いからであった[1]。しかしながら、結果的に正教会は、青森町を含む旧弘前藩領内への教会設立を実現することは叶わなかったのである。

東方正教の伝教者たちが、伝教先で他教派の伝道者と交錯することは、珍しいことではなかった。千葉県下総地方での伝教では、プロテスタントのアメリカ人宣教師と鉢合わせし、多くの聴聞人を集める様子に、「西洋人ノ髭デモ見ル積リ」なのだろうと悔しさを滲ませている[2]。その一方で秋田県大館（現大館市）では、弘前バンドが派遣した伝道者と東方正教の伝教者が出会い、お互いに協力して講義場所を確保し、一緒に布教活動を行なったとの珍しい記録もある[3]。このような布教の競合状態は、時に親族内で別な教派に入信するという事態をもたらすこともあった。

江戸時代より蓄積されてきた北方との関わりに導かれ、東方正教と出会った仙台藩士族らは、決して教派の違いを吟味した上で入信したわけではない。しかしながら、それこそが新しい時代を切り拓くよすがであるとの強い信念をもっていたことが、彼らに近代という時代との接点をもたらしたのである。

**注**

(1)『教会報知』第十七号（明治十一年十月六日）同志社大学人文科学研究所所蔵。
(2)『教会報知』第十二号（明治十一年五月二十六日）。
(3)『七一雑報』第二十二号（明治十一年五月三十一日）雑報社。

コラム

# 祭礼からみる歴史、時代と「例年通り」

中里亮平

二〇一六年末、三三の祭礼が「山・鉾・屋台行事」としてユネスコ無形文化遺産に登録された。二〇一七年の祭礼を見て回ると、登録された祭礼はそれを受けて様々な形でこれを祝い、盛り上げようとしていた。筆者の調査地である秋田県からは「花輪祭の屋台行事」、「土崎神明宮の曳山行事」、「角館祭りのやま行事」の三つが登録されており、「世界に誇る秋田の祭り」として喧伝する活動を行っていた。

さて、こうした際に祭礼の説明として登場するのが、その祭礼が何時代に始まり、〇〇年の伝統、歴史を持っているという言説である。それは祭礼の伝統を誇るものであり、その意義を強調するものである。我々も一般的に、平安時代から続いている祭礼と昭和に始まった祭礼では、どうしても平安時代からの伝統がある祭礼の方をより貴重で重要で見る価値のあるものとみなしてしまいがちである。

こうした点で、祭礼と歴史、時代とは、密接に関わっているように思われる。例えば、平成六年（一九九四）年行われた「平安遷都一二〇〇年祭」は歴史、時代を強調しつつ、それ以後の各地の祭礼に大きな影響を与えたものであった。これは、日本全国の著名な山車祭り、祇園祭に呼びかけ、京都市内で山車のパレードを行った行事である。多くの祭礼がこの催しに参加し、以後の「山・鉾・屋台行事」の連携に繋がった。また、それぞれ孤立・完結して行われていた祭礼に、他の祭礼と自分達の祭礼を比較する視点を提供することとなった点も重要であった。

東京都府中市大国魂神社の例大祭、くらやみ祭では平成二十三（二〇一一）年に神社創設一九〇〇年祭を計画していた。神輿渡御ルートの変更などを計画し、多額の金額の寄付を集め随神門の新設を行った。実際には東日本大震災とそれに伴う自粛のムードによって、神輿渡御ルートの変更が行われることはなかったが、祭礼、そして神社に関わる大きな変更の理由として神社の創設一九〇〇年という年は活用されたわけである。

しかし、これらはあくまでも祭礼の外部にいる人々へ向けた宣伝であり、一般的な祭礼の参加者の立場としてみると、こうしたことは常に意識されているわけではない。

延暦十三年（七九四）年に平安京へ遷都が行われたという歴史的事実を我々は教科書で習い記憶しているが、京都の「祇園祭の山鉾行事」自体がその年から始まったわけではない。また、「平安遷都一二〇〇年祭」に招かれた祭礼はすべて京都祇園祭だけに由来するわけでもない。あくまでも祭礼全体を動かしている主催者・企画者側がその年を平安遷都一二〇〇年として価値づけ、祭礼を盛り上げる機会として活用したに過ぎない。

　また、大国魂神社が一九〇〇年以上前に創設されたというのはほとんど伝説の類の物語である。くらやみ祭の参加者、大国魂神社の氏子にとって普段から意識されているものではなく、またそれを信じている参加者などほとんどいない。あくまでも権威づけの一環であり、様々な変更を行い、祭礼を盛り上げるためにちょうど良い機会として活用されたのである。

　こうしてみると、祭礼と歴史、時代という問題には祭礼を動かしている主催者・企画者側と一般的な祭礼の参加者側の間に大きな認識のずれがあるように思われる。

　そもそも、祭礼とは毎年繰り返すことを前提としたものである。前へ前へと進む直線的な時間軸ではなく、同じことを繰り返す円環的な時間軸に属するものである。一般的な祭礼の参加者にとって祭礼は一年で一度の特別な非日常であるが、一生に何度も繰り返される当たり前の日常でもあるのだ。

　これをよくあらわすのが、「例年通り」という言葉である。祭礼の責任者、代表、長老が挨拶の中で、もろもろの諸注意をした後に、「例年通り」でいきましょう、と話すのはどこの祭礼にも共通している。大きな事故や問題があった祭礼で、挨拶で「例年通りで」と言われるようになればその問題は解決したようなものだ、といった言葉を聞くこともできる。

　特別で異常で非日常である祭礼はしかし、一方で、普通で当たり前でいつも通りである「例年通り」であることを求められているのである。

　最後に角館のお祭りにおいて登場するよりローカルな次元の歴史、時代について記述してこの文章のまとめとしたい。角館のお祭りには一八基の山車が出るが、その中でも新興の丁内は「〇〇丁内若者〇〇年史」といった記念誌を発行する傾向がある。これにはその丁内の山車の誕生から現在までの人形の場面や八百長、本番の相手などの歴史が記録されており、大変に興味深いものである。一方で旧丁内に所属する山車はこういったものを発行しない。その理由を旧丁内の人々は、我々の丁内ははるか昔から山車を出しているのだから、今年が何年目かなんて分からないのだ、という言葉で説明する。何年目という節目を正確に把握できないことを誇りとしているのである。

　このようにしてみると、祭礼における歴史、時代は外部へ向けた権威づけの道具である一方で、内部での差異を強調する要素としても使われていることが分かる。祭礼の存続自体が危ぶまれる現代において、祭礼の参加者は巧みに歴史、時代を利用し、「例年通り」の祭礼を実行し続けているのである。

# ハンセン病施策の近代

柏木亨介

近代を迎えたからといって物事のすべてが一変するわけではない。前近代的な部分と近代的な部分が重なり合いながら、二十一世紀の今日まで続くこともある。その一例として日本のハンセン病施策が挙げられる。

ハンセン病はらい菌による慢性の感染症で、容貌の変化が顕著に現われることから最も忌み嫌われた病の一つである。

十九世紀後半から二十世紀半ばにかけては、感染症の病原体が次々と発見され、投薬による化学療法が次々と開発されていき、それまで不治とされてきた多くの病が可治となっていった近代医学の発展期である。ハンセン病（Hansen's disease）はかつて癩（Leprosy）と呼ばれ、遺伝病や天刑病とも考えられていたが、明治六年（一八七三）、アルマウェル・ハンセンによってらい菌による感染症であることが突き止められた。

この病は古来より世界各地で見られたが、感染力自体は弱く発病することも稀で、十九世紀の西洋世界ではほぼ収束していた。一方、当時の東洋では患者が多く見られたから、西洋（近代化・衛生的）—東洋（未開・不潔）というオリエンタリズム的思考の図式が見事に当てはまった。

日本では、二十世紀初頭の明治四十年（一九〇七）に法律第一一号（通称「癩予防ニ関スル件」）が公布され、公立療養所の設立とともに本格的な予防対策が始まったが、本法成立の背景には、患者が路傍に徘徊しているのは文明国として不相応との認識があって（第一六回帝国議会衆議院癩病患者取締ニ関スル建議案委員会）、上述の世界認識が如実に反映されていた。放浪患者の療養所収容は、あくまで「癩予防」という公衆衛生的見地および困窮患者の「救護」という社会事業的見地から見た場合の法的処置にすぎず、病に苦しむ患者への治療を目的としたものとは言い難かった。

法施行以前、世間からの過酷な偏見・差別によって故郷を追われたハンセン病患者は、遍路行脚などの末、寺社門前に滞留したり、山奥の湯治場に滞在したりして、神仏や民間療法にすがるほかなかった。しかし、明治以後、寺社や温泉地は行楽地として益々の発展を見せ、彼らは次第に邪魔な存在と見做されていった。例えば草津温泉では、明治二十年（一八八七）に行政主導で患者集落が設置された（湯之沢部落）。香川県の金刀比羅宮では昭和九年（一九三四）、熊本県の本妙寺では昭和十五年（一九四〇）に警察による一斉検挙が行われ、患者は療養所に強制収容された。

　また、近代は都市人口の増大による弊害も発生し始めていた。貧民街に流れ着いたハンセン病患者の一部には徒党を組んで悪事を働く者もいたという。

　近代医学と都市の発展によって公衆衛生や社会事業という構想が現われた十九世紀後半から二十世紀初頭にかけて、患者隔離の施策は練られ、国民も患者への嫌悪感からこれを支持した（無癩県運動）。これが徹底されるのは昭和六年（一九三一）の法改正（「癩予防法」）で、これによりすべての患者の隔離が決まった。

　とはいえ二十世紀半ばまでハンセン病に対する有効な薬剤は現われなかったから、患者は療養所で一生を過ごさざるを得ず、医学界もこれを是認していた。

　現在では多剤併用療法（ＭＤＴ）によって完治するが、かつては湯治や鍼灸等の民間療法で済ませるか、あるいは迷信めいた猟奇的な方法などが試されたらしい。寅年、寅の日、寅の刻に生まれた人の内臓を食すとハンセン病が治るとの妄信から、天保十年（一八三九）二月、甲斐国巨摩郡（現山梨県南巨摩郡）で当時十歳の子どもが患者に殺害された事件が発生している。

　戦後、治療方法が確立したにもかかわらず、隔離政策は平成八年（一九九六）まで続いた（「らい予防法の廃止に関する法律」）。二十世紀初頭の近代医療・公衆衛生施策の基本方針は二十世紀末まで続いたわけだが、これを終焉に導いたのは近代医学の進歩というよりもむしろ、「人権」という二十世紀半ば以降人口に膾炙した憲法上の理念によるところが大きい。二十一世紀が始まる平成十三年（二〇〇一）、隔離政策の違憲性を指摘した地裁判決が出されて、それ以後は病者本位の施策に転換されつつある。平成二十年（二〇〇八）制定の「ハンセン病問題の解決の促進に関する法律」により、ハンセン病者への偏見・差別という前近代から続く陋習の解消も施策に組み入れられた。

　このように、ハンセン病施策は前近代から続く問題群を一挙に解決することはできず、同時代の医学知識や社会理念を勘案しながら進められてきたのである。

**参考文献**

小平市中央図書館蔵「小川家文書」G—255（小平市中央図書館編『小平市史料集第十六集　村の生活2　事件・事故・訴訟』所収、二〇〇五年）

中川清『明治東京下層生活誌』（一九九四年、岩波文庫）

廣川和花『近代日本のハンセン病問題と地域社会』（二〇一一年、大阪大学出版会）

松原岩五郎『再暗黒の東京』（一八八八年、岩波文庫）

山本俊一『増補　日本らい史』（一九九七年、東京大学出版会）

| 西暦 | 域内 | 域外 |
| --- | --- | --- |
| 1939 | ノモンハン事件 | 第二次世界大戦勃発 |
| 1941 | 大東亜戦争（太平洋戦争）勃発<br>矢野仁一『満洲近代史』 | |
| 1945 | 辺野古の後背地である大浦崎を米軍が制圧、大浦崎収容所設置、翌年１月廃止。<br>ポツダム宣言を受諾、敗戦 | ドイツが降伏 |
| 1949 | | 中華人民共和国成立 |
| 1950 | | 朝鮮戦争勃発 |
| 1951 | サンフランシスコ講和条約、日米安全保障条約調印<br>宮古群島知事が養豚取締条例を布達し、豚の餌に人糞を用いること、豚舎に便所を附設することを厳禁 | |
| 1952 | | アメリカが初の水爆実験 |
| 1953 | | 朝鮮戦争休戦協定 |
| 1955 | 米軍が辺野古地区の土地を接収することを予告。辺野古有志会は地元に有益な条件で折衝するため要望書を提出。 | |
| 1956 | 辺野古地区の地権者が土地使用契約を結んでいく。後に辺野古北方に幅員の広い軍道が開通 | |
| 1959 | 辺野古地区の基地完成 | キューバ革命<br>フルシチョフがアメリカを訪問 |
| 1996 | 普天間基地の代替施設候補地として辺野古の名前があがり、辺野古の行政委員会が反対決議をする | |
| 1997 | 「ヘリポート建設阻止協議会・命を守る会」と「辺野古地区活性化促進協議会」が結成され、新基地建設の反対派と受入派の対立構図が生まれる | |

| 西暦 | 域内 | 域外 |
|---|---|---|
| 1911 | 楠美恩三郎が文部省編『尋常小学唱歌』の楽曲委員として、作曲、編纂に携わった文部省編『尋常小学唱歌』が刊行（1914年まで）<br>沖縄県において、辺野古が請け負い、西海岸までの車両通行可能な郡道開削起工。住民の生活を疲弊させながら、1915年竣工。ただしなお辺野古からは接続せず。 | 辛亥革命 |
| 1912 | 柳河商工会が認可される | 清朝滅亡 |
| 1914 | 沖縄県の西海岸を南北に結ぶ国頭街道が全通 | 第一次世界大戦勃発 |
| 1916 | 鹿児島の山形屋百貨店が開店 | |
| 1917 | この頃から沖縄県の市街地で豚便所を廃止していく。農村部では依然として使用 | ロシア革命 |
| 1918 | 柳河商工会内に柳河安売団が結成される | |
| 1920 | 佐世保玉屋百貨店が開店 | |
| 1923 | 関東大震災<br>震災の影響により、柳河商工会で代金の二季決済から現金払い、月末払いにすることが決議される。同じ頃、店頭販売、陳列販売が広まる | |
| 1925 | 福岡玉屋百貨店が開店 | |
| 1929 | | 世界恐慌 |
| 1930 | 福岡玉屋百貨店が柳河劇場を貸し切って出張大売り出しを開催。柳河商工会斡旋により商店主たちが対抗大売り出しを開催。 | |
| 1931 | 満洲事変<br>福岡の岩田屋百貨店が柳河で出張大売り出しを開催 | |
| 1932 | 福岡県柳河に京町大店会が発足し、商店街が誕生。街路が拡張舗装され、スズラン燈が設置される。<br>五・一五事件 | |
| 1933 | | ナチスの独裁開始 |
| 1936 | 二・二六事件<br>東京音楽学校に邦楽科を設置<br>沖縄県において、辺野古周辺の東海岸沿いの道路開削竣工、1939年頃辺野古が西海岸への郡道と接続 | |
| 1937 | 日中戦争勃発 | |

| 西暦 | 域内 | 域外 |
|---|---|---|
| 1886 | 漁業組合準則を制定<br>柳河実業青年会が結成される | |
| 1888 | 那珂通世が『支那通史』の刊行開始 | |
| 1889 | 大日本帝国憲法発布<br>三池炭鉱が三井財閥に払い下げられる | |
| 1890 | 麦の不作によって、東京で食糧不足<br>この頃、糸満でアギャー（追込み網漁）の技術が確立といわれる | |
| 1893 | 笹森儀助が沖縄巡検の後、漁業資源を肥料として用いるべきであることを報告。ただし実現せず<br>この頃、沖縄で近海カツオ漁が始まり、1903年には事業として軌道に乗る | |
| 1894 | 日清戦争勃発 | |
| 1895 | 下関条約調印<br>東方正教徒の太田弘三らによる度重なる陳情の結果、三戸の元給人160名の士族への復籍が認められる | |
| 1897 | 福岡県柳河に柳河商工会が結成される | 朝鮮国王が大韓皇帝を名のる |
| 1898 | 沖縄農工銀行が開業 | ロシアが大連、旅順を租借 |
| 1899 | 沖縄銀行が開業 | 羅振玉が那珂通世『支那通史』を重刻出版 |
| 1900 | 楠美家出身の佐野楽翁が、邦楽保存のため弘前音楽会を組織<br>内務省が娼妓取締規則を公布し公証制度が確立される | 義和団の乱<br>ロシアがマンチュリアを一時占領 |
| 1902 | 日英同盟調印<br>漁業法制定により、沖縄の漁業組合組織の法的地位が規定される | |
| 1904 | 日露戦争勃発<br>三越百貨店開店 | |
| 1905 | ポーツマス条約 | |
| 1907 | 佐野楽翁の弟、元弘前藩士館山漸之進の請願により、東京音楽学校に邦楽調査保存の掛を設置、邦楽の五線譜による採譜を開始。甥の楠美恩三郎（東京音楽学校助教授・オルガン指導）が平曲の採譜に協力<br>この頃、川田龍吉男爵が男爵イモを北海道七飯村に導入<br>那覇に漁船の造船所が完成 | 清朝がマンチュリアに東三省を設置 |
| 1908 | 沖縄県で豚コレラ大流行 | |
| 1910 | 那覇に県立水産学校を設置 | 日韓併合 |

| 西暦 | 域内 | 域外 |
|---|---|---|
| 1872 | 弘前に私学東奥義塾が開校、同校を通じて士族層に讃美歌が伝わる（同校に着任した宣教師を通じてのちに賛美歌が伝わった）<br>太政官が娼妓解放令を布告<br>阿蘇神社宮司の阿蘇惟敦が華族に列せられる | |
| 1873 | 福岡県が芸者並貸座敷渡世者内規則を公布<br>青森県が三戸在住の東方正教に親しむ者に氏名の提出を要求、これに諏訪内源司らが応じる<br>三戸の為憲場開校にかかわり後に東方正教徒となった元給人が中心となり士族身分回復の族籍訂正運動を開始 | |
| 1874 | 佐賀の乱<br>台湾出兵に際し、諏訪内源司らが義勇兵となることを志願<br>諏訪内源司が民選議院開設を太政官に建白 | |
| 1875 | 千島樺太交換条約調印 | |
| 1876 | 日朝修好条規調印<br>天覧授業において、東奥義塾生が明治天皇の御前で頌歌「Coronation（戴冠式）」を歌う<br>神風連の乱、秋月の乱、萩の乱<br>この頃、三戸に東方正教の教会組織が整う | |
| 1877 | 西南戦争<br>阿蘇郡で一揆が発生<br>三戸在住の神職真田太古、同在住の旧盛岡藩士川村甚之丞（東方正教徒）らが挙兵を首謀 | インド帝国成立 |
| 1879 | 琉球藩を廃止し沖縄県を設置<br>三戸元給人の士族身分回復のため諏訪内甚蔵らが、奥羽巡視中の佐々木高行に面会し、県令に嘆願書を提出 | |
| 1880 | 神明社と薬師堂の祭礼として、秋田角館のお祭りが始まる | |
| 1881 | 沖縄県令上杉茂憲が沖縄島の全三十五間切を巡回 | |
| 1884 | 華族令、阿蘇家を含む神職一五家が男爵を叙爵<br>糸満の漁師、玉城保太郎がミーカガン（水中メガネ）を考案 | |

| 西暦 | 域内 | 域外 |
|---|---|---|
| 1866 | 柳河春三が『智環啓蒙』を江戸開物社から刊行<br>盛岡藩三戸に給人諏訪内甚蔵らを世話人として郷学為憲場が開校。諏訪内甚蔵の嫡子で、盛岡で那珂通高（後の東京高等師範学校教授那珂通世の養父）に漢学を学んだ源司が句読師（漢文の素読指導）となる | |
| 1867 | 幕府がフランスから軍事顧問団をまねき、幕府陸軍において信号喇叭の教育を開始<br>大政奉還<br>王政復古 | ロシアが米国にアラスカを720万ドルで売却<br>太平洋郵便汽船会社がサンフランシスコ―横浜間のラインを開始 |
| 1868 | 戊辰戦争勃発<br>柳河春三が『中外新聞』創刊<br>江戸城開城<br>神仏分離令<br>明治改元<br>盛岡藩が新政府軍に降服。藩主交代、石高削減の上、白石移封という処分となる。 | |
| 1869 | 版籍奉還<br>開拓使設置<br>盛岡藩が三戸代官所所属の給人から家臣としての身分を解く<br>盛岡藩の藩士、領民挙げての移動反対運動により、70万両上納を条件に、新政府が移封の処分を撤回<br>大島高任が新政府の大学助教、鉱山権正となる | |
| 1870 | 弘前藩が兵制改革により、喇叭手6名を招聘<br>旧会津藩士が斗南藩士として、三戸周辺に移住<br>この頃、為憲場開校にかかわった諏訪内源司ら三戸の元給人を中心に東方正教が広まる<br>幕府滅亡によって一時消滅していた江戸三大祭りが復活<br>公卿・諸侯の称を廃し、華族と改められる | 普仏戦争勃発 |
| 1871 | 廃藩置県<br>岩倉具視らを欧米視察に派遣 | ドイツ帝国成立 |

| 西暦 | 域内 | 域外 |
|---|---|---|
| 1855 | 琉仏修好条約<br>安政の江戸大地震<br>大島高任が洋式高炉から銑鉄を得ることに成功<br>島立甫がコールタールの精製に成功<br>新渡戸伝・十次郎父子（新渡戸稲造の祖父・父）による盛岡藩領三本木平開拓開始<br>弘前藩の平尾魯遷が箱館でペリー艦隊の軍楽に接する<br>箱館がアメリカ捕鯨船の寄港地となる | |
| 1856 | 蕃書調所創設 | ジェームズ・レッグが『智環啓蒙』を漢訳 |
| 1857 | ハリスが江戸城で将軍に謁見 | 第二次アヘン戦争勃発 |
| 1858 | アメリカ、オランダ、ロシア、イギリスと修好通商条約を締結<br>箱館にロシア領事ゴシケヴィチ着任、領事館開設 | 天津条約<br>愛琿条約<br>ムガル帝国滅亡 |
| 1859 | 琉蘭修好条約<br>グイド・フルベッキが来日し、『智環啓蒙』を紹介 | |
| 1860 | | 北京条約 |
| 1861 | 大島高任、加藤弘之らが蕃書調所出役教授手伝として、フィリップ・フランツ・フォン・シーボルトの冶金学、採鉱学の講義を受ける<br>宣教師ニコライが箱館領事館付司祭として来日 | 南北戦争勃発<br>ロシア政府が露米会社からアラスカの行政権を回収 |
| 1862 | 生麦事件<br>大島高任が箱館奉行所手附として蝦夷地で、アメリカ人鉱山技師から冶金学、採鉱学を学ぶ | |
| 1863 | 萩藩が下関海峡を封鎖し、アメリカ、フランス、オランダ艦船を無通告砲撃<br>薩英戦争<br>幕府が洋学研究教育機関として開成所を設立 | |
| 1864 | 禁門の変<br>四国連合艦隊が下関を砲撃 | |
| 1865 | 幕府がフランスと横須賀に製鉄所を建設することを約定<br>盛岡藩に藩校作人館を開校 | 南北戦争終結 |

| 西暦 | 域内 | 域外 |
|---|---|---|
| 1815 | 『蘭学事始』成稿 | ナポレオン戦争終結 |
| 1816 | 松平定信『宇下人言』 | |
| 1828 | シーボルト事件 | |
| 1832 | | フィリップ・フランツ・フォン・シーボルト『日本』刊行開始（1832-1851） |
| 1836 | 高野長英が早生蕎麦とジャガイモ普及のため、『救荒二物考』を記す | |
| 1837 | モリソン号事件<br>宇田川榕庵が『舎密開宗』を訳出し、刊行（1837-1846） | イギリスの海運会社 P&O 創立 |
| 1838 | 徳川斉昭が将軍徳川家慶に呈した上書の中で、「内憂」という言葉を用いる。 | |
| 1839 | 蛮社の獄 | |
| 1840 | | アヘン戦争勃発 |
| 1841 | 松浦清殁（1760-1841）<br>天保の改革が始まる | |
| 1842 | 大島高任が蕃書和解御用で箕作阮甫、坪井信道に蘭学を学ぶ | |
| 1844 | テオドール＝オギュスタン・フォルカードが那覇に渡来、1846 年まで滞在 | |
| | | |
| 1846 | バーナード・ジャン・ベッテルハイムが那覇に渡来、1854 年まで滞在<br>大島高任が長崎に遊学、4 年間の遊学中に手塚律蔵とともにウルリッヒ・ヒューゲニン『ロイク王立鉄製大砲鋳造所における鋳造法』を翻訳 | |
| 1847 | | チャールズ・ベーカー『智環啓蒙』 |
| 1848 | | アメリカのの太平洋郵便汽船会社創立 |
| 1851 | | ハーマン・メルヴィル『白鯨』 |
| 1853 | マシュー・ペリーが琉球と浦賀に来航／エフィム・プチャーチンが長崎に来航<br>盛岡藩で三閉伊通百姓一揆 | ロシアがアメリカにアラスカ売却を提案<br>クリミア戦争勃発 |
| 1854 | 日米和親条約<br>琉米修好条約<br>エフィム・プチャーチンが琉球、長崎，下田に来航<br>安政の東海大地震<br>日露和親条約 | イギリス、フランスがクリミア戦争に介入 |

| 西暦 | 域内 | 域外 |
| --- | --- | --- |
| 1801 | 志筑忠雄『鎖国論』 | |
| 1804 | ニコライ・レザノフが長崎に来航 | ナポレオン・ボナパルトが皇帝に即位 |
| 1806 | 志筑忠雄『二国会盟録』<br>ロシア海軍将校ニコライ・フヴォストフらがカラフトのクシュンコタンを襲撃 | ルイ・ボナパルトがホラント（オランダ）国王となる |
| 1807 | ニコライ・フヴォストフらがエトロフ島を襲撃<br>皆川淇園歿（1735-1807） | |
| 1808 | 小谷三志の日記に、元日以降ほぼ毎日「蝦夷北国静謐願」と願文が記される<br>イギリス軍艦が長崎港に侵入（フェートン号事件）<br>間宮林蔵が第一次カラフト踏査<br>小野蘭山『耋莚小牘』 | |
| 1809 | 馬場佐十郎が、ニコラス・ウィツェン『北と東のタルタリア』第3版（1785）から蝦夷にかかわる部分を訳注し、『東北韃靼諸国図誌野作雑記訳説』を記す<br>間宮林蔵が第二次カラフト踏査・黒龍江下流域踏査<br>幕府がカラフトの正式名称を「北蝦夷」とする<br>高橋景保「日本辺界略図」<br>高橋景保『北夷考証』 | |
| 1810 | | ホラント王国がフランス帝国の直轄領となる |
| 1811 | 幕府が朝鮮通信使と対馬で国書交換（易地聘礼）<br>間宮林蔵口述・村上貞助筆録編集『東韃地方紀行』『北夷分界余話』<br>松前奉行配下の役人がロシア船ディアーナ号艦長ゴロウニンを捕縛<br>平田篤胤が対ロ関係、フェートン号事件などの情報を収集して『千島の白波』を記す<br>蛮書和解御用設立 | |
| 1812 | ディアーナ号副長リコルドが高田屋嘉兵衛を捕縛 | |
| 1813 | 小谷三志の日記の2月24日の条の「ゑぞ静謐に成」の文を最後に「蝦夷北国静謐願」の願文がなくなる<br>リコルドが高田屋嘉兵衛を解放。幕府がゴロウニンを解放 | |

| 西暦 | 域内 | 域外 |
|---|---|---|
| 1777 | 中井清太夫が甲府代官に就任し、長崎からジャガイモの種芋を導入 | |
| 1778 | ロシア人シャバーリンがノッカマップに渡航し、松前藩の役人に対して交易を要求 | |
| 1779 | 平戸藩が藩校維新館を設立 | |
| 1781 | 松前広長『松前志』 | |
| 1782 | | 『四庫全書』完成 |
| 1783 | 工藤平助『赤蝦夷風説考』 | |
| 1784 | | オランダ再洗礼派の社会教育団体「共益協会」創立／イルクーツクの商人グリゴリー・シェリホフがコディアック島のスリー・セインツ湾沿岸に最初の入植地を建設 |
| 1785 | 林子平『三国通覧図説』<br>田沼意次が最上徳内らに蝦夷地見聞を命じる | 1792 年までキャフタ貿易中断 |
| 1786 | 「蝦夷輿地之全図」<br>林子平『海国兵談』脱稿 | |
| 1787 | 寛政の改革が始まる | グリゴリー・シェリホフが日本、中国、朝鮮、インド、フィリピンおよび他の島々、アメリカのスペイン人・アメリカ人との貿易を構想し、イルクーツク総督とともに請願書をエカテリーナ二世に提出 |
| 1788 | 「広東人参」の輸入再開 | |
| 1789 | クナシリ・メシリの蜂起 | |
| 1790 | | ロシアがアラスカを植民地とする |
| | | |
| 1792 | アダム・ラクスマンが根室に来航 | |
| 1793 | 沿岸諸藩に警備令 | ルイ十六世を処刑<br>フランスがオランダを占領<br>イギリス国王の使節が乾隆帝に謁見 |
| 1794 | 桂川甫周『北槎聞略』 | |
| 1795 | 志筑忠雄『魯西亜来歴』 | |
| 1797 | 英艦プロビデンス号が宮古島沖で座礁 | |
| 1799 | | オランダ東インド会社解散<br>ロシアが「ロシア領アメリカ」の領有宣言<br>グリゴリー・シェリホフの娘婿ニコライ・レザノフがロシアの国策会社露米会社を設立し、アラスカの行政権を委ねられる |

| 西暦 | 域内 | 域外 |
|---|---|---|
| 1720 | 新井白石『蝦夷志』<br>漢訳洋書輸入の禁を緩和 | |
| 1725 | | ヴィトス・ベーリングがピョートル大帝の命により、カムチャツカ、オホーツクの探検に出発（第一次探検） |
| 1726 | この頃、荻生北渓著・荻生徂徠添削『建州始末記』 | ジョナサン・スィフト『ガリバー旅行記』 |
| 1727 | | エンゲルベルト・ケンペル『日本誌』<br>キャフタ条約締結 |
| 1732 | 林春斎・林鳳岡父子が『華夷変態』を編纂 | ヴィトス・ベーリングがアラスカに到達 |
| 1733 | | ヴィトス・ベーリングが第二次探検、日本への海路の探索を目指す |
| 1735 | | デュ・アルド『支那帝国全誌』 |
| 1739 | 第二次ベーリング探検隊の副長シュパンベルグが仙台藩領の男鹿半島に来航、田代島で仙台藩士と会見。別働隊のウォールトンが幕府直轄領房総半島東岸の天津村に上陸、村民と接触<br>坂倉源次郎『北海随筆』 | |
| 1746 | | アベ・プレヴォー編フランス語版『旅行記集成』刊行開始 |
| 1747 | | アベ・プレヴォー編オランダ語版『旅行記集成』刊行開始 |
| 1750 | | 清朝のマンチュリア・サハリン統治体制が完成 |
| 1758 | 京都で公家に尊王論を説いた朱子学者で神道家の竹内式部を重追放、徳大寺公城らを処罰（宝暦事件） | |
| 1764 | 北米産薬用人参「広東人参」を幕府が焼却処分 | |
| 1767 | 田沼意次が側用人となる。田沼政治（1767-1786）の開始<br>謀反の疑いで、尊皇思想を鼓吹した山県大弐らを処刑（明和事件） | |
| 1769 | | ヨハン・ヒュプネル『一般地理学』のオランダ語訳刊行 |
| 1771 | カムチャッカに流刑中の捕虜ベニョフスキー（ハンガリー人、ポーランド軍大佐）が脱走して奄美大島に漂着、そこからオランダ商館長に手紙を書き、幕府はロシア南下という情報に接する | |
| 1774 | 『解体新書』刊行 | |
| 1775 | | アメリカの独立戦争勃発（1775-1783） |

| 西暦 | 域内 | 域外 |
| --- | --- | --- |
| 1635 | | ホンタイジが民族集団名称「女真」の使用禁止、「満洲」を用いることを規定 |
| 1636 | | 清朝建国<br>清朝軍が朝鮮王朝に侵攻（丙子胡乱） |
| 1637 | 島原の乱 | |
| 1641 | オランダ商館を平戸から長崎に移転 | |
| 1642 | 寛永の大飢饉 | |
| 1643 | | ルイ十四世即位 |
| 1644 | 越前の商人国田兵右衛門が沿海州ポシェット湾に漂着 | 明朝滅亡，清朝の中国支配が始まる |
| 1646 | 国田兵右衛門口述『韃靼漂流記』 | |
| 1649 | 清朝が琉球国に朝貢を要求（第一次） | |
| 1652 | 清朝が琉球国に朝貢を要求（第二次） | |
| 1662 | | 鄭成功が台湾を攻略してオランダ人を追放 |
| 1663 | 清朝が琉球国に初めて冊封使を派遣 | |
| 1667 | 首里王府が牛の屠殺を禁止する。 | |
| 1669 | シャクシャインの戦い | |
| 1673 | 「辺野古」が歴史書に初出 | |
| 1676 | 琉球国において、近世の間切体制が完成 | |
| 1682 | | ピョートル一世即位 |
| 1683 | | 台湾の鄭氏政権が清朝に降服 |
| 1688 | 琉球国名護間切において西岸から東岸までの即製の道が開かれる | |
| 1689 | | ネルチンスク条約締結<br>ピョートル一世が単独皇帝となる |
| 1690 | エンゲルベルト・ケンペル来日 | |
| 1697 | 首里王府が牛の屠殺を再度禁止する。 | |
| 1702 | | 漂流民デンベイの話を聞いたピョートル一世が日本への海路の探索と通商樹立を命じる |
| 1708 | ジョヴァンニ・シドッティが屋久島に潜入 | |
| 1713 | 新井白石『采覧異言』<br>琉球国王府が『琉球国由来記』を編纂<br>このころ琉球国の尚敬王が仁政を敷き、鶏・豚の飼養を奨励 | |
| 1714 | 伊藤東涯『名物六帖』 | |
| 1716 | 享保の改革が始まる | |
| 1719 | | 『皇輿全覧図』完成 |

# 〈附〉関連年表（1368 〜 1997）

| 西暦 | 域内 | 域外 |
|---|---|---|
| 1368 | | 明朝建国 |
| 1372 | 琉球中山王が明朝に入貢 | |
| 1380 | 琉球山南王が明朝に入貢 | |
| 1383 | 琉球山北王が明朝に入貢 | |
| 1392 | | 李成桂が高麗国王に即位し，翌年国号を朝鮮とする |
| 1429 | 琉球山北王の尚巴志が三山を統一し、琉球国が成立（第一尚氏王朝） | |
| 1453 | | ビザンツ帝国滅亡 |
| 1471 | 琉球国において、クーデターにより尚円王が即位（第二尚氏王朝） | |
| 1492 | | コロンブスがサン・サルバドル島に到達 |
| 1525 | 琉球国の尚真王が、各地の按司を首里に集住させ、位階を授ける | |
| 1526 | | ティムール帝国の王子バーブルが北インドでムガール帝国を建国 |
| 1576 | 日本列島でジャガイモの栽培が始まる（あるいは1603年） | |
| 1577 | | 英語文献に“Japan”が初出 |
| 1581 | | イェルマークがシビルの町を占領，ロシアのシベリア支配開始 |
| 1588 | | ヌルハチが建州女真を統一し，「満洲国」と称する<br>イギリスがスペインの無敵艦隊を破る |
| 1592 | | 豊臣秀吉軍が朝鮮王朝に侵攻（文禄の役・壬辰倭乱） |
| 1597 | | 豊臣秀吉軍が朝鮮王朝に第二次侵攻（慶長の役・丁酉倭乱） |
| 1602 | | マテオ・リッチ『坤輿万国全図』 |
| 1603 | 徳川家康が征夷大将軍となり，江戸幕府を開く | |
| 1609 | 琉球国に薩摩の島津氏が侵攻、支配下に置く | オランダ独立戦争休戦条約成立 |
| 1618 | | ドイツで三十年戦争勃発 |
| 1624 | | オランダ人が台湾にゼーランディア城築城 |

**責任編集**
浪川健治
古家信平

**編集協力**
楠木賢道
武井基晃
山下須美礼

EDITORIAL STAFF

*editor in chief*
FUJIWARA YOSHIO

*editor*
YAMAZAKI YUKO

*assistant editor*
KURATA NAOKI

〔編集後記〕

▶かつて小社は、『女と男の時空——日本女性史再考』(全6巻、別巻一)という日本の学会に問題提起をするシリーズを刊行した。(1995.8 ～ 1998.10) この時に監修・編集委員たちの中で問題となったのは、時代区分のことであった。世界に先駆けて女性史を完成させた高群逸枝は、古代を江戸まで引っぱった時代区分をしたと。

▶江戸と明治は、大きく断絶するのか? 何が断絶して何が連続しているのか? かつての歴史は、政治史、制度史、経済史などが中心で、支配者の眼で見た歴史、文書に残された支配者側の眼で作られた歴史であった。

▶しかし、日本でも60年代後半あたりから様相が徐々に変容し、民衆史とか社会史といった歴史書が数多く出版されるようになってきた。もちろん、80年代初頭から、フランスの「新しい歴史学」アナール派の紹介が次々なされ、日本の歴史学界に新風を吹きこんだことはいうまでもない。全体史として歴史を認識するという前代未聞の切り口は非常に魅力があった。ブローデルがいう「横断する科学」である。

▶明治、大正、昭和の戦前期に大きな仕事を成し遂げた人々は、江戸の天保—1830年代—以降に生まれた人であると言っても過言ではない。よって、江戸と明治を連続して捉える視点がこれからますます重要なものとなってくるであろう。

(亮)

別冊『環』㉓

**江戸―明治　連続する歴史**

2018年 1月10日発行

編集兼発行人　藤　原　良　雄
発　行　所　株式会社 藤　原　書　店

〒162-0041　東京都新宿区早稲田鶴巻町523
電　話　03-5272-0301(代表)
F A X　03-5272-0450
U R L　http://www.fujiwara-shoten.co.jp/
振　替　00160-4-17013

印刷・製本　中央精版印刷株式会社


ISBN 978-4-86578-155-7